在美国教历史

从书桌到讲台

姚平 王希 主编

Teaching History in America

From Students to Professors

北京大学出版社
PEKING UNIVERSITY PRESS

图书在版编目(CIP)数据

在美国教历史:从书桌到讲台/姚平,王希主编. —北京:北京大学出版社,2022.10

ISBN 978-7-301-33272-6

Ⅰ.①在… Ⅱ.①姚…②王… Ⅲ.①历史教学—教学研究—美国 Ⅳ.①K-42

中国版本图书馆 CIP 数据核字(2022)第 147155 号

书 名	在美国教历史:从书桌到讲台 ZAI MEIGUO JIAO LISHI:CONG SHUZHUO DAO JIANGTAI
著作责任者	姚平 王希 主编
责任编辑	李学宜
标准书号	ISBN 978-7-301-33272-6
出版发行	北京大学出版社
地 址	北京市海淀区成府路 205 号 100871
网 址	http://www.pup.cn 新浪微博:@北京大学出版社
电子信箱	pkuwsz@126.com
电 话	邮购部 010-62752015 发行部 010-62750672 编辑部 010-62750577
印刷者	北京中科印刷有限公司
经销者	新华书店
	965 毫米×1300 毫米 16 开本 33.75 印张 插页 2 490 千字 2022 年 10 月第 1 版 2022 年 10 月第 1 次印刷
定 价	118.00 元

未经许可,不得以任何方式复制或抄袭本书之部分或全部内容。
版权所有,侵权必究
举报电话:010-62752024 电子信箱:fd@pup.pku.edu.cn
图书如有印装质量问题,请与出版部联系,电话:010-62756370

谨以此书纪念

我们的好友、中国留美历史学会首任会长、马里兰大学历史系高峥教授(1948—2021)

图一 中国留美历史学会第二届年会集体合影,1988年9月5日,纽约州乔治湖(Lake George)。本书作者中有9位参加了这次会议。他们是:张信(前排左3)、程洪(前排左4)、高峥(前排右2)、王希(前排右1)、邵勤(第二排左6)、洪朝辉(第三排左7)、卢汉超(第三排右5)、李小兵(第四排左7)、王晴佳(第四排右7)。(照片来源:The Chinese Historical Review 档案)

图二　留美历史学会筹备组给在波士顿地区的中国留学生的邀请信，
　　　高王凌起草，1987年8月6日。
（照片来源：Archives of The Chinese Historians in the United States, Inc.）

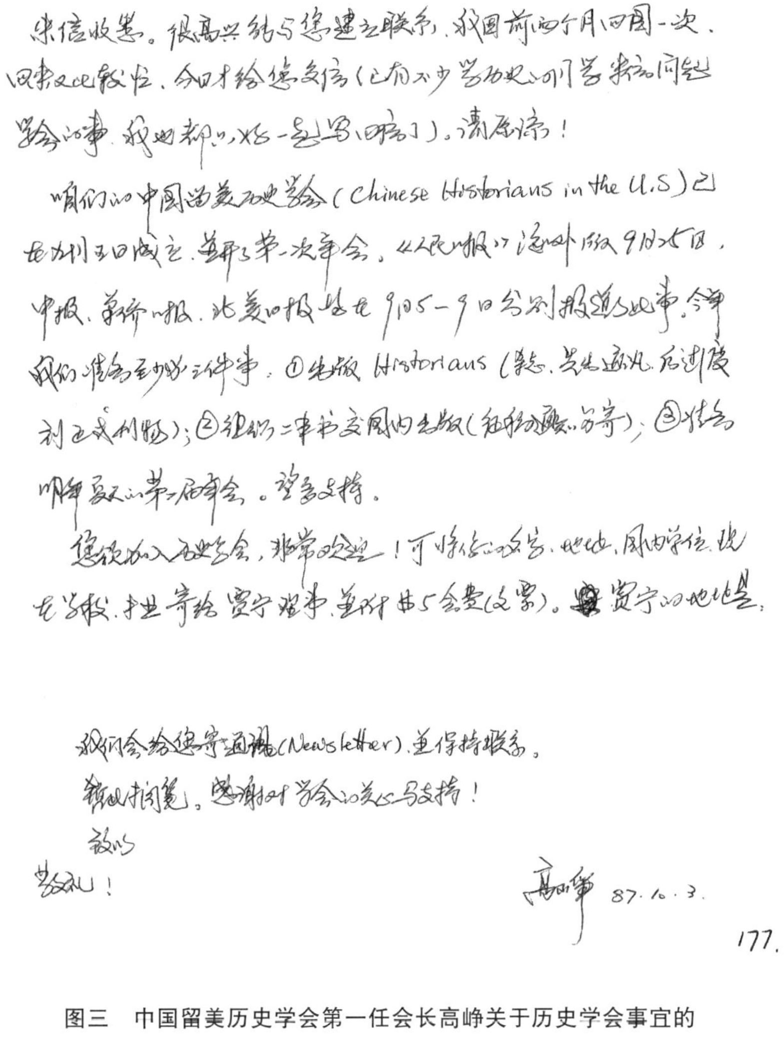

来信收悉。很高兴能与您建立联系。我因前两个月回国一次，回来又比较忙，今日才给您复信（已有不少学历史的同学来信问起学会的事，我也都以此一起写回信了）。请原谅！

咱们的中国留美历史学会（Chinese Historians in the U.S）已在加州五月成立，并开了第一次年会。《人民日报》海外版9月26日，中报、华侨日报、北美日报均在9月5—9日分别报道了此事。今年我们准备至少办三件事：①出版Historians（杂志、学会通讯，后改为正式刊物）；②组织一本书交国内出版（组稿已开始）；③准备明年夏天的第二届年会。望多支持。

您能加入历史学会，非常欢迎！可将您的姓名、地址、国内学位、现在学校、专业，寄给贾宁理事，并附$15会费（支票）。贾宁的地址是：

我们会给您寄通讯（Newsletter），并保持联系。

耽误时间了。感谢对学会的关心与支持！

致以

敬礼！

高峥 87.10.3.

177.

图三　中国留美历史学会第一任会长高峥关于历史学会事宜的复信通稿，1987年10月3日。

（照片来源：Archives of The Chinese Historians in the United States，Inc.）

图四 留美历史学会在国内出版的第一本论文集(1990年)

中国留美历史学会编(满运龙主持):《当代欧美史学评析:中国留美历史学者论文集》,人民出版社,1990年。

图五 留美历史学会在《世界历史》发表的专辑(1990年)

中国留美历史学会组稿(洪朝辉主持):《世界历史》(北京)中国留美历史学会专辑,1990年第6期。

目 录

序 ·· 王希 姚平/1

历史教学中的声影语境 ······················· 高　峰/1
历史教学是一门知识艺术
　　——我在美国教历史 ···················· 李丹柯/25
华儿得宠
　　——在美国教美国史 ···················· 朱立平/40
亲华与反华非一念之差：在美国教中美关系史有感 ········ 李小兵/56
与美国学生一起读懂"黑人的灵魂" ··············· 王　希/73
历史教学中的育人
　　——在美国大学教书回顾 ·················· 张　信/89
与历史的对话 ································ 陈　勇/103
教学半
　　——K祖城教学札记 ···················· 熊存瑞/120
横看成岭侧成峰，远近高低各不同
　　——求索于历史教学研究与图书资源运作之间 ······ 程　洪/134
醒、悟、理、道
　　——美国大学教学思想的认知与实践 ·········· 洪朝辉/151
文以载道：理工学院里的人文关怀 ················ 卢汉超/167
"在乎"学生的情理与功效：一名历史教师的体会和思考 ······ 孙　绮/183

我在美国大学如何教美国历史 ············· 许光秋/199
心灵和社会的工程师：教书育人点滴 ········· 邵　勤/214
美国大学为何教"西方文明史"？
　　——缘起、反思和展望 ··············· 王晴佳/229
落基山畔学教史 ······················· 田宪生/245
从"土"教师到"洋"教师：从西方文化追随者
　　到中华文化大使 ··················· 魏楚雄/262
我的"美国梦"：教海无涯，学无止境 ········ 张　琼/278
"十年一梦"
　　——跨国"教""学"记 ················ 徐国琦/295
史学雾海探路三十载：在美国教历史的感想点滴 · 杨志国/310
教史三记 ··························· 姚　平/327
在牛仔王国教中国历史 ··················· 王　笛/344
比较与共情：在美国大学里教中国历史 ········ 丛小平/363
教材遴选：美国历史教学中的"四书五经" ····· 单富良/379
从密苏里到得克萨斯
　　——在美国从教二十年漫忆 ············· 李怀印/397
在美国长岛大学教世界历史 ················ 夏亚峰/409
在实践中摸索当代人文教学的精神和方法：
　　在北美教中国史小结 ················· 陈　利/424
"扬长避短"：在美国大学教历史 ············ 方　强/441
在塔夫茨大学教中国通史 ················· 许　曼/459
从文理学院到州立大学
　　——在美国教学型大学教历史 ············ 陈丹丹/471
"那个崇高的理想"
　　——欧美十年教师生涯反思 ············· 范　鑫/487

附录一　教材与教学用书书目 …………………………………… 501
附录二　中国留美历史学会大事记(1987—2022) ……………… 508
附录三　中国留美历史学会历届理事会(1987—2022) ………… 513
附录四　中国留美历史学会期刊大事记(1987—2022) ………… 517
主题索引 …………………………………………………………… 520

序

十二年前，我们邀请中国留美历史学会（Chinese Historians in the United States，CHUS）的三十一位会员为《在美国发现历史——留美历史学人反思录》撰稿，分享自己在美国求学、攻读历史学博士学位的经历。2010年该书由北京大学出版社出版之后，得到国内学界的热情关注。主流媒体和学术网站做了大量报道，李剑鸣、胡成等著名历史学家撰写书评对该书的学术价值做了积极评价，还有一些大学历史系将该书列为研究生的阅读书目。读者的反响也很强烈，作者和编者收到不少来信，有的分享读后感，有的讨论历史研究课题。一些青年学子告知，此书不仅激发了他们学习历史和人文专业的志向，而且还为他们到海外求学提供了有效的指导和切实的帮助。

学界和读者的鼓励令我们欣喜不已，同时也激发我们再接再厉。我们一直希望与作者们携手合作，再创作一部新的文集，讨论各自在美国大学讲授历史的经历，并以此为契机，分享我们对美国大学的历史教学、大学文化、高教体制和高教管理等的观察与反思。我们觉得，这样的讨论不仅具有学术上的意义，同时也会为国内不同高校乃至中学的历史教学提供有益的参考和借鉴。所幸的是，我们的想法再次得到北大出版社的支持。2020年6月《在美国发现历史》出版十周年之际，我们发出约稿邀请，正式启动这一项目。当时新冠肺炎疫情来势凶猛，美国各高校都忙于调整教学计划，转为线上教学，诸事繁多。更令人揪心的是，中美关系也出现波折，两国间的人文交流几乎全部中断。我们的作者一方面要适应新的教学模式，另一方面还要完成自己手中的写作任务和应对因形势变化带来的种种不便,非常辛苦。然而,半年之后,我们如期收到了所有作者的初稿,他们的热情回应和专业精神令我们非常感动。接下来我们与作者经历了数月的互动,三易文稿,终于完成了编辑工作。呈现在读者面前的这部书正是三十一位作者在2020年这个令人难忘的"危机之年"的心血之作。

本书作者中有二十一位也是《在美国发现历史》的作者,他们是(按姓名拼音排列):陈勇、丛小平、洪朝辉、李怀印、李小兵、卢汉超、单富良、邵勤、孙绮、田宪生、王笛、王晴佳、王希、魏楚雄、夏亚峰、熊存瑞、许光秋、徐国琦、杨志国、姚平、张信。与此同时,我们非常高兴地邀请到留美历史学会的另外十名会员参加本项目。在新加入的作者中,有五人是学会的资深会员:程洪(学会筹备组成员、理事会成员)、高峥(学会第一任会长、学会期刊的早期主编)、李丹柯(多届学会理事会理事)、方强(学会第十九任会长)和朱立平(学会早期会员)。他们的加入令我们倍感亲切。另外五位是学会的"后浪":陈丹丹、陈利、范鑫、许曼、张琼。他们虽然入会"不久",但却拥有令人骄傲的学术成就和丰富多彩的教学经历。他们的加盟让我们看到了留美人文学人在全球化时代持续发挥影响力的潜力与希望。

从背景来看,三十一位作者构成了一个具有多重代表性、经历丰富的跨文化历史学人群体。除陈利(加拿大多伦多大学)、王笛(澳门大学)、徐国琦(香港大学)和魏楚雄(香港树仁大学)目前在美国之外的高校任职外(王、徐、魏曾在美国大学长期任教),其他二十七位作者均在美国高校历史系执教。作者们所任教的高校分布在美国的东、南、中和西部不同区域,在种类上包括文理学院、研究型大学、教学型大学、州立大学、私立大学和社区大学等。作者中有八位女性(陈丹丹、丛小平、李丹柯、邵勤、孙绮、许曼、姚平、张琼),她们执教的学校同样也覆盖了各种类型。作者中美国教龄最长的超过三十年(熊存瑞),最短的也有十年(范鑫),相当一部分人有二十年以上的教学经历,还有多人曾经或正在担任系主任、院长、图书馆主任、校级领导等职务(陈利、陈勇、程洪、洪朝辉、李小兵、卢汉超、孙绮、王笛、王晴佳、王希、魏楚雄、杨志国、朱立平等),不少人拥有在不同美国大学执教的经历。从教学领域来看,大部分作者的教学以中国古代史、中国现代史、亚洲史、东亚史、中美关系史和中华文明史为重心,也有相当一部分作者的教学覆盖美国史、亚裔美国人史、西方文明史、世界近现代史、世界古代史、中外法律史、妇女史、族裔史、史学史和全球史。几乎所有的作者都参与了美国大学通识教育课程的设计与教学。不少作者在各校的课程设置、新学科的开创和图书馆支持功能的建设中扮演了领导者的角色。我们之所以如此详细地说明这些情况,是为了强调作者们背景所呈现的多样性。我们相信,这种多样性将是本书的一个亮点,因为它显示了一幅丰富、多元的美国高校历史教学图景,可以帮助读者更全面深入地了解美国高等教育的教学、运作和管理细节。

《在美国发现历史》与《在美国教历史》两书可谓姊妹篇。前者以回顾求学经历为重心,后者以分享教学体验为宗旨。"求学"与"教学",一字之差,展示的却是作者们两种不同的学术生活方式。从做学生到当老师,从受教育者变成教育者,从大学的过客变成大学的主人,不仅是一种身份和地位的转变,也必然和必须是一种经验和责任的转变。作为大学教师,作者们必须更深地融入美国高教体制中,成为大学建制的成员,行使教师职责,承担教学工作,参与教学管理,并亲身卷入学生生活和校园文化的方方面面之中。这种身份的转换也为作者们进一步认识、观察和体验美国高校和高教文化提供了新的机会。他们的地位不同,心态不同,认知不同,对事物的观察和理解也不同。与此同时,作者们继续背负他们原有的跨文化学术背景,活跃在各自的学术领域中,并更自觉地以全球化时代的知识生产者和传播者的角色进行思考和写作。正是在这个意义上,《在美国教历史》具有特殊的阅读价值——它不仅提供了一种与留学生视角不同的关于美国大学和大学文化的新知识,而且还展示了具有双重或多重学术背景的跨文化知识人在全球化时代对历史教学和公民培养等问题的思考与反省。

我们觉得本书在三个方面尤其值得读者关注。第一,从教育学的角度看,本书可谓美国大学历史教学故事的合集。三十一位作者以自身经历为基础,讲述在美国和加拿大大学讲授历史的经验与体会,等于提供了三十一个教学案例。每位作者讲述的重点和方式不同:有的高屋建瓴地对自己的美国教学生涯做通盘回顾与反思,有的以小见大地通过教学个案检讨自己的教学法,有的讨论如何选择教材,有的总结教学思想和教学实践,有的对不同大学的教学进行比较,有的分享新课程开发和教学改革的实践经验,还有的描述教室之外的和跨国的教学活动。这种多元而富有个性的教学实践,为我们呈现了一幅幅生动、多彩的美国大学历史教学的画面。这种集中而规范的专业呈现,是十分难得的。

第二,本书从美国大学运作和管理的角度提供了一系列具有参考价值的信息和启示。美国大学——无论是文理学院、研究型大学,还是教学型大学——都十分注重教学。虽然不同类型的大学对教学在教师晋升或终身职称评定时占有的比重有不同的规定,但都同样地将教学质量的好坏视为自己的生命线以及衡量大学整体质量的重要标准。而教学主要是通过教师的工作来实现的,所以教学也成为大学教师最重要的工作。然而,所谓"教学"(teaching)绝非一种仅限于在教室讲课的活动,而更是一种集智识(intellectual)、管理(managerial)、体制(institutional)乃至政治(political)考量为一体的进程(process),涉及一整套活动和建制,包括教学理念的界定、课程设置的创建与更新、课堂文化和师生关系、教学质量的评估、教学与研究关系的定位等。这一切都建构在大学的管理体制中,牵一发而动全身。本书作者对不同学校在教学管理方面的描述将为读者提供丰富的知识,而他们的批判性反思也可以为国内高校的教学管理体制带来启示。

第三,从全球化时代跨文化交流的角度,我们相信读者们也会感到开卷有益。本书的作者都是在中国出生、接受本科教育后出国留学,然后成为美国大学的教授的,他们是全球化时代的产物。也许因为这种特殊的背景,他们始终自觉不自觉地在承担全球化时代文化交流的使命——在中美之间扮演着文化使者的角色,而美国大学教师的职位则为他们提供了一个有效的平台。保守一点估计,如果按每位作者每学期平均教一百名美国学生来计算(实际数字远不止如此),这些作者每年所教的美国学生的总数应该在数千人左右,这是一个不可小觑的数字。而对于作者而言,每一次的课堂教学——尤其是涉及中国历史、中国文化和中美关系史的教学——都是一种有意识的对相关历史知识的筛选、解读和传播。这既是一种分量不轻的个人智识活动(individual intellectual exercise),也是一种有意识的跨文化交流的实践。作者们在本书中为我们提供了这方面的丰富案例,无论是课程的设计、专题的选择、教材的遴选、教案的准备、教学媒介(地图与影视图像)的使用,还是对学生的指导,都展现出他们在这方面的细腻思考和权衡。我们同时也会读到,许多作者在教学中通过以身作则和言传身教,将中国文化和教育思想中的优秀内容传递给了美国大学的学生,给予后者一种不同的文化启示和受教育经历的体验。

的确,在美国大学教历史,不仅仅是我们的职业和工作,更是中美人文和思想交流的一部分。本书作者带有双重教育背景,本科和研究生阶段分别受国内和美国教育之惠,毕业后执教美国高等学府,一方面回馈美国社会,另一方面通过美国大学推动美国人民对中国、中国历史和中国文化的了解。我们的教学不是简单地复述我们在美国所学的知识,而是结合了中美教育同时赋予我们的文化底蕴和学术修养之后的新解读。这是我们的特点,也是我们的优势。在我们的教学实践中,我们自身以及我们的学生时刻都在经历中西不同文化、不同学派、不同学术观点、不同治学方法的碰撞。我们的教学工作要求我们兼收并蓄,也要求我们去粗取精,去伪存真,更要求我们开拓新的思路,创造新的思想。正是通过这样的努力,我们的学生有机会获得不同的历史视角,倾听不同的话语,增强对包括中华文明在内的人类经历的认识、理解与欣赏。在某种意义上,本书的作者正在尝试做全球化时代的开拓者——通过我们的教学,探索一种可以共享的历史话语,并建构一种可以共享的历史。

三十多年前,在留美历史学会的一次年会上,历史学家王庆成教授曾预测，改革开放后来到美国学历史的留学生会在未来同时为中国和美国的中国史研究做出贡献。本书作者的学术出版记录证实了这一预测。当时无论是王教授还是我们自己都不曾预料到留美历史学人可能做出的第二种贡献，即以跨文化学者的身份推动美国大学的历史教学——尤其是中国史的教学。虽然对后一种贡献的结果与影响还需要时间来检验，但这个看似不可思议但充满希望的历史实验已经开始了。

在本书结稿之后，作者之一、美国马里兰大学历史系教授高峥不幸因病去世。高峥教授是留美历史学会创办筹备组成员，也是学会第一任会长，为学会的发展做出过巨大的贡献。他为本书贡献的文章是他最后的学术写作，为了纪念高峥教授，我们将高峥教授的文章放在本书的首篇，其余文章的排序是按作者出国留学的时间（详情见作者简历）来排列的。这样做既是为了与《在美国发现历史》的编排方式保持一致，也是为了凸显留美历史学人新生力量的增加。譬如，夏亚峰教授（1998年出国留学）在《在美国发现历史》的目录中排在最后，但在本书中，他后面出现了好几位新人，我们觉得这样的排列颇有历史意味。

我们感谢北京大学出版社对本项目的支持，感谢李学宜责编的辛勤工作和有效建议。在编辑的不同阶段，陈利、李丹柯、王晴佳、魏楚雄、夏亚峰、张信、张琼等为我们提供了重要的指导和帮助，高峥、邵勤、徐国琦为前言的修订提供了极有见地的意见，庞瑾校读了全书的终稿，在此一并致谢。最后，我们对各位作者表示深深的敬意，如同十年前一样，你们的精彩故事让我们再次感受到心灵的净化和精神的升华。

王希、姚平

2022 年 3 月 4 日

历史教学中的声影语境[①]

高峥（James Z. Gao，1985 年出国留学，1948—2021）：北京大学法学硕士，美国耶鲁大学历史学博士，美国马里兰大学历史系副教授。曾在加州大学伯克利校区、英国牛津大学和津巴布韦大学担任访问学者。先后任教于北京大学和克里斯托弗纽波特大学。研究和教学领域包括中国和东亚近现代史，经济、文化史和影像研究。主要中英文著作包括：*Meeting Technology's Advance: Social Change in China and Zimbabwe in the Railway Age*；*The Communist Takeover of Hangzhou: The Transformation of City and Cadre, 1949-1954*（中译本：《接管杭州：城市改造与干部蜕变》）；*Historical Dictionary of Modern China (1800-1949)*；以及研究论文等。曾获耶鲁大学葛瑞斯奖，美国社会人文基金短期研究奖、霍普金斯研究奖等。曾任中国留美历史学会筹备组成员（1986—1987）、中国留美历史学会首任会长（1987—1988）、中国留美历史学会期刊 *Historian* 主编（1988）。

[①] 文中引用的沙飞的所有摄影作品之版权，属于沙飞之女王雁女士。王雁女士曾花费十几个小时的时间，将几乎沙飞所有的摄影作品全部复制给我，并允许我做学术研究和引用发表。在此我对王雁女士表示衷心的感谢。本文使用的沙飞摄影作品，均直接从版权所有者王雁女士处获得，并获允在学术出版物中引用。注明部分出版或收藏信息只是为了读者方便查找，并非引用自这些出版物。

历史教学，需要创造一个充分吸引学生注意力、师生充分交流的声影语境。这个语境中的"影"，是教学中使用的视觉影像材料；但"声"，却不是声像材料的音响，而是课堂上学生们的笑声。衡量一堂课上得成不成功，我有两个标准。第一，看学生是否曾经大笑。笑，表明教学揭示了历史的生动和幽默，使学生入了戏，学习变得饶有兴味。第二，看学生是否狂记笔记。记笔记，说明他们并非一笑了之，而是觉得这节课有意义，值得回味（当然还有应付考试的需要）。记得我在从事非洲史研究时，教授撒哈拉以南非洲史，第一节课上我放映了自己踏入沙漠的幻灯片。照片中远处是一辆孤独的小汽车，由远至近的，是我在沙漠上踩出的一串脚印。学生们看见深一脚浅一脚的脚印哄堂大笑。[1] 我知道，这串脚印引起了他们的兴趣，使他们愿意和我一起，开始一段文化苦旅，去发掘非洲"遗失的城市"和文明。[2]若干年后，我转向教授中国和东亚历史，也保持了同一教学风格。在教授东亚文明史、中国近代史、中国的城市与边疆和中美关系的文化想象等课程时，我使用了大量的视觉影像材料，来挑战以往阅读文字、记忆文字和讲述文字的传统教学模式，让历史的画面感染、启迪学生，让视觉的细节为他们讲述更多的故事，让熟悉的和生疏的场景、平淡的和怪诞的形象刺激学生们的观感和认知，去发现历史的更多真相和意义。在今日声像技术高度发展的形势下，这种历史教学的方法和声影语境，是否能够使教学达到理想的效果？本文拟将自己的部分教学实践简述如下，来与大家进行讨论。

旋转的地图：跨国史的视界

中国学者传统的治史方法，讲究"左图右史"[3]，即所谓"古之学者为学

---

[1] 这里中国学生可能不会笑。中美学生的笑点不同，值得在教学中注意观察。

[2] 讨论这一课题的文献很多，较早的有：Basil Davidson, *The Lost Cities of Africa*, New York: Back Bay books, 1959。

[3] "左图右史"的传统不限于使用地图。见新近出版的刘潞主编：《十八世纪京华盛景图》，故宫出版社，2019年。

有要,置图于左,置书于右;索象于图,索理于书。故人亦易为学,学亦易为功,举而措之,如执左契"。① 强调"以图证史、以图补史与图文互证"。② 这种学习方法,把形象思维和理性探讨结合起来了。这里说的图,包括了地图和其他图像。我在教学中强调:"地图带有重大的地理和历史信息,使学者跨越时间和空间的距离,和远古遥疆的人们对话。"③我在东亚文明史课堂上首先展示的是一幅世界暗射地图。在没有地名标记的地图上,我给不同地区标上数字,然后问学生:"几号地区是东亚?"同学们齐声回答:"1号。"我接口道,"对了,东亚第一!"(Yes, East Asia is number one!)笑声过后,我讲解道,论其久远而连绵不断的历史,论其廉价却又训练有素的劳工,论其迅速崛起傲视全球的经济奇迹,论其与世界其他地区贸易来往的密度、金融流动和人员往来的频繁度,东亚当然是世界第一。说到这儿,学生转笑为思。

我展示的第二张地图是东亚地图。看到它,同学们又笑了,他们说地图挂反了。但是,我告诉他们,这是有意为之。以正常的视角看,日本海和黄海把中日韩隔开,形成了三个国家和三个不同的研究对象。但如果我们把地图右旋90°看,那片海洋便成了东亚的内湖。众所周知,埃及、希腊和罗马等环地中海国家形成了地中海文化圈。地中海文化成为文明研究的一个统一课题。现在,这个右旋90°的东亚地图提示我们,以一衣带水相隔的中日韩三国,也是一个不可分割的东亚文化圈。在东亚文化圈中,人群、商品、资本、技术、知识和思想的跨国流动,如江海之潮,络绎不绝;文化的交流、渗透、影响和变异,从未停息。在我的课上,中日韩三国的历史要放

---

① 郑樵:《通志·图谱略》卷一,转引自崔建飞:《"左图右史"传统的继承与复兴——评刘潞〈十八世纪京华盛景图〉》,http://www.historychina.net/qsck/430802.shtml,访问时间:2020年12月1日。
② 崔建飞,同上。
③ James Z. Gao, "A Transnational Reading of Macao in Global Maps", in Zhang Shuguan and Dai Longji, eds., *Sailed to the East: Global Mapping of Macao*, Beijing: Social Science Academic Press, 2015, 150.

在一起审视、研究和理解。这种教学和讨论,既符合东亚文化特质的要求,也与跨国史研究(transnational history)的新方向相契合。①

美国大学已有和常用的东亚历史教材,从费正清(John Fairbank)和赖世和(Edwin Reischauer)等的早期的权威著作,到多次再版的罗兹·墨菲(Rhoads Murphy)和谢康伦(Conrad Schirokauer)等的东亚史,再到近年来为美国大学广为采用、强调考察社会史文化史的伊沛霞(Patricia B. Ebrey)等的新著,②在叙述结构上一直没有改变,即秉承国别史的框架,各章讲各国,犹如一锅煮了几个土豆块,彼此并无有机的关联。而我讲授近现代东亚文明一课时,希望做的就是打破国别史的固有逻辑,呈现中日韩三国历史中看似不同的发展、建制和事件的共时性(synchrony)。譬如,我把中国的鸦片战争和到日本的佩里使团(Perry Mission)放在一节课里讲,把中国的士农工商社会和日本武士(Samurai)及朝鲜的两班(Yangban)为尊的社会等级制度放在一节课里讲。我把基督教在中、日、韩的传播及不同传播方式也放在一起讲,一节课讲利玛窦在中国的由上而下的传教模式,与耶稣会在日本的由下而上的传教模式进行比较,在此基础上再讨论朝鲜学者在中国受洗、回国后把创立和推广朝鲜民族文字与传播基督教结合的模式。在另一节课上,讲三国传教士如何受到美国社会福音(Social Gospel)运动的影响,不仅"关切灵魂的得救,也关心世俗的痛苦和困难",以求"社会与个人的共同救赎",从而将传教活动的目标更多转向教育、慈善和服务活动。③ 这种

---

① 参见 Akira Iriye, "Transnational History", *Contemporary European History* 13 (2004): 213。
② John Fairbank, Edwin Reischauer, Albert Craig, *East Asia: Tradition and Transformation*, Revised Edition (Belmont, CA: Wadsworth Publishing, 1989); Rhoads Murphy, *East Asia: A New History*, 5th Edition (New York: Pearson, 2009); Conrad Schirokauer, Miranda Brown, David Lurie, Suzanne Gay, *A Brief History of Chinese and Japanese Civilizations*, 4th Edition (Lorton, VA: Cengage Learning, 2012); Patricia Buckley Ebrey and Anne Walthall, *East Asia: A Cultural, Social, and Political History* (Lorton VA: Cengage Learning, 2008).
③ 见 Milton Stauffer, *Christian Occupation of China*, (Shanghai: Special Committee on Survey and Occupation, 1922)。这里的"Occupation"应译为"事业或机构",即《中国的基督教事业》,而非"基督教对中国的占领"。

教学法,会打乱学生每周阅读的教科书章节,但他们觉得,自己对东亚文化和历史的认识却更加明晰和系统了。

在讲述中日关系时,我认为,不仅要揭露和谴责日本两次对华战争中的帝国主义和法西斯主义的罪行,还要强调中日之间除近代战争外更长期和更深沉的文化交集。日本立国,以长期全面学习和模仿中国文化为发端,又在近代续之以强烈批判中国文化传统、"脱亚入欧"为圭臬。在西学东渐之时,日本对西学的吸收、诠释和辐射,对中国的改革、革命和学术影响极大。中国的先进知识分子,先从日本,后从俄国知晓马克思主义。① 日本的文字源于中国汉字,但经过一些变形变意,成为不同文字。19世纪末,一些日文的词语,用来翻译和表达西方的思想和概念,比中文更加贴切(如science 中文译为格致,日文译为科学)。虽然当年梁启超先生采用大量日文翻译介绍西方理论时,受到保守派文人的痛斥和攻击,但是东亚文化圈文化思想共享,最终是不可阻挡的。我用幻灯片展示几十个此类文字,如政治、经济、革命、资本、电话和小说等,告诉学生,今日中国三五千个常用词语中,有五百个以上借自日本。② 而这些文字,日后极为自然地成为标准的汉语语汇,不复为今天的中国大众视为外来语。

在东亚跨国史的教学中可以举出无数个中、日、韩文化你中有我、我中有你的例子。一部《白蛇传》,便有上百个大同小异的中日韩版本。③ 这恰是东亚文化圈里的寻常而又闪光之处。在讨论中国的新文化运动时,我邀

---

① 参见 James Z. Gao, "Ambiguous Paradigms: The Russian Model and the Chinese Revolution", in Alan Baumler, ed., *Routledge Handbook of Revolutionary China* (New York: Routledge, 2020), 258-273. 同见张琳:《马克思主义在中国早期传播过程中的文本问题》,《毛泽东邓小平理论研究》2009年第5期,第71页。
② 参见王立达:《现代汉语中见从日语借来的词汇》,《中国语文》1958年第2期,第94页。作者在文中分析了588个日语借词,并断言,实际上中国使用的日语借词远不止此数。
③ 1960年,韩国演员崔银姬、申星一主演了电影《白蛇夫人》,根据的是朝鲜民间流行的传说,与中国明代冯梦龙《警世通言》版白蛇传和日本版的《白夫人的妖恋》[东宝株式会社与邵氏兄弟(香港)有限公司共同制作(1958年出品)]不尽相同,却有相似之处。

请东亚语言系的教授为学生讲解鲁迅著作在韩国和日本读者中的影响,①使学生们感觉到,中国的新文化运动不仅是中国的,也是东亚的。从旋转的地图上我们看到,在东亚文化圈里,一切波澜壮阔的政治军事事件背后都有生动活泼的文化故事。东亚跨国史中,文化是其重要的主题,因为没有历史,文化就没有根,而没有文化,历史就没有果。

旋转地图,是用不同的视角看世界,也反映了不同的世界观。英语中地图(map)这个词,源于拉丁文的"Mappa mundi",意为"把世界绘在布上"②。但是,中世纪的欧洲人从耶路撒冷是世界中心的观点出发绘制地图,欧、亚、非大陆的位置被任意倒置。直到地理大发现之后的地图,才使世界旋转归位。中国人看到的第一张世界地图,是利玛窦绘制的《坤舆万国全图》(见图1),这个地图也有人为的错误旋转。1584年,利玛窦在肇庆试制了枫树木刻印刷版的《坤舆万国全图》,继而求问于中国印刷业中心杭州和其他地方的印书局,均未获得出版的机会。1601年他来到北京,在中国地理学家李之藻的帮助下进行了大规模的修改。为了迎合皇帝认为中国是世界中心的观念,利玛窦将"中国在地球上的位置向东旋转至奥特柳斯系统的东经180°,使中国出现在世界地图的中间部位"③(讲到这里学生们笑了),此举果然使万历皇帝龙心大悦。在皇室的支持下,《坤舆万国全图》印刷了数百份。一般认为,1584年至1609年,利玛窦印发了六个版本

---

① 见 Hong Seuk Pyo, "Lu Xun and Korea in the Modern Era: The Power of Imagination for Coexistence in East Asia" (Seoul: Ewha Womans University Press, 2017)。诺贝尔文学奖获得者大江健三郎就把鲁迅称为20世纪亚洲的伟大作家(而不仅是中国的)。

② Simon Garfield, *On the Map: Why the World Looks the Way It Does* (London: Profile Books, 2012), IV.

③ John D. Day, "The Search for the Origin of the Chinese Manuscript of Matteo Ricci's Maps", *Imago Mundi* 47 (1995): 96. 又见:Hirotada Kawamura, "The Map of Hyuga Province supposed to be Drawn during the Keicho Years in the Early Edo Period", *The Historical Geography* 45 (2003):19-28。亚伯拉罕·奥特柳斯(Abraham Ortelius, 1527—1598)佛兰芒地图学家和地理学家,是历史上第一本世界地图册的制图人,他还确定了世界地图的经纬度。

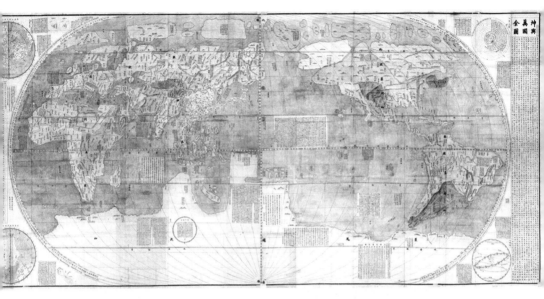

图1 《坤舆万国全图》(北京,1602。澳门科技大学图书馆藏本)

的《坤舆万国全图》,其中1602年版的三份副本分别保存在梵蒂冈图书馆、奥地利国家图书馆和伦敦皇家地理学会。但是,如果我们仔细观看这些号称1602年制作的地图,它们把中国标记为清帝国,黄海标记为大清海。这暴露了它们绘制于1644年之后。① 但是从另一方面看,这些讹传的副本又有特别的价值。它们表明"利玛窦地图"不止一次登陆欧洲,从而成为1644年后中欧地理知识持续交流的明显物证。

指出地图上的错误,旨在引导学生了解传统的"透明地图"模式的缺欠。这一模式把地图简单视为"中立的纯粹的信息来源""客观事实的载体",辩称"地图如同知识,是仅仅承载非个人化的、客观的、外部的知识"。② 我

---

① Lionel Giles, "Translations from the Chinese World Map of Father Ricci", *The Geographical Journal* 52, no. 6 (December 1918): 368. John D. Day, "The Search for the Origins of the Chinese Manuscript of Matteo Ricci's Maps", *Imago Mundi* 47 (1994): 97. 值得一提的是,保存于中国和日本京都的1602年《坤舆万国全图》则显示了当年的明朝地名和明朝领海。

② Christian Jacob, "Toward a Cultural History of Cartography", *Imago Mundi* 48 (1996): 191, 192; Henry H. Bauer, "Two Kinds of Knowledge: Maps and Stories", *Journal of Scientific Exploration* 9, no. 2 (1995): 257-275.

希望学生们了解另一个阅读地图的"模式",我称之为"历史地图"模式,①即把地图视为一个历史文件,一种不透明的视觉折射,确认每幅地图都有观点,有立场,都"传达知识,并利用地图符号的高效率,含蓄地强化社会的和政治的秩序"。②讲述中国和世界的历史时,我会在课堂上展示不同的世界地图——自然地理地图、国别地图、经济发展地图、环境生态地图和领土争端地图等。这些地图所表达的主权观念、经济秩序和持续发展意识都值得课堂讨论。近年来,值得注意的是 NASA 的夜间地图。NASA 卫星拍摄的夜间灯光分布世界地图,本意在于解读人口分布和城市化水平的指数,然而新近的研究,发现了夜间灯光和各地 IT 网络、信息化程度以及全球化直接关联(见图2)。③ 在这张地图上,学生们可以看到中国沿海和东北亚

图2　NASA 夜间灯光世界地图(见 NASA 官网:https://www.nasa.gov/topics/earth/earthday/gall_earth_night.html,访问时间:2020 年 12 月 19 日)

---

① James Z. Gao, "Transnational Reading of Macao in Global Maps",张曙光、戴龙基、杨迅凌、项方编:《驶向东方:全球地图中的澳门》(第一卷·中英双语版),社会科学文献出版社,2015年,第126、151页。
② Christian Jacob, "Toward a Cultural History of Cartography", 194-195.
③ 地球夜间灯光分布图由美国国家航空航天局地球观测站(NASA's Earth Observatory)根据苏奥米国家极地轨道(Suomi NPP)卫星获得的数据制作的一张测绘地图,展示了地球入夜后的城市灯火分布情况。

的强烈的光亮。可以说,"如果没有中国崛起的灯光,世界必将黯淡许多!"(The world will spark less!)。(学生在笑声中下课)

解读视觉形象:寻求新的历史发现

在历史教学或表述中,运用图片和其他视觉材料,并非自今日起,一般的历史教科书也都配有一些插图。①但是,常见的问题是,图片和其他视觉材料只被用来作图解和支持文字的历史。实际上,视觉材料是独立的历史记录和历史资料,无论史学研究或课堂教学,都应该深入解读视觉形象材料,发现其明示的和背后的更多的历史事实。

讲授近现代中国史,一个重要的问题是中国革命和中国共产党的革命动员。对此美国学者有过各种研究,有的将其成功归结为中国的"农民民族主义",有的强调共产党的"社会改革运动"(包括减租减息和土地改革等),还有不少著作认为关键是中国共产党出色的组织和宣传能力。②这些观点都值得在教学中介绍和讨论,而我在教学中,使用了中国摄影家沙飞在抗战时期的一组作品,帮助学生知晓不同的群众动员的实例。现举数例说明。

---

① 最具代表性的是伊沛霞的 *The Cambridge Illustrated History of China* (Cambridge:Cambridge University Press,2010)。

② 例如:Chalmers Jonson, *Peasant Nationalism and Communist Power* (Stanford:Stanford University Press,1962); Mark Selden, *China in Revolution: Yen'an Way Revisited* (New York:Routledge,1995); Suzanne Pepper, *Civil War in China: The Political Struggle, 1945-1949* (Berkeley:University of California Press,1978); Yung-fa Chen, *Making Revolution: The Communist Movement in Eastern and Central China, 1937-1945* (Berkeley:University of California Press,1986); Arif Dirik and Maurice Meisner, eds., *Marxism and the Chinese Experience* (Armonk:M. E. Shape,1989), Tony Saich and Benjamin Yang, *The Rise to Power of the Chinese Communist Party* (New York:M. E. Sharpe,1996); Robert Cliver, *Red Silk: Class, Gender and Revolution in China's Yangzi Delta Silk Industry* (Cambridge, MA:Harvard University Press,2020)。

图3　1939年8月晋察冀边区的抗战动员大会(沙飞摄,见王雁主编:《沙飞纪念集》,海天出版社、山西人民出版社,1996年,第35页)

图3是沙飞拍摄并正式发表的1939年8月晋察冀边区的抗战动员大会会场的照片。照片上,现场的人群紧握拳头,振臂高呼,气氛激昂,使我们真切地感受到中国民众的抗战热情。不过,由于照片前景较小,舞台上曝光不足,我们看不清会场的标语,也看不清舞台上的情况。图4是沙飞当时对同一场景拍摄的另一张照片,其取景和曝光不同,未曾公开发表。① 它展示的现场气氛不如图3热烈,但可以让我们看清,舞台两侧的标语是"拥护蒋委员长,将抗战进行到底!"横幅是"抗日精神动员大会",而舞台中心则是巨幅的蒋介石肖像。这一场景,包括拥蒋的口号、蒋的戎装肖像和"精神动员"的词语(而不是共产党常用的"思想动员"的提法),② 这些在图4中显示的细节都反映了当时国共两党联合抗日的史实。

另一张照片曾发表在《晋察冀画报》上,照片的主角是一个报名参加八路军的地主董环(见图5)。边区的征兵非常成功。但在蒋管区,国民党的

---

① 这张照片和另外一些沙飞的作品和档案,后由沙飞之女王雁捐赠予斯坦福大学胡佛研究所。
② 1939年3月12日国民政府发布《国民精神总动员纲领及实施办法》,开始在全国推行。

历史教学中的声影语境

图4　1939年8月晋察冀边区的抗战动员大会
（沙飞摄，斯坦福大学胡佛研究所藏）

图5　地主董环参军（沙飞摄，《晋察冀画报》1942年第1期，第71页）

图6　1939年河北阜平乡村抗战征兵会(沙飞摄,苏司实先生收藏)

表现却很差,因而征兵形势也截然不同。在那里,地主花钱雇人代为当兵,穷人被强制抓壮丁。这种强烈的反差,使人不难预见双方抗日力量发展的差距。

　　还有一张照片引起了学生的特别兴趣。它的前景是几个大辫子姑娘的背影和侧影(见图6)。她们的眼光投向远方开会的人群,她们身边的树上贴着标语:"好男儿武装上前线!"可以想象,远处召开的正是乡村征兵大会。姑娘们急切关心的是,她们心仪的小伙子是否会光荣入伍。抗战时期有一首流行的歌曲唱道,"母亲送儿打东洋,妻子送郎上战场"。歌曲提到了母亲,提到了妻子,但没有提到那些情窦初开的少男少女。须知边区的征兵年龄是16岁,大多的入伍新兵还处在情感懵懂的年纪。但是,男儿心事浓似酒,少女情怀总是诗。"好男儿武装上前线"的口号恰好有一种浪漫的豪情。小伙子当不当兵,是村里姑娘判定他是不是好男儿的标准。而对这些小伙子来说,他们在姑娘们心中的形象,姑娘们对他们的支持和鼓励,甚至比母亲的嘱咐更有力。不同年龄段的中国妇女,对革命动员都有重要的贡献。图7显示,沙飞的抗战摄影作品在农村巡回展览,首先需要大娘

图7　农村大娘筹备照片展览,把照片缝在布上(晋察冀边区,1940年,沙飞摄,王雁女士收藏)

们把照片缝到被单上,然后撑着竹竿在街上展示。因此,农村大娘们是抗战摄影的第一批观众,也是第一批宣传员。当男人上了战场,妇女就是农村革命的实际执行者——从贯彻减租减息、锄奸反霸、支前保障,到早期的温和土改,中国的农村妇女都是主要的力量。要让学生们从这些照片中看到:中国的农村妇女参与了中国革命,改变了中国农村。

　　与抗战动员有关的另一张照片,反映一组参加了反战同盟的日军俘虏在表演剑术(见图8)。我觉得,这一画面比正面表现八路军优待日军俘虏或上级领导接见俘虏的照片更为深刻。在日本的传统文化里,剑术不仅是格斗之术和杀人之术,也是一种精神仪式。它表现的是日本的武士道精神,是帝国军人的勇敢和忠诚。让参加了反战同盟的日军俘虏在八路军的军营里表演剑术,意味深长。它不仅表现了八路军对安全保障的自信,更重要的是,可以让人们从中读到:在日军战俘的新战壕里,有一种勇敢,叫作反战;有一种忠诚,叫作打倒法西斯。在课堂上,做了这样的文化背景的分析之后,学生就能真正地理解这张照片和这段历史了。

图 8　日本反战同盟成员表演剑术(1939 年,沙飞摄。见王雁主编:《沙飞纪念集》,第 52 页)

美国大学本科生教科书的主要内容,是提供基本的历史知识,阐述基本的历史事实。但是学术范式的变化和史学前沿研究的成果,也影响着教案的设计。比如,当现代化范式取代革命范式,中国研究向文化变迁和社会日常生活的层面倾斜,就增添了中国史教学的新内容。李欧梵研究中国现代化的起始,曾使用一些商业广告来讨论中国印刷文化中的现代性建构。① 19 世纪末 20 世纪初,中国画匠用中国女子做广告模特,模特的形象不断演变:从早期矜持的中国古典美人,变为新潮服装包装的城市姑娘,再变为西方式的半裸性感形象,体现了西方文化和审美观的一步步影响和渗透。但是,即便是在上海的"殖民现代性"(colonial modernity)的大环境下,

---

① Leon Ou-fan Lee, *Shanghai Modern: The Flowering of a New Urban Culture in China, 1930-1945* (Cambridge, MA: Harvard University Press, 1999), 74-76; Leon Ou-fan Lee, "The Cultural Construction of Modernity in Urban Shanghai: Some Preliminary Explorations", 收于 Wen-Hsin Yeh, *Becoming Chinese: Passages to Modernity and Beyond* (Berkeley: University of California Press, 2000), 49-58。

中国的印刷文化和消费文化还有另外一种发展路径。为此,我用了上海大白兔奶糖的广告和糖纸,讲述这个故事(见图9)。早期的中国广告,都是中国的模特为外国的洋烟洋酒做广告,而大白兔糖广告,却表现了从三四十年代起,中国开始用西方模特或西方形象为中国商品做广告,这是中国商界的一个重要的阶段性的变化。

图9 爱皮西奶糖广告("老上海国货广告",https://xw.qq.com/cmsid/20190519A03IM200,访问时间:2020年12月19日)

1943年,中国糖果商人冯伯镛在伦敦品尝了英国奶糖,决定回到上海仿制。在这个广告上,有一个不中不西的名字"爱皮西",是他的厂名ABC的谐音。大白兔奶糖就从这个洋泾浜英文开始了"从西到中"的演变。冯伯镛受了英国奶糖的启发,给自己的工厂起了个英文名字ABC(爱皮西),糖纸上印了最时髦的好莱坞米老鼠形象(见图10)。但是爱皮西的奶糖配方,却是由中国技师刘义清按照中西结合的口味配制的。十年之内,这个生产和营销策略,使大白兔奶糖从中产阶级的嗜好变为普通人的偏爱。

图 10　ABC 糖果厂米老鼠奶糖的糖纸

("米老鼠变身大白兔",https://news.163.com/18/0922/09/DSA2D09000-0187UE.html,访问时间:2020 年 12 月 19 日)

1956 年,ABC 糖果厂改名为爱民糖果厂。为了弃用米老鼠形象,塑造一个中国大白兔的形象,爱民糖果厂求助了许多专业美术师,最后采取了一个爱好美术的学徒工王纯言的设计。而这款设计立刻得到上海老百姓的喜爱(见图 11)。之后,大白兔奶糖的配方又进行了调整,使奶糖味道更加纯正,更适合中国大众的口味。在 1959—1961 年国家经济困难时期,牛奶供应紧张,上海市面上传言"七粒大白兔奶糖能泡一杯牛奶",结果引起了市场哄抢。从此,大白兔奶糖的畅销地位不可动摇。

在特殊的年代,大白兔曾被大红兔取代(见图 12)。可是大众消费习惯和品牌效益,使得这个新产品行之不远,大红兔也终于下架停产。大白兔奶糖的故事延续不断。1972 年,中国外交部得知尼克松访华的美国代表团迷上了大白兔奶糖,便把十斤大白兔奶糖送到机场,让每个美国客人都兴高采烈地抱着国际关系史上最不寻常的外交礼物——糖果,回到了家中。① 2020 年 9 月 21 日晚,正在上海考察的李克强总理来到上海南京东路

---

① 《环球时报》,2018 年 12 月 17 日。

图 11 大白兔奶糖的糖纸

("周恩来赠送尼克松大白兔奶糖",http://history.sina.com.cn/bk/wgs/2014-01-19/211480167.shtml,访问时间:2020 年 12 月 19 日)

图 12 大红兔奶糖的糖纸

("怀念大白兔原当家",https://kknews.cc/food/rqee24.html,访问时间:2020 年 12 月 19 日)

泰康食品店,花 20 元人民币购买了两袋大白兔奶糖。官方网站播出这段影像,网友热评称:"这是最强直播带货。"①有关大白兔奶糖的故事和图片很多,教师可以从印刷史、消费史以及民间外交史的不同角度进行研究和讲述。

---

① 《香港经济日报》,2020 年 12 月 22 日。新华社消息,上海,2020 年 9 月 23 日有图有文。

解构视觉材料：进行话语分析

语言学研究中发展起来的话语分析（discourse analysis）方法，被一些学者们运用到国际关系研究领域。①话语分析，不同于对文字资料进行的文本分析，而是剖析文字形成的语境和话语、对话的对象、动机和效果。我新近所设计和教授的"中美关系中的文化想象"课程，除历史系的学生外，政治系、美国研究和美术史系也有学生来选修。这门课旨在讨论中美两国的国家形象和民众形象是如何建立、阐释、展示和被记忆的，从而讨论其如何反映和影响了中美关系，特别是民间外交（public diplomacy）。

讲述中美关系史，有大量可以挖掘的视觉材料，也自然会遇到一些敏感的问题。但是，以中美两国人民友好往来和世界和平稳定为目的，对一些视觉材料进行客观的学术分析，还是有必要的。近年来，美国媒体上有许多关于中美经贸摩擦的图像，表达了不同的观点。我选择了几张图片供课堂教学讨论。中美经贸摩擦之初，美国媒体的不少漫画，表现出忧虑和警示的观点。如图13，中美两国同在全球化的经济整合的大船上，相互炮击，不仅损毁了货物，而且也必将伤及自身。

但是，也有一些貌似公允的图片，如《美国对华贸易逆差发展历史》，传递着错误的信息。图中表示，美国对华贸易逆差逐年迅速增长，2017年美国对华贸易逆差已经达到了4.7万亿美元。而在美国对华贸易逆差扩大的同时（即从1987年到2017年），中国国民的人均收入，增长了26倍。这里，课堂讨论的关键不是文本分析，不是考查其统计数字的准确性，而是要对画面的形象关系进行解读。我在教学中曾经论及，在视觉对话中，画面上同时出现的两个形象，不是简单的平行关联，而是表达了作者设计的相

---

① 参见 Henrik Larsen, *Foreign Policy and Discourse Analysis: France, Britain and Europe* (New York: Routledge, 1997); K. E. Boulding, "National Images and International Systems", *The Journal of Conflict Resolution*, no. 2 (1959): 120-131.

图 13　中美经贸摩擦

("China and US Trade Wars",https://yorbing.com/7028-21,访问时间:2020 年 12 月 19 日)

互关系。①这张图暗指了美国对华贸易逆差增长和中国国民的人均收入增长之间的因果关系。它用同步对比的形象暗示,美国对华贸易逆差的形成,是由于中国国民的人均收入增长造成的。或者说,中国人的好日子,使美国付出了代价,遭受了损失。这张图片的社会效果,会使一般的美国公众对中国的发展产生敌意。它完全掩盖了在过去四十年的中美贸易发展中,中美两国互利双赢的事实。在课堂上讨论这张图,需要介绍各方面的数据和事实,引导学生认识到,一方面,改革开放年代,美国的对华投资、技术转让和贸易发展,对中国的经济发展起到了极大的作用;而另一方面,由于中国的税收减免、市场开放和廉价成本,美国的投资者和商人也收益颇丰。而且,中国输出的物美价廉的日常商品,给美国消费者带来了福音。

另有一些描绘中美经贸摩擦的漫画,更显示了令人担心的倾向。比如在图 14 中,中美双方互相指责对方破坏了中美贸易的桥梁。双方进出口

---

① 关于这一观点的阐述,见 John Szarkouski, *The Photographer's Eye* (London: Secor & Warburg, 1996)。

图 14　中美经贸摩擦

("new report weighs Pros, cons of U. S. -China BIT", Https://bilaterals. org/? new-report-weighs-pros-cns-of-us = &lang = en,访问时间:2020 年 12 月 19 日)

的货物,诸如中国的轮胎和美国的鸡,统统都被扔下了悬崖。我的课堂讨论的问题不是判定贸易战的责任,而是分析中美两国的形象设计。在这个图中,代表美国的是汤姆大叔的形象:严肃,威严,正义。对此人们记忆犹新,在两次世界大战中,汤姆大叔的形象广泛出现在美国街头海报和大众媒体中,极大地动员了美国人民参军参战。但是,代表中国的却是留着长辫子、长指甲、山羊胡子的清代巫医傅满洲。我们知道,在 19 世纪末以降的 90 年里,西方的小说、戏剧、电影、电视和少儿连环画中频频出现这个诡诈、恶毒、肮脏的傅满洲。他曾经是西方人心中的华人形象,是西方人蔑视、仇恨和恐惧的"黄祸"化身! 在这张图里,用臭名昭著的傅满洲的形象代表今日的中国人,不是依然用种族主义手法来歪曲丑化中华民族吗? 不是把今日的中美经贸摩擦,描绘成正义与邪恶、文明与野蛮的战争吗? 这就使人联想到某些人的言论,把中美之间的一些问题说成是"文明的冲突",并且宣称,即便当年苏美之间存在尖锐的意识形态对立,也只是白人之间的兄弟之争,而对华竞争却是不可调和的种族之争。很明显,种族主义思维比冷战思维更加危险。历史证明,视觉文化对于蓝领劳工及教育水平较低的群体影响更大。正如我在讲授1882年的《排华法案》时指出的,正是以种族主义为底色的民粹主义泛起,大量的媒体漫画为之造势助威,由此形成反华浪潮,涂抹了中美关系史上的沉重一页。从课堂讨论和学生作业的反馈看,虽然同学们对贸易战还有一些不同看法,但是对种族主义形象的批判,已经形成了共识。

结 论

在理想的历史教学的声影语境里,学生的笑声,促进了教与学的良性反应,使学习变得投入和愉悦。在我的课堂上,笑声是学生探求历史的切入口,影视材料是学习历史的新路径。影视材料教学要求更细致的观察,更深入的分析,以及更广泛的相关研究。最重要的是,它将不再是传统教学方法的简单补充,而会逐渐成为主要的教学实践。这是当今IT技术和视觉文化的迅速发展,使人类认知世界的方法和维度发生了不可逆转的变化所决定的。[①] 我们生活的时代,是视觉形象爆炸的时代。我们终日被视觉形象所包围所冲击:电影、电视、电子游戏、电子信息、广告、宣传画、海报、年历片、生日卡、卡通读物、新闻照片和旅游照片,一哄而上,给我们带来了重要的外部信息,影响我们如何认识世界、理解世界、记忆世界。人们的世界观,包括对于生命、生活、环境、世界、他人和异族的了解和态度,都受到视觉形象的影响。当美国对越南战争的理解和记忆,随同发黄的新闻纸一起被书库里的灰尘掩埋,许多人依然记得那三张照片:西贡僧侣自焚、街头枪杀越共成员、凝固汽油弹下逃生的女孩。从认识论的角度讲,人们对历史的视觉感受更为直接,视觉记忆更为持久。因此,在史学研究中,必

---

① 这也是许多学生的要求。一名历史系的学生对我说:"我从来没有见过像你这样教历史的。我喜欢。"一名艺术史系的学生说:"我选来选去,你的这门课最符合我的要求。"

须重视视觉资料,在历史教学中,必须重视视觉对话,以培养学生们对视觉形象的视读能力(digital literacy)。

在历史教学中使用视觉材料,绝不是"看图识字"式的演示,而是一个复杂的跨学科教学实践。首先教师要对浩如烟海的视觉材料仔细研究和挑选,挑选的结果取决于教师的观点和历史感。接下来,教学中不仅要运用史学研究的方法,也要借用形象研究(image studies)的理论来解构、讲解、释疑和组织讨论。我的体会,对一个视觉图片,在课堂上需要进行三个层面的解构。①第一个层面是形象(image)。电影、录像、照片和漫画中的形象,都不是现实事物的简单复制。它们可能记录但也可能篡改历史,因此都需要解码和解读。更重要的是,所谓的形象并不是简单的视觉感受,而是经由人们的知识、经验、信仰和成见翻译而成的"心灵的产物"。在导论课上,我曾用1983年被击落的韩航007号客机为例,解释视觉感受和形象识别的区别。当时,人们在空中清楚看到的是一架民航客机,但是,苏联空军的形象认定,却是一架间谍飞行器。正如美国政治学家布丁(K. E. Boulding)所说,"国家对某一形势的反应,并非针对客观的事实,而是针对它们认知的形象"。② 而这一形象则是出于多种认知,从经验、记忆、传统和语言中汲取了情感上的元素,形成的一种整合的观点。

第二个层面是象征(symbol)。众所周知,象征物代表了自身以外的事物、行为和想法。比如被咬掉一口的苹果的图像,可以是一个商标,代表一个公司,甚至是信息技术的象征,但是,它绝不是苹果的象征(笑声)。面对视觉形象,要想到看到的也许不是事物本身,而是它所代表的另外一个事物或概念。识别象征性的形象,是感悟历史隐喻的关键。

第三个层面是指向(index)。比如,一张照片上出现了烟,但是烟并无

---

① 关于视觉材料的不同层面,可参阅 Sunil Manghani, *Image Studies: Theory and Practice* (New York: Routledge, 2013), 6-10。
② K. E. Boulding, "National Images and International Systems", *The Journal of Conflict Resolution*, 1959-06-01, vol. 3(2), 120。

图15 度荒(晋察冀边区,1940年,沙飞摄。见王雁主编:《沙飞纪念集》,第73页)

确定的形象意义,也不一定就是火的象征。烟可能预示山火,可能表现烧荒,也可能意味着战争。在指向的层面上,烟,只是提出问题,指示进一步研究的方向,寻找真意。在课堂演示幻灯图像时,教师要和学生一起发问:"这图像是什么?说明什么?代表什么?为什么会是这样?"这些问题常常不是仅仅阅读照片便能够回答的,它们要求我们做指向性的研究。例如沙飞有一张照片,表现了1940年晋察冀边区村民摘取榆树叶的情景(见图15)。初看时,我不能理解:"摘树叶为何使村民们如此兴奋?这种兴奋何以能表现标题上写的'度荒'?"(笑声)带着疑问,我查看了1940年的资料,发现那一年,特大的饥荒发生,无论军人和老百姓都只能以野菜、树叶充饥。但是,晋察冀军区发出命令,严禁八路军的党政军人在驻地的村子里和村庄附近摘拾树叶。① 这使饥荒的村子里有了一片叶子不少的榆树，给村民们带来一丝慰藉。了解了这个背景，我们就不仅能在这张照片里看到树和人，也能体会到饥荒时期的军民情。

　　在历史教学的课堂上，教师要让学生有"左图右史"的感觉。教师既向学生展示图，也向学生讲述自己在档案、文献以及相关研究中的发现。毫无疑问，视觉材料的解读与文字资料的研究结合起来，互证互补，是一个必需而又富有成效的治史方法，也是一个学生们乐于接受的有效教学方法。

---

① 参见聂荣臻：《聂荣臻回忆录》第二卷，战士出版社，1983年，第388页。

历史教学是一门知识艺术
——我在美国教历史

李丹柯(Li Danke,1981年出国留学,DLi@fairfield.edu):本科就读于四川大学历史系,研究生就读于美国密歇根州立大学历史系(硕士)和密歇根大学历史系(博士)。现任美国费尔费尔德大学历史系终身职教授,研究领域为抗战时期的中国妇女、中国妇女教育、女性环保主义。著有:*Echoes of Chongqing: Women in Wartime China* 和《女性,战争与回忆:35位重庆妇女的抗战讲述》(该书荣获2014年香港图书奖),同时著有多篇学术论文。曾荣获费尔费尔德大学文理学院杰出教学奖(2003)、该校杰出科研奖(2010)以及该校马丁·路德·金服务奖(2011)。曾连续10年担任中国留美历史学会理事会理事(2011—2021),负责协调学会在美国历史学会年会的专题会议组织工作,同时长期担任口述史学会理事。

我毕业于四川大学历史系，20世纪80年代来美。在密歇根州立大学（Michigan State University）获得历史硕士学位，主攻古希腊罗马史，继而在密歇根大学（University of Michigan）获得历史学博士学位，主攻中国近现代史。光阴似箭，岁月如梭，蓦然回首，我在美国大学教授历史已二十余载。从20世纪90年代后期起我先后在几所美国大学任教，有研究型大学，也有中小型人文理科学院。从2000年至今我任教于康涅狄格州费尔费尔德大学（Fairfield University）历史系，从一名助理教授成长为正教授，还曾荣获文理学院杰出教学奖。二十年来除了教授世界史通识课以外，我也教授过古代中国史、近代中国史、近代日本史、中国妇女史、日本妇女史、中美文化交流史，及东亚与20世纪美国战争史等专业课程。费尔费尔德大学是一所天主教耶稣会（Society of Jesus）大学。耶稣会自15世纪初建立以来一直以重视教育及拥有高质量的教育机构而闻名。二十年教学生涯很难概括于一文之中，在此，我用一门世界史通识课为例来分享我在课程设置、教材选用、教学设计、数据资料应用及与学生课内外互动方面的心得，冀以一瞥美国四年制大学的历史教学。

历史课在博雅教育中的地位和功能

费尔费尔德大学的教育方针是培养德智体全面发展、有社会正义感和全球视野、认同多元文化并愿意为他人及社会服务的学生。学校虽设有商学院、护士学院、工程学院、教育学院，但师生人数最多的是文理学院，学校一半以上的师资和学生集中于文理学院。全校教学均奉行"博雅教育"（liberal arts education）理念，并十分重视人文教育在培养全面发展人才中的作用。因而，历史课被列在本科核心通识课程之中——所有本科学生，包括商、护、工学院的学生均要求选修一至两门历史课。一门必修历史课便是"现代世界的起源"（The Origins of the Modern World）。第二门历史课则与英文课、哲学课竞争，学生可选历史、英文或哲学课以完成必修的人文通识课学分。历史系12名全职教授及数名兼职讲师都必须上这门世界史通识课,但每位教师的课程主题、教学方式以及所用教材不尽相同。所以,虽然这门课是必修课,但学生可以选择跟随哪一位教授来学习。美国大学没有统一教材或教学大纲,而历史系允许教授自己设置教学大纲及教学目标,教同类课程的教授可以使用不同的教材,但一定要达到相同的预期教学效果。预期教学效果不是指每门通识课都教了什么内容,而是强调通过内容学习,提高学生的智识能力,开拓视野,加深对知识的渴望、理解和掌握的程度,也就是说,要培养学生掌握可转换使用在任何领域并终生受用的智慧和能力。历史系为这门通识世界现代史课制定了6项课程预期结果(expected outcomes):

1. 通过学习学生应知道不同的社会人群(如弱势人群、社会精英等)持有不同的历史观点。

2. 能够理解并说明历史进程是经济、地域、政治、社会、文化、智力、宗教和科技发展力量不断互动的结果。

3. 能够细致地、批判性地阅读和解释二手及原始史料。

4. 有综合各类历史文献的能力,能将此能力应用于所有核心课程之中,并能为终身学习所用。

5. 有清楚地写作表达,辨别论文要点、支撑要点的文献及口述史料的能力;有认识和提出批判观点的能力;有使用基本历史资料引用方法的能力;明白历史学者有义务以引用证据来承认其他学者的贡献。

6. 有使用图像信息包括地图、图表及统计资料的能力。①

这样,每位教授在教同一门通识世界史课时所用教材及覆盖的内容、教学方法可以不相同,但大家都力争达到同样的预期教学效果。为了满足全校学生完成学业之需,历史系所有教师都必须教授这门世界史通识课。历史系在聘雇新教授时,除重视其专业专长外,还要求受聘人能成功地教

---

① 参见 Department of History, Fairfield University, 2010。

这门世界史通识课。该课不仅是全校学生的必修课,更是历史专业的入门课,因此,它与历史系能招募到多少历史专业或副科学生息息相关。然而因为它是必修课,不少学生持有不得不修的心态,对该课多少有抵触心理。因此,这门课对每位历史系教授而言,都具有极大的挑战性。

教什么——教学内容

我刚到费尔费尔德时,这门通识课名为"西方与世界",其实基本上是一门西方文明史课。随着历史系师资和学生越来越多元化,这门课被改名为"近代世界的起源"。最近我校在进行核心课程改革,历史系也给予教授们更大的自主权,在近代世界的起源这把大伞下,教授们可以自由命名自己的课程。我便把我的课取名为"China, Japan and Europe: A Non-Eurocentric Approach to Study World History"(中国,日本与欧洲:用非欧洲中心论的观点学习世界史)。

我刚开始教这门课时,急于想取得学生和同事的认可,以为教学内容多多益善,所以在课程中尽量包罗繁多的地区和内容。加之自己说话很快,英文又非母语,一学期下来,自己无比辛苦,学生反应却不甚理想。拿到学生的课程评语,特别是看到有位学生说怎么越学越糊涂时,我不禁泪流满面。老话说得好,失败是成功之母。初试失败给了我动力,让我静下心来细细反省。我意识到自己对世界史的认识与理解有误区,以至于在课程设计上太受制于流行世界史教科书的影响——只注重以编年史的模式介绍不同地区、国家和文化。比如,一个星期讲述16世纪的欧、美、非、亚各洲,下一个星期介绍17世纪的各洲文明。这样的安排使得教学内容过于繁多,覆盖面积太大,对各地区文明的介绍也只能是跳跃式的蜻蜓点水。最重要的是,这种模式缺乏各个历史时期和不同地区及文明主题的组织和串联。此外,因为要覆盖的内容太多,所以,在教学方法上无法以学生为中心,而是教授一味地讲演,以致学生没有机会参与、提问以及消化内容,更不用提让学生用批判的眼光来理解世界史了。认识到自己的缺点之后，我重新设计了课程。我意识到，非洲、美洲史并非我的专长，尽管通过读书学习，我也可以胜任，但终究是鹦鹉学舌，重复他人的观点和内容而已。

　　重新设计课程时，我决定扬长补短，尽量发挥自己的专业优势，从而在教学中掌握更多的话语权。我的策略是：在教学内容上，在尽量保持清楚的历史时间顺序的同时，把重点放在重大历史专题上，用全球视野将东亚（中国、日本、韩国）地区及其文明在不同历史时期中与欧洲、非洲、美洲的"遭遇"（encounters）和交融作为主题来串联全部课程内容。我为本课选用的教科书包括罗伯特·马柯斯所著《现代世界的起源》。① 马柯斯是一位研究亚洲（特别是中国）生态史的学者。他的书简短易读，有理论、有专题。最重要的是，他将人类历史发展与生态史相结合，并且全力批判西方主流史学界长期以来以欧洲中心论视角主导及点评世界史的方法和现象。另一本教科书是凯文·赖利（Kevin Reilly）所著的《世界史史料》。② 赖利是一位多产的世界史学家，他这本书是学习世界史的辅助史料集。他也主张在研究、学习世界史时要打破欧洲中心论，让学生了解和认识世界各地区多元文明文化对世界历史发展的贡献。此书收集了世界各地精短的原始史料及近现代学者所著的二手资料，并以主题为章节建构全书。每一章附有"前言"和"结语"，"前言"中有许多发人深省的问题，"结语"则总结每一章的主题及亮点。赖利的书和马柯斯的书相辅相成，是世界史教科书的理想搭配。玛丽·兰波尔拉所著《历史写作手册》③则是一本工具书，教学生如何学习及写作历史论文。以上三本书是所有选修我的世界史课的学生的

---

① Robert B. Marks, *The Origins of the Modern World: A Global and Ecological Narrative from the Fifteenth to the Twenty-first Century*, Third Edition (Lanham, MD: Rowman & Littlefield Publishers, Inc. 2015).

② Kevin Reilly, *Worlds of History: A Comparative Reader*, Fifth Edition, Vol. 2 (Boston: Bedford/St. Martin's, 2013).

③ Mary Lynn Rampollam, *A Pocket Guide to Writing in History* (Boston: Bedford/St. Martin's, 2015).

必读书。

　　此外,我还要求学生读一两本辅助读物。通常在下列几本书中轮换:1. 夏伯嘉所著《利玛窦与天主教在中国的传教》。① 该书言简意赅,作者用精短的章节在书的前半部介绍明代历史及利玛窦在中国的活动,在书的后半部节录了多种语言文字(包括中文)有关利玛窦在中国的传教文化活动的史料。孟德卫所著的《1500—1800:中西方的伟大相遇》②也是一本精炼的明清中国与西方各国的文化交流史。该书涉及的中西文化交流更为广泛深入,涉及方面不仅有宗教文化,也包括美术、音乐、园艺等。夏伯嘉和孟德卫的书都清楚地指出,15世纪至18世纪的世界经济文化发展中心在印度洋地区,而不是在欧洲,当时的发达国家是中国与印度,而不是欧美各国。对长期接受欧美中心论教育的大多数美国学生而言,这两本书可谓他们的二次启蒙读本。萨拉·罗斯所著《茶叶大盗:改变世界史的中国茶》③也是一本引人入胜的读物。它用生动明快的语言讲述了苏格兰出生的植物大盗罗伯特·福青(Robert Fortune)在第一次鸦片战争之后,由东印度公司资助几次潜入中国成功偷取中国茶种及制茶技术的故事。该书为学生们提供了一个自工业革命在西方兴起之后,西方帝国主义霸权改变世界政治和经济格局的鲜活例子。吉尔斯·米尔顿所著《威廉武士:打开日本大门的英国人》④记述的是英国航海家亚当·威廉(Adam William)在日本的经历,从而折射出17世纪日本与欧洲各国的经济文化交流。阿森德夫特·德·康宁所著《先锋在横滨:一位荷兰人在新条约港的

---

① Po-chia Hsia, *Matteo Ricci and the Catholic Mission to China, 1583-1610: A Short History with Documents* (Indianapolis: Hackett Publishing Company, Inc., 2016).

② D. E. Mungello, *The Great Encounter of China and the West, 1500-1800* (Lanham, MD: Rowman & Littlefield Publishers, Inc. 2009).

③ Sarah Rose, *For All the Tea in China: How England Stole the World's Favorite Drink and Changed History* (New York: Penguin Books, 2010).

④ Giles Milton, *Samurai William: The English Who Opened Japan* (New York: Farrar, Straus and Giroux, 2003).

冒险经历》①，是一部曾于19世纪驻日本的荷兰商人对其在日经历的回忆。读者可从该书中了解到在西方帝国主义霸权横行之时日本与欧美各国的交往与关系。约瑟夫·康拉德所著《黑暗之心》②则是描述西方帝国主义在非洲暴行的经典之作。

在兼顾历史时间顺序的情况下我将15周的课程放置于以四大专题为主导的单元之中，每一单元有一大专题及几个小专题。第一单元的大专题为：理论、方法及观点。覆盖的小专题有：一、像历史学家那样思考问题；二、世界史史学史回顾——为什么至少自19世纪以来世界史的教学和研究始终由欧洲中心论占据主导话语权？在这一单元中，我和学生们一起探讨什么是历史及历史学，历史学家是如何思考和探讨问题的，什么是原始材料，什么是二手、三手材料，在使用史料时怎样认识和处理其中的偏见，什么是欧洲中心论，为什么欧洲中心论可以长期主导世界史话语权。

第二单元以现代世界的形成——互联与分歧为大专题，小专题则包括现代"世界"的形成；明清中国与世界各地区的交往；日本德川时期与外界的交往；郑和与哥伦布。在这一单元中，我启发学生们思考"世界"及"现代"的概念是什么，是何时和怎样形成的，为何而形成，谁具有制定和确认这些概念的话语权。通过这些学习讨论，学生们对历史系制定的第一条教学目标（不同社会人群持有不同的历史观点）有了一定的认识。现行的世界史教科书多持现代世界始于西方文艺复兴运动的观点，现代世界史课通常也将西方文艺复兴时代作为讲授的起点。而在我的世界史课上，现代世界的兴起被视为一个历史过程。在14、15世纪意大利文艺复兴运动兴起之时，世界上已有一个初具规模的贸易网。15世纪末期，它连接了至少六大已知文明——穆斯林文明、非洲、中国、印度及印度洋地区、欧洲，以及美

---

① C. T. Assendelft de Coningh, *A Pioneer in Yokohama: A Dutchman's Adventures in the New Treaty Port*, edited and translated with an Introduction, by Martha Chaiklin (Indianapolis: Hackett Publishing Company, 2012).

② Joseph Conrad, *Heart of Darkness* (New York: Norton, 1988).

洲文明。这六大文明相互关联但又各不相同。这种商业、贸易及文化连接促成了文化思想交流,为西方文艺复兴提供了源泉。郑和远下东南亚、印度洋及非洲,以及哥伦布"发现"新大陆都证明了在15世纪,欧洲、非洲、亚洲、美洲已经紧密联系在一起了。

第三单元的大专题是:跨越世界各地的思想交流、物资及人员流动。小专题包括全球背景下的西方文艺复兴运动及马丁·路德宗教改革;欧亚宗教文化互动——耶稣会在中国与日本;全球背景下的科学革命与启蒙运动;孔子与西方启蒙运动。我放弃了传统的用欧洲中心论方法来讲述15—16世纪文艺复兴及马丁·路德的宗教改革史,而是将教学内容集中于该时期文艺复兴发源地意大利各城邦与亚洲特别是中国的商业经济往来、相互的文化交流,以及这些文化交流对意大利文艺复兴的影响。让学生跳出欧洲中心论的影响,明白欧洲文艺复兴的产生是和意大利等国与世界其他地区的经济文化交流息息相关的。欧洲文艺复兴的艺术名作中不乏欧亚经济文化交流互动的证据。1514年意大利画家伯里力(Giovanni Bellini)出版的一幅名为《神灵的节庆》(Fest of the Gods)的画中,一群神灵在美丽的森林中聚会,一位女神手持一件精美的中国明代蓝白青花瓷盘。该画的存在表明和证实了意大利与中国之间的经济文化往来。在教授马丁·路德宗教改革时,我则将主题集中在耶稣会的成立及该会在亚洲(印度、日本、中国)的宗教文化活动,以及这些活动对欧洲和亚洲的双向影响。18世纪的西方启蒙运动被视为西方近现代文明的政治知识根基,但西方启蒙运动也并非产生于封闭的欧洲的自我空间之中。比如,著名的启蒙思想家伏尔泰就试图借用中国的孔子思想以及科举制度为武器来挑战当时法国的专制主义及教廷的权威。尽管西方启蒙思想家并不真正了解孔子及其思想,但伏尔泰的意图说明了多元文化思想的相互冲击在现代世界崛起中的重要作用。

第四单元的大专题是:权力在世界各地区以及各区域之中的变化。小专题则包括亚洲与大西洋经济体系;世界工业革命;女性、婚姻、家庭与工业革命——以欧洲与中国为例;西方帝国主义崛起;西方帝国主义在中国与日本。在大多数世界史教科书中,1600—1800年的大西洋经济体系被描绘为欧洲、非洲及美洲新大陆之间经济和贸易(包括黑奴贸易)的三角体系。其实亚洲(如菲律宾、日本、中国)一直在所谓的大西洋三角经济体系中扮演着重要的角色。欧洲殖民主义者们在美洲新大陆依靠奴隶及土著居民所创造的银币有相当可观的部分最终通过马尼拉流进了亚洲各国(特别是中国),用以购买中国的陶器、丝绸、茶叶等奢侈品。以各地区文明在历史长河中的交往互动为专题,用全球视野考察世界史给学生提供了新鲜内容以及重新思考、认识和解释历史的无穷机会,也让学生对历史学习产生了兴趣。

21世纪的美国本科生很多是视觉学习者,他们生在网络数据时代,对信息熟悉而感兴趣。我在教授这门通识课时,除了使用图文并茂的PPT之外,也使用网络视觉资料,特别是历史纪录片。譬如在学习现代世界的形成这一专题时,我会让学生观看一部名为《家》的纪录片。这部2009年出品的纪录片由全球八万八千多家企业和单位共同出资赞助、由法国制片人亚恩·伯特兰德(Yann Arthus-Bertrand)制作而成。该片大部分精美绝伦的图像都是在世界各地的高空中摄拍的,展示了地球上多元的人群社会、生活方式及山川地貌。该片娓娓动听地讲述了地球及人类从古到今的历史,并展示了人类社会发展,特别是工业革命以来对生态平衡的破坏。它迫使我们重新思考,什么是"进步"?什么是"现代"?人类文明的发展是否一定要建立于对生态平衡的破坏之上?这部纪录片也讲述了自工业革命以来世界的两极分化、富国与穷国在能源使用、消耗及生活水准方面的巨大差别。更重要的是,该片启发学生去思考,作为生活在21世纪的地球人,我们能为改变世界面临的环境、能源危机及财富分配的不平等现象做些什么?

我还在世界史通识课上用一部由美国《国家地理》杂志美籍日裔摄影师麦克·山下(Michael Yamashita)拍摄的有关郑和的纪录片——《中国的

幽灵舰队：郑和的航海史诗》(China's Ghost Fleet: Mystery of China's Greatest Admiral Zheng He) 来帮助学生了解15世纪的明代中国与世界。山下摄影师于2005年重走了当年郑和航行的路线，寻找到许多郑和留下的遗迹。该片通过大量的事实让观众了解到郑和时代的中国在造船技术和航海等方面遥遥领先于世界。15世纪的印度洋不仅是当时世界经济、贸易、文化交流的中心，更是多种族人口及多元宗教文化的大熔炉。在15世纪的印度洋地区，不同人种及宗教信仰的人基本上能和平相处，用约定俗成的方式自由贸易。欧洲葡萄牙人带着热兵器进入印度洋后，打破了该区域长期以来的和平默契，改变了整个世界的格局。这个纪录片对美国本科生而言是部令他们大开眼界的片子。郑和第一次航海时船队包括几百艘巨大的宝船，哥伦布则只有三艘小船。郑和带了2.8万人同行，哥伦布却只有90名船员。但是，在美国，人们每年庆祝哥伦布日，还放假一天，大部分的美国本科生对郑和却知之甚少。

几乎每学习一个专题，我都会播放一些简短的视频以辅助学生学习。譬如，在讨论郑和与哥伦布的比较时，我播放了一部8分钟的短视频，题目是《哥伦布没有发现我们》(Columbus Didn't Discover Us)。该片是在1992年所谓哥伦布发现美洲新大陆500周年时南美各国学者及社会活动家们组织的一个研讨集会拍摄的。这个短视频是其中一节。该片的题目清楚地告诉观众，美洲原住居民在哥伦布到达美洲之前已在当地建立了丰富的历史文明。所谓"发现"是从欧洲中心论的视角在看待这段历史，许多美洲原住居民并不认可哥伦布"发现"了美洲新大陆一说。

在学习亚洲与大西洋经济体系时，我选了一部时长5分钟的名为《三角贸易与殖民主义者们的餐桌：糖、茶及奴隶制度》(The Triangle Trade and the Colonial Table: Sugar, Tea, and Slavery) 的短片。该片以糖的历史为主题，它讲述到，中国茶叶流通到欧洲特别是英国之后，对糖的需求大大增加了，因为英国人饮茶要加糖。这种需求反过来推进了奴隶制度在美洲的深化，导致大量非洲黑奴被贩卖到美洲的糖业种植园。而奴隶们创造的财富又以美洲银币的形式流回亚洲,为殖民主义者们购买亚洲奢侈品。所谓的三角贸易其实远远不止三角,亚洲从16世纪就已是所谓大西洋经济体系的一部分。16—18世纪的奴隶经济与制度实际上是一种包括了亚洲的全球经济制度。

一部8分钟的名为《马尼拉帆船商路遗产》(Manila Galleon Trade Route Heritage)的短片则记录了西班牙殖民菲律宾后亚洲各国是如何通过马尼拉而融入所谓大西洋经济体系,并加速了全球物资、人群及文化思想的流通。此外,卓别林1936年主演的《摩登时代》是一部用幽默方式帮助本科学生了解工业革命的社会成本的好片。工业革命给世界带来了巨大的冲击,它提高了生产力,改变了社会结构、生产方式、阶级关系。但这些改变并不都是正面的改变,《摩登时代》便是用生动的例子展示了工业革命带来的负面影响。

怎样教——教学方法

在教学上,我放弃了以教授为中心的填鸭式的教学方法,转而用以学生为中心,师生、学生与学生之间互动的方法来上课。首先,我鼓励学生把学习的心态和行为从被动转变为主动。通识历史课不只是教授学生历史知识,它也训练学生用批判的眼光找寻、使用史料,独立从事研究。21世纪的历史学已是一门跨学科的学术领域,学习历史还可以培养和提高学生们阅读和写作的能力。更重要的是,历史学习大到可以提高学生分析、批判和综合思考的能力,小则可以提高学生们的学习能力。历史课的阅读量比较大,有些学生不知道如何才能驾驭每周的指定阅读,也不知道哪些内容需要掌握,需要记笔记。为了帮助学生不用死记硬背,而是用理解的方法学习历史和掌握必读章节的重点,我每周都会提一些与本周专题有关的问题让学生思考。我鼓励学生用分析、批判的眼光带着问题去阅读,并尝试从阅读中找出答案。如果找到了答案,有足够的证据支撑其论点吗?答案有说服力吗？如果找不到答案,为什么找不到？我也鼓励学生挑战我所提的问题,并鼓励他们提出自己的问题,同时将阅读中遇到的问题带到课堂上与老师和同学一起探讨。这样,不仅学生们是主动在学习,而且他们还能通过理解和思考来记住所学内容。

在课堂教学上,我从不做滔滔不绝的灌输式的讲演,每堂课讲了20—30分钟后,我就会停下来提问题,让学生参与讨论和争辩。我们在课堂上讨论的问题大多数是与本课专题有关的开放式问题,需要学生们动脑思考。既然本课名为"现代世界的起源",我们便在课堂上讨论何为现代？何为世界？世界何时产生？16世纪的世界与19世纪、20世纪的世界有何相似与不同之处？谁有权定义现代？现代性包括了什么？现代性都是积极进步的吗？什么是全球及全球化？全球化始于何时？推动全球化的是何种力量和人群？讨论这些问题的目的不是要找到"唯一正确"或统一的答案,而是在于培养学生们用批判的眼光进行复杂思维的能力,并在学习中占据主导权,有自己的思想和观点,不盲目接受现有观点和知识。我们在课堂上讨论的问题是本科生常常接触、应用但鲜少仔细思考的问题。学生们喜欢这类挑战,也愿意积极参与讨论。

这一代本科生都是网络公民,他们关注信息,对与现实生活有关的题目感兴趣。我所用的教学方法可以帮助学生将历史学习与现实生活,特别是时下的敏感问题(比如全球贫富分化及种族歧视等)联系起来,让他们能在学习历史时寻找答案。比如,在探讨所谓17—19世纪世界经济体系(即所谓的大西洋经济体制)及奴隶贸易时,我们着重讨论该经济体系是如何操作的,以及不同地区和人群分别扮演什么角色。在这个体系中,非洲提供人力(非洲黑奴),美洲提供土地和资源,亚洲提供奢侈品,特别是丝绸、瓷器和茶叶。而欧洲人则用其技术和军事力量确保该体系的运转,并成为最大的获利者,从而播下了全球财富分配不均与种族歧视的种子。过去200年来欧洲中心论在世界史学界独占鳌头也是因为自工业革命之后,西欧各国经济军事实力增强,凡是列强们不能用和平方式解决的问题,都可以用枪与大炮解决。历史的话语权也由胜利者掌握,而历史也变成了胜利者的历史。

　　课堂讨论也需多样化。除了大课堂讨论之外,我也组织学生进行小组讨论并要求各组与全班同学共享讨论内容。有时我也组织学生分小组进行"交火"挑战——一组学生向另一组学生提问题。我曾在课堂上组织过关于什么是"东方"、什么是"西方"的辩论。我要求每个学生带两件实物到课堂,一件代表东方,一件代表西方。每位学生必须用两分钟做展示和讲演,说明为何这两件实物可以代表这两个概念。结果学生们发现,有的同学用与宗教有关的事物来定义东西方,而有的同学是以地域来划分的,更有同学认为意识形态是分水岭。众说纷纭的展示和讲演使同学们认识到,我们在课堂上讨论的问题,诸如现代性、世界、全球化及东西方等概念是动态的、流动性的,是历史性的建构,单一的、一成不变的概念是不存在的。在不同时间阶段及不同的社会,各种人群对上述概念的认识与理解是不一样的。由于这些概念均建构并发展于历史进程之中,所以我们必须用历史的眼光看待、理解它们——这就是历史性。无论历史专业还是非专业学生,都比较能接受这种通过历史学习来培养高水平和复杂思维能力的教学方式,并对历史学习产生兴趣。为了鼓励学生们积极参与课堂讨论和辩论,我把百分之十五的课程成绩放在课堂参与上。

　　除了课堂讨论和辩论之外,我也引导学生在课堂上做三分钟写作。三分钟课堂写作和课堂讨论一样,可以活跃课堂,特别是在学生显露出心不在焉时,可以重新引导他们的注意力。三分钟写作可以是学生写问题提问,也可以是他们对一段历史史料发表己见,或者是对课堂上看的视频发表意见。我通常喜欢让学生挑战他们观看的视频、读过的文章,发表自己的意见,或写出他们读史料的心得。对学生的三分钟课堂写作,我会看但不评分。这样,学生没有压力,可以自由发表意见。但因为我会读他们的三分钟写作,学生也不会太马虎。这种低风险的写作也为学生们写期末论文做了训练和准备。

课外师生及学生之间的互动

　　费尔费尔德大学是一所寄宿型大学,本科生大部分住校。学校非常提倡学习与生活的结合。课堂教学只是学习方式之一,而且有时间限制。生活/学习则可以实施于课堂之外的所有时间。因而,本校大部分的本科生都被组织进了几个和宿舍挂钩并以主题命名的"生活/学习"院。大一学生生活/学习院的主题包括"健康生活""热爱科学、数学、工程的女生"。大二生活/学习院则有"为社会公正服务""创造性生活""环境保护""伊格里显"(一位耶稣会创始人)及"伊格里显领导能力"。这些生活/学习院也和学校的学生办公室、宿舍管理办公室挂钩,学校有专门的经费让学生从事课外活动及与课程有关的活动。我教授的现代世界史通识课常常和这些生活/学习院挂钩,把课堂学习延伸到学生的宿舍生活之中。比如,在学习第三单元的专题——跨越世界各地的思想交流、物资及人员流动时,我引导学生在宿舍举办国际美食节。美国是一个移民国家,学生们的先辈均来自世界不同地区。大部分的移民家庭,不管来美国多久,对原生地的美食仍然独具钟情。加之美国的美食多元化,学生们对许多国家及地区的美食都很熟悉。首先,我指导学生为国际美食节写了一份经费申请。然后让学生自愿分组选择制作一种美食。最后,五组学生分别选择了意大利、墨西哥、爱尔兰、中国及土耳其美食。定下日期并选定在本班同学集中的宿舍举办活动之后,同学们便按小组自发组织起来,分工合作,有的负责采购,有的负责联系场地,有的负责做宣传海报邀请不在我班上的学生参加。我给学生布置了作业,要求每组同学做一些研究,写一份简短的报告,汇报所选美食主要配料的历史渊源,并与第三单元的主题联系起来谈谈心得。最后各组同学将报告做成海报在美食节上分享。通过研究同学们发现,每一种美食都有许多不同国家和地区的影子。比如,日式美食天妇罗其实原本是一种葡萄牙美食,由耶稣会传教士带到日本。意大利美食的主要配料西红柿、洋葱、大蒜和黑胡椒分别来自不同的地区。西红柿来自美洲新大陆，16世纪通过所谓的大西洋经济体系被介绍到欧洲，大蒜来自中亚，洋葱来自伊朗、西印度及中亚，而黑胡椒则来自印度。这些食物成为意大利美食主要原料体现了世界各地区文明间的文化贸易交往、互通有无，是历史长河中不同文明思想物资交流的结果。同时，殖民主义也在这些交流和交往中扮演了重要角色。世界上没有纯粹的文明，也没有纯粹的美食。

我也曾按照美食节的方式组织世界史通识课学生举办国际音乐节。大部分美国年轻人都是音乐爱好者，通过完成课外国际音乐节作业，同学们也认识到现今美国流行的音乐如爵士及蓝调音乐等都包含了多种不同国家及地区音乐的成分。这些课外学习活动既使学生学习了历史，又满足了他们的兴趣爱好，最重要的是提高了非历史专业学生学习历史的兴趣。美食节和音乐节都是在宿舍举行的，有免费食品和音乐，加之五光十色的海报吸引了很多不在我班上的学生，算是给通识课打了广告。

二十多年的历史教学使我认识到通识历史课也可以教出精彩，关键是作为教授的我们要不断更新自己的知识，要热爱历史、热爱教学。把历史教学作为一门知识艺术，作为一种崇高的职责，而不仅是一份工作。借古识今，历史学习可以帮助年轻一代明白世界文明文化的多元性及重要性。只有理解才能促进不同信仰和文化传统的人们和平相处，共同努力建设一个繁荣昌盛的世界。

华儿得宠
——在美国教美国史

朱立平(Liping Zhu,1982年出国留学,lzhu@ewu.edu):现任美国东华盛顿大学历史系终身教授。著有三部英文专著,包括:*A Chinaman's Chance: The Chinese on the Rocky Mountain Mining Frontier*(荣获1998年美国图书馆杂志优秀图书奖);*Ethnic Oasis: The Chinese in the Black Hills*(荣获2004年南达科他州赫博·谢尔州长历史著作奖);*The Road to Chinese Exclusion: The Denver Riot, 1880 Election, and Rise of the West*(荣获2014年丹佛市公共图书馆卡洛琳·班克罗夫特历史著作奖)。专业论文曾于1996年和2000年两次荣获《蒙大拿历史杂志》(*Montana: The Magazine of Western History*)的维维安·柏拉丁奖(Vivian A. Paladin Award)。曾荣获东华盛顿大学杰出教学奖(2001)。历任美国西部史协会理事、美国历史协会太平洋区理事,以及多个美国历史类杂志编委。2014年被美国西部史协会任命为杰出演讲者(Distinguished Speaker)。目前正在撰写蒲安臣(*Anson Burlingame*)的英文传记。

今年是我来美国的第 40 个年头,也是正式执教 25 周年。虽然终身教授没有退休年龄的限制,但是自己打算将在几年内放下教鞭,专注研究和写作。可能出于自然,在自己教育生涯临近终点时,过去工作中的一些片段、琐事经常会浮现在眼前。正巧王希和姚平教授邀请我为这本书写篇短文,谈谈自己在美国的教学经历,我就把这些能回想起的经历笔录下来,凑成此文与大家分享一下。

我于 1982 年 1 月毕业于华东师范大学历史系。同月就匆匆投奔亲戚,来到美国堪萨斯州的维奇托市(Wichita)准备继续读书。由于成长于特殊的年代,中学期间学了几句俄语,大学学了两年的基础英语,没有很好的外语基础,只好先进维奇托州立大学(Wichita State University)的语言学校,补习英语。再加上自己没有一点语言天赋,在一年半的时间里连续考了十次托福,最后才勉强入读历史研究生。大概我已够资格去申请吉尼斯考托福次数最多的纪录。之后经过三年的学习,1986 年我终于得到历史硕士学位。

在读硕期间,我修过一门堪萨斯州历史课,它的早期历史使我对美国的西部史产生了兴趣。在申请博士研究生时,我就申请了新墨西哥大学(University of New Mexico)的西部史专业。在 20 世纪 80 年代、90 年代,新墨西哥大学的西部史专业是美国最强的两个历史专业之一(另一个是耶鲁大学)。直到现在自己也无法想象为何他们竟会录取我这样一个学渣级别的人。我于 1987 年进入新墨西哥大学就读。俗话说,扬长避短,但我决定读美国西部史博士真可谓是扬短避长。与美国人竞争,没有一点优势。除了语言的差距之外,专业底子和文化背景也远不及土生土长的美国学生。在这样一种不利形势下我也只能硬着头皮去念。亲戚朋友中没有一个人看好我的将来。然而不管怎样,经过七年的努力,我终于在 1994 年拿到了博士学位。

虽然拿到了美国人称之为行会会员卡的博士学位,但是找工作又面临巨大的困难。教美国史的职位竞争最为激烈,往往一二百人争一个位子。

绝大多数情况下，一个学校不太愿请一个外国人来教美国史。我连续找了两年工作，毫无收获。为了糊口，只能继续在餐馆当服务员，在原来读博的学校教一门美国通史课。同时修改我的论文，联系出版。但很多时候，在任何地方，一个人的机遇比才能更重要。就像杜鲁门总统曾经自嘲过，如果没有一次偶然的机会，他可能会一辈子在妓院弹钢琴谋生。我的机遇出现在1996年。那年科罗拉多大学出版社同意出版我的博士论文。我的论文是关于华人在爱达荷州淘金的历史。很少有人知道在19世纪，爱达荷属地近百分之三十的人口是中国人。我的论文是对于此题的第一个个案研究，这给人以新鲜感，并且那年华盛顿州的东华盛顿大学（Eastern Washington University）要找一个教美国西部史的助理教授，同时也教西北部史（主要包括华盛顿州、俄勒冈州和爱达荷州），而我的研究方向还算对口，在面试时我又是唯一手持出版合同的应聘者。这些优势帮助我得到了职位。

自1996年秋至今，我一直在东华盛顿大学历史系任教。东华盛顿大学创建于1882年，位于小镇切尼（Cheney），是一所约有一万名学生的师范性质的学校，主要目标是培养中小学老师，在美国排名约一千名。从三流学校毕业到四流学校就职，完全是门当户对。但对我个人一生来讲，相当于中了个乐透奖。我和历史界同行开玩笑，如把一生的收入加起来可真有几百万美金，所以我称我的这本处女作为"百万美元巨著"。有些研究西部史的朋友很欣赏我自我陶醉的态度，现在他们还用我这句话去勉励现在的博士生。

的确，让社会和学生能接受一个外国人来教本国历史需要一个很长的过程。除了个人偏见与职业传统外，政治与文化环境具有相当大的影响力。如用颜色来解说当地政治环境，华盛顿州算是蓝州，但我住的地区是坚定的红色根据地。有时选举结果显示更是红得发紫。这里在种族上也是美国最白的地区。在我刚到时，东华盛顿大学的白人学生占百分之九十二。每个学期第一天走进教室时，可以看到许多学生脸上露出的惊奇表情。仿佛在问,"你是否走错了教室?"有一次,一位来自蒙大拿州的愤青学生的爷爷甚至写信给校长抱怨,"你们怎么让一个外国人来教美国史?这么不爱国?"当然学校不会向这个具有种族偏见的家长低头。说来也巧,没过几年我们系要招聘一名教亚洲史的教授。我也是招聘委员会成员之一。结果,经过全国招聘,最强的一位应聘者是来自美国南方的白人,最终他被雇用了。他的研究方向是中国史,因为他小时候在台湾长大,对中国文化感兴趣,最终在夏威夷大学拿了中国史博士。除了懂中文和西班牙文外,他连阅读没有点校的文言文都很轻松。于是这二十年来我们系有一个很有趣的现象:一个华人教美国史;一个白人教中国史。其实这也是美国多元化的很好的体现。

上面简单地列举了几个在美国教美国史的先天障碍,包括个人的缺陷和外在的环境。但既然已进入这个行业,就必须把工作做好。同时为了生存,绝无退路。我依然拿出读博时的勇气和韧劲去对待自己的职业。虽然无法消除一些先天不足,特别在语言方面像口音、语调、俚语掌握等,但是在许多其他方面存在着充分可改进的空间。一些方面的强项可弥补其他薄弱的环节,正如我们先贤所讲的取长补短。

过去在中国常常听人讲史地不分家。的确很有道理。如果对地理环境不熟悉的话,很难把课讲得生动。特别是我教西部史和西北部地方史,在对地理环境的熟悉和了解方面要求更高。如果对城镇、县区、山脉、河流、峡谷和森林没有一点概念的话,学生马上知道你是个"水货",因为他们的家就在这些地方。再加上西部史的发展与当地的地理环境和生态有极大的关联,譬如皮毛交易、探险淘金、通信交通、伐木捕鱼、放牧屯垦等。哪怕是讲政治史,州县边界争议与划分、各种战争冲突情况、印第安人保留区的建立等都与地理环境分不开。一定要实地去观察过,才会有深刻的感性认识。例如,西北地区是罗斯福新政水利建设最大的两个受益地区之一(另一个是南方),如想深刻了解它是如何改变某一特定区域或县市的经济和社会面貌,必须去看看哥伦比亚河及其支流上大大小小的水坝,知道它们的具体位置。这也不是一两个月所能做到的事。但不如此,简直无法教地方史。

要想对一个地方、区域和国家建立起一个深刻的地理概念不是短时间能完成的事,要靠长期积累。从学生时期起我就比较注重实地考察。凡是有外出旅行机会,无论哪个朋友相约,我都乐于奉陪。我在美国著名的大平原中心堪萨斯州待了五年,在具有浓厚西南文化的新墨西哥州住了九年。后者与亚利桑那州、犹他州和科罗拉多州一起被称为美国国家公园的黄金圈。为了筹款做博士论文,我还辍学一年半帮国家公园管理局撰写了国家公园(新墨西哥州的联邦兵营)的管理史。这些考察与调查使我对这一地区的地形地貌有比较好的了解。后来自己的三本学术著作也是关于三个不同的州:爱达荷州、南达科他州和科罗拉多州。为了省钱,在去各地档案馆、县法院、图书馆找资料时,我都自带帐篷,露营过夜,用一个小汽油炉烧水煮食,夏天就跳进河里洗个免费澡。现在经济条件大有改善,外出做研究时仍选择住民宿、青年旅馆或便宜的汽车旅馆。我宁可把钱花在晚上去酒吧,这样更能了解当地风俗。如不赶路,我一般上不州际高速,而走乡镇小道。这给我更多机会熟悉地理环境。经过几十年的积累,我不仅到过所有的西部州,而且造访过许许多多的偏僻角落和历史遗迹。例如,位于爱达荷州与俄勒冈州中间的地狱峡谷(Hells Canyon),这是美国最深的峡谷,比举世闻名的大峡谷(Grand Canyon)还深,极少人能涉足此地,因为地势险峻,河流湍急,暗礁林立。只有坐特制的吃水很浅的快速艇才能深入峡谷。有好几年,我们系申请到了联邦政府的"爱国主义历史教育"(Teaching American History Grant)活动经费,用以做暑期培训。我组织当地的中小学老师去参观西北地区的名胜古迹,其中就包括地狱峡谷。在一整天内,我们深入峡谷约80公里,到达了几乎是美国最偏僻之地(不包括阿拉斯加某些地方),老师们看后个个赞叹不已。只要政府慷慨解囊,哪怕最偏僻的边疆地区,我们都愿意去。在讲课时拥有丰富的地理知识不但不会给人以纸上谈兵的感觉,还会使学生敬佩你"游山玩水"的真才实学。

与教理工科目不同，教文科课程，特别是历史，需要有相对较好的社会文化背景知识。除了语言上的先天性障碍，我们成年后才来到美国的人在社会文化背景知识这方面也特别欠缺，很难彻底弥补。但就像面对语言的困难一样，绝不能轻易放弃，也要知难而进。记得在读博时，一位教授看到我经常一人坐在图书馆看书，便把我叫到办公室对我讲，天天自习不是很好的学习方式。一个人从其他同学那里学到的东西要远远比从教授那里学到的多得多。他鼓励我多与美国同学交往，这是补习文化背景知识的捷径。按照他的建议，我就与美国同学打成一片，参加他们的各种聚会。的确如他所说，我觉得在咖啡馆和酒吧里学到了许多在课堂里学不到的东西，同时也结交了几个终身好友。虽然大家分开已近30年，各自在不同的地方教书，但是仍然经常互通电话，甚至互相拜访，无所不谈。

　　在美国，特别在校园里，交谈时最常见的两个话题是音乐和体育。如果对这些一窍不通，很难加入人们交谈的行列，因为绝大多数学生不太喜欢书呆子型的教授。由于种种原因，我对现代音乐的了解始终相当薄弱，但我用体育知识和经历的长处来补音乐修养欠缺的短处。由于从小喜欢体育运动，参加过田径和许多球类项目，到美国后对一些体育项目仍追踪关注，与年轻人就有一些共同语言。二十年前我去报考培训成为羽毛球裁判。经过培训、笔试、考核，先当上了州级裁判。过了几年，又经过一轮难度更高的考核之后成了美国国家一级裁判，现在已是国家二级裁判（三级最高），每年指定要去几个全国比赛当裁判。偶尔羽毛球协会还会派我去参加国际比赛。凡是我去做裁判时，不是请人代课就是停一两天课。我对学生严肃地讲，体育比读书更重要。虽然是不务正业，但是学生对我反而有敬畏感，知道老师不是一个蛀书虫。

　　前面已经讲了不少困难和磨炼，现在言归正传，来谈谈我是怎样教美国史的。我讲授的课程主要有一年级的美国通史、三年级的西部史、西部文化与种族、西北部史、亚裔美国人史和研究生的西部史学史。我刚到学校时，历史系有十四五名全职教授、四五名兼职讲师。现在只有十一名全职（包括助理、副、正）教授。根据西方通识教育传统，每个学生不论专业，在一二年级时必须修"美国通史"或"世界通史"（过去叫"西方文明史"）。每个美国史专业的教授须教一年级的美国通史，其他专业的教世界通史。所以我每年要上好几遍美国通史。大学美国通史一般分两学期（季）上。我们学校采用学季制。一年三个学季（不包括暑期），每学季上十周课，一周考试。第一学季的内容从印第安早期文化到1877年重建结束，第二学季的内容从1877年到今天。通史课的人数一般在五十到六十之间。虽然自己没有一点演员的长相，但上台作秀欲望还特强。听众越多，上课精神越好。所以，教一年级的通史课对我还蛮有吸引力。

虽然公共课程要遵循学校的一些基本要求，但每个老师有相对比较宽松的教学自由。老师可自定教学大纲和课程规章，选择教本，规划重点和授课方式。我们系每学季开好几门美国通史课，教法各人各异。这些年来我教美国通史的总趋势是越教越浅。像大多数助理教授一样，刚来时通常要求学生知道太多历史事实，似乎用研究生的标准去要求一年级的学生。效果往往适得其反。譬如每堂课讲十件历史事件，过一个星期，学生一件都记不住。倒还不如每次讲三个事件，或许他们能记住两件。我记得一位教授曾经风趣地对我们讲，在教学中，"三"是最好的一个数字。如一个事件有五个历史原因，就把它们合并为三个；如只有两个原因，那就自己再编造一个。其实，这位教授的笑话里藏着深刻的道理，可以便于学生记忆。所以我每天上课给学生的提纲也大都是"三"，"三"，"三"。

还有就是历史专业生源的变化。在20世纪70年代，美国大学里有百分之五的学生选历史专业。半个世纪后，历史专业的学生占比少于百分之一。在一年级通史课上几乎没有历史专业的学生。绝大多数学生对历史课不感兴趣。再者，学生的总体质量问题。我们这里是贫穷蓝领居多的农业地区，大部分学生是家里的第一代大学生。学生本身的素质和求知愿望相对差一些。还有，美国允许一些高中生到大学预修几门一年级的课程。美国通史就成了他们的首选课程之一。这样每门通史课里至少有三分之一是高中生，有时甚至多于一半。这样，我的作用也随之下滑，实际上已从一所无名学校的教授降为了一名普通中学老师。我也在办公室外的名牌上给自己加了个"名誉教授"（"Honorary Professor"）的头衔。不仔细看，学生还以为我又升了一级。

鉴于上述原因，我们必须因"材"施教。如要求这些学生在十个星期内读上千页的教科书，记住许多事件、人物、时间和概念是不切实际的。大家也知道几乎没有学生会逐字逐句去念教科书。所以我现在选用相对薄一点的，由斯坦福大学主编的《美国的怒吼》①做教科书。这本书最大的好处是它有免费的电子资源。可帮助我们这里的无产阶级子弟减轻一点经济压力。同时我还选用由朱尔·本杰明编著的《历史学生手册》②让学生了解一点历史学的基本概念。我把第一学期的教学重点放在区域冲突上；第二学期的内容则侧重改革和平权。因为绝大部分学生今后不会当历史学家，所以没必要让他们记住太多的具体年代和人名。加上现代科技和网络的进步，随时随地都可查到具体的信息。通史课主要应让他们熟悉美国历史发展的大概脉络，有个大轮廓已经非常不错了。因此，我经常提醒他们注意大画面和重要概念。但每当我向全班严厉要求所有人必须记住1812年美英战争是在哪一年爆发的，波士顿倾茶事件是在哪个城市发生的，总会引来哄堂大笑。

无论在学术研究还是课堂教育中，历史学科既是社会科学又是人文学科，它有科学的严谨性，同时也需要艺术的创造性。大家知道，教学的很大一部分是表演艺术。神态、目光、语调、手势、服装和道具等都可对教学内容产生影响。这么多年来，我收集了各种图案的领带和徽章。根据每天上课的内容，佩戴相应的领带或徽章。在学生慢慢熟悉、适应了我的道具时，偶尔也会给他们制造一些意外。例如，在讲1812年美英战争的那节课时，

---

① Joseph L Locke and Ben Wright, ed., *The American Yawp*（Stanford：Stanford University Press，2019）.

② Jules Benjamin, *A Student's Guide to History*（Boston：Bedford/St. Martin's，2018）.

我当然会佩戴美国国旗的徽章。但讲20世纪初第二次三K党兴起的那天，我又会戴着美国国旗的徽章进教室。在讲到这些种族主义者如何利用爱国主义大旗来掩盖他们的罪恶行径时，我会突然看看我胸前佩戴的美国国旗徽章，对学生道歉说今天匆忙拿错了徽章，我不是三K党成员。然后，拿下美国国旗徽章，换上华盛顿州旗的徽章，再讽刺一下当今的政客后，继续讲课。在特殊的日子，我还会有特殊的打扮。譬如，在万圣节那天，我们系的一些教授会根据他们的专业，打扮成相应的历史人物。教中国史的那位白人教授会打扮成私塾老师或红卫兵小将。我一般打扮成一个19世纪西部的治安长官。学生走近时会发觉我网购的大警徽上的明确职位是"堪萨斯城妓院巡视员"（"Kansas City Brothel Inspector"）。我告诉他们，靠巡视员的特权可享受买一送一的官员优惠价。

兴趣常常是学习的主要动力。提高学生对美国史的兴趣也是我下功夫的地方。经过这么多年教学实践，我知道学生对哪些内容感兴趣，对哪些不感兴趣。譬如，杰克逊总统摧毁第二国家银行和他与副总统卡尔霍恩的关税之争都是很重要的事件，但学生对这些一点没兴趣。只要快速提一下即可，倒还不如多花些时间讲讲杰克逊总统怎样强迁印第安人到西部的悲剧。再举一例，在讲19世纪后期人民党运动的众多主张时，一年级的学生很难理解（金银）复本位制和金银兑换比例之争的议题。因此，我就多谈谈渐进个人所得税和直选联邦参议员的主张。同时再插入点有趣的故事，例如蒙哥马利沃德和希尔斯邮购公司的兴起。在讲19世纪城市发展时，我会花一小节谈谈百货公司的兴起，以及它怎样影响了美国的社会改变，包括社会平等、妇女就职、公共教育、购物习惯等。很多能联系到学生现实生活的史实也能增加他们的兴趣。在讲述淘金浪潮时，绝不能忘记加入牛仔裤为何和如何问世的故事。哪怕是原本枯燥的移民屯垦题目，如你谈一谈铁丝网的发明和改良风车的出现，学生马上兴趣倍增。直到现在，学生每天在上学的路上都能看到这些东西。凡是能联系到当今生活的历史事件或物品都会给学生有一种亲切感。我基本上保证每堂课都有一些吸引学生注意力的内容,无论是令人惊讶的数据,历史趣闻还是政治笑话。有时还要反应迅速,根据即时新闻创制笑话。逐渐地,风趣和幽默成了我的品牌,得到系里同事的公认。有些学生会在大学期间选修我的好几门课,最后我只能向他们道歉说我已没有新的笑话了。

考试和作业是每门课的重要环节。它们不只是为了测试学生对知识的掌握程度,更主要是训练、提高他们的技能。我每个学期会安排一次期中考和一次期末考。考试题目都为选择题,主要目的是让他们熟悉一些重要历史事件和概念,这种测试方法在世界各地都大同小异。同时每个学生需要写三篇短文章,每篇五百到六百字。其中包括,我给他们提供一份大约半页长的历史文件,要他们写一篇短文来分析所提供的历史文件。例如,在讲授镀金时代历史时,我选择劳工领袖艾拉·斯图尔德(Ira Steward)的《第二次独立宣言》("A Second Declaration of Independence",1879)中的几段,要求学生回答为什么这份文件要用这个题目,同时分析镀金时代的贫富差异、阶级冲突、劳工要求及政府态度。我认为这个要求对学生来讲不能算难。但学生写作能力薄弱是当今的一个重大问题。我记得在读大学时,许多同学的写作水平完全达到了出版的标准。但在美国很少碰到一个能写稍微像样文章的一二年级的学生。我想,可能是随着人类知识结构的改变,现在学生被要求学的科目越来越多,自然在某一单科上花的时间就会越来越少。因此,写作水平普遍下降是必然的。过去老罗斯福总统的大学四年级论文能出版成书,这对现在的学生来讲是不可思议的事。学生写作通常出现的问题是每段缺乏主题句,整篇文章充满了联系动词句(B-verb sentence)、被动语态句和意义混乱句。连这些基本写作原则都没概念,更不要提文章通顺、流畅和优美了。因为掌握写作能力是学习历史的必要前提,所以学校在进行教改后,每一门一年级的人文和社会科学课程都必须有加强学生写作训练的内容。更何况,绝大多数修通史的学生不是历史专业的,对他们来讲提高写作能力比掌握一点历史技能更重要。学生经常抱怨,为什么你们历史教授在改作业时这么关注写作问题,给的评语比英语教授给的还多。我半开玩笑地回答他们,因为历史学家高一个档次。

接下来谈谈高年级的历史教学。美国本科三四年级开始分科,学生主修自己的专业课。因此在三四年级的历史课堂上,绝大多数的学生是历史(History)和社会研究(Social Studies)专业的学生。① 按照华盛顿州教育部门规定,光拿到四年制的历史学位是不能当中小学老师的,必须有五年制的社会研究专业学位(其中一年学教育学课程)才能获得教师执照。我的美国西北部史课程是想拿中小学社会研究(包括历史)教师执照的学生的必修课,因此这门课的生源有保障,同时还有"生杀大权"。相比起来,历史专业的学生就差些,人数也少些。除非去读研究生或进法学院,一个历史专业毕业生一般找不到对口的工作,尤其是我们这种学校的毕业生,毕业即是失业。所以我们尽量鼓励学生去拿社会研究专业学位,当中小学老师。这也是目前我们所承受的巨大的痛苦。如不支持人去修历史专业,历史学家等于自打耳光。如误导太多学生修历史专业,培养一大堆啃老族,则良心备受谴责。现在美国大多数中小型大学的历史系逐渐沦为辅助科系,主要为通识教育服务。我在这三四十年里目睹了历史教育界(同时也是整个美国高等教育)无法想象的巨变;与我读博时的情况相比,已面目全非。对于这种变化,我们无法评论是好是坏,因为世界在变化,社会在进步,我们只能去适应变化。

不管如何,高年级课堂里学生的学习态度相对端正许多。根据规定,社会研究专业学生的每门历史课的成绩必须是良以上。除了这一外在压力,学生自己对历史的兴趣也高许多。尽管如此,上课时还是要有一些吸引他们的内容。高年级的课程设置与通史课设置有明显区别。高年级课程一般不使用教科书,我的授课会为学生提供基本的历史框架。此外我要求学生读三本关于不同题材和不同时期的专著,并撰写书评。阅读专著不但使学生对某一问题有更深了解,而且提供给学生熟悉历史研究方法的良

---

① Social Studies 或译为社会科学,是美国中学设置的一门主要课程,包括历史课。

好示范。高年级课程会设置几节讨论课，每班人数限制在15人至25人之间，大多数学生有机会发言。

我教的几门高年级课程大多是区域和地方史。前面已提到，教授区域和地方史对当地的方方面面都要有比较深的了解。除了对地理环境外，对政治、经济、社会和文化也要进行实地考察和亲身体验。许多东西在书本上是学不到的。要想知道一个社会是如何运作的，最好打入各个机构进行观察。在美国一个教授评定职称和升迁需要考察三个方面的能力：教学、学术和服务。服务包括校内和校外。所以我就找一些义务工作，既能满足职称评定的要求，同时也帮助我增进对社会的了解，一箭双雕。我做过几年华盛顿州博物馆的董事会成员。董事会一年开两次会，为博物馆制定总方针。因为州博物馆在塔科马市（Tacoma），离我所在的城市有五百公里，每次开会我还要坐飞机过去。我还曾经是斯波坎县（Spokane County）的历史建筑保护委员会成员。许多地方通过免税方法鼓励人们去修缮、保护古建筑。修缮完成之后，屋主可向历史建筑保护委员会提出申请。先核对档案（包括原图纸和历史照片），然后实地查看，最后听证投票。成功的话，屋主可免十年的地产税。有一家酒店因此而被免了一百万美元的税。

虽然我在2006年已升任正教授，没有什么压力。但如有空，仍去做些社区服务，多多接触社会。对大部分人的日常生活来讲，地方选举远远比联邦选举重要得多。抱着学习的心态，最近几年我参加了本县的一些政党活动，包括竞选工作和党组建设。美国联邦制的政治体制，选举运作大概是全世界最复杂的。每个州和县有自己的一套方法。很多细节在书本上是学不到的。真是让人大开眼界，有学无止境之感。因为我勤勤恳恳，深知敬畏，县党委领导还想拉我去竞选"街道党委书记"（party precinct officer）的职位。那可能要等退休之后再做考虑了。

每位教师的教育生涯多多少少会受到行政工作的影响。在美国大学里系主任是一个吃力不讨好的差使。院校领导视系主任为官僚机构的走卒，在系里彻底贯彻执行上级的政策；教授却把系主任当成群众代表，为他们上访、维权。虽然系主任每年可多得一个月的工资,减少几门课,但是各种烦恼绝对会使人减短寿命,得不偿失。因为没有人想当系主任,我们系采取轮流执政制。到了2014年,我也无法躲过,只能勉为其难出任系主任,一届四年。四年到期时,我的指定接班人刚被选为学校的工会主席。这个职位极其重要,有关大家的钱包大小。为了帮人帮己,我同意再干半届系主任。这样我一共做了六年的系主任,2019年刚刚卸任。今年我们历史系将与外语系和人类学系合并成立新的全球研究系(Department of Global Studies)。虽然学校的这一决定是出于财政上的无奈,但是对院内的学术交流、教授间的互动和安排学生出国学习来讲,反而使教学变得更健康,更有生气。

做系主任期间,我的宏远规划是精兵简政,砍掉我系的硕士点。正如刚才所讲,美国的历史专业正在以极大的速度萎缩。培养研究生相当费钱,像我们这样的小学校已达到在经济上很难承受的地步。倒还不如把资源集中在本科生身上。我主张大量资助学生去国外短期学习、访问。由于经济原因,我们这里老红区的工农子弟相对闭塞,许多人一生连飞机都没坐过。让他们去第一或第二世界开开眼界,哪怕只出去一次,两个星期,都会使他们受益无穷(美国有的地方很贫困,自嘲属于第三世界)。只要学生来申请,我就尽量多批钱给他们。说到这里,可能有人会认为我是个反博雅教育的功利主义者。但我认为,我既是个理想主义者,又是个现实主义者。我对历史无限地热爱,生长于一个历史教育者的家庭,我父亲一生教了近五十年的历史,我自中学开始就对历史感兴趣,到现在也有半个世纪,仍不忘初心。

虽然面对残酷的现实,系里的几个理想主义者仍然不愿放弃硕士点。结果通过妥协,系里最后决定保留很小的硕士点,只培养公共史学硕士生。在这方面我校的确有优越的条件,全世界第一家电子档案馆就坐落在我们校园里。二十年前,由州政府出钱、微软公司出技术建立了一座电子档案馆,因为现在大多政府文件都是以电子形式出现,如何保存这些文件成为了一个很大的挑战。华盛顿州还是很有远见的。后来世界各国,包括中国,都派人员到我们这里来考察、学习。大大缩小了传统的硕士班后,我系现创建了一个网课硕士班,主要面向在职中小学老师。在经济上,网课硕士班采用自负盈亏的方式。这样对系的财政预算就没有什么太大的干扰。除了帮助募捐奖学金基金外,硕士班的改革可以算是我当系主任的一个重要成就。虽然这是行政事项,但也与历史教学紧密相连,让我们思考怎么在21世纪的新时代里更有效地培养学生,提高历史教学质量。

  课堂授课只是历史教学的一部分。其实,许多历史教学是在课堂外进行的。美国有个全国性的大学历史学生荣誉联谊会(Phi Alpha Theta)①,在大多数学校都有支部。我当过几年他们的指导老师。这个组织的主要目的是增加学生对学习历史的兴趣,提高专业技能。除了各支部自己搞活动外,各地区组织每年举办历史年会,让研究生和大学生去交流论文,练习讲读论文的能力。西北地区分部是全国最大的一个分部,包含地域广阔,包括华盛顿州、俄勒冈州、爱达荷州、蒙大拿州和阿拉斯加州。每年出席的人数在二百人左右。由各大学轮流主持举办。我也组织举办过一次年会。最近二十年里,我每年春天都自告奋勇带领学生去其他州或城市参加历史年会,给予他们支持和鼓励。

  历史年会有基本流程。每个发言人只有20分钟时间。发言超时是经常发生的事,也是个棘手问题。所以我要求学生把他们的发言稿压缩到九页至九页半。一般速度是两分钟念一页。即使加些停顿,也不会超时。出发前一两个星期,先在自己学校进行彩排,老师们给学生提出修正意见。在年会上,如果我担当某天会议的主持者,我会拿出我的体育裁判工具:黄牌和红牌。会议开始前,预告所有参会者:如我亮出黄牌,意味着发言时间只剩下两分钟,发言人应准备收尾结束;如我亮出红牌,发言人必须在30

---

① Phi Alpha Theta 创建于1921年,是全国历史系学生的荣誉性联谊组织,要求入会学生平均成绩在优秀级别(GPA 3.0)。该组织的全国年会每两年举行一次。

秒内停止。我在重大全国历史年会上也采用同样方法,不管你是谁,大师还是大痴,一律同等对待。我认为发言人超时是对其他发言者的不尊重,极不礼貌。对学生来讲,更不能让他们养成这个职业上的坏习惯。现在历史同行们认为我的这个方式很有特色。一天的会议结束,老师会与学生一起就餐、喝酒、聊天,这也帮助增进师生情谊并提高学生参与下一年会议的积极性。

中学生是我们历史专业的未来和希望,也是国家未来的希望。美国每年举行一次全国中学生历史竞赛,称为"国家历史日"(National History Day)。比赛一共分三阶段进行:地区、州和全国。地区比赛各项目的前三名参加州比赛,州的前三名参加全国总决赛。每年夏天,全国总决赛在马里兰大学举行。而东华盛顿大学历史系每年负责举办本州东部赛区的比赛(包括十几个县)。我们要花很多人力与物力。比赛包括如下一些项目:图文展示、纪录影片、戏剧表演、历史论文、网站设计等。每年全国有统一主题,对各项目有严格的具体要求。这25年来,我每年都主动担任评委或帮助组织竞赛。有的学生作品的水准之高都使我们感到惊讶。特别是纪录影片和网站设计类,许多参赛作品真已达到专业水平。我们所做的这些事是帮助整个社会增强对历史学的喜爱。虽然不指望所有的人成为历史学家,但是多学些历史可使许多人将来成为更有责任感的公民。

历史学界需要杰出的历史学家,同时也需要大量的普通的历史教员来推广历史教育。如果把象牙塔里的大师比作国家队教练,我就是一个热衷的少体校指导。正因为有成千上万的少体校指导每天的辛勤训练,包括纠正小运动员的每一个动作,发掘优秀苗子和帮助他们提高体能,才会有国家队教练站在领奖台上一刻的荣誉。我出于对历史学的热爱,对每天的基础教学工作毫无怨言。经过这么多年的教学,周围许多市县里的中小学老师都曾经是我的学生。还有一些过去的学生现在也当了教授、律师或研究人员。在街上和商场里经常会碰到以前的学生,真有桃李满天下的喜悦。哪怕是在一年级的美国通史课上,偶尔也会碰到一些惊喜。已有至少两次,两个学生告诉我他们的父母在二十年前曾修过我的课。我马上向全班表示我感到非常荣幸。但我同时警告全班,我不想哪一天听到一个学生告诉我四十年前他的祖父母曾修过我的课。如果此事发生,我会立刻走出教室,不辞而别。

  以上讲述的是我在美国四十年学美国史和教美国史过程中一些能回想起的片段。因为此文重点是围绕历史教学展开,所以我没有机会与大家交流我研究治学的经历,非常抱歉。今后有机会再与同行互谈。无论在人生道路上,还是在职业生涯中,必须根据自己的能力和外在条件选择前进的方法。希望学生不要简单模仿我的经历或是走我的弯路,而是开拓出属于自己的光明大道。

亲华与反华非一念之差：
在美国教中美关系史有感

李小兵（Li Xiaobing，1983年出国留学，bli@uco.edu）：赴美前在中国社科院美国研究所工作。1985年获美国卡内基梅隆大学历史硕士，1990年获该校历史博士学位。自1993年起在俄克拉荷马州中部大学历史系任教，历任该校西太平洋研究所所长（1999—2004）、历史系主任（2004—2009）、中国项目主任（2010—2018），并于2019年起任校长特聘国际研究中心主任。最新出版的著作包括：*The Dragon in Jungle: The Chinese Army in the Vietnam War*，*Attack at Chosin: The Chinese Second Offensive in Korea*，*China's War in Korea: Strategic Culture and Geopolitics*，*The History of Taiwan*，*East Asia and the West: An Entangled History*，*Building Ho's Army: Chinese Military Assistance to North Vietnam*，*The Cold War in East Asia*。现任 *The Chinese Historical Review* 和中国《东方文化》杂志主编。曾任中国留美历史学会第八任（1995—1997）和第十八任会长（2015—2017）。

亲华与反华非一念之差：在美国教中美关系史有感

2020年深秋，美国两党在紧锣密鼓地进行总统大选。我的学生助教张亚弟经常在办公室发牢骚：中美关系又成了美国大选的政治皮球，被两党候选人踢来踢去。共和党人总统特朗普（Donald Trump）激烈地攻击民主党候选人拜登（Joe Biden）暗中与中国结好。而拜登批评特朗普的对华贸易战损害美国工商业和消费者的利益。小张自费从广东来美读本科才一年多，父母都是退伍干部。他一脸无奈：为什么我们学校亲华的美国学生越来越少，反华的越来越多？我也有同感。根据有关民调，今年是美国民众在过去40年来对华最不友好的一年。喜欢中国的选民，从1989年3月的72%下降到33%；对华敌视的从同期的13%上升到57%。我只好用"体制性限制"（Institutional Constraint）来解释：四年一次的总统大选已经成为美国对华政策的一种明显的"政治体制限制"。①每逢大选之年，反对党总统候选人便以"挑战者"的姿态出现，攻击中国，取悦选民。而新总统上台以后，又以"妥协者"的方式与中国改进关系，直到下届选举。小张问道：为什么我们班上的美国学生希望听到攻击中国的竞选纲领？他们这些反华的态度和立场是他们父母遗传的还是我们俄州特有的？

美国普通民众的因素在中美关系中起很大的作用。在选举政治中，了解民心的动向至关重要。顺应民心是政客成功的必要手段。美国是先有公众舆论，后有外交政策。虽然传统说法是"民意如流水"，但从历史上看，美国民意的波动和演进，是有一定规律的。而且具体到每个选民，他们亲华、爱华、知华或反华的立场形成，有一定的社会背景和文化基础。根据美国两大民意调查机构（盖洛普和皮尤）的相关民调，很多美国人对中国友好或敌视的态度，是在17岁到21岁时形成的，也就是在大

---

① 参见 Xiaobo Hu and John P. Boardman, "Institutional Constraints in American China Policy-making: The Role of the US Presidency", in *Interpreting US-China-Taiwan Relations: China in the Post-Cold War Era*, eds. Xiaobing Li, Xiaobo Hu, and Yang Zhong (New York: University Press of America, 2003), 49-66。

学期间形成的。① 那么,我们在美国大学教中美关系史,对班上学生的对华立场有什么影响呢?

笔者在美私立、州立大学任教 30 年,包括卡内基-梅隆大学(Carnegie Mellon University)、匹兹堡大学(Pittsburgh University)、同盟山学院(Mt. Union College)、菲利浦大学(Phillips University)、俄克拉荷马中部大学(University of Central Oklahoma)、俄城大学(Oklahoma City University)和诺威驰大学(Norwich University)等校。开设过数门有关中国史的课,包括中国通史、古代史、近代史及现代史;孔孟与儒学、中国军事史、对外关系史、中美关系史、中越关系史、中国与东亚、东南亚关系史及两岸关系史;中国与冷战、朝鲜战争及越战等。我也在西点军校(West Point)和海军军事学院(Naval War College)等军校开夏季讲座,介绍中国军事史。其中比较受欢迎而且长期讲授的有中美关系史课。我讲中美关系史,采取与美国教授不同的方式,主要介绍中国的看法、观念和政策,采用中国教授撰写的教科书,与美国的价值、态度和政策作比较。② 我把讲课重点放在中美关系的历史转折点上,着重介绍 1949 年、1979 年和 2019 年的中美关系三大转折,让学生们看到清晰的历史发展轮廓和有迹可循的线索。

在多年的授课中,我逐步认识到:中美关系史的课堂是桥梁和门窗,我们有机会树立和改变美国青年学生对中国的概念与形象。这些年来,我在中美关系史的课堂上,从三个方面入手,让美国学生了解中美关系的史实,增强他们对中美关系史的兴趣,掌握分析和梳理历史事件的方法。第一,在中美关系史中增加人物传,多介绍人物事件,有血有肉,生动具体。两国

---

① 盖洛普(Gallup)和皮尤(Pew)是美国两大独立性、无倾向性的民意调查机构。盖洛普的长处是会对同一个问题,进行持续 80 年的调查问询,形成趋势。皮尤的长处是具有深度和分门别类。

② 例如,我采用的教科书有 Dong Wang, *The United States and China: A History from the Eighteenth Century to the Present* (New York: Rowman & Littlefield, 2013)。该书作者王东是上海大学的教授,有人将他的书名翻译为《同床异梦:18 世纪以来的美中关系》。

关系中的人为因素很多,这些个人在历史进程中发挥了一定的作用。第二,中美关系史也是社会史,增加中美之间群体和社会互动的历史,如知识界和工商界在中美经济发展、战略格局、文化交流中的影响。第三,中美关系联系地方发展。我强调中美关系对我们俄州、俄城发展的作用,和对当地华人社会的影响。我们这批生在新中国、长在红旗下的美国大学历史教授,是中美关系曲折和反复的亲身经历者。我们既是中美关系友好的既得利益者,又是中美关系恶化的受害者。我们在美国大学有条件、有责任,为改善中美关系做出我们的贡献。当然,小张不以为然。他似乎已经铁了心,毕业后就回去。他说:"李老师,我和你们出国的时代不同了。我不能待在这里。我的前途在中国!"

历史人物与对华政策

俗话说,一方水土养一方人。美国文化造就了美国青年,美国学生有自己的特点。由于他们大部分成长顺利,没有受到过重大挫折,所以充满了幻想、自信、乐观。他们十分爱惜自己,行事多以满足自己的欲望为宗旨。由于中小学教育和大众媒体的灌输,他们习惯了"老子天下第一"的地位。课堂上放历史纪录片,看到美国在抗日战争中援助中国,不少学生伸出食指,打出手势,这是美国人心理上的第一号标志,"美国第一!"当我讲到中国1950年开始的抗美援朝战争时,美国学生普遍反感,认为中国不应该出兵朝鲜。小张对班上的美国学生彻底失望:他们已经有了对中国敌视的"刻板印象"(stereo-type),你这中美关系史怎么讲?我告诉他,这就是"美国主义"(Americanism)。[①]他认为,这是集体沙文主义,或是"土产的帝国主义"(Home-made Imperialism)。小张干脆不来上课了,他请了一个月

[①] 有些学者称之为"U. S. Neo-colonialism"。参见 Christine Hong, *A Violent Peace: Race, U. S. Militarism, and Cultures of Democratization in Cold War Asia and the Pacific* (Stanford, CA: Stanford University Press, 2020), 15。

的病假(我知道他的学费没有交够,外出打工去了)。

其实,美国学生又有他们独特的风格和明显的长处。我通过在课堂上的长期观察,发现大多数学生其实很天真、很善良。可能和基督教精神的浸润有关,他们很富有悲天悯人的心肠。不少学生的父母还是教会的常客,这又培养了他们救世的使命感。我上课时就从这个方面入手,摆中美关系事实,讲国际关系道理。希望能帮助同学们树立尊重事实、客观正确和相对稳定的对华概念。但是我的教学实践(更确切地说是课堂教训)证明,要让美国学生接受中国、了解中国和客观分析对华政策,没有那么容易。下面举个关于"谁丢失了中国(Who Lost China)?"的课堂讨论的例子。[1]

1949年中华人民共和国建立后,美国朝野有关于"谁丢失了中国"的讨论。开始上课时,我笼统地讲,美国应该认识到:它从来没有拥有或殖民中国,中国从来就没有属于美国,何谈失去?当时这个问题的辩论为反共的麦卡锡主义提供了历史条件,使反华的政客可以在美国政府内外找替罪羊,借机打败政治对手。但是,研究生杰弗(Jeff)不同意我的说法。他在课堂上争辩说,"谁丢失了中国"的问题本身就带有一种偏见,麦卡锡在1949—1950年只是借题发挥而已。我听了杰弗的发言后,很有启发。以后上课时,我不再笼统地讲美国国会对华政策听证会上对于这个问题的争论。而是按照美国传统的思维方式,强调毛泽东领导中国人民解放战争的决胜战略,蒋介石败退台湾的种种原因,以及美国总统杜鲁门、国务卿艾奇逊、参议员麦卡锡等领导人在制定对华政策中的影响和作用。

谈到我的教学改进,还要归功于中国留美历史学会。学会1986年在纽约成立以后,非常重视教授会员们的教学工作。为提高课堂教学质量,为会员们创造了不少机会。我感受最深的是:学会多年来为我们提供条件,与历史人物直接见面!在学会的国际访学交流活动中,我与会员们一

---

[1] 这里综合叙述讲授中美关系史课的教学体会和经验,为多年的积累,不是在一个学期或是一个学年里发生的。

起,在北京访谈了江树峰、唐闻生、姬鹏飞、章文晋、李慎之等很多历史人物。在台北,访谈了蔡英文、马英九、蒋纬国、郝柏村等人。① 与他们坐在一起,我感到了历史的重现;与他们面对面交谈,更有与历史对话的震撼! 一直以来,历史学会保持着这一与历史人物对话的传统。在前会长王希教授(1988—1989 任会长)和卢汉超教授(1999—2001 任会长)先后任主编(2004—2020)的历史学会刊物《中国历史评论》(The Chinese Historical Review, CHR)中,20 年来,一直保持着"人物访谈"专栏。

从个人到历史、从具体到全面的历史教学法,也表现出与大多数中国国内历史教学不同的美国史观。国内历史教学往往从通史到具体人物事件,而美国学生习惯以历史人物为出发点,从点到面,把握历史的脉络。我在讲课中也强调个人的历史作用。例如,讲到早期中美关系,我从基督教士的个人活动和美国在华的民间交流入手,增加了有关基督教会在中国的活动和一些个人在历史上的影响。在 19 世纪下半叶,美国在中国的传教运动迅速发展。他们在中国建医院、办学校,还帮助中国学生赴美留学。赛珍珠(Pearl Buck,1892—1973)出生 5 个月后就随传教士父母到了中国,在浙江生活了 18 年。她 1911 年回美上大学时,已是一个非常知华和爱华的学生。她 1915 年再次返回中国,于 1920—1933 年在金陵大学任教。这期间她写的《沃土》(The Good Earth,也被翻译为《大地》),是她的成名作,为全美 1931 年、1932 年的畅销书。在这部书里,赛珍珠塑造了朴实、勤劳和善良的中国农民的形象。作者对中国的眷恋处处跃然纸上,对中国人民的深厚感情转化为巨大的艺术感染力,使《沃土》在美国社会引起极大反响。赛珍珠的写作几乎都以中国为题材,她在 1938 年获得诺贝尔文学奖。

---

① 历史学会(第八次)访学团访谈马英九是在 2017 年,在他卸任(2008—2016)以后。访谈蔡英文是在 2000 年,她当时是陈水扁当局大陆事务主管部门的主任委员。关于访谈蒋纬国,参见 Xiaobing Li, *Attack at Chosin: The Chinese Second Offensive in Korea* (Norman: University of Oklahoma Press, 2020), 19, 170, 172。

接着，我又列举美国财团20世纪初开始在中国投资、办厂的事例。1899—1900年义和团运动爆发时，后来的美国总统胡佛（Herbert Hoover，1929—1933年任美国总统）就在天津，他当时是一个地质公司的工程师。胡佛对中国的兴趣，并不全来自他在1891—1895年就读的斯坦福大学的课堂。他不用功，成绩一般。他对中国的了解来自当时活跃在校园内外的"美国地理学会"。①胡佛还在学会上结识了他后来的夫人露·亨利（Lou Henry）。胡佛给露的求婚电报上只有一句话：你愿不愿意和我去中国？当露同意后，他们的中国之行成了蜜月之旅。②1899年3月到天津后，露在家猛攻中文，胡佛则跑遍了大江南北、长城内外，因为他的任务是运用近代地理知识和设备，为公司（也为清朝政府）寻找金矿和其他贵金属。他自称是马可·波罗以来去过最多中国地方的西方人。③当然，对胡佛的在华经历也有很多历史争论。例如，八国联军占领天津后，美国海军陆战队给胡佛和一些美国人发了枪，让他攻打义和团。但胡佛发誓说，他没有向义和团开过枪。美国工商界认为，中国是美国向世界扩张的逻辑延伸，是美国20世纪发展的理想目标。他们认为美国和中国有密切的利益关系。

20世纪30年代美国和中国发展为二战时的同盟关系。从美国记者斯诺到二战中支援中国的"飞虎队"，都是为了了解和帮助中国。因此，"谁丢失了中国"的问题，指的是美国失去的在华的基督教影响和工商利益。以上这些人物形象有助于同学们认识、理解和分析1949年美国对华"一刀两断"的问题。而美国政府在1949年发布长达1054页、多达100多万字的《中美关系白皮书》，就是标志着美国与其在华利益和传统关系的正式脱钩。

---

① Glen Jeansonne, *Herbert Hoover: A Life* (New York: New American Library, 2016), 11.
② Kenneth Whyte, *Hoover: An Extraordinary Life in Extraordinary Time* (New York: Vintage Books, 2018), 26.
③ Herbert Hoover, *The Memoirs of Herbert Hoover: Years of Adventure, 1874-1920* (New York: Macmillan, 1952), 35-38.

经过详细的事实梳理，班上的同学们对"1949年美国丢失了中国"的问题，从人物事件的层次上，有了进一步的理解。杰弗对中美关系中的历史人物有了新的兴趣。他获取了俄州大学博士学位以后，在该校任教。最近，他在《中国历史评论》(CHR)上发表了关于1946—1947年马歇尔使华的历史人物研究文章。①他已经成为一位"知华"的教授，这是向"亲华"发展的第一步。

不到两周，小张也从外地回来了。他没有工卡，在其他地方找不到全职工作，只好回来继续做我的助教。

从冷战对手到战略伙伴：与中国社会互动

经过二十多年的势不两立，中美关系终于走向缓和。1971年的乒乓外交，1972年尼克松(Richard Nixon)访华和1979年中美建交，是我讲中美关系史的亮点。②我讲得兴高采烈，可同学们反应平平。终于，麦舍蕊(Misherice)举手发言了。"尼克松不应该放弃台湾。"我心想：这个黑人女生怎么连个常识都没有。我指着地图说，"你们看看，是大陆大还是台湾大？"尼克松从大局出发，当然选择了北京，放弃了台北。课堂上仍然没有什么反应。麦舍蕊坚持说，正是因为台湾小，需要帮助，尼克松才不应该放弃台湾。同时，海伦(Helen)和另外几个台湾来的学生，也积极支持她的观点。

帮助弱小，这是人类的普遍心理。这也是多数美国学生学习历史和参与社会的切入点。麦舍蕊不止一次地告诉小张，"美国关心所有人的权益，

---

① Jeffrey M. Widener, "From General to Diplomat: The Success and Failure of George C. Marshall's Mission to China after World War II", *The Chinese Historical Review* 27 (no.1, May 2020): 32-49.

② 参见 Chen Jian and Xiaobing Li, "China and the End of the Global Cold War", in *From Détente to the Soviet Collapse*, ed. by Malcolm Muir, Jr. (Lexington: Virginia Military Institute Press, 2006), 120-121。

特别是弱势群体"。学生们的心理,就是人们常说的美国的"正义"(right)和"实力"(might)政策的社会基础。二战中,飞虎队的飞行员来自美国不同的地方有不同的背景,但他们有一个共同的特点,那就是侠义、冒险和反侵略的精神。小张深有感触地说,"我真佩服美国黑人!她们在美国这么受歧视,还说美国好。我要是黑人,早就移民非洲啦!"当然,小张对美国社会也有了进一步的了解。他认识到,美国的"民主"也是社会发展中的一个进程,是社会发展的动力。下层群体不断抗争,以求改进他们的社会地位。我同意小张的看法。一百多年来,美国黑人和少数族群(也包括华人在内)正是抱着这种希望,一代接一代,为了明天而抗争。

我知道,美国学生心目中的形象和概念决定其喜恶与爱憎。而这又决定了他们对华的态度与立场。他们绝大部分没有到过中国。2018年有40万中国学生赴美留学,而只有1.1万美国学生去了中国。而他们之中很多人也只是走马观花,对中国文化没有什么了解,也不大关心中国人的看法和感情。他们对中国的印象和理解,完全来自新闻媒体的报道与评论。加之他们也是唯意志论者,思维比较单纯,容易冲动,相信自己和美国没有不能实现的目标。因此,他们容易接受甚至追求有关中国的负面新闻报道。他们只看他们想看的内容,只能接受他们所能接受的结论。加之"美国天下第一"观念的影响,一旦两国关系出现问题,就会认为是由中国造成的。

美国对华政策的变化,是美国国内对中国看法的争论与变化的反映。不少美国人因东西方价值观念的不同,难于接受中国是一个大国的事实。蒋纬国在留美历史学会的采访中对此有一段很贴切的分析。蒋纬国认为有两个不同的美国。一个是以美国人民为主,讲求美国精神,助人、爱人,希望中国强大的美国。另一个是自私、狭隘,不希望中国强盛,想要东方长期落后的美国。这两种美国意识在中国政策的制定中各有一套道理,互不相让。有时这个为主,那个为辅;有时不知哪个是主,哪个是次。他回忆说,他的父亲蒋介石在世时,一直希望看到一个统一和强大的中国。在这一点上,他认为:蒋介石与毛泽东是有共识的。①江泽民主席也曾深有感触地对美国《时代》周刊的记者说,"中美两国人民要能真正互相了解,是件很不容易的事情"。他提出中美两国应该"求同存异"。②

我以后上课,也改变了讲解 1979 年中美建交和美台"断交"的方法,不能只讲外交关系和国际政治,要加入中美关系对中国社会的影响和作用。我讲到中国农村从土改开始摆脱贫困的历程,工业发展的艰难,广大人民生活转变的漫长经历。我也谈到自己在"文革"中的经历和上山下乡的遭遇。课上,我还放了一些反映中国 20 世纪六七十年代社会的电影片段,例如《活着》。同学们从中国社会的角度,近距离地观察中美建交的划时代意义。麦舍蕊对中美关系史更感兴趣了,也想对中国社会有进一步的了解。她在第二个学期,又选了我中国近代史和"当代中国"的课。她也选修了中文,现在已经坚持学习了三个学期。但是,我在中国的经历停留在 1983 年。我现在才知道,为什么我在美读博时,其他历史课都是 A,只有中国史拿了个 B。有人说我们是"历史的活化石"或是"中国的文化恐龙"。

为了帮助我们改变老生常谈的困境,留美历史学会非常重视为我们这些老会员的教学"充电"和进行知识"更新"。为提高课堂质量,学会为会员们创造了不少机会。如 1994 年学会在俄州肯特州立大学(Kent State University)举办了全美中国历史学人教学研讨会。1998 年,学会又在宾州印第安纳大学(Indiana University of Pennsylvania,IUP)举办了"电子化时代的历史教学讨论会"。几十位教授相聚一堂,交流经验,改进教学。30 多年来,历史学会还长年组织夏季回国讲习团,到南开大学、武汉大学、中山

---

① 1994 年 5 月中国留美历史学会组织有 20 多人参加的访学团去台湾。笔者和另外两名教授在访学期间,有机会到台北市荣总医院拜访了蒋纬国将军。在两个多小时的访问中,我们对中美和两岸关系及冷战后的世界格局等方面提出了一些具体问题。蒋纬国作了详细的解答。在座的还有台湾"中华战略学会"秘书长范英将军和"大同盟"秘书长明居正博士。

② 江泽民在《时代》周刊采访时的谈话。参见"US and China: Ups and Downs", *Time*, October 27, 1997, 58。

大学、华东师大等院校举办讲座,和国内历史学界保持着紧密的联系。留美历史学会组织的这些交流、互动、合作和联谊,对我们了解80年代以后的中国,对我们在美国介绍和讲解中国的改革开放,有很大的帮助。

又如在2017年,留美历史学会为会员联系到暨南大学历史学院开班授课。暨大校领导、对外联络处、历史学系积极配合,按我们每个人的具体要求,排出讲课计划。杨志国教授是威斯康星大学(University of Wisconsin)历史系主任,在暨大时间不多,历史学系就为他集中安排了几次专题讲座。佛兰德斯大学(Friends University)的许光秋教授时间充裕,他就在历史学系单独开了一个学期的历史课。我介于二者之间,就和暨大的邵笑教授同堂开设一门博士生的研讨课,他在3—4月份讲,我在5—6月份讲,效果很好。暨大在同年也为当时的留美历史学会会长、明尼苏达大学(University of Minnesota)的方强教授,纽约长岛大学(Long Island University)夏亚峰教授,美国空军学院(Air War University)张小明教授具体安排讲课计划。夏亚峰教授还担任了暨大历史学系冷战研究中心主任。在他主持召开的国际讨论会上,不少历史学会的老会员,如康奈尔大学(Cornell University)的陈兼教授、澳门城市大学校长张曙光博士、澳门大学历史系主任王笛教授和香港大学徐国琦教授等到会,做了发言。

我充分利用历史学会为我们创造的政治环境和教学条件,积极与国内大学建立联系。例如,我在2017年与福建师范大学签约,被该校和福建省联合聘为"闽江学者",为期三年,每年有机会去福州开一门课并举办讲座。2018年,受母校南开大学历史学院前院长杨栋梁教授的邀请,去南开新、老校区讲学。2019年我有机会到北京大学和复旦大学,聆听著名的中国学者讲课。① 历史学会还组织我们到台湾大学、香港大学、澳门大学进行访学和交流,进一步开阔了我们的眼界,增强了我自己教好中美关系史的信心。我虽然没有参加历史学会组织的所有访学和交流活动,但是从每次访学后

---

① 在北大和复旦为我们讲课的不全是历史学家,也有经济、外交和政治学的专家和学者。

学会在美国和中国出版和发布的论文集、讲课提要、学会杂志和学会通讯中,我都收益很多。

此外,我邀请了东北师大图书馆于群教授、北京大学国际关系学院牛军教授、暨南大学贾海涛教授、西北师大杨东宇教授和四川省原省长张皓若等到我的中美关系史课上进行专题讲座。我也邀请了历史学会的熊存瑞、田宪生、许光秋、洪朝辉和郑国强等教授到我班上授课。我体会到:我们常年介绍中国,会在一定程度上获得美国学生们的接受和认同。越来越多的同学们认识到:中美关系非常重要,中国的繁荣富强,对美国和全世界都是好事。美国对中国的接触战略和友好战略,是一种必需而且唯一正确的战略。

两国关系波动对美国各地和华人社区的影响

每次开始上中美关系史的课,我很清楚,美国学生们心里都有一个共同的问题:这个李老师是中国人还是美国人?更确切地说,是中国心还是美国心?李老师在中国30年,美国30多年。真是30年河东,30年河西。学生们希望知道任课老师的立场、观点和个性,上课时才好提问,学期中不得罪老师,期末能拿到好分数。开学后不久的一天,课前学生们聊着当时的"世界杯"球赛。研究生杰斯汀(Justin)问我:李老师,你看中美球赛,是为中国队加油,还是为美国队加油呢?杰斯汀是成人学生,是海军陆战队的退伍军官。我知道他是话里有话。很多美国人对华人的政治立场有疑问:美籍华人的政治重心是在居住国,还是在出生国?有些美国人认为,中国移民在美国是"一脚门里,一脚门外",美国"国民意识"不纯。我简单地回答说,哪个队里有我认识的明星队员,我就为哪个队加油。如果没有,我就为弱队加油。杰斯汀也只好作罢。

美国学生从小在学校受到爱国教育,从学前班起,孩子们就必须定期进行忠诚美国的宣誓。用小张的话来说,和"文化大革命"时期的早请示差不多。他们常有的自恋情结总是给他们的言语和举动涂上浪漫的英雄主义色彩。一方面他们图名图利,追求享乐;另一方面,他们又自信有崇高的道德目标。他们喜欢做出轻易的许诺,但是如果自己的言行不一,又不会过分感到良心的谴责。他们心目中的中国,一直受"好人/坏人"定义的影响,对中国的概念也受"爱憎分明"心态的支配。中国问题专家卡诺(Stanley Karnow)称之为"爱憎心理症"。①

不少美国人对华人的"忠诚性"表示怀疑。这使美国华人的"美国情"大受伤害。②当然,美籍华人也承认,他们的"中国心"还在。他们的内心世界与他们的祖籍是相连的。他们经常感到一种"双重国民意识"的"矛盾心态"。2017年夏,我参加了留美历史学会第八次"访台团",有机会访问了马英九(2008—2016年任台湾地区领导人)。在采访中,马英九回忆他在美国教书时,也有双重意识的心态。他说,他在台湾被看作是"美国人",而在美国人的眼里"永远是中国人"。③

美国有550万华人,尽管人数每年增长,但是政治力量远不如黑人或其他少数族裔。在中国人刚刚移民来美时,大家只是希望能够有安稳的日子。绝大多数的中国人远离政治,上学、找工作,做生意赚钱,期望借此来提升自己的地位。但事实上,这是远远不够的。④中国人在政治上没有地位,就无法真正说"平等"两个字。只有更多的华人从政,让主流社会听到华人的声音,才是真正提高社会地位的根本途径。不管华人融入美国社会的决心有多么坚定,一旦美国社会出现不利于中国社会的风潮或事件,如2020年特朗普总统借新冠病毒对中国污名化,华人总是受害者。华人应该

---

① Stanley Karnow, "China through Rose—Tinted Glasses", *Atlantic Monthly* (October 1993), 74.
② 李小兵、孙渐、李晓晓:《美国华人:从历史到现实》,四川人民出版社,2003年,第202页。
③ 2017年5—6月间,中国留美历史学会组团访学台湾。在台北访问期间,马英九在6月8日接受了部分访学团成员的访谈。参见 Xiaobing Li, *The History of Taiwan* (Santa Barbara, CA: ABC-CLIO, 2019), 200-203。
④ 李小兵:《美国华人研究的现状及发展》,李小兵、田宪生编:《西方史学前沿研究评析》,上海辞书出版社,2008年,第195页。

充分利用美国社会的自我调适能力,向黑人看齐,发出我们批评的呐喊,显示我们抗争的能力。我们绝不能置身事外,隔岸观火,甚至幸灾乐祸。如果我们能组成华人命运共同体,就可以成为美国体制本身的理性力量和内在活力。

美国的历史学者经常对美国社会进行十分尖锐的抨击。例如在1990年代冷战结束之后,美国一度出现了失望的情绪。[1]有位史学家指出:"在这里出现了新的一代人。他们长大后发现所有的神都死亡了,所有该打的仗都打了,所有对人的信仰都动摇了。"这位知名的史学家甚至说,这是"历史的终结"。[2]基于这种失望,在21世纪初,出现了一批左倾历史学者。他们激烈指责美国的社会制度,批评美国的外交政策,也包括美国对华政策。此时,正值恐怖主义猖獗,世界政局的颓势给左倾作家的言辞提供了现实的明证。但后来,奥巴马(Barack Obama)总统实行改革,采纳了社会主义思想家的某些福利思想,缓和了国内的矛盾,而大批左倾作家倒戈,重又回到共和党人保守的旗帜之下。

如美国乔治华盛顿大学(George Washington University)的教授沈大伟(David Shambaugh),是研究中国的专家,1990年代曾任英国著名的《中国季刊》(The China Quarterly)的主编。他是在美的中国研究左派学者中亲华和知华派的代表。但是在2015年3月,沈大伟在《华尔街日报》发表轰动一时的文章。[3]这篇文章代表了美国亲华和知华派从左到右的大转向。自此以后,很少有美国的亲华派、知华派学者,公开或单独地出来,为中国的政策进行强有力的辩护和背书。这就为2018年特朗普政府的对华贸易

---

[1] 邓鹏、李小兵、刘国力:《剪不断 理还乱:美国外交与美中关系》,中国社会科学出版社,2000年,第131页。
[2] 弗朗西斯·福山:《历史的终结与最后的人》,广西师范大学出版社,2014年。
[3] David Shambaugh, "The Coming Chinese Crackup", *The Wall Street Journal*, March 6, 2015. www.wsj.com/articles/the-coming-chinese-crackup-1425659198 Accessed on September 12, 2020.

战和对中国的战略脱钩,作了舆论上的准备。2018年10月,副总统彭斯(Mike Pence)就对华政策发表重要讲话,对中国不再"求同存异"。①这是美国对中国自1994年以来的接触政策的终结,意味着中美关系从战略伙伴转为战略对手。随后的一系列冲突,包括贸易战、科技战、金融战、防疫战等,强化了这种脱钩战略的实施。2019年10月沈大伟就美中关系在香港发表演讲,提出"Who Lost America?"("谁丢掉了美国")的问题。他将美中关系全面恶化的责任推给中国,认为是中国错过了机会,这次是"中国丢掉了美国"。2020年大选,美国两党同时把中国作为"假想敌",大肆攻击。在拜登入主白宫以后,由于这些国内政治原因,他继续对中国采取强硬政策。

面对中美关系恶化的局面,中美关系史的课还开不开,怎么讲?我认识到,课要继续开,观点要明了。现在,每个学期第一天上课时,我会先表明我教学中尊重事实和课堂自由的立场,学术上客观和勇于批判的观点,鼓励学生不人云亦云和树立自己信念的态度。美国大学是自由主义的温床。在美国大学教授中,有一半以上的人认为自己是不同程度的自由主义者,只有不到30%的人自称是保守主义者。②自由主义者对中国不友好的比例低于保守主义者,42%比67%。大学教授的影响非常可观,他们的思想和学术研究影响了美国大学生。美国青年人中对中国不友好的比例低于50岁以上的成年人中的比例,25%比68%。因此我充分利用学术自由的环境,想方设法提高学生们对中美关系史的兴趣。

我采取的方法之一,是将中美关系史与地方史结合起来。美国所有的政治都与地方有关,很多外交政策也有地方因素。这个地方主要是指州、

---

① White House release, "Remarks by Vice President Pence on the Administration's Policy toward China", October 4, 2018, www.whitehouse.gov/briefings-statements/remarks-vice-president-pence-administrations-policy-toward-china/ Accessed on August 24, 2020.

② John T. Rourke, Raph G. Carter, and Mark A. Boyer, *Making American Foreign Policy* (Guiford: Dushkin Publishing Group, 1994), 326.

市、县和社区。尽管中美关系在2018—2020年恶化,但是美国地方支持中美合作的根基还没有出现根本性的动摇。美国学生很现实,关心自己的学业、工作和生活。他们以自己的得失、利益和前途为底线,对外交关系和中国政策的态度,以此为出发点。为了让学生们亲身体会到中美关系的重要性,在中美关系恶化的今天,我把中美关系史和俄州地方史紧密地联系起来。

我给他们布置课堂作业,提供四个论文写作题目的选择,完全是就地取材。第一个题目是,亲自采访自己周围去过中国的美国人,理解他们在中国学习、工作或经商的经历。他们也可以通过地方档案材料,查询本地与中美关系有关的历史人物。例如,美国二战中的驻华大使赫尔利(Patrick J. Hurley),就是在俄州长大、上学、参军,并成为共和党的要员。他在1944年被罗斯福(Franklin Roosevelt)总统派往中国,出任美国大使。在俄州大学图书馆,有几百万页的赫尔利档案,是历史研究的宝贵资料。第二个题目是,采访周围的华人学生、老师、同事、邻居,了解并写出他们在美国的学习、工作或经商的经历。他们也可以通过地方档案材料,查询与中美关系有关的俄州华人。第三个选择是,调查并总结一个州立学校的中文项目,或是一个中文学校、一个中国公司在俄州的组建、发展的经历。2008年,全州只有4个中小学开设中文课,有不到50个美国学生学中文。在俄大2007年开设孔子学院后,到2018年,全州有100多所州立中小学教中文,有8000多名美国中小学生学中文。[①]同时期,有30多家中国企业到俄州投资、办厂、买楼、开公司。其中包括中国特大型企业,如中国石油天然气总公司和中国石油化工总公司。第四个题目选择是,调查并总结一个美国公司在中国组建、发展和取得成功的经历。期末,一个学生交来文章,我一看就乐了。这是关于我们大学校长拜兹(Dr. Don Betz)的儿子,在中国成都辛辛苦苦开了八年美国汉堡店的故事。

---

① 根据俄州大学孔子学院提供的中文项目统计资料。

通过总统大选、讲课和与学生交流,我感觉到:今天的中美关系发生着巨大变化。中美两国的转型和国内的不确定因素,决定了两国关系的大幅度波动和不规律的摇摆。中美关系已不仅仅是一个两国关系的问题,无法以敌友和好坏来划线,不能仅用利弊与得失来衡量。中美关系对不同的社会、群体和个人有不同的含义。这是一个东西方文明能否兼容并存的问题,是全球化如何开展的问题,是一个世界级的话题。我们应该采取全方位的观察与思考角度与跨学科的研究分析方法,来提出和研究问题。因此,在今后的中美关系史的教学中,我一方面要尽量着眼于生活实际,从诸多矛盾中去探索,从成败案例中去萃取经验;另一方面,我也要从美国的政治、经济、社会、文化的变化发展来进行透析,并尽量顾及国际形势的变化,还要关注中国大陆和台湾地区的变革与发展态势,来考虑美国学生变化与发展的方向。这样才能在课堂上,找出中美关系问题的现实性,看到研究方法及资料来源的多元性,为进一步理解中美关系的历史与现实提供新的途径。

与美国学生一起读懂"黑人的灵魂"

王希(Wang Xi,1984年出国留学,wangxi@iup.edu):美国宾夕法尼亚州印第安纳大学历史系教授,教育部首批文科长江学者讲座教授(2005),北京大学历史学系特聘教授(2008—2020)。研究领域包括19世纪美国史、非裔美国人史,美国宪政史。中英文代表作包括:*The Trial of Democracy: Black Suffrage and Northern Republicans, 1860-1910*(获12项美国史学术奖提名)、《原则与妥协:美国宪法的精神与实践(增订版)》。主要译著有:《美国自由的故事》《给我自由:一部美国的历史(上下卷)》《重建:美利坚未完成的革命(1863—1877)》。最新编著包括:《中国和世界历史中的重庆》、《跨洋话史:在全球化时代做历史》(合编)以及《19世纪美国的政治遗产》。曾任美国历史学家组织(OAH)国际委员会委员(2014—2017)、中国留美历史学会第二任会长(1989—1990)、*The Chinese Historical Review* 主编(2003—2014),2022年获IUP Distinguished University Professor终身荣誉称号。

1994年秋,我在哈佛大学完成博士后研究,来到宾夕法尼亚州印第安纳大学(Indiana University of Pennsylvania,简称IUP)历史系任职。学校所在的小城位于宾州西部阿勒格尼山脉深处,环境优美,风景如画,但文化氛围与剑桥或曼哈顿相去甚远。我原以为在此只是过渡,不承想一待就是二十多年(其间有十二年我在做"跨国教学",即每年的春季到北京大学历史学系授课、带研究生,秋季返回IUP上课)。我入职时,IUP历史系有20多位教授,分成美国史、欧洲史和(欧美之外的)世界史三个团队,我属于美国史团队,负责讲授的专业课程包括非裔美国人史(African American History,也称"美国黑人史")、美国内战与重建、美国宪政史。① 这三个领域的内容相互有重叠,但学术史路径和教学不尽相同,各自都有值得讲述的故事。相比之下,非裔美国人史教学对我的挑战最大,我的用心最多,感悟也最深,故以此作为本文的主题。

进入非裔美国人史领域

进入非裔美国人史领域,一方面是我的自愿选择,另一方面也是得益于机会的促成。1989年,我在哥伦比亚大学完成了课程训练,开始写博士论文,题目是重建时期共和党与美国宪法第十五条修正案的关系。这是一个宪政史的题目,与内战后黑人选举权的获得与丧失相关,但我的注意力放在政党政治、立法进程与司法审理对修正案制定和实施的影响等问题上,未以黑人史作为重点。当时非裔美国人研究(African American Studies)正在兴起,但远没有形成现在这样的声势。我在丹佛大学读硕士时(1984—1986)就没有黑人史的课程可选,后来在哥大选课时(1986—1988),人才济济的历史系也只有我的导师方纳(Eric Foner)教授开过一门

---

① 为叙述方便,我在本文中交替使用"美国黑人史"和"非裔美国人史"这两种称谓。两者所指相同。

黑人史课程。开始进行论文研究后,意想不到的机会将我带入黑人史研究的领域中。我先是得到了罗切斯特大学道格拉斯研究所博士前研究员的职位,①完成论文后又得到了哈佛大学杜波依斯研究所博士后研究员的职位②。两个机会无缝对接,前后一共三年时间(1991—1994),让我在写作和修订博士论文的同时,还得到了一个系统学习非裔美国人史的绝佳机会。

美国史学界对美国黑人历史的研究起源于19世纪末20世纪初,最早的研究者主要是白人历史学家,黑人问题只是奴隶制史研究下的附带题目,当时的相关著述也充满了种族主义的偏见。20世纪初,杜波依斯(W. E. B. Du Bois)和伍德森(Carter G. Woodson)开始推动由黑人学者担纲的黑人史研究,著名的《黑人史研究期刊》也在1915年得以创刊。③ 虽然得到一些白人学者的支持,但早期的黑人史研究一直处于美国史研究的边缘。20世纪50—60年代,随着民权运动进入高潮和国际社会对美国种族隔离制度的强烈批判,主流历史学界开始反思对奴隶制、废奴运动、内战与重建等经典问题的研究,"新美国史学"(New American History)——强调"自下

---

① 此研究所全名为 Frederick Douglass Institute for African and African American Research, University of Rochester,创办于 1986 年,以 19 世纪最著名的美国黑人领袖弗里德里克·道格拉斯(1817—1895)命名。道格拉斯逃离奴隶制、加入北部的废奴主义运动后,曾在罗切斯特居住,并在那里创办和出版了废奴主义报刊。

② 这个研究所创立于 20 世纪 70 年代,当时的全名为 W. E. B. Du Bois Institute for Afro-American Research, Harvard University,以黑人学者杜波依斯(1868—1963)的名字命名。杜波依斯是第一位从哈佛大学获得历史学博士学位的黑人学者,19 世纪末 20 世纪初在南部数所黑人大学任职,发起了系统研究黑人历史和文化的学术工程。1909 年他成为全国有色人种协进会(NAACP)的创始发起人之一,并长期担任协进会会刊《危机》(*The Crisis*)主编。杜波依斯研究所现名为 Hutchins Center for African & African American Research。

③ 卡特·G. 伍德森(Carter G. Woodson, 1875—1950)是从哈佛大学获得历史学博士学位的第二名黑人学者,1915 年创办了非裔美国人生活与历史研究协会(Association for the Study of African American Life and History),同年创办的 *Journal of Negro History*(2016 年改名 *Journal of African American History*)是美国出版时间最长的历史学刊之一。

而上"的研究视角、提倡社会史的方法,关注被传统史学无视或忽略的美国人群体的经历——应运而生,并随后在20世纪90年代达到高潮,成为美国史研究的主流。

在这场意义深远的美国史研究的转型中,道格拉斯研究所和杜波依斯研究所处在非裔美国人研究的前沿,一方面创立了资深研究员驻院项目,招揽前沿学者加盟,另一方面又设置了专项基金以资助博士论文的写作与修订。为何会被这两个研究所选中,我并不清楚,但我想一定与我拥有的"中国学生+美国宪政史+黑人权利研究"这种当时十分少见的背景组合有关。两个研究所为我提供了理想的写作和学习环境,那里的教授都是各领域的名人,访问学者来自世界各地,具有多元的文化和种族背景,各自都带来了令人耳目一新的前沿课题,与任何同事的闲聊都可能是一种高质量的学术讨论,每周的学术报告会更是帮助我了解了黑人史学发展的历程。在那三年里,我始终处于一种汲取新知识的亢奋之中,好像是在攻读一个非裔美国人历史的博士学位,为此我感到十分幸运。

更为幸运的是我得到了独立开课的机会,这对我后来的求职有至关重要的帮助。在道格拉斯研究所的第一年,所长凯伦·菲尔兹(Karen Fields)教授就热情邀我参加她的"美国黑人思想史"(Black Intellectual Heritage)课的教学,从她的课上我系统地了解了不同分支黑人思想的来龙去脉。我也结合自己的研究在课上做了两次讲座,讨论黑人的政治认同在内战时代的变化。讲座之后,所里便安排我第二年独立开课。机会难得,我立刻设计了"非裔美国人的美国宪法史"(A Constitutional History of African Americans)的课程,提出从美国宪法史的角度来讲述奴隶制、废奴运动、内战与重建、民权运动和"肯定性行动"政策等专题。课程计划很新,在当时历史系的课程设置上可以说是绝无仅有,而且我当时还没有拿到博士学位,但研究所和罗切斯特大学历史系予以批准,使我得以迈出在美国大学独立教学的第一步。课程的教学以研讨班形式进行,选课的学生来自人文社科各系,包括几名黑人学生。给我印象最深的一位是来自拉美的学生,他说自已有华裔血统,仔细一问才知道他的先辈是来自中国的苦力,在古巴与当地居民结婚成家。与这位学生的交谈让我尝到了"教学相长"的甜头,我开始将拉美和西印度洋地区的种族关系史纳入阅读范围。1993 年在哥大论文答辩结束后,我到哈佛做博士后,为满足杜波依斯研究所的开课要求,我设计了"法律、政治与非裔美国人的权利"(Law, Politics, and the Rights of African Americans)的新课,注重讲述非裔美国人宪法权利的历史演进。这门课吸引了 70 多名哈佛学生报名,因人数限制,最终有 25 人得以进入该课。在这群"天之骄子"中,黑白学生各占一半,他们在课堂上激辩美国种族主义的情形令我至今难忘。[1]

这两次开课让我从头到尾学习了在美国大学教书的"规定动作",包括写教学大纲、选择教材、准备教案、设计作业与考试等。教学方面,我当时并没有感到很大的压力,主要因为我开的都是研讨课,以阅读、讨论和写论文为主,讲课不多,而且学生都是经过自我筛选而来的,学习热情高,自律性强,在这样的环境下教课只能用"很享受"来形容。我因此天真地认为这种教学法可以通用,而且所有学生都会对我的课抱有同样的热情与兴趣,IUP 的最初经历将证明我的幼稚。

IUP 与教学理念

如果没有在罗切斯特和哈佛的开课经历,我很可能在毕业后找不到教职,至少找不到学以致用和称心如意的教职。本书的作者都清楚,拿到博士学位后在美国找到合适的教职是一件劳心费力的事情,自助、人助和天助,缺一不可。招聘位置是根据用人院校的需要"量体裁衣"设计的,招聘过程漫长,头绪和程序繁多,招聘决定还不得不考虑一些学术资历之外的

---

[1] 关于在罗切斯特和哈佛教学的讨论,见王希:《我如何教"美国宪法史"?》,强世功编:《政治与法律评论》2015 年第五辑(北京:法律出版社,2015 年),第 24—37 页。

因素，仅有博士学位在手是远远不够的。以我的经历来说，如果我想申请非裔美国人史领域的教职，外国人身份和"种族不正确"（即我不是黑人）的现实很可能让我在第一轮筛选中就败下阵来。但如果我除了非裔美国人史之外，还可以教美国宪政史（冷门领域）和内战与重建史（热门领域），再加上在两所名校独立开课的经历，我也许就有机会进入校园面试。如果我在校园面试中表现出色，譬如在试讲时能够另辟蹊径讲黑人史的国际影响（如冷战时代共产主义阵营国家对民权运动的反应），很可能会令人眼睛一亮，而最终胜出。这实际上就是我后来入职的大致过程。我当时不知道的是，历史系在对候选人投票之前非常慎重，专门打电话向我的导师方纳和申顿（James P. Shenton）教授详细了解我的情况。因为当时外系有人对历史系找一个来自"红色中国"的外国人教美国史有议论，系里需要考虑多种意义上的"政治正确"，但最终系里的同事没有退缩，一致认为他们做出了正确的选择。我当时的同事大都是20世纪60年代毕业的"绅士学者"，在学术界摸爬滚打几十年，面试时当然能够看到我在教学和研究方面的许多短板，但他们不拘一格降人才，愿意赌一把，我因此得到了一个成长的机会。这种信任对我的触动很深，始终是一种伴随我在IUP成长的令人感到温暖的力量。

IUP是一所典型的区域性州立大学，也是宾州州属大学系统（Pennsylvania State System of Higher Education）的旗舰院校，由8个学院组成。我入职时有学生1.5万人，大部分学院以培养本科生和硕士生为主，部分院系有博士学位授予权。学生主要来自宾州和美国东部地区的工薪家庭，少数族裔学生不多，我入职时非裔美国人学生不到10%。我在校园面试时曾问一位同事如何形容IUP的学生，他用了garden variety一词来形容，意即青菜萝卜，应有尽有。他讲的一点不假。就学术资质和个人志向而言，优秀的学生在各方面都不输于我教过的名校学生，但大部分学生属于现实主义者，希望按部就班地完成学业，拿一个专业学位，及早在美国经济体制中谋得一个合适的位置，成为自食其力者。也有一小部分人尚未做好过自律生活的准备,却阴差阳错地进了大学,学业上始终处于岌岌可危的状态。学生在知识积累和知识结构方面也很不整齐。就历史知识而言,来自大城市或城郊富裕学区的学生在高中时就已经选过大学预修(AP)美国史课程,有的还修过黑人史,而来自乡村和偏僻学区的学生可能最多只是听说过马丁·路德·金的名字。我后来还知道有些学生在整个高中时代从未学过关于美国奴隶制的历史,并始终认为美国历史一直是一种白人的历史。学生背景的多元化对我的教学是一种新的挑战。

入职之后,我需要为系里的美国史专业课程做贡献,首先是非裔美国人史,然后是内战与重建史、宪政史。历史系的课程分为三类:基础课、高年级选修课和毕业论文课。基础课包括史学入门、史学材料与方法、区域国别史的通史课,这些属于系里的公共课,由所有教授根据自己的专长轮流承担。选修课和毕业论文课是中高年级的专业课,根据系里教授的专长来设置,专业分得越细,系里能为学生提供的课程选择就越多,对学生的帮助也就越大。内战与重建史是19世纪美国史的核心课程,早已列在课表之中,无须重起炉灶,前任退休之后,我可直接接手。宪政史是新课,需要从头设计、论证、走批准程序,但因为有在罗切斯特和哈佛设计新课的经验,加上我入职后在这一领域有诸多专业发表,也不是难事。比较难的是非裔美国人史课程的设计和教学。

与内战重建史和宪政史相比,非裔美国人史是一个相对新的领域,一方面它成长得很快,每年都有大量专著不断出版,呈井喷之势,另一方面适合教学的通史教材和文献编辑出版滞后。这种情况虽然显得有些杂乱无章,但也给予教师充分发挥想象力、设计新课的机会。我来之前,IUP的课表上只有一门"获得解放之后的美国黑人史"(History of Black America since Emancipation),仅覆盖内战后的时段。我除了对这门课进行改造之外,还以专题史和毕业论文课的方式,创立了一批新的课程:如"1865年之前的非裔美国人史"(African American History before 1865)、"美国法律与黑人权利"(American Laws and Black Rights)、"美国奴隶制研究"(Studies in American Slavery)、"内战与重建中的非裔美国人"(African Americans in the Age of the Civil War and Reconstruction)、"重建时代的黑人政治领导力" (Black Leadership during Reconstruction)以及"黑人思想传统"(Black Intellectual Tradition)等。

然而,真正的挑战在于非裔美国人史领域所带有的"政治敏感",无论是在这个领域里做研究还是教学,都极易引发争议。这种政治敏感性并不是空穴来风,而是美国历史与现实政治交织在一起的结果。简单地说,从殖民地时期开始,奴隶制就开始进入美国历史,直至19世纪中叶内战时被废除为止;奴隶制为美国的独立和早期的经济发展创造了坚实的经济基础,但它对黑人长达两个多世纪的强制性奴役,让美国背负了一个巨大的历史耻辱,也制造了巨大的种族仇恨和根深蒂固的种族主义文化。重建时代的宪政革命建立了美国"自由的新生",赋予了黑人法律上的平等公民地位,但白人至上主义在南部的复辟使得重建的成果功亏一篑,种族隔离和种族歧视再度主导了美国的生活方式。20世纪中期的民权运动重新确认了种族平等的原则,建立了跨种族民主,但并没有根除体制性种族主义。非裔美国人在争取平等权利的进程中也不是铁板一块,而是涌现出不同的,甚至相互矛盾的策略和力量,从呼吁融入美国主流社会到主张与白人社会分离的主张应有尽有;民权运动之后的种族关系又与经济利益和社会福利的分配挂钩,而后者则因为深受黑白社群内外的阶级分野的影响而变得更加复杂。所以,非裔美国人史与美国历史上的种族主义和反种族主义的历史形影相随,同生共长,鲜活而充满争议,带有一种与生俱来的"政治性"。学习、研究和讲授非裔美国人史也因此成为一种与当下美国政治的不停对话,既有挑战性和刺激性,也使学生和教授都面临一种踏入学术中的"政治雷区"的危险,要求两者必须具备政治上的勇气、职业上的良知和真实的学术兴趣。选课的学生抱有各种动机,有的希望获取真实的历史知识,有的希望为解决美国种族问题寻找答案,也有的是利用这个机会来强化自己先入为主的历史认知。学生当然也期望观察教师如何处理和解读一些敏感的历史问题。

如何处理好这种"政治敏感"，是我在准备黑人史教学时考虑最多的问题。我希望营造一个理性而富有历史感的学习氛围，为学生提供一种最佳的获取知识的机会，赋予他们参与建设性讨论的勇气，而不是将课堂变成一种宣泄情绪与偏见的场合。设计教学大纲时，我思考最多的问题是：本课的目的是什么？我需要"教"给学生什么内容？又如何"教"给他们？的确，"学术自由"给了我极大的空间，允许我按自己的学术立场和标准来设计课程和教学，但我深知这种"学术自由"同时也包含一种极大的学术和政治责任，我需要把握好"学术"与"政治"之间的平衡。

为了帮助学生，更是为了帮助我自己，我为这门课定下几条基本原则。第一，非裔美国人史学是一门严肃的学问，不是一种身份政治或意识形态的工具，它的核心活动是汲取知识，而不是推动某种意识形态意义上的"洗脑"或"反洗脑"的活动。我会对来选课的学生活动领袖人物特别强调，成为一个有政治责任感和道德感的积极公民是非常重要的，但你必须首先掌握真实、全面和客观的历史知识。我强调这一原则还有另外一个原因，就是打消那种认为黑人史只能由黑人学者来教才显得正宗（或"政治正确"）的偏见。我对这种偏见非常熟悉，因为它几乎就是高校招聘中的一种"潜规则"。我在求职面试中被问得最多的问题是：你作为一个中国人为什么会对黑人史感兴趣？我的回答通常很简单：因为黑人史是一种重要的美国史知识，我对它的专研和学习不应受种族和文化背景的限制。

第二，黑人史是关于美国黑人的历史，但同时也是关于所有美国人的历史。我注意到，无论是白人学生还是黑人学生，在讨论黑人史的时候都下意识地将黑人史看成是一种仅仅与非裔美国人相关的历史。一些白人学生在写作业时，会使用"we"（我们）来表示"美国"或"美国人"，用"they"（他们）或"their"（他们的）来表示"黑人"或"非裔美国人"，种族意识的界限非常清楚，并且一点也不觉得不妥。有白人学生在了解了奴隶制史的残酷之后，会用一种带有替前人赎罪的语气写道，"我们国家过去做了很多的坏事，让他们（指非裔美国人）受苦了"。黑人学生的写作也会下意识地对"我们"和"白人"进行区分。我在讲课中会强调美国黑人史与美国"白人"史之间是一种共生（symbiotic）和不可分离（inseparable）的关系，不仅因为两个群体在美国的历史几乎一样长久（第一个北美永久性殖民地弗吉尼亚在1607年建成，而第一批非洲人在1619年被贩卖到弗吉尼亚），而且因为美国历史上的重大转折——包括独立战争、联邦制宪、内战与重建、新政、二战与冷战、民权运动等——都与非裔美国人的经历密切联系在一起。换言之，如果美国史不包括黑人，那么美国历史也就是不完整和不真实的。

第三，黑人史并非只是一部黑人遭受压迫、剥削和歧视的历史，它还是黑人和白人共同反抗种族压迫、反对种族主义的历史，是一部利用、改造和发展美国原始政治宗旨的历史。非洲人作为商品被贩运到北美成为奴隶，他们在极其困难的环境下经历了一个从非洲人变成美国人的过程，虽然变化的过程充满了痛苦与曲折，但这个过程同时也充满了创造性，并彻底地改变了美国。我还会特别强调，无论是黑人还是白人，在历史上都不是铁板一块，非裔美国人争取平等的斗争并不仅限于黑人内部，而更多的往往是黑人与白人携手开展的共同斗争。换言之，美国有相当漫长的种族主义的历史，但也有几乎同样长的反种族主义的历史，而后一种历史则是黑白种族共有的历史。我同时还强调一个观点，"黑人"（Blacks）变成"非裔美国人"（African Americans）的过程也改变了美国的政治、文化、宗教和社会。黑人领袖和知识分子在毫不留情地批判美国的同时也更新了美国的政治传统，黑人作家和艺术家的创作帮助建构了美利坚民族的文化遗产，无数普通黑人则在忍辱负重、愤怒爆发和集体斗争的交替状态中建立与美国的政治认同。我对学生说，我们所有人需要进入黑人史的深处，读懂杜波依斯所讲的"黑人的灵魂"，这样我们才能真正了解非裔美国人及其历史，也才能真正读懂和欣赏美国历史。

教学实践

如何将这些理念贯彻到教学中去呢？无非是做好三件事：写好教学大纲，选定优秀的教材，探索和采用有效的教学法。

写教学大纲是在美国大学教书的一个重要步骤，我通常在这方面要花很多时间，下很大的功夫。我将写教学大纲视为一种与建筑设计相似的工作，从房屋的基础到每个房间的内部装修、下水管道和输电网路的安装，乃至阳台窗户的颜色等，都要想到，而且还要配套。也就是说，从课程宗旨到主题设置、教学进度、教材选择、作业种类以及判分标准都要事先做好周密的思考，并体现出一种内在逻辑感和思想力度——体现我前面提到的三项原则。

选择理想的教材也是十分关键的。20 世纪 90 年代初期，黑人史通史教材的选择范围相对有限，但改进的速度很快，现在已经到了令人目不暇接的程度。我使用过多种不同版本的通史性教材，它们各有特色，有的叙事全面，有的细节丰富，有的注重黑人文化传统，有的强调基层斗争等。[1]我

---

[1] 以下是我在 IUP 不同时段使用过的非裔美国人史的通史教材，从中也可以看出该领域在进入 21 世纪后迅速成长的状况：John Hope Franklin and Alfred A. Moss, Jr., *From Slavery to Freedom: A History of Negro Americans*, 7th ed., (New York: McGraw-Hill, 1994); Colin A. Palmer, *Passagesways: An Interpretative History of Black America*, Two Volumes (San Diego: Harcourt Brace College Publishers, 1998); Darlene Clark Hine, William C. Hine, and Stanley Harrold, *The African-American Odyssey*, Two Volumes (Upper Saddle River, NJ: Prentice Hall, 2000); Joe William Trotter, Jr., *The African-American Experience* (Boston: Houghton Mifflin, 2001); Clayborne Carson, Emma J. Lapsansky-Werner and Gary B. Nash, *The Struggle for Freedom: A History of African Americans*, Two Volumes (New York: Pearson, 2007); Nell Irwin Painter, *Creating Black Americans: African American History and Its Meanings*, *1619 to the Present* (New York: Oxford University Press, 2007); Deborah Gary White, Mia Bay and Waldo E. Martin Jr., *Freedom on My Mind: A History of African Americans*, *with Documents*, Two Volumes (Boston: Bedford, 2013)。

还会选用一本配套的史料集,这对学生特别有帮助。数据库的使用普及之后,我也开始尝试直接从大学图书馆或国会图书馆制作的史料网站指定原始材料的阅读。我通常还会使用3—4本辅助读物,形式包括回忆录、传记、口述史、专门研究、小说等。有时我也根据课程的需要,自己编制文献读本。我在选择教材时注意几种平衡:教材与原始文献的平衡,不同观点之间的平衡,不同种类的文献之间的平衡,以及同一时段内不同历史侧面之间的平衡。譬如,讲奴隶制史时,除了将奴隶制作为一种具有压迫性和暴力性的经济和社会体制来讨论外,也注重讨论奴隶制下男女奴隶的生活状态、反抗、地下社区活动,以及奴隶与奴隶主之间在特定和有限空间下的"谈判"等,从而展示奴隶制和奴隶文化的复杂性。这些内容往往令学生大开眼界。

在教学方面,我经历了一个"艰难探索"的过程。一开始我试图直接用熟悉的研讨课方式,很快发现效果不理想。原因之一是许多学生习惯于听课,而不习惯阅读和讨论。我于是改为讲课,花大量时间写讲稿,上课时从头到尾满堂灌。然而学生并不欣赏。(一位学生在课程评价意见栏里毫不客气地写道:"王教授,能否请你上课时不要念稿,太绕了,我听着费劲。")系里的同事很快意识到我的窘境并及时伸出援手。已故同事欧文·马科斯(Irwin Marcus)教授是我的好朋友,他热情邀请我到他的课上观摩。他是系里的元老,教美国劳工史,平时不苟言笑,不熟悉的人往往会对他敬而远之。但他一上讲台,立刻就像变了一个人似的,时而激情澎湃,时而娓娓道来,张弛有度,起伏有序,讲课时不断穿插人物故事,有时还配上肢体语言和面部表情,犹如在表演话剧。他不用幻灯机,也不用电脑(他连打字机都不会用),只是偶尔在黑板上写下几个关键词,但他的讲课用词准确,概念清楚,没有一句多余的话,写下来就是一篇好文章,学生特别喜欢。我自知做不了欧文,语言上有"先天缺陷"不说,知识积累更是"后天不足"。但他的教学带给我一些关于讲课的重要启发:一是要以学生为中心,二是内容不图多而图精,三是目标以学生听懂为佳,如能激发学生的兴趣更好,如能促使学生深思则最理想。

　　经过多年的摸索之后,我逐渐找到一种我认为比较合理并从内心能够接受的方法,即将讲课与课堂参与结合起来。我仍然要讲课,但不再是满堂灌,而是用一半的时间梳理知识要点,以点带面,为讨论做背景铺垫,然后组织学生围绕相关阅读进行主题讨论。讨论的方式灵活多样,或用分组方式,或集体讨论,或让学生担任引言讨论人。这样做,学生不会是一头雾水,而是在有铺垫、有阅读、有准备的背景下进行讨论,效果完全不一样。

　　为了做到以学生为中心,我通常会在第一次上课时布置一篇作业,让学生当场写一篇"学术自传",回答几个关于黑人史(或其他专题史)的问题,并解读一段历史语录。我告诉学生这是"送分题"(5%),鼓励他们不要有压力,尽情发挥。这种写作带给我许多关于学生的信息,包括教育背景、知识积累程度、写作能力和学习态度等,对我因材施教很有帮助。我也会不时在讲课中引用他们提供的信息作为开场白或插曲,既是对学生的一种激励,也让他们知道他们需要从第一堂课起就成为本课教学的一个积极参与者。

　　课堂讨论成为我教非裔美国人史的一种常用方式。因为这个领域中有许多话题值得讨论,学生们也希望讨论,但因为这些话题的争议性,学生们出于各种原因一开始会表现得非常谨慎。我则从第一天起就努力营造一种坦率、放松和相互尊重的课堂气氛,鼓励学生畅所欲言。在讨论前,我要求学生事先完成阅读,有时会采取小组讨论方式,作为热身,然后进行全班讨论。我使用过的一些题目包括:黑人领袖布克·华盛顿(Booker T. Washington)和杜波依斯之间在19世纪末20世纪初关于黑人究竟应该首先争取经济独立还是平等民权与博雅教育的争论;美国内战中究竟是谁解放了奴隶;民权运动时代,在马丁·路德·金的非暴力抵抗和马尔科姆·艾克斯(Malcolm X)的"以牙还牙"两条路线中究竟哪一种更为有效;等等。我鼓励学生事先写下发言要点,养成"手中有稿,心中不慌"的学习习惯,做到思考有条理、说话有章法。这样的讨论往往没有唯一正确的结论,我也很少要求学生达成一致的意见，我追求的是给他们一个思考的机会。我的考试题也经常如此设计——题目看上去很友好，但要写好则不太容易。我对学生的要求是：第一要有自己的观点，第二要言之有据，第三要耐读。有的学生考完之后会说，你出的题"让我看了头疼"（give me headache）；还有人说，这些问题"迫使我想很多"（make me think a lot）。每当看到这样的反应，不管学生答得如何，我在内心已经希望给他们一个及格的分数，因为他们在思考！课堂讨论也有"擦枪走火"的时候，尤其是针对一些敏感题目，如南部邦联的纪念碑是否应该被移除、非裔美国人是否有权就奴隶制要求得到美国政府的赔偿等。组织这样的讨论，需要掌握好节奏，既要挑战学生价值观的"舒适区"，但又不至于让讨论失控。

自 2013 年起，我将非裔美国人史的主题带入学校通识教育的课程中，这是一个比教专业课更大的挑战，因为通识课学生的背景更加多元，掌握历史知识的水平更是参差不齐。为调动学生参与的积极性，我设计了一些新的课堂参与作业，其中一项是让学生做一次对家人或亲友的采访，请受访者界定什么是"种族"（race）和"种族主义"（racism），并请受访者分享他/她第一次习得"种族"概念的个人经历。我的目的是启发学生思考和了解普通美国人如何认知"种族"以及谁在建构"种族"概念。第一次实践时，学生交来的作业令我非常震撼——50 份采访记录就是 50 个鲜活的美国人生活中的"种族"故事。一位受访者说他 8 岁时与父亲从电视上看球赛听到父亲用脏话骂黑人运动员，"种族歧视话语"（racial slurs）从此进入他的词汇中。另一位受访者谈到因为父母拒绝接受她的黑人男朋友而不得不在圣诞节前夜愤然离家出走。我不要求学生对受访者的行为做价值判断（但他们通常会这样做），只要求他们对访谈内容进行归纳、总结和分析（技能训练）。许多学生告诉我，这是他们在通识教育课上最喜欢的作业，因为访谈帮助他们将课堂讨论的问题与日常生活联系起来，而且还拉近了他们与受访人的感情距离。一位学生通过采访得知他爷爷曾经参加过 20 世纪 60 年代的民权运动，因而欣喜不已。另一位学生则说访谈项目让她对母亲所表达的反种族歧视的立场刮目相看,母女俩从此开始了一种成年人意义上的思想交流。

反思:课程设置、教师功能与师生关系

在过去30年里,我曾有幸利用全球化时代的便利先后在国内不同高校开过美国史课程,其中在北京大学历史学系执教的时间最长。①因为有这个特殊的经历,我时常不由自主地思考和比较中美高校之间的教学和教学文化。因篇幅和本书宗旨所限,我在此仅分享我对美国高校的课程设置、教师功能和师生关系的几点观察和体会。

第一,美国高校的课程设置与学术研究和社会需求之间的联系十分紧密。这是我从非裔美国人研究的课程进入高校的过程中感受到的。40年前,大部分美国高校的历史系都未开设专门的黑人史或族裔史课程,但现在这些几乎成为美国史教学的标准科目。一方面这是美国史领域的学术研究和人才培养(尤其是博士论文的写作)的趋势所致,另一方面则是大学需要适应日益变化的美国社会。当新一代大学生的成分发生重要变化的时候,当对多元化(diversity)的尊重成为衡量一所大学整体质量的一个重要指标的时候,学校的课程设置和教学必须发生相应的改革。反过来,大学教学内容的改进以及大学对多元化价值观的推崇对于社会的整体进步至关重要。

---

① 1991年夏,我参加留美历史学会组织的教学项目,在中国人民大学历史系为研究生开设美国史课程,这是我在国内大学讲美国史的起点。我随后担任南开大学历史研究所客座教授(1997—2000),利用暑期为研究生开设不同专题的美国史课程。2003年、2005年暑期,我应北大历史系邀请,参与世界史暑期精品班的教学。从2005年到2020年间,我应邀担任北京大学长江学者讲座教授和特聘教授,为本科生和研究生开设美国史课程。此外,我曾作为兼职教授,在2002年为陕西师范大学开设美国史系列讲座,在2012年为重庆大学开设《美国文明史》的全校通识课程。

第二，美国大学的活力主要来自教学。如果把学生视为大学里奔腾流动的血液，教师则可以被视为是大学的灵魂。"教授治校"在美国高校不只是一句口号，而是一种日常的工作方式和校园文化。的确，在美国大学，教师是大学的雇员，但他们同时也在扮演大学建构者(university-builder)的角色。从学术功能来看，教师是将学术研究与大学教育联系起来的最重要的中坚力量，大学课程设置的更新和教学质量的优化是通过所有教授的个人的和集体的工作来推动和实现的。因为专业训练和职业的影响，大学教授首先是一个思想者，做创造性的工作是他们的职业本能，但他们只有在获得足够自由的思想空间、足够宽裕的工作时间和足够有力的体制支持之后，才能做出最有创造性的工作，给学生带来最有活力的教学。

第三，高校中的师生关系不应该是一种等级或市场关系。中国人自古以来讲究"师道尊严"，师生之间有一种难以逾越的等级关系。而在美国高校，受大学管理商业化的影响，师生关系有时被定义为一种市场经济中的买卖关系。我有一位同事形象地将自己的教学大纲称为是与学生的一纸"契约"。全球化时代高校中的师生关系究竟应该如何定位，我并不清楚。但我觉得不应该是等级关系，更不应该是商品与顾客的关系。我希望师生之间是一种"同行者"(fellow travelers，我使用这个词时，绝不带有它在冷战时代的含义)的关系。在行政上，我是学生的导师，但实际上我是他们求学路上的一名伴跑者。在追求知识的征途上，我们完全是平等的。我可能比学生多读一些书，有更多的专业知识和训练，但我发现他们——无论是美国学生还是中国学生，无论是白人学生还是非裔美国人学生，无论是男学生还是女学生——往往拥有比我更敏捷的思维、更有想象力的探索精神和更具有原创性的奇思妙想。我觉得，"同行者"的定位更为适宜，因为它更有可能带来真实而长久的教学相长。

历史教学中的育人
——在美国大学教书回顾

张信(Zhang Xin,1984年出国留学,xzhang@iupui.edu):1977年进入华东师范大学历史系。到美后在美国新墨西哥大学任教一年,随后进入芝加哥大学研究生院,主修中国历史和世界历史,分别获硕士和博士学位。1991年入职美国加州洛约拉马利蒙特大学,从事教学两年,然后转入美国印第安纳大学印第安纳波利斯校区任教至今。现任该校历史系终身教授,讲授中国史、世界史和亚洲史。中英文专著包括:*Social Transformation in Modern China: The State and Local Elites in Henan*;《二十世纪初期中国社会之演变》。新著 *The Global in the Local: A Century of War, Commerce, and Technology in China* 即将出版。曾任中国留美历史学会副会长(1988—1989)。

在美国教历史

37年前,我带着一腔热血来美国求学,由于自己不愿放弃历史学,所以没去从商或改学法律。自芝加哥大学博士毕业后我踌躇满志地踏入了美国大学历史教育的领地,想就此施展自己所学知识,为让美国人了解亚洲和更大的世界做一番贡献。几十年来在美国大学教书的经历使我深深体会到教书之不易和育人之重要。同时在教学中我也渐渐地意识到美国和中国在教育理念和体制上的南辕北辙。

此文旨在记录这些个人经历,并希望通过它和本书中其他同人的叙述形成对照与比较,为国内同行提供一个了解我们在美国从事历史教学经历的机会。

1984年我从华东师大毕业后来到美国,先在新墨西哥大学教了一年中国文化课,而后去了芝加哥大学修历史学博士学位。在芝加哥大学的那几年里,我一直抱有一种当今之世舍我其谁的雄心,并以坚持不懈的努力在1991年取得了博士学位,获得了我的第一份正式工作。

记得那是在1991年炎热的夏天,我来到了风景怡人的洛杉矶,去一所两个天主教大学合成的洛约拉马利蒙特大学(Loyola Marymount University,以下简称LMU)就任历史学教职。学校有美丽的校园,站在校园的草坪上眺望,整个洛杉矶城市一览无余。然而,正是这所风景美丽的大学给我上了关于美国教育制度的严苛的第一课。

LMU是一所最初由教会创办的大学,其中一半以上的教职员工都是教会的成员。这类宗教渊源很深的大学在美国不在少数,比如,在印第安纳州的圣母大学(University of Notre Dame)和在首都华盛顿哥伦比亚特区的乔治敦大学(Georgetown University)。这些大学大多由某一欧洲的教派创立,但是经过了几百年的改变,已和创立时的初衷分道扬镳。这些大学中最以教育著名的可以算是所有以Loyola命名的大学。这一系列以Loyola命名的大学都属于欧洲罗马教派中的一支,与以圣依纳爵·洛约拉(St.

Ignatius Loyola，1491—1556）为首的教派有关。① 此教派反对新教和16世纪欧洲的宗教改革。在宗教改革的浪潮高涨的时候，欧洲出现了一股势力企图挽回原来的教会对信徒的控制，于是出现了反改革的群体。他们把自己称为 Jesuits（耶稣会会士）。所以后来很多人把他们所办的学校称为耶稣会学校（Jesuit School）。这类学校以教育著称，并且在欧洲和美国都建了不少校园。②

和其他在美国的宗教性大学一样，LMU 经过了多年社会变化的洗礼，也接受了普通大学的运作方法，特别在招生上更是和普通大学没什么区别。我到这所大学之前，LMU 刚刚开始招教亚洲史和世界史的教授，这样做完全是由于学校需要吸引更多的学生。为了让学生家长能把学生送到这样学费昂贵的学校来，校方要求教授天天围着学生转，陪他们活动。每到周末学校就有校车送学生去海边别墅做活动，而教授也有责任作陪。

当时我在 LMU 的主要工作是教亚洲史和世界史。因为亚洲包括日本，学校也要求我开日本史课，于是，我就开了中国史（包括古代和近现代）、日本史、亚洲史（包括传统和现代社会），再加世界史。其中世界史包括两部分：世界古代史和世界现代史，以 1500 年为分界线。按照学校惯例，我每年总共要教两学期，一学期三门课，为了保持小班级上课（这是学校对外推广优质教学的一大亮点），每次世界史课都要在两个不同班级重复上，这样

---

① 关于 St. Ignatius Loyola 其人，请参看 Terence O'Reilly, *The Spiritual Exercises of Saint Ignatius of Loyola: Contexts, Sources, Reception* (Leiden, Boston: Brill, 2020)；想了解欧洲宗教改革对社会的影响，可以参看 Victoria Christman and Marjorie Plummer, eds., *Cultural Shifts and Ritual Transformations in Reformation Europe: Essays in Honor of Susan C. Karant-Nunn* (Leiden, Boston: Brill, 2020)。

② 有关 Society of Jesus 在西欧的组织和活动，请参阅 Thomas M. McCoog, *The Society of Jesus in Ireland, Scotland, and England 1541-1588: "Our Way of Proceeding?"* (Leiden, New York: E. J. Brill, 1996)。

学校给我每天都安排了课,此外要求我每天至少有两小时接见学生。①

在美国大学,一般学生都以为凡是亚洲的国家都有一样的文化和历史。其实这并不完全错,因为大多数东亚国家的社会组织形式在很大程度上都受到以孔子思想为核心的思想体系的影响。所以我们可以笼统地把这些国家囊括在一个儒家文化圈中。尽管如此,每个国家还有自己的历史轨迹和文化演变过程,给美国学生解释亚洲文化在每个国家和区域内的异同正是我们教书的重心之所在。②

其实在美国教世界历史并不容易。首先,一般的美国大学生对历史本来就不那么感兴趣,他们在中学里接触最多的是美国史。由于师资匮乏,中学里很少有专职的世界史老师。记得有一次学校请我给一批中学文科老师讲如何教世界史,课堂上很多人都说他们对世界史既不了解也没兴趣,还有人提出让我直接给他们我的讲稿,让他们拿到课堂上去读。因为绝大部分大学生在中学里很少接触到世界史知识,所以我的任务不仅是给他们传授世界史知识,同时还得给他们补有关词汇和基本的历史概念。

由于美国的学生对亚洲几乎不了解,他们起初并没有想上我的亚洲史课,倒是不少学生出于学校规定不得不上我的世界史课后,因为喜欢我的讲课风格,才选了我的亚洲史课。经过仔细的观察,我发现最有效的教学方法是给学生讲历史故事。因为根据我对教育法和心理学的理解,我知道人们对事物的兴趣往往和他们对此事物的熟悉程度成正比。也就是说,学生们对他们不熟悉的历史很少会有兴趣。于是我以讲故事的办法来引起

---

① 我所用的教材是:亚洲史,Patricia Buckley Ebrey and Anne Walthall, *East Asia: A Cultural, Social, and Political History*, Third Edition (Boston, Houghton Mifflin, 2013);中国史, Johnathan D. Spence, *The Search for Modern China*, Third Edition (New York, W. W. Norton & Company, 2012);世界史, William J. Duiker and Jackson J. Spielvogel, *The Essential World History* (Boston: Cengage, 2016);日本史, Andrew Gordon, *A Modern History of Japan: from Tokugawa Times to the Present*, Fourth Edition (New York: Oxford University Press, 2019)。

② 有关以孔子思想为主体的中国文化,请看 Sin-Wai Chan, ed., *The Routledge Encyclopedia of Traditional Chinese Culture* (London and New York: Routledge/Taylor & Francis Group, 2019)。

他们的兴趣。我在上大学前曾当过一阵子演员,也学过不少戏剧表演,没想到多年后在美国的课堂上可以尽兴地"表演"。

比如有一次我给学生讲日本武士在日本社会中的地位和在支撑整个日本权力结构上的关键作用,因为很多学生都是从动画片中得知了日本武士,于是对这一话题很感兴趣。可是我一上课就发现他们所感兴趣的不是这些武士的真正作用,而是他们的穿戴、生活和武艺。于是我让他们回家看《七武士》(Seven Samurai)这一电影。电影中有一位武士是平民伪装的,于是我上课时就从这个平民开始讲武士与平民社会地位的差别,并通过电影中六个武士让平民频频出丑的剧情来说明武士们是如何看待自己这种地位的。如此推开去,我的学生开始参加讨论,就这样,他们慢慢地对整个日本史产生了兴趣。①

可是单单讲故事还不行,因为,我们教历史的目的是让学生既了解史实又学会寻找历史发展线索的方法。况且,历史事实和电影或者小说中的情节有着很大差别,历史书上只有关于历史事件的表述,没有那么多情节,而绝大多数电影和小说的情节都是杜撰出来的。为了让学生对历史感兴趣并同时了解史实,我想出了一个办法。我先给学生讲电影情节,然后将电影情节和史实作比较,这样就慢慢地把学生的注意力引到了史实上。这样做的效果很好,因为学生一般都想听故事,而一旦我把历史和故事作比较,他们又开始对史实本身发生了兴趣。

在讲历史的同时,我发现学生们对现实的问题比对历史有更大的兴趣,因此,他们喜欢学近现代历史,而不喜欢古代史。在这方面,我采取的办法是把古代史和现代社会现状以及人们目前的生活情况结合起来讲。比如,当我讲到古代的农耕方法时,我让学生设想在自己的后院开荒种地,在没有现代工具的情况下如何能种出菜和果子来。于是学生就会想出很

---

① Akira Kurosawa, *Seven Samurai* (United States, Landmark Films, 1983), 19 film reels of 19 (ca. 17,979 ft., ca. 200 min.).

多稀奇古怪的方法,这样既活跃了课堂气氛,又使他们意识到古人学会使用和制造工具的重要性以及发明各种耕耘方法的智慧。

说到学生对教学的反应一事,我应该提一下美国的学生评教授的制度。美国大学里普遍采取的评价教授教学的方法是,每学期由学校发给学生评定表,让学生不记名填写。学生可以自由评定,并在表上发言。尽管在报纸或杂志上有很多有关此方法不合理性的讨论,但是几乎每所大学、每个系都把它当作最主要的鉴定教授教学质量的手段。这样一来,教授的工作就无形中成了类似于为顾客服务的工作。只要一个学生对教授给的分数不满意,就可以在评定书上说教授如何不会教书,此教授也因此会得到较低的评分。如果有几个学生这样,这个教授的总评定就会很差。据我的观察,凡是对学生要求高的教授都会得到很多不好的评定。这也是美国大学生的成绩和他们实际学习情况不符的最重要原因,因为很多教授都小心翼翼地给学生成绩,生怕得罪了他们而获得最差的评价。①

面对这种教育环境,我曾仔细地考虑过是否值得继续从事教育事业。我最后的决定是无论学校是如何要求的,我自己应该按照原来的理想从事教育,于是我开始尝试用中国盛行的教学和育人相结合的方法来对待学生。也就是说我主要考虑的不是给学生好成绩,而是通过对他们的关心以及帮助他们解决问题来获得学生的认可。于是我常常和学生聊他们在学校所遇到的困难,久而久之不少学生开始把我当作知己。

比如,有个学生一天下课后和我谈她的家事,说她从小就没见过自己的父亲。她曾听母亲说她父亲是个中国人,来自上海,因为一次车祸离世了,她因此很想知道上海人是什么样的。她于是无形中就把我当自己的长辈对待,我也告诉她好好学习的重要性并鼓励她参加学生社团工作。有一天,她突然来我办公室告诉我她被选为全校学生会主席,我因此高兴万分

---

① 有关这方面的讨论包括 Yining Chen and Leon B. Hoshower, "Student Evaluation of Teaching Effectiveness: An Assessment of Student Perception and Motivation", *Assessment & Evaluation in Higher Education* 28 (2003):71-88。

地去了她的主席办公室,并和其他学生一起为她举办了庆祝会。这位学生后来在我的推荐下读了乔治敦大学的法学院。二十五年后,她成了大洛杉矶地区的总检察官。在我六十有余之时还给我来电,留下了一段感人肺腑的言语。

还有一位学生来自日本,据他自己所说原先是个浪子,因为考不上日本的名校才来美国读大学,由于他态度诚恳,我和他有不少接触。有一天他突然要求我告诉他的父亲他在学校表现不错,并没有吊儿郎当。我开始以为他是要我随便说说,后来才知道他的父亲每月都会从日本打电话来骂他几十分钟,这种教子方式真使我眼界大开。于是我在他父亲来电话时告诉对方从此不必再打电话来骂此学生,我会替他担起教导之责。听了对方哽咽的感谢言语后,我真的承担起了这一责任。这位学生果然不负我所望,一直努力学习,并组织了学校的日本学生团体。毕业后他去美国国会工作,至今还在国会商业部门当领导,并且常来看我。这样的经历使我认识到了为人师时注意育人的意义。

由于各种原因,我在 LMU 工作了两年后决定离开,去印第安纳州的一所州立学校任职。在准备离开学校的那几天,我的住处突然来了几十个学生,他们是自愿组织起来为我搬家的,接着又有一批学生来和我告别。当时我非常感动,特别是有位学生说我是他们见过的最关心他们的教授,我几乎流下泪来。

我新入职的印第安纳大学印第安纳波利斯校区(Indiana University Indianapolis)坐落在印第安纳波利斯城内,是这座城市最主要的学府,同时也是印第安纳大学和普渡大学(Purdue University)两所大学校区的合成体(Indiana University-Purdue University at Indianapolis),即文学院(包括法学院)属于印第安纳大学,理工学院属于普渡大学。该校还有印第安纳州唯一的大学医学院及其遍布该州的医院系统。我去的时候,该校已扩展到很可观的规模,文理医法工程皆有之,俨然是所很像样的州立大学。又因为有近水楼台之便,校方常和州参、众议员来往,得到了不少拨款。再加上大学系统的医学院和附属医院都为学校赚了大量的钱,该学校又很早就建立了以营利为目的的医药研究体系,并因此新招了一大批医药研究教授,其中很多人都有各种基金资助,所以学校很有经济实力。不久之后,在学校的努力游说下,大学从州议会手下获得了经济自主权,于是学校几乎天天盖新大楼、停车场、图书馆、学生活动楼等,差不多每两三年盖成一幢,一直盖到今天。[1]

这所大学给我的第一印象是生气勃勃,有很多年轻教授,不少中国人在这里做教授和博士后。该校的文学院也有很多系,但是中国人做文科教授的很少,当时只有我和后来回国当了中国人民银行行长的易纲。当时学校给我的工资不仅超过大部分刚拿了终身职的教授,而且还高于在布卢明顿(Bloomington)总校区的新文科教授的工资。学校给我的排课又少于同事们的三分之一,和布卢明顿校区的教授一样。此外,学校还给了我一笔可观的研究经费,用以订阅与我专业有关的杂志,购买和亚洲有关的书。我当时真是满怀信心,想好好做一番事业。毕竟印第安纳大学是一所州立大学,我感觉到它和宗教性大学显然不同。比如,学校采取的是集体管理制,也就是教授代表大会是学校的最高权力机构。这种类似于乌托邦社会的治校方法令我陶醉。我想我这次是找到了真正好的工作环境,就这样我于1993年开始了在印第安纳大学的教书生涯。

没多久,我就开始意识到美国和中国教育体系之差异对学生有着深远的影响。由于长期受到两种思潮的影响,美国的教育走的是一条普及和开放的道路。这两种思潮之一是约翰·杜威(John Dewey)的实用主义教育观。这一思潮在美国教育界根深蒂固,它使得学校不知不觉地把教育的过程看成是让学生自然成长的过程,于是从小学开始一直到大学对学生的要求不高,很少给予压力,完全放任自流。学校里有很多帮助学生学习的机构,但是这些机构往往助长了学生的依赖性。只有在研究生阶段,美国大

---

[1] "Indiana University-Purdue University Indianapolis", *Wikipedia*, Retrieved September, 2020.

学才会以高标准、严要求对待学生。研究生院往往在申请者中拔尖子,可是由于长期的放任自流,只有那些本来就对学科很有兴趣的大学生才会考上研究生。这样反而使得研究生中有很多是真正热爱专业的人,也因此大大地提高了整个研究生群体的质量。①

另一种思潮可以理解为以维持美国社会的自由主义民主(liberal democracy)体系为目的来培养学生,也就是说学校培养学生的最高目标是为了向社会提供能够报效社会和完善民主制度的人才。这种教育体制对学生来说有一定的好处,比如学校鼓励学生为社会作贡献。出于同样的目的,大学也认为自己担负着创造平等社会的重任。在这种制度下,一些家庭经济困难和少数人种家庭(不包括亚裔)出生的学生成为受益者。说到这类学生,在我这二十几年的教学过程中,遇到不少努力学习的学生,但是由于他们基础很差(他们所上的中学往往缺少经费,连正式的文科教师都没有),往往无法跟上班级其他人。对这样的学生我会格外地注意和关心,因为他们常常需要额外的帮助。比如,我每学期都会安排一次活动,带需要特别帮助的学生去图书馆学习如何查找书籍和文章。在这种活动中,我发现那些少数人种学生往往连图书馆都没去过。通过这样的活动,我给了他们学会运用图书馆资料的机会。②

我在美国大学里教书总会面临如下一些问题:首先学生水平相差千里。我的学生中有一部分是中小学教师,来上我的课是为了进修知识,遵从州教育机构的要求,维持教书资格。另外一些学生中有不少人在中学没受过很好的教育,连英文写作都不会,甚至有个别学生连完整的句子都不会写。而我们教授的任务是来者不拒,"有教无类",于是我常常为了一个

---

① 有关杜威的思想体系,请参阅 John Dewey and Eric Thomas Weber, *America's Public Philosopher: Dewey's Essays on Social Justice, Economics, Education, and the Future of Democracy* (New York: Columbia University Press, 2021), 1。

② 有关美国教育的目的,参看 Eamonn Callan, *Creating Citizens: Political Education and Liberal Democracy* (Oxford and New York: Clarendon Press, 1997)。

词给学生解释很久。我每学期的课几乎都是这样开始的：先有人提出不少关于世界历史的各种问题，这些问题常常和历史事实没多大关系，倒是和提问题的人的兴趣或家庭经历有关系。比如，有的学生说他的祖父曾参加朝鲜战争，曾告诉他很多故事，他想知道他祖父说得是否真实。也有人说曾看过一部关于世界大战的小说，问我是否也记得其中的故事情节……这样的学生常常带着对历史的很多好奇，同时也隐隐约约地怀着一种对我的怀疑，想看看我有多少能耐，是否能在美国用他们的语言教世界历史。对这样的怀疑，我反而认为是种善意的挑战，让我有了发挥的机会。所以我每学期都很期待刚开课的那几节课，让我乘势在大家面前发挥一下，镇镇场子。现在想起来，这样的经历不仅使我赢得了学生的认可，也使自己得到了提高。

再者，不少学生来上世界史课是为了完成规定课程，也就是说他们是不得不上我的课，所以他们的态度是，能不听课就不听，只要拿到分数就可以了。于是，培养他们对历史的兴趣成了我努力的方向。为了使他们感兴趣，我得讲得生动，于是我每次讲到历史的发展线索时都得想办法把历史发展和他们熟悉的事联系起来。比如，我每次讲到欧洲的宗教改革时，会讲一些教派的由来和它们之间教义上的差别，这样使学生对美国现有的很多基督教和天主教的分支教派有所了解。我讲到世界经济发展时，又把历史上世界早期经济区域的形成和现代世界经济共同体的发展做比较，这样无形中给了学生了解现代世界的机会。而一旦我讲的历史和学生身边的事有了联系，学生们就会对那些历史产生兴趣。这样的教学效果很好，不少学生也因此对历史产生了兴趣并选择历史学作为专业。①

在过去二十几年的教学中有几件事是使我难以忘怀的：一件事是关于一个非裔美国人学生。这个学生在上课时常提问题，而且所提问题很到

---

① 关于欧洲宗教改革，可以参看 G. R. Elton, ed., *The Reformation, 1520-1559* (Cambridge, England and New York: Cambridge University Press, 1990)。

位。下课后我和她交谈,才知道她一向对文科感兴趣,可是因为她认识的字很少,她在考试时没法写出要说的话,所以她经常绕着写,用自己认识的字写,这样大大影响了她的考试成绩。了解了情况后,我鼓励她在家里每天看书,记几个单词,我同时告诉她我不会以错别字来扣分,结果这位学生学习积极性大有提高,几年后考上了我校的法律系继续深造。

另一件事是关于一位考试不及格的学生。这位学生考试总是不及格,但是出于拿学分的需要不得不来上我的课。当我知道他的情况后,我问他对历史是否感兴趣,他说他只对历史电影感兴趣,于是我对他说这就够了,就把听我的课当作看历史电影吧!他后来听我的课时一个劲地画画,当我问起他时,他回答说他从来都是这样,不画画就很难过。我说你只要看着我就可以了,至于你在想什么没关系,于是他开始看着我,就这样,他从开始不习惯听课到后来渐渐地被我的课吸引,自己也开始看书了。学期结束时他考了个好成绩,拿到了学分。

还有一件事是和一名医生有关。因为学校需要给白天有工作的学生学习机会,我的世界历史课常常被安排在晚上,所以我经常去学校上夜课。参加夜课的学生大多数是年龄较大的人,其中也有不少中小学文科老师。有一阵子我发现课堂的前排总有一位穿白大褂的医生。一天下课后,我有意问他为什么上我的课,他的回答是,他每天见病人,自己的精神都要崩溃了,所以决定来上我的历史课调剂一下。他专门选我的课是因为他有一次听一位病人说我开的世界历史课很生动,很有趣,于是他在学校专门注册了我的课,还付了学费,来听我的课。我为此十分感动,同时也感到自己肩上的责任。这二十几年里,常常有不同的学生抱着同样的目的来听课。有一位学生不仅每次都从普渡大学总校区开一个半小时的车来听课,而且还带他的朋友来。结果他的朋友也注册了我的课,又带其他朋友来听课。

在我的学生中还有这样一位同学,他来自新移民家庭,由于家里人不熟悉英文,没法和美国的学生沟通。因为没有任何兴趣读书,他每天无所事事,父亲恨铁不成钢,常常用打骂的办法来解决问题。一个偶然的机会,这名学生路过我的教室,当时他还没有注册我的课,出于好奇,他在教室外听我讲历史课。由于我讲课时总开着教室门,我就注意到了这位门外听客。下课后我留住了他并问他对历史有没有兴趣,当我得知他对我的讲课有兴趣后,我让他先旁听。没想到他注册了我好几个学期的课程,把我的课全上遍了,而且取得了不错的成绩。不久后他考取了我校的商学院去读管理硕士学位。有一天他的父亲专程来学校找我向我道谢,我告诉这位父亲能够在他儿子的一生中起一点促进作用是我的荣幸。

当然,在我的教学过程中,也要应付一些投机取巧的学生。由于学校最关心的事之一是有多少学生能完成学业,所以学校往往给教授施加压力让学生通过考试,这样也就无形中造成了一种无节制提高学生成绩的现象。这对缺乏自觉性和不积极上进的学生来说,是个钻空子的机会,而这种学生在美国大学里也有不少,我每学期给学生成绩时都会碰到这样的学生。这样的学生平时不仅不来上课,而且连考试都不做准备,当看到考卷后就乱答一气。有位学生在所有问题上都答"一切出自于权力和金钱",我于是给了他不及格的成绩。当他问我为什么他不及格时,我的回答是"因为权力和金钱的缘故",这使他自己也摸不着头脑,于是我就告诫他如此笼统看问题的危险。这位学生后来愿意重新上我的课,并得到了较好的成绩。

还有一个学生在考试时只写几个词,没有写句子。当我问到此学生的情况时,我发现此学生不会写英文句子。出于好奇,我查了他过去的记录,发现他居然是个成绩全A的学生。于是我就问这名学生是如何得A的,从他口中我得知,他每次考试不及格都会要求教授给他另外安排作业,一直到此教授同意给他A为止。因为这样会给教授带来很多额外工作,很多教授最后就给了个A来了结此事。在惊讶之中,我决定给此学生一个机会,我要求他写句子,哪怕是不成句子的句子,结果这位学生在我的鼓励下写了一大堆破句子。那时候我才意识到原来这名学生一直在网上和人聊天,因为网上很多人用的都是破句子,他也就习惯了。一旦要他正式回答历史问题,他都不知从何下手,于是我允许他用自己熟悉的语言来回答问题。这个学生后来也上了我不少课,英文写作也有了不少长进。

一般来说,美国大学很关心招揽学生。学校讨论的首要问题是有多少学生来注册,这样就把学生的注册率放在了第一位。为了这个目的,学校规定学生至上的政策。只要学生对自己的成绩有疑问,就有权责问教授,而教授有义务提供所有的详细解释。如果教授的解释不足以说服学生,此学生可以继续找系主任、院长,直至校方最高管理层来满足他们的要求。学校在新生入学第一天,就宣布了这一规定,结果有的学生就得出了教授要为他们服务的结论。

我的课要求学生来听课,并且查出勤率。可是有位学生从来没有来听过课,但在期末考试时却出现了。我一看来了位陌生面孔,就上去问他是否走错了课堂,他理直气壮地告诉我没有。同时这位学生当着所有人的面大声宣布,他不怕我,因为他了解了大学的规定,他如果得不到好成绩,就可以上诉,直至他满意为止。这位学生不但没有听过课,而且直接要求我给最好的成绩,还摆出一副不屑一顾的姿态。我立刻对这位学生说,请让其他学生继续完成考试,我会在之后和他具体谈。考试结束后,我告诉这位学生,我并不惧怕他去学校领导那里上诉,并且提出主动带他去文学院院长办公室,当着他的面把我的态度告诉院长。结果他和我一起去了院长办公室。当时院长正在和另一教授面谈,当我到达他办公室外时,他的秘书问我有什么事找院长,我大声说我来的目的是想告诉院长,我并不怕学生去院长那里告我的状。正好院长听到了我的话,他隔着办公室大声说,"我听见了"。这时,此学生才意识到我不会让步,由此同意重新修我的课。其实,我当时也没有把握院长会是什么态度,我只是想我不能让这样的学生毁了我的课堂。由于我的强硬态度,以后很少有学生会利用学校的政策来钻空子。可是不久,类似的事情又发生在一个完全不同的学生身上。

这位学生是学校里公认的好学生,因为学习成绩好,曾多次登上学院的优秀学生榜。但有一学期,我注意到这位学生从未来听课,唯一的一次是在考试前,来问了我些问题。当她来考试时我向她说明,缺课的学生是不能通过我的课的。这位学生首先说我没有证据可以证明她缺课,于是我拿出考勤记录,但是这位学生决意要好成绩,并且决定上诉给学校领导。于是我花了很多时间来写她缺课的详情,并且为我的阐述提供证据。我决定不退让有两个原因:一则我不愿意让此学生明目张胆地钻空子,二则我也想了解学校对学生上诉是怎么处理的。尽管我有足够的证据和理由不给此学生通过,学校还是把这事交给了专门处理此类争端的小组来讨论。讨论的结果是,此学生完全可以说我的考勤记录是不可靠的,因为我没有把出勤表亲自在每节课前交到此学生手中让她签字。我不能以个人印象(比如在课堂上从来没见过这位学生)为由来证明她没有出勤。出于为学生考虑,学校将允许此学生撤回注册,同时也给我留个面子。这件事给我一次深刻的教训,使我理解了为什么美国的教育往往让学生学会了钻空子而不是担当起自己的责任。

总的说来,我在二十几年的历史教学中最有收获的是得以在传授历史知识的同时学会育人,也就是说,尽管我在很多时候并不同意美国大学的教育方针,但是我还是在执行的过程中找到了自己可以发挥专长的要点,于是我把在中国学到的教育思想和美国的教育实践结合起来,形成一套自己的做法,也就是育人和教书相结合的方法。由于我采取的这种方法,我不仅教给我的学生历史知识,也给了自己一个发挥所长的机会。

如今,每当我回想起这几十年来在美国大学教历史的经历时,我都有很多感触。我总是想,我这几十年花了那么多精力,几乎失去了所有的周末和假期来从事我的这项工作是否值得?我的结论是,我很值得。因为我在教学工作中不仅给我的学生创造了更多了解历史的机会,也在育人的过程中不断提高了自己。展望未来,我将开始一个新的努力。我将继续发挥我力所能及的作用来帮助我的学生以及美国公众更多地了解中国的新发展。

与历史的对话

陈勇(Chen Yong,1985 年出国留学,y3chen@uci.edu):美国加州大学尔湾校区历史学教授、人文学院副院长。研究领域涉及食品、美国移民史和法规、美国种族关系、美国华人历史、中国当代经济发展和中美经济文化互动等领域。著有:*Chinese San Francisco, 1850-1943: A Trans-Pacific Community*(中文版:《华人的旧金山》,北京大学出版社,2009年);*Chop Suey USA: The Story of Chinese Food in America*(获 2015 年度 PROSE 奖的美国历史类荣誉奖)。在美国学术刊物发表论文数十篇,并在费城阿特沃特·肯特博物馆和纽约市美洲华人博物馆策划和举办展览。研究评述见诸《纽约时报》和《洛杉矶时报》等报刊,参与世界各地媒体的访谈项目。曾担任美国国家人文基金的评审和加拿大人文和社会科学委员会研究基金的评审,曾任中国留美历史学会筹备组成员(1986—1987)。

在美国教历史

十年前，我曾为《在美国发现历史》写过一篇题为"历史，你在哪里？"的文章，探讨英国历史学家卡尔（Edward Hallet Carr）在 20 世纪初提出的"历史是什么"的哲理意义。这也涉及我长期思考的一个问题：发展到今天的历史学科和历史进程之间的关系。在过去的十年里，历史学面临的危机没有缓解的迹象，而历史进程却没有止步。中国经济继续迅速发展，不仅把数亿人从穷困中解救出来，也改变了世界的经济格局。而经济的发展把留学欧美的浪潮推到又一个高峰，数十万中国学生进入美国各大学，构成其国际学生的主力军，这又对美国高教体系产生很大的影响。而近几年中美关系的变迁，又给留美浪潮的前景画上一个巨大的问号。

"历史"一词，在此有两个涵义。首先，它所指的是人类社会演变的进程。其次，对于研习历史者而言，这一概念所指的是历史学。在过去几十年里，随着历史学越来越专业化，它也日益边缘化。大学选修历史课的学生减少，在很大程度上也是因为学生们觉得历史与自己没有关联。这两种"历史"概念间差距的拉大，是一件很可惜也不应该发生的事情。在现实世界中，我们生活的每一个层面，都有历史留下的不可磨灭的痕迹。无论是我们在社会上遇到的机遇和困难，还是我们的社会意识或文化认同的形成，皆为历史这无形的大手捏造而成。如 20 世纪上半叶美国著名历史学家卡尔·贝克尔所言，每一个人都是史学家。[1]历史是过去所有一切发生过的事和说过的话。我们每一个人的经历，也都是历史的一个部分。换言之，历史绝非已经消亡了的往昔，它是我们现实存在一个真实的部分，塑造了我们的意识和观念。

我也曾经是现代中国留学运动的一员。20 世纪 80 年代中期我来到美国求学，博士毕业后来到尔湾加州大学（University of California, Irvine 亦译作"加州大学欧文校区"或"加州大学尔湾校区"）工作。我们这一代的留

---

[1] Carl L. Becker, "Everyman His Own Historian", Annual Address of the President of the American Historical Association, *American Historical Review* 37, no. 2 (1932): 221-236.

学生在生活中迈出的每一步,都是中国改革开放以来国内外重大历史变迁的直接见证。历史绝不仅是湮没于档案中的遥远的过去,有待于历史学家拂去其顶上的一层层灰尘才能重见天日。在过去的十来年里,无论是在教学和学术研究中,还是在公共服务和行政工作中,我无时不感受到历史洪流的汹涌澎湃。见证历史,思索其在现实中的无所不在及巨大影响,也就是与历史对话。这种对话,也是学习历史最有效的课堂。作为一门学科的历史和现实世界的历史之间的鸿沟也就荡然无存了。

美国饮食文化——在教学和学术研究中探索历史及其意义

过去十年来,我在尔湾加州大学(下称 UCI)研究和教学的一个重心是饮食文化的历史。选择这个题目,是因为我个人的兴趣,也是我多年思考历史学科所面临的危机的结果。在谈及我个人的教学实践前,有必要简要地介绍一下大学课程设置的背景。美国综合大学的课程设置反映了其教育理念。不同类型的大学,在不同的历史时期,有着各自不同的教育理念。近几十年来影响美国高等教育的有两种不同的理念。第一是强调职业训练。也就是说大学教育的目的是让学生获得一技之长。这一以实用主义为导向的理念,视教育为社会经济发展的一个工具。1862 年美国国会通过的《莫里尔法》(The Morrill Act)把大量联邦土地赠与各州,要求它们将通过出售这些土地所得到的资金用来建造至少一所州立大学,专门讲授"农业和机械工程技艺"(agricultural and mechanic arts)。其中的实用主义动机显而易见:高等教育被视为发展地方经济的一个重要杠杆。到今天,这一动机在各州的高等教育中的重要性已经下降了很多。但是,每当各州议会审核其高校的预算时,这依然是一个不可忽略的考量。进入 20 世纪后,另一个理念越来越得到重视,那就是高等教育应该为学生提供综合性的基础教育,以培养有公民意识和领袖才能的人才为目的。哈佛大学将自己的使命界定为通过教育来为社会培养公民和公民领袖。①密歇根大学这样顶尖的公立大学也以同样的教育使命为办校宗旨。②在这一理念的影响下,全校性的通识教育(General Education)也就成了美国各综合大学课程设置的一个重要组成部分。UCI要求学生完成由八个部分组成的通识教育课程,其中包括社会科学和行为科学、艺术与人文、多元文化等。历史知识,是培养公民意识和领袖素质的重要一环。处于困境中的历史系在通识教育课程中可大显身手。

历史学危机的最重要的表现之一就是大学里学生对历史课兴趣的下降。在过去的十来年里,历史乃至人文学科的各个专业,对于美国本科生的吸引力都持续减弱。美国历史学会对于107所四年制大学和5所两年制大学的调查表明,在2013—2017这四个学年中,选修历史系课程的学生数从323883下降为298821,下降率达7.7%。③造成这一趋势的原因有很多,其中包括社会和经济结构的变化、就业市场需求的改变以及竞争日益激烈等。所有这些因素,远非历史系甚至大学所能控制的。但课堂学生人数减少,从事历史教学的教员和科系也不是完全没有责任。作为一门学科,很多大学的历史教学在过去很长的时间里,也没有做出足够的努力来应对不断变化的世界。

但近年来,日益加深的危机使得很多大学的历史系都在想办法让失去的学生重新回到历史系的课堂。6年多前,我们的系主任是埃米莉·罗森博格(Emily Rosenberg),她是一位研究20世纪美国的知名史学家,在推动

---

① Harvard University, "Harvard at a Glance." https://colledge.harvard.edu/about mission-vision-history,访问时间:2022年4月27日。

② Office of the President, University of Michigan, "Mission." https://president.umich.edu/about/mission/,访问时间:2020年9月30日。

③ Julia Brookins, "Enrollment Declines Continue", Perspective on History, February 12, 2018. https://www.historians.org/publications-and-directories/perspectives-on-history/february-2018/enrollment-declines-continue-aha-survey-again-shows-fewer-undergraduates-in-history-courses,访问时间:2020年9月30日。

用全球的视野来研究美国方面曾做出卓越的贡献。这位眼光开阔的学者也推动了历史系教学的改革。她的一项新政就是增加通识教育的课程,以此把新的研究领域引入历史教学。我就是在这段时间里,把我有关美国饮食文化发展的高年级课程变成低年级的通识教育课的。

饮食文化,是美国学术界近年来兴起的一个新的课题。我在有关中餐在美国发展的拙著中以及其他一些场合讨论过这一课题的研究状况,①在此不再赘述。值得一提的是,饮食文化研究长久以来在学术界被认为是下里巴人、不足挂齿的题目。直至21世纪初期,研究美国食品史的学者还会被其他的史学家讥笑,认为这是一个很奇怪的题目。② 在美国以外研究食品文化的学者也有同样的遭遇。当著名的饮食文化学者逯耀东在台湾大学开设"中国饮食史""饮食与文化""饮食与文学"等课程时,也都被视为"难登大雅"的课题。③而学生们却非常喜欢这类课题。

自从我的美国饮食发展史从历史系的高年级专业课改成通识教育课以后,选修的学生就成倍增长。这不仅仅因为它开放成为一门通识教育课,也是因为食品与我们每个人的生活都息息相关。在教授这门课时,我也常请外校的学者或食评家来讲课,扩大学生们的视野。偶尔也会请明星厨师来到课堂。同时,我尽量鼓励学生把他们自己的研究和故事在课堂上分享给大家,让他们通过积极的参与,进一步了解历史与现实生活的紧密关联。最近,我又把"烹饪竞赛"引入课堂。自愿参加的同学需要烹制一道菜,并讲一个与课程主题相关的故事。

我选择讲授跟食品有关的课程并不是纯粹地为了迎合学生的兴趣。

---

① 参见 Yong Chen, *Chop Suey, USA: The Story of Chinese Food in America* (New York: Columbia University Press, 2014), 182-187. Chen, "Food, Ethnicity and Race," in Jeffrey M. Pilcher, ed., *The Oxford Handbook of Food History* (Oxford University Press, 2012), 428-423。

② Hasia R. Diner, *Hungering for America: Italian, Irish, and Jewish Foodways in the Age of Migration* (Cambridge, Mass.: Harvard University Press, 2001), xv.

③ 逯耀东:《肚大能容:中国饮食文化散记》,生活·读书·新知三联书店,2012年,第2页。

食品生产和饮食消费,为我们全面了解美国历史的发展和社会的演变,提供了非常独特但却很有意义的视角。美国建国后的历史,就是一部移民的历史。研究美国食品文化的变迁,可以让我们更清楚地理解从19世纪到20世纪移民来源和构成的变化,也可以让我们更全面地了解移民对于美国社会和文化所产生的深远影响,中餐在美国的发展就是一个很好的例证。

移民是餐饮文化传播到世界各地的一个最重要的途径。中餐也是随着19世纪中叶第一批移民美国的华人漂洋过海来到美洲新大陆的。① 到20世纪80年代中餐已经成为美国最流行的餐饮。现在美国中餐馆的数量估计达到5万家之多,中餐在美国的发展是华人历史上的一个极其重要的篇章,包括餐馆、食品零售和批发等各种与饮食有关的商业活动构成了早期华人社区经济的一个重要基石。中餐也是美国各大城市华埠文化和社会生活的轴心。在白人眼里,这构成华人文化的一个象征。无论是在描述华人的特征还是攻击华人的时候,白人几乎都会提到中餐。在抵达美洲后的半个世纪里,中餐一直都为主流社会所摒弃。这在很大程度上是排华的种族主义所造成的。排华的歧视,不仅仅体现在对华人言语上的攻击,也以赤裸裸的暴力形式表现出来。反华暴力在19世纪后半叶越演越烈。到19世纪80年代,美国西北部有200多个城镇把当地的华人驱赶出去。② 在这一过程中,华人也被迫离开农业、矿业、制造业等诸多行业。只能在寥寥无几的服务性行业里找到就业机会。餐饮就成为华人就业最重要的两个行业之一(另一个是洗衣业)。所以中餐在美国的兴起,也是美国排华运动的结果和华人不屈不挠的奋斗精神之写照。

20世纪初中餐开始遍布美国。这反映了当时社会经济的巨大变迁:随

---

① 参见美国饮食博物馆举办的关于中餐馆在美国发展史的展览。我有幸担任这个展览的学术顾问之一。https://www.mofad.org/chowexhibition.
② Jean Pfaelzer, *Driven Out: The Forgotten War Against Chinese Americans* (New York: Random House, 2007), 253.

着工业化的加速,城市化的进程也越来越快;经济增长吸引了大批移民来到美国;人们的生活方式也随之出现了巨大的变化,对于便捷廉价的餐饮业的需求日益高涨,中餐馆由此成为一个兴旺的产业。同样,透过食品文化的视野,我们亦可以更深入地了解意大利人、爱尔兰人、墨西哥人,乃至20世纪后期来到美国的越南人和柬埔寨人等不同族裔群体的移民和发展,及其对于美国社会文化的影响。

我选择食品史作为研究重点,一方面是因为我个人的浓厚兴趣,另一方面就是想借此在课堂和历史学科以外,能与更多不同背景的人交流、对话。这一课题也的确在报刊、电视和广播等不同媒体上,给我带来了很多这样的机会。这些媒体包括中国中央电视台及美国的公共电台,还有《纽约时报》《洛杉矶时报》等报刊。从这些交流和对话中,我也收获良多。历史不是一个抽象的概念,它体现在我们所生活的世界里的每一个角落。我们对历史的认知,也随着世界的变迁而演变。与不同专业和背景的人士交流,是了解我们所生活的世界及其发展的一个有效的途径。因此,这种交流即是与历史对话的一个方式。历史并非尽在书中。

在校园内我们也可以通过这样的对话,来增进不同学科师生之间的交流。几年前我在 UCI 发起"与师共厨"(Cooking with the Professor)的烹饪/讲座系列活动,定期请一位教授到学校里的演示厨房与学校的专职厨师一同做几道与其专业相关的菜肴。来参加这项活动的学生不仅能够享用免费的佳肴,还能了解不同专业发展的历史和特点,并与其他学生在饭桌上交流。这类的对话和交流,可以大大扩展专业史家的舞台,使之不再仅限于曲高和寡的专业学术会议和学术期刊。

公共服务和公众史学:在参与中学习历史

在专业领域以外,高校教师有着更为广阔的公共服务的天地。我一直尽力利用各种机会用自己的专业知识去服务社会大众。这种服务的过程,

图 1 作者与学校的同事在演示厨房(中间是主持演示厨房的杰西卡[Jessica Van-Roo]厨师,左边是前 UCI 运动中心主任辛德里[Jill Schindele])

也是宝贵的学习历史的机会。

从 2014 年到 2018 年,我有幸加入美国国家公园署(The National Park Service)的国家历史地标委员会(National Historic Landmarks Committee),这是我这些年所参与的各种公共服务活动之一。美国国家公园署对我来说并不是一个完全陌生的机构。2002 年,我参加编写了其主导的《美国的民权:一个判定重要地标的框架》(Civil Rights in America: A Framework for Identifying Significant Sites)这一重要文献。在地标委员会的数年经历又让我更清楚地看到,历史学虽然在大学式微,但在社会上却依然有着广阔的发展空间以及广大的读者和听众。

地标委员会的职责是在公开的听证会上评议来自全国各地的国家历史地标提案。从其服务和交流的对象来说,地标委员会的工作性质可以说属于公共史学的范畴。① 在此,对历史的研究、诠释和讨论不再仅限于同行

---

① 作为历史学的一个分支,公共史学在美国出现于 20 世纪 70 年代,其形式多样,所涉及的范围亦十分广泛。这是很难给它下一个明确的定义的原因。有关美国公众历史全国委员会就公众历史定义的讨论可参见:https://ncph.org/what-is-public-history/about-the-field/。

专家的小圈子,而是面向广大的社会公众。但是,作为对历史的研究和诠释,国家历史地标的提名与审核过程,又与其他诸多公共史学的实践有很大的不同。那就是在提名过程中,主要承担研究和解释历史事件的,不是地标委员会里像我这样的专业学者,而是拥有不同背景的社会人士。这也在一定程度上印证了卡尔·贝克尔的名言:每一个人都是历史学家。当然,这也并非是一种完全自下而上的公共史学行为。因为在这一过程中,联邦政府(尤其是国家公园署)一直扮演着极其重要的角色。

美国国家公园署的起源可以上溯到1872年。是年3月,美国国会立法建立了第一个国家公园——黄石公园。随着国家公园的数量的增加,1916年美国联邦政府在内务部(Department of the Interior)建立国家公园署,负责管理国家公园以及国家级遗迹。此后,国家公园署的职责及其所管辖的范围不断扩大,远远超出了管理国家公园和环境保护的范畴。1935年美国国会通过《历史遗址建筑和古迹法案》,保护有重要意义的历史遗址、建筑和其他物品,并以此来激励和服务于美国人民。国家公园署也成为执行这项法案的一个重要机构。如果说国家公园署过去只是一个环保机构的话,那么从1935年开始它就转型成为一个极其重要的教育机构。历史,尤其是美国历史,成为其中最为关键的一个科目。

《历史遗址建筑和古迹法案》授权成立国家公园系统咨询委员会(The National Park System Advisory Board),并规定,咨询委员会的成员不得超过12名,其中至少要有6位历史学、考古学、人类学、历史和景观建筑学、社会科学、生物学、地理学等领域的专家。① 咨询委员会的设立,使得国家公园的管理更加专业化,更能有效地为新的国策服务。2001年国家公园系统咨询委员会制定了一份关于重新思考21世纪国家公园系统使命的报告。该报告认为教育应当是国家公园署最主要的使命,其中首要的就是要把美国的历史真切地呈现给公众。

---

① 请参照1935年法案的全文:https://www.nps.gov/history/local-law/FHPL_HistSites.pdf。

保护具有历史意义的地标,在美国有着悠久的传统。1774年,英属北美殖民地的反英情绪正蓬勃高涨,杰斐逊写下了著名的《英属(北)美权益概要》一文,使他成为北美独立运动的重要人物。是年,他买下了弗吉尼亚的"自然之桥"及其周边157英亩的土地。这个天然的石桥,被视为美国绮丽自然景观和资源富足的一个象征。杰斐逊购置它的目的,就是为了作为公众的历史地标而保存下来,1998年它被正式确认为国家历史地标。

1960年,"国家历史地标"(National Historic Landmarks)这一称号正式诞生,由国家公园署负责认证。到2016年左右,全美共有2500多个国家历史地标,绝大多数(99%)得到这个称号的建筑或地产属私人产业。区域性更强的历史遗迹,则被列入《国家历史古迹录》(National Register of Historic Places),现共收录有九万多个项目。

历史是活生生的,它随时都存在于个人和社会生活中,但它也需要人们有意识地去发掘、去保护。这单靠专业史家写专著和文章,是远远不够的,更重要的是社会大众的广泛参与。这也就需要把人们所说的公共史学提升到一个更高的、更广的层面。认证国家历史地标的过程,从提议到审核,都鼓励甚至激发大众深入地参与到历史的探索、构建和诠释中来。所有的提名议案都得到所在的城市和州的极大重视。议案时常附有其所在州州长、国会议员或其他官员的支持函。国家历史地标委员会定期举行公众听证会,审议国家历史地标的提名案。无论是持赞同还是反对意见,凡表述自己观点的人士,都参与到了对历史的诠释之中。当专业史家的深入研究与上述公共史学的过程结合起来,往往就会大大扩展历史研究的影响面。这类例子,在文学、电影和戏曲等诸多领域层出不穷。在此,我要讲一个名叫"管家楼"(The Steward's House)的建筑如何成为国家历史地标的故事。

这栋"管家楼"位于康涅狄格州的康瓦尔(Cornwall)。这是一个人口只有一千多人的小镇,鲜为人知。很多年来,知道这里在19世纪上半叶曾经有一个"外国传教学校"(Foreign Mission School)的人就更是寥寥无几了。"管家楼"就是当年这所学校所有建筑中唯一完整保留下来的。因为这所学校,这一偏僻的小镇和当时影响美国乃至世界的诸多重大发展紧密地联系起来。当时正值史称"第二次大觉醒"的宗教复兴运动蓬勃发展之际,这一宗教运动对美国历史影响深远,也加速了美国向亚太地区的扩张。因为其目的不光是要重新点燃美国人对于上帝的信仰,还要拯救世界其他地方的堕落的灵魂。第二次大觉醒发源于北美清教大本营新英格兰地区。大批学生在位于纽黑文的耶鲁学院(1887年改称耶鲁大学)重新找到了宗教热诚。外国传教学校建立之际,第二次大觉醒的著名领袖人物蒂莫西·迪怀特(Timothy Dwight)正在耶鲁当校长。[1] 外国传教学校最早的五位学生中,有一位名叫欧布甲(Obookiah,也称 Henry Opukahaia),是夏威夷人中最早的基督徒之一。他早年离家出走,在对华贸易中当过海员,后来到新英格兰。他在纽黑文时,曾住在迪怀特家里,这是因为他认识了迪怀特的堂兄弟埃德温·迪怀特(Edwin W. Dwight)。正是这位耶鲁校长的堂兄弟后来成了外国传教学校的首任校长。

迪怀特校长也是俗称"美部会"的美国公理宗海外传道部(American Board of Foreign Commissioners for Foreign Missions)的一位重量级董事会成员。[2] 亚太地区,尤其是中国是美部会宣教的一个重心。19世纪最先抵达中国的美国新教传教士,就是由美部会派遣的。到1847年为止,它派遣到中国的传教士人数,在所有的传教机构中首屈一指。[3] 美部会1816年在康瓦尔建立外国传教学校,就是其展开在外国人中传教的一项尝试。从1817

---

[1] 他的外公爱德华兹(Jonathan Edwards)是美国殖民地时期"第一次大觉醒"运动的精神领袖。
[2] Jeffrey K. Lyons, "Memoirs of Henry Obookiah: A Rhetorical History", *Hawaiian Journal of History* 38 (2004): 40.
[3] 陈勇:《华人的旧金山:一个跨太平洋的族群的故事,1850—1943》,北京大学出版社,2009年,第31页。有关美部会更详尽的历史,参阅:Jackson Philips, *Protestant America and the Pagan World: The First Half Century of the American Board of Commissioners for Foreign Missions, 1810-1860* (Cambridge, Mass.: Harvard University Press, 1969)。

年到1826年,该校共有拥有24种母语的100多位学生,其中有43位印第安人、19位夏威夷人,还有5位中国人(其中一位后来成为林则徐的翻译)。①

耶鲁大学荣休教授迪摩斯在2014年出版的专著《为异教徒开设的学校》中,深入探讨了此外国传教学校的历史。② 此书为提名"管家楼"为国家历史地标提供了深厚的学术基础和初始动力。但是,单凭一本书和一个学者的一己之力是无法成功完成这项繁重而复杂的任务的。2015年春季,11位耶鲁大学的学生(其中有本科生,硕士生和博士生)承担起了这一重任。他们花了近一年时间,完成了一份65页的提议报告。这份报告史料详尽,并引用大量相关史学研究,充分地阐述了外国传教学校的历史意义。报告也把当年外国传教学校学生的诸多生活层面生动地再现在我们眼前:"管家楼"是学校管家与其家人居住的地方,也是学生生活的地方,他们的饭堂也在这里。这栋楼成为学生交往的一个中心,也是他们和学校员工及其家属以及来访者往来的枢纽。不少学生与当地的白人姑娘互相产生情愫,有的发展成为情侣。管家的女儿和一位印第安人学生结成了学校第一对跨种族的夫妻。这样的浪漫佳话,却被很多人,包括美部会的成员,视为"不正当的关系"。这也就成为1826年传教学校关门的一个重要原因。由此,我们也可以窥视到当时传教士内心的一个矛盾:他们充满激情地想要跨越文化和种族的障碍,把基督教传到非白人中。但是,在个人感情的世界里,他们又把种族视为一个不可逾越的界限。这份报告,也对"管家楼"内外建筑结构的历史完整性做了详细的评估和论证,得出了令人信服的结论。

2015年11月16日,一位攻读美国研究的博士生和一位研习公共人文学的硕士生来到在华盛顿举行的公证会现场,代表其耶鲁团队向国家历史

---

① Carl T. Smith, *Chinese Christians: Elites, Middlemen, and the Church in Hong Kong* (Hong Kong: Hong Kong University Press, 2005), 53.
② John Demos, *The Heathen School: A Story of Hope and Betrayal in the Age of the Early Republic* (New York: Vintage Books, 2014).

地标委员会正式提交他们的提名报告。地标委员会的全体委员一致投票通过他们的提名。这项提名案,是专业史家研究成果和公共史学结合的一个典范。史家所研究的是社会的变迁,其学术成果也属于社会大众。

走近历史潮流:留学生事务

在过去的几年里,我还重新拾起了行政工作。

教授参与大学的管理(shared governance),乃是美国高校的一大特点。从事历史教育的教师,也和其他科系的同事一样,在校、院、系各级参加到各种学术和行政的管理委员会中。这种在教学和研究以外的工作也是一种服务,是大学教授工作职责的一个部分。大学的校长和与教研有关的副校长、院长和副院长,乃至系主任都由教授担任,有的是全职,有的是兼职。这是教授治校精神的另一个体现,也是服务的一种形式。在UCI这样的研究型大学,不少教授并不太愿意承担教研以外的职责,这是因为优秀的学者大都希望专注于学术研究。但对我个人而言,参加学校的管理也是深入学习历史、与历史对话的一个良机。

UCI 1965年建校后,虽然发展极为迅速,但从生源的角度来看,到21世纪初依然是一个区域性的大学,绝大多数学生来自南加州。在21世纪第一个十年结束的时候,UCI的生源发生了一个巨大的变化,那就是国际学生大幅度增加。这给学校带来了新的机遇以及诸多的挑战。2014年夏季,学校决定在国际学生卓越项目(International Student Excellence Program)中设立由教授担任的主任,我当即请缨担负这一重任。

上任后,我的首要目标是营造一个环境,让学生能够感受到温暖和归属感,让学校的教职员工和助教从文化上更理解国际学生及其在生活和学业上所面临的困难。同时也需要对国际学生提供更有效的帮助,及时解决他们所面临的问题,并帮助他们进一步了解美国文化和大学里的各种规范。

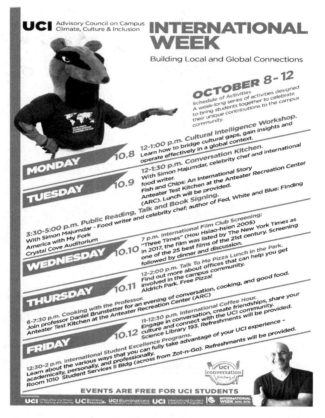

图 2　2018 年 UCI 国际学生周的海报(设计者:Ryan Foland)

我们的首要的任务就是整合学校各种服务国际学生的资源和机制,并使之系统化。第一年,我成立了两个由来自不同学院的同事组成的教授委员会,一个研讨相关学校政策,另一个负责各项措施的实施。随后我们又设立了"教职员工国际学生支持网"(Faculty International Student Network),让帮助国际学生的网络遍布全校。2014 年以来,我们每年都在全校范围内举行多种针对不同群体的活动,其中的"国际学生周",已经成为 UCI 的一项传统。通过这项活动,国际学生增强了他们与各种学生事务机构、其他学生群体以及教员之间的互动。

我做国际学生工作的一个很重要的原因就是自己也曾经是一名留学生,聊尽微力为国际学生服务,也是在与历史对话。而且,这不仅仅是一个个人层面的对话。吸引国际留学生的能力,也是衡量一个国家实力的晴雨表。二战以后,尤其是冷战结束以来,随着各国之间的经贸和文化往来不断增多,高等教育也日趋国际化。美国是世界第一强国,自然也就成为各国留学生所青睐的目的地。从图 3 我们可以看到二战以来国际学生在美国数量的持续增长。

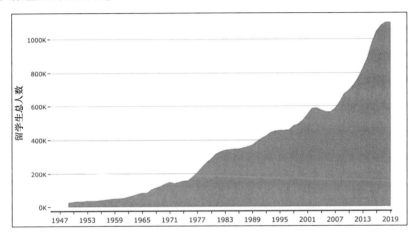

图3　美国二战后留学生数量的变化

图表来源:https://opendoorsdata.org/data/international-students/enrollment-trends/

我投入学校的国际学生工作之中,也得以近距离审视影响中美关系长达两个世纪的历史潮流——中国学生留美,这是中美两国关系发展过程中一个极为重要的篇章。我们已经看到,在美国传教士抵达中国(1830)以及容闳抵达美国(1847)之前,就已经有中国学生在康瓦尔的外国传教学校学习了。如李洪山教授曾指出的,尽管中国和美国在文化、政治和经济制度上存有巨大差异,但教育交流已成为 20 世纪两国关系中最牢固的纽带。[1]从 19 世纪开始,成千上万的中国人到海外求学。到 20 世纪 40 年代末为止,在所有国家中,美国所接受的中国留学生和学者的人数名列前茅。有

---

[1] Hongshan Li, *US-China Educational Exchange: State, Society, and Intercultural Relations, 1905-1950* (New Brunswick, NJ: Rutgers University Press, 2008), 1.

意思的是,到2019年,美国依然是中国学子留学的首选地。

19世纪以来中国学子跌宕起伏的留美历程,与过去两个世纪的中国社会变迁有着密不可分的关系。20世纪70年代末开始的改革开放,重启中国学者和学生赴美留学的大门,我也因此得以在1985年从北大赴康奈尔大学攻读博士。我们那个时代来美国读书的同学,绝大多数都是来攻读博士学位的,而且都是有赖于政府资助或得到美国大学的奖学金才能成行。随着中国经济的增长,越来越多的家庭有能力承担起留学的费用,本科生也就成为留学大军的主力,到2009—2010学年度,有将近13万来自中国的留学生在美国学习,使中国首次成为美国国际学生的最大来源。这一大趋势,亦在UCI得到反映。从图4我们可以看到2009年以来UCI中国学生数量的急剧增加,到2018年,已经超过4200人,占UCI国际学生的绝大多数。

对历史的进一步了解,使我能够更有效地帮助UCI的教职员工理解国际学生的文化以及留学美国这一现象的历史和国际的大背景。

参加学校国际学生事务的工作,也让我有机会在上海、北京或网上与许多家长沟通,聆听他们的意见和期待,同时帮助他们了解美国的教育体系。留美的经历对留学生一生的发展影响深远,为了帮助毕业生把这一经

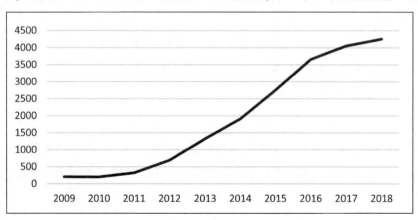

图4 UCI中国留学生数量的增长

历变成宝贵的资源,我在 2020 年协助并参与了 UCI 第一个中国校友会的筹办,并担任其教授顾问。与家长和校友的紧密互动,让我对于中国学生留美运动在 21 世纪的进一步发展有了全方位的认识。

留学生对于近代中国的发展有很大的影响,同时,留学生的命运也跟各种历史变迁紧密相关。2020 年 3 月底,新冠肺炎疫情使得 UCI 冬季学期的期末考试全部改成网上进行。7 月 6 日,美国政府颁布针对外国学生的政策,规定所有留学生不能上网课,而且其所有与签证相关的文件必须重新签发,在留学生中间引起巨大不安。中美关系日益恶化,给中国留学生的未来又平添一块巨大的乌云。

留美读书是过去很长一段时间内很多中国学子和家庭对未来的一个重要规划。人们做规划,因为其生活的世界有他们熟悉或习惯的秩序及规则。由此而衍生的期望值,就成为人们规划未来的基础。新冠肺炎疫情期间所发生的种种巨变,骤然改写了现有的秩序及规则,人们顿时对现实和未来充满焦虑和疑问。疫情还会持续多久?中国学生留美,会不会倒退到十几年甚至几十年前的光景?中美大学之间还有合作的空间吗?这些疑虑,都是可以理解的。但这也是因为我们长久以来,已经习惯了现有的国际秩序和惯例。而纵观人类历史,就是一个现有秩序不断变化的过程。疫情期间的种种危机和风云突变,也凸显了历史的重要。当我们面对充满不确定性的未来的时候,更需要认真审视我们个人和人类社会曾经走过的路。历史不能精确预测将来。但唯有从历史中,我们才能获得勇气和智慧,去面对充满未知的未来。

历史学家最根本的学术使命是理解社会的变迁。与社会大众分享研究的心得,投身公共服务,并参与学校的管理,都极大加深了我对变化中的世界以及我所研究的课题的认识。从这个角度来说,这些活动绝非不务正业,而是帮助我更好地去履行一个历史研习者的职责。

敩学半*

——K祖城教学札记

熊存瑞（Victor Cunrui Xiong，1985年出国留学，victor.xiong@wmich.edu）：西密歇根大学历史系教授，曾师从夏鼐（中国社会科学院）、王赓武（澳大利亚国立大学）。著有英文著作：*Sui-Tang Chang'an (583-904): A Study in the Urban History of Medieval China*；*Emperor Yang of the Sui Dynasty: His Life, Times, and Legacy*（中译本：《隋炀帝：生平、时代与遗产》）；*A Historical Dictionary of Medieval China*；*Luoyang: A Study of Capital Cities and Urban Form in Premodern China, 1038 BCE to 938 CE*；*A Thorough Exploration in Historiography*（待出版）；*Routledge Handbook of Imperial Chinese History*（合编）；*Heavenly Khan: A Biography of Emperor Tang Taizong*（中译本：《天可汗：唐太宗李世民》）；*From Peasant to Emperor: The Life of Liu Bang*（中文版：《布衣皇帝：汉高祖刘邦》）等。中文著作包括：《陈寅恪六朝隋唐史论》（编校）。曾任*Early Medieval China*主编（1994—1999）、中国留美历史学会理事会理事（1995—1997）、中国留美历史学会期刊*Chinese Historians*主编（1994—1996）、美国唐研究学会（Tang Studies Society）董事（2012—2014）。

---

* "敩学半"出自《伪古文尚书·说命下》。

我在美国的大部分时间是在密歇根州的卡拉马祖(Kalamazoo)度过的。这座当地人称为"K祖"(Kzoo)的小城,人口仅8万,对于中国人来说不见经传,但对于美国人来说,也许不十分陌生。19世纪创建于此城的普强(Upjohn)公司是美国现代药片的鼻祖,后与瑞典的法玛西亚(Pharmacia)合并,又被辉瑞(Pfizer)公司收购。与其毗邻的仅有4万人口的小城波蒂奇(Portage),昔日有普强的工厂,如今是辉瑞最大的制药基地,其冠状病毒疫苗大部分生产于此。与普强家族关系密切的欧文·吉尔莫尔(Irving Gilmore)在K祖城创立了四年一度的吉尔莫尔钢琴艺术节(Gilmore Keyboard Festival),虽知名度远不如肖邦或柴可夫斯基钢琴比赛,但其头奖的价值却堪称世界第一,为30万美元。21世纪初,K祖城史赛克(Stryker)家族的富人不堪忍受市中心的衰落,推出了"K-承诺"(K-Promise)计划,为在卡拉马祖学区毕业的中学生免费提供在密歇根诸州立大学上学的费用。为了支持"K-承诺"计划,奥巴马总统曾亲自来访。

我任职的西密歇根大学(Western Michigan University),坐落在K祖城内,是密歇根州15所州立大学之一,以每年举行的世界上规模最大的国际中世纪研究大会(the International Congress on Medieval Studies)而闻名。

教学上的新挑战

美国高校通常从三个方面考察教授的业绩:称职程度(competence)、知名度(recognition)、服务(service)。"服务"主要指各系、院、校委员会的行政工作和其他校内外活动,在此不予讨论。所谓"称职"主要指教学能力。多年来,在这方面,我一直遵从"敩学半"的教学理念,即所谓"学然后知不足,教然后知困",①故能一直保持对教书的热忱与兴趣。

自1989年受聘后,我主要教授中国古代史、中国近现代史、东亚近现

---

① 《礼记·学记》。

代史等所谓"维持生计"的课程(bread-and-butter classes),偶尔亦开设中国艺术史、日本现代史、隋唐史、六朝史、都市史等。其中中国古代史我教授时间最长。1987年秋季,我曾应聘在艾奥瓦大学(University of Iowa)代课一学期,开三门课,其中就包括"中国古代史"。在此之前,我可以说是毫无教学经验。幸亏那年夏天赴普林斯顿访问时,得助于刚刚在普大上任的余英时教授。在他的启发下,我选用贺凯(Charles O. Hucker)著《中华帝国史》(China's Imperial Past)并以其教义为蓝本安排课程。到西密大以后,我继续用该书作为主要教材;随后改用谢和耐(Jacques Gernet)著《中国社会史》(A History of Chinese Civilization)一书。二书有一共同的特点:专有名词多。对于美国中西部的十余岁的孩子们来说,极具挑战性。此外,二书所使用的韦氏音标,为美国年轻人深恶痛绝。最近几年,我又采用了伊沛霞著《剑桥插图中国史》(Cambridge Illustrated History of China)。作为辅助教材,我用过狄百瑞(William T. de Bary)和华蔼仁(Irene Bloom)编著的《中国传统资料》(Sources of Chinese Tradition)第一卷;以及伊沛霞等编著的《中国文明资料集》(Chinese Civilization: A Sourcebook)。经几学期的试用,终于决定长期使用后者。该书选题、范围都更适于我的课程。中国古代史是所谓小课,注册人数限制在30人,如不到10人则有可能被取消或推迟至下学期。课堂除大部分时间用于讲课以外,有大约10—15分钟针对《中国文明资料集》的内容进行问答、讨论。此外我每学期要求学生交两篇论文,题目由学生自选,由我批准。说实话,批改学生论文或许是教学中最具挑战性的工作。除个别文章好手以外,学生的写作水平普遍低下,而且每况愈下。记得我班上有一名美国青年,其文笔酷似马克·吐温笔下的哈克·费恩。[1] 不同的是,费恩是一个整天逃学的"坏孩子",而这位青年却是在公立大学就读的大学生。

---

[1] 马克·吐温在其名著《哈克贝利·费恩历险记》以费恩的口吻写道,"YOU don't know about me without you have read a book by the name of *The Adventures of Tom Sawyer*; but that ain't no matter."

"中国近现代史"的课程设计和教授方法与中国古代史略同。20世纪末,美国校园里最具影响的三位近现代中国史学家——徐中约(Immanuel Hsü)、史景迁(Jonathan Spence)、费正清(John King Fairbank)——的课本我都用过。我个人认为,费正清与梅尔·戈德曼(Merle Goldman)合著的《中国新史》(*China: A New History*)更适于美国学生。而辅助教材,我选用《追寻现代中国文献汇编》(*A Search for Modern China: A Documentary Collection*)。

第三门常设课程"东亚近现代史"是通识课,与国内的"公共课"类似,所不同的是几乎所有教授,无论资历、地位如何,都教这类课。相比中国古代史和近现代史,这是一门大课,学生人数可达100人以上。严格地讲,整个儒家文化圈都包括在东亚之内。然而,为了防止内容过于零散,我只集中讲中、日两国;近年来,又加上了韩国。课程内容在年代的大框架下按主题编排。除了用一些标准的教具,如幻灯、录像等以外,课堂时间均用于讲课。我鼓励学生随时提问,但很少有人响应。我想,这可能是因为阶梯教室的结构让学生生畏;而不谙中、日专有名词发音也使他们却步。多数学生来自外系,对他们而言,此课只不过是众多选修课之一。不过,偶尔也会产生长远影响。有一年,一位成绩优良的高中生(父母均为我校教授),听了我的东亚近现代史后,竟然毅然弃理工商科而选择从文,励志研究中华文化。后来,她赴达特茅斯学院(Dartmouth College)深造,毕业后,被加州大学圣塔芭芭拉(Santa Barbara)校区录取,攻读中国宗教博士学位。至今,其父母还抱怨我影响爱女的一生。

鉴于这些课程内容和我的学习、研究有关,教起来并不觉得十分吃力。1995年获终身职后,我免除了后顾之忧;2002年,又获正教授职称,达到教职的顶点。当时我在美大学已有二十年以上的教龄,而向美国大学学生授课,也愈来愈得心应手。

但2010年某日下午的一次会晤打消了我的这种自满。系主任马里恩·巴迪·格雷(Marion Buddy Gray)将我唤入系办公室。格雷是得克萨斯人，斑白的山羊胡子和无框的眼镜，更使他看上去和蔼可亲；其中间名"巴迪"（哥们儿）亦给人一种平易近人的感觉。然而，使我感到惊讶的是，格雷竟然开门见山地说道，"下学期你负责教'HIST 2020'——世界古代史"。我当时未提出异议，回到办公室后方感觉到问题的严重性。我的世界古代史知识，仅局限于当初在北大历史系旁听的课程。况且，由于多年未能派上用场，记忆早已淡薄。起先，我决定据理力争。但考虑到系内同人教世界史课几乎人人有份，包括教日本史的吉田俊（Yoshida Takashi）教授，最终也放弃了争辩的打算，仅向格雷提出延后一学期的要求，并获批准。

我在选择教材时，首先考虑的是牛津大学出版社出版的 J. M. 罗伯茨著《世界史》（The History of the World）。其主要特点是价格低廉，文笔流畅。但所涵盖的专有词汇太少，况且年代感不强，不易讲授。而当时市场上流行的课本不仅价格高，动辄就七八十美金一册（如今往往在百元以上），而且过于强调全球化，强调古代文明的交流、互动，对于历史知识贫乏的美国学生而言，只能是可望而不可即的"阳春白雪"。经过一番挑选后，我决定采用威廉·杜以克（William J. Duiker）和杰克逊·斯皮瓦格尔（Jackson J. Spielvogel）的《精华世界史》（The Essential World History）。该书与众不同的特点是其传统性、保守性；将古代史分为远古和中古两大部分。以远古为例，所涉及文明依次为两河流域、古埃及、古印度、古代中国、古希腊、古罗马，虽无甚新意，但条理清晰。辅助读物我采用了罗伯特·哈里斯（Robert Harris）的《最高权力》（Imperium）。这是一部通过罗马政治家西塞罗（Cicero）秘书之口，讲述罗马共和国末期政治斗争的历史小说。在我的要求下，助教安珀·伊尼斯（Amber Innis）根据我提供的讲稿和课本内容，为我准备幻灯用图像和文字。我则负责选择并下载有关录像，并将之嵌入PPT文件中。从后来学生报名踊跃的程度来看，这门新课似乎还算成功。以前，教学成败可通过学生评估来衡量。通常在期末考试前一堂课上，学生们会用铅笔在光学答录纸（scantrons）上进行评估，参与率较高。而今天,评估在网上进行,参与率鲜能达到10%,而参与者的目的往往在于泄私愤,故评估已变得十分不靠谱。2012年秋季,我开始让助教每堂课根据我选择的题目授课十分钟。硕士生马修·亚当斯(Matthew Adams)是第一次承担此任务的助教。他对工作的一丝不苟让我感激,他举行的小讲座也让我受益匪浅。随后,亚当斯申请了中世纪史研究博士生资格,获得多所学校的奖学金,最终选择了哥伦比亚大学。此后,每次开世界古代史时,我都会对助教提出同样的讲课要求。几个学期以后,我对世界史的题目不仅不再惧怕,而且还产生了浓厚的兴趣。

2017年秋季,我主动要求开了一门新课:"'HIST 2030'——世界近现代史",以期让学生进一步了解现代世界。我采用的教科书是《精华世界史》的第二册。在备课、教课的过程中,我尽量关注文史哲、美术、文学、音乐诸方面的流派来源与发展。在某种程度上,世界近现代史比古代史更容易备课,因为网上的图像、音像资料要丰富得多,而在语言文字上的挑战则要小很多。在考核学生成绩时,我采用开卷多项选择的方式。为了杜绝学生侥幸心理,我适当增加考题的数量和难度。此外,我要求学生写一篇小文,旨在对史实进行阐述和分析。

2019年年初,我计划教授的中国近现代史,由于选课人数不足而被临时取消。更深层的原因是最近实施的课程改革,要求强化本科学生的写作能力。中国近现代史也是强化写作的课程之一。在注册此课之前,学生需要修一门方法论的"前修课"(prerequisite)。故此,很多人无资格报名。设置前修课本身并无可厚非,但由此而造成的课程取消,却是意想之外的,而且后果严重。

此后,为了满足教学的需要,我又开了一门新课:"'HIST 1010'——近现代西方"。此课的内容不太具挑战性,实际上是世界近现代史西方部分的加强版。

最近中国古代史和中国近现代史都改为网上授课,而强化写作的特点,也由课程重点改为可选项,前修课不再是硬性要求。这样一来,我教的课或许再也不会因人数不足而遭遇滑铁卢。

近几年,有些教员受时髦教育学理论的影响,不顾文科教授的反对,对基础教育课(如东亚近现代史、世界古代史、世界近现代史、近现代西方等)进行了一次"彻底"改革,对所有有关课程,按照新规则进行审批,并重新归类、定级,另名之曰"精华学习"(essential studies)。每学期结束,教员都要对精华学习课学生的学习效果评分。实际上,在不增加师资的情况下,这类改革只能是换汤不换药。

从 21 世纪第二个十年起,为了改进教学质量,我开始尝试历史小说的创作。我本科学的是英美文学,多年来一直有文学创作的愿望。而中国学术界向来有"文史不分"的传统;故清代章学诚有"六经皆史"之说。在美国,教授用小说作历史课辅助读物的做法相当普遍,如俄国近代史用屠格涅夫的《父与子》,日本近代史用奥利佛·斯塔特勒(Oliver Statler)的《日本客栈》(Japanese Inn)等。我校最著名的教授之一、原历史系的保罗·迈尔(Paul L. Maier)的成名作《本丢·彼拉多》(Pontius Pilate)就是一部关于耶稣的审判官的历史小说。

我写小说的主要目的是让美国和其他地区的学生对中国史产生兴趣。考虑到历史课的需要,我选择唐太宗作为小说主题。为了深入了解史实,我重读了《隋书》《两唐书》《资治通鉴》等正史的有关章节;仔细研究了其他相关史料,如温大雅著《大唐创业起居注》、吴兢著《贞观政要》、释慧立与释彦悰著《大慈恩寺三藏法师传》等。同时我花了大量时间研究写作方法,阅读西方历史小说,包括摩根·莱威琳(Morgan Llywelyn)的《爱尔兰之狮》(Lion of Ireland)、罗伯特·格雷夫斯(Robert Graves)的《我,克劳狄斯》(I Claudius)、沃尔特·司各特(Walter Scott)的《艾凡赫》(Ivanhoe)等。而对我影响最深的是波兰作者亨利克·显克微支(Henryk Sienkiewicz)的《你往何处去》(Quo Vadis)。这是一部以尼禄(Niro)治下的罗马为背景,讲述早期基督教史的小说。

在完成大量的读书笔记之后,我于 2012 年年初动笔,创作名为《天可汗》(*Heavenly Khan*)的小说,到同年秋季完成初稿。经助教亚当斯文字审查后,书稿于 2014 年在台湾华艺(Airiti)出版社出版。历史系同事白鹿文(Lewis Pyenson)①读过后,认为该书值得拍成一部好莱坞电影。《旧金山书评》则称它创造了一位"能与亚历山大大帝和拿破仑比肩的人物"。美国具有权威性的《中国研究书评》(*China Review International*)也刊登了书评。从 2015 年秋季起我开始用《天可汗》代替《最高权力》作为世界古代史的读物,并要求学生根据其内容写读书报告。而学生们的积极反应令我感到鼓舞。有一位在海军服役九年的非裔学生告诉我,他一拿起《天可汗》就爱不释手,一直读到第二天清晨;后来他又到图书馆将我写的专著借来看。我系硕士毕业生张瀚墨当时在纽约州立大学某校区任助理教授;他教授中国古代史时用了两部书,其中一部就是《天可汗》,另一部是伊沛霞的著作。学生们在课堂上对这两部书进行讨论时,对拙著表现出更大兴趣;有的甚至能就太宗与长孙皇后的关系、太宗与魏徵的关系等提出相当深刻的问题。

《天可汗》的成功出版,打消了我对自己创作能力的疑虑。不久我就开始为第二部小说收集资料,并计划在小说出版后,用于中国古代史的教学。我选择刘邦作为主题。司马迁笔下的刘邦,生动、精彩,而在西方却鲜为人知;对我来说,这正是所谓"易采摘之果"(low-hanging fruit)。2018 年初春,我在西班牙南部格拉纳达长途汽车站候车时,购得一本西英对照的《阿尔罕布拉的故事》(*Tales of the Alhambra*),作者是美国 19 世纪著名作家华盛顿·欧文(Washington Irving)。阿尔罕布拉宫是摩尔人统治时期安达卢斯(Al-Andalus)最灿烂的明珠;15 世纪末,西班牙复国(Reconquista)以后被改建,18 世纪遭废弃。欧文的小书出版后重燃起人们对它的兴趣。我的原计划是通过这本书学习西班牙文;但至今我的西文仍在原地踏步。不过欧

---

① 白鹿文(Lewis Pyenson),加拿大皇家学院院士,国际科学史研究院(巴黎)通讯院士,西密歇根大学历史学退休教授。

文的文笔和写作手法却激发了我的创作灵感。不久我就创作并出版了《从农民到皇帝：刘邦的一生》(From Peasant to Emperor: The Life of Liu Bang)。在此之前，麦迪逊校区的倪豪士（William Nienhauser, Jr.）从1994年开始出版他率众学者译注的英文版《史记》①，不久将推出第十二卷。从学术性的角度看，这无疑是最好的译本。然而，其脚注繁复，且用韦氏音标，故不适于初学者通览。雷蒙·道森（Raymond Dawson）从《史记》中选出若干章节，翻译后分作八章，编入一本小书中。②文笔浅显，可作大学读本。但各章之间很少有连贯性，且专有名词亦嫌过多。拙著通过历史小说的手法，重塑司马迁《史记》中的重要历史人物，诸如刘邦、张良、项羽、韩信、吕后等；再现重大历史事件，诸如秦始皇之死、鸿门宴、彭城之战、荥阳突围、垓下之战、白登之围等，并在书末附有详尽的、带注音的专名小词典和年表，是一部为美国学生量身定制的入门读物。我个人认为，这部书比《天可汗》更成熟，更可读。

在某种意义上，我所扮演的角色与查尔斯·兰姆（Charles Lamb）相似。莎士比亚的戏剧在他的笔下变成老少咸宜的故事。所不同的是我所依据的不是现成的文艺作品，而是历史文献；我的工作是通过再创作将史实编写成通俗易懂的故事。

在我加盟西密大时，历史系仅能授予硕士、学士学位，教授的教学工作量是所谓2—3，即在每年两个长学期（semesters）中共教五次"标准课"（每周上两节、一节75分钟的课）。后来，经系主任隆·戴维斯（Ron Davis）的不懈努力，历史系获得了培养博士的资格，教授的工作量也随之减至2—2，即每年四门课。一直以来，我系的强项是欧洲中世纪史，而中国史、日本史等小专业研究生很少。20世纪90年代，刚从中国人民大学毕业不久的张瀚墨来我系就读硕士。在美国的文科研究生制度下，他不但要写论文，还

---

① *The Grand Scribe's Records*, Bloomington: Indiana University Press, 1994.
② *Historical Records*, Oxford and New York: Oxford University Press, 1994.

要修 30 学分的研究生课,多为所谓研讨课(graduate seminars)。我系有些东海岸学校毕业的教授,根据以往的经验,每周要求学生读的书或文章达 800 页,或每学期 25 种专著。除本系课程之外,瀚墨还需要到外系修两门相关学科(cognate)——如人类学、社会学、宗教学等——的课程。他在人大读的是新闻专业,对文学感兴趣,并发表过不少文艺作品。虽然语言对他而言有一定挑战性,但他因有一定现代文艺理论基础,对西方理论的理解还算到位,故分数从未降到 B 以下。作为其导师,我也为他开了"中国古代都市史"的研讨课。鉴于生源过少(仅有两人),这门课只能算作无偿的额外课。两年后,他以《考工记初步研究》的论文通过答辩,获硕士学位;再后,经我力荐,赴加州大学洛杉矶校区攻读汉学,并获博士学位,现已回人大任教。

当然,培养研究生也不乏失败的例子。有一名复旦历史系毕业生,在美有硕士学位,到我门下读现代史,在修相关学科的社会学课时,无法满足教授的写作要求,终被迫转学电脑。另有一名学生,因患忧郁症,长期卧床不起,遂以辍学而终。美国历史博士研究生首先要用两三年或更长的时间修选修课(以研讨课为主),并通过为时三天的综合考试(comprehensive exams),方能以 ABD[①] 学生的身份撰写论文;故获得学位平均时间较长,需要八年,而奖学金通常仅提供五年。由于经济上的压力和其他种种原因,近半数的博士生半途而废。

与之相比,我当时在澳州求学时享受可长达四年之久的澳大利亚奖学金,既无修课、教课的要求,又无综合考试的压力,只需专心致志地撰写论文。在这种旧式的英国传统下,研究生有可能在较短时间内完成论文。但由于没有制度上的监督,研究生亦很有可能四年以后一事无成。此外,博士论文完稿以后,要像书稿一样送出去外审,故有较大不可控的、被拒绝的风险。总之,美式方法给学生提供充足的历练机会,但研读时间太长,况且

---

① ABD: all but dissertation(仅欠博士论文)。

研讨课是否利大于弊还难以定夺。而澳式方法则有利于专一者早日完成学业，但却容易使自律性差者放任自流。此外，缺少助教、教课经验亦会成为求职时的障碍。

学术出版

在美国高等学府，人文或社会科学教授长期任职，首先要满足"称职"（即教书）的要求。但这还不够，去留与否还取决于"知名度"中的学术出版一项。

几乎所有的大学、学院都对教授有出版要求。在一般院校，发表一定数量的学术文章即可满足升任副教授的要求。而可授予博士学位的历史系，通常有更高的出版要求：助理教授受聘六年之内至少要出一部"独立完成的专著"（single-authored monographs）或签署出版这类书的合同，否则就有可能被解聘。其他种类的书，诸如编辑文集（edited volumes）、字典、百科等，可归为"锦上添花"之类。有之则可加分，但起不到关键性作用。此外，出版社的名声也比较重要，最好是西方英语国家的大学出版社，或学术性较强的商业出版社如布里尔（Brill）、劳特里奇（Routledge）、夏普（M. E. Sharpe）、罗曼和利特尔菲尔德（Roman & Littlefield）等。中国出版社出的书通常属锦上添花之类（当然这很不公平）。而书稿则应经过双盲或单盲审查。

除专著以外，教科书也属于常见的出版物。然而，这类书因不涉及原创研究，通常被视作非学术类著作，与去留升迁无关。但具有讽刺意义的是，教科书却是对教学最具影响的书籍。一部教材，从构思、撰稿到出版，需要著者阅读大量的书籍、文章；而书稿也要通过严格的专家审批程序，并在编辑的监督下，经过反复修改，使著者不自觉地对书中的内容产生透彻的了解，方能出版。

对于我个人而言，2002年升任正教授后，出版的压力已不复存在。但出于多年来养成的习惯,也出于个人喜好,我一直在写书、出书。

我的第三部英文专著《洛阳:中国古代、中世都城形制研究,公元前1038—公元938》(伦敦:劳特里奇,2016年),是对大洛阳地区从西周到五代六个都城遗址的研究。在此之前,西方学者除东汉、北魏时期以外,对洛阳鲜有问津。本书在某种意义上填补了这一空白。

2000年以来,我一直在从事8世纪史学名著《史通》的英文全译全注工作。如果进展顺利,有望在一两年之内,作为中国思想经典丛书(Classics of Chinese Thought)的一部,于华盛顿大学出版社出版。

第二部英文专著《隋炀帝》问世以后,我开始考虑将个别著作介绍给国内读者;但是寻找合适的译者绝非易事。2009年、2011年,我两度访问厦门大学。接待人毛蕾教授,是隋唐史大家韩国磐的弟子。她表示愿意助我一臂之力;随后,与其高足黄维玮合作将《隋炀帝》译成中文。经过一番周折,厦大出版社决定出版;但在付梓之前,却出现了资金问题。该书版权所有者纽约州立大学出版社要收一笔以美金计算的版权转让费。幸而,我校刚刚成立了黎天睦中国研究中心(Timothy Light Center for Chinese Studies);我从中心申请了一笔专款,并将之汇至厦门。由于毛蕾坚持不懈的努力、中国研究中心的慷慨资助,《隋炀帝》中文版终于在2018年问世。

与此同时,毛蕾与黄维玮亦将历史小说《天可汗》译成中文。厦门大学出版社虽有兴趣出版,但嫌原出版社要价太高,只好作罢。此后,《天可汗》中文本在被中华书局、生活·读书·新知三联书店拒绝后,终于在北京语言大学尹成君教授的斡旋下,得到华文出版社诸位编辑的肯定,并由该社向台湾出版社付费后出版。华文出版社原为统战部下属的局级单位,后成为独立出版社,现为中国出版集团的一员。我的发小姚小平为《天可汗》撰写了书评,在读者众多的《中华读书报》和《文摘报》上发表,引起了相当广泛的注意。总之,《天可汗》不仅帮助提高了教学质量,还多少为我增加了点知名度。

不久以后，拙著中文小说《布衣皇帝：汉高祖刘邦》亦在华文出版社出版。

我的第一部英文专著《隋唐长安》，在"一带一路"倡议的大环境下，应该有出版社对其中译本感兴趣。起初，山东大学朱修春教授在我校访学时主动提出翻译、出版该书。回国后，她向山大出版社提交了出版计划，得到两名校外专家的首肯。然而，出版社在版权问题上遇到了麻烦。版权所有者密歇根大学董事校务委员会，除了对版权转让收费外，还要每年收一笔版税。中方不情愿承担此负担，出版计划因此而搁浅。若干年后，社会科学文献出版社又提出出版该书中译本的请求，与密歇根大学签署了合同，并邀请陕西师大讲师葛洲子作翻译。译文现已审查、核对完毕，如不出差错，不久将问世。

此外，承蒙邵东方推荐，我应邀为上海人民出版社编校了《陈寅恪六朝隋唐史论》一书。在某些问题上，我曾与陈先生商榷，但这丝毫不影响我对先生学识、为人的敬仰。其"大处着眼，小处着手"的治学理念，在今天比以往任何时候都适用于学术研究。与近几年出版的陈寅恪文集不同，该书全文用繁体字，有专名线，并有个别脚注，适于严肃治学者收藏。

结　语

最后，我想捎带谈一下我个人对美国大学包括历史学科在内的文科教育的观察。从 20 世纪 80 年代以来，法国史学家福柯（Michel Foucault）等人倡导的后现代主义开始侵蚀美国大学的史学和其他人文学科，并与"批判理论"（critical theory）合流；所谓"文化研究"（cultural studies）遍地开花，阶级、性别、种族（class, gender, race）等题目独霸一方，至今方兴未艾。在方法上，后现代主义者偏好古希腊人惯用的演绎法（deductivism），忽视培根（Francis Bacon）以来发展的科学性较强的归纳法（inductivism）。在理论上，他们否定客观事实的存在，与"实事求是"相左。在这种氛围中，"身份政治"(identity politics)①、"取消文化"(cancel culture)②大行其道。例如，宾夕法尼亚大学英语系多年挂有莎翁之像，最近，因其"死白男"的身份而被摘下，换之以某不谙文学的非裔女同性恋者。而在加州，18世纪的耶稣会传教士胡尼佩罗·塞拉(Junípero Serra)对洛杉矶、三藩市有初建之功；最近，斯坦福大学决定将以其名命名的街道改为他名，只因当初塞拉有虐待印第安人之嫌。更有甚者，近来激进者大声疾呼，要求拆毁拉什莫尔山(Mount Rushmore)的总统雕像。③然而，利兰·斯坦福(Leland Stanford)本人曾公开主张白人至上；为何不将其创建的名校改为帕洛阿尔托(Palo Alto)大学？或将耶鲁大学(另一所以种族主义者命名的名校)改为纽黑文大学？此外，为了赶时髦并表示对LGBT④人群的特殊尊重，诸多校园内刮起了自选代词性别之风。⑤

校园里的风气与近年来出现的文科文凭含金量下降恐不无关系；随之而来的是包括历史学在内的人文学科的萎缩；历史系本科生、研究生、教授人数锐减。而这与受校方、社会青睐的STEM⑥学科形成鲜明对照。战后生育高峰期过后，大学适龄人口减少，只能是雪上加霜。人工智能与互联网的飞速发展所带来的"范式转移"(paradigm shift)使包括历史学在内的传统文科受到严重威胁。故此，在不远的将来，历史学科的课堂教学加学术出版的传统形式有可能会被部分甚至全部颠覆，包括历史学科在内的文科教育将面临前所未有的挑战。

---

① 身份政治将人类按种族和性倾向分为不同等级，认为传统上受压迫最深者德行最高，如非裔同性恋者；反之则德行最低，如白人男性异性恋者。
② 取消文化，是指以政治正确为由，或对公共人物进行抵制，或捣毁历史人物雕像、抹去与其相关的记忆的运动。
③ 四座位于南达科他州的巨型白人总统雕像(华盛顿、杰斐逊、林肯、老罗斯福)，傍山修建。拆毁雕像的理由是，其中二人生前拥有奴隶，一人有种族主义言论。
④ Lesbian, gays, bisexual, transgender(女同性恋者、男同性恋者、双性恋者、跨性别者[自选性别者])。
⑤ 通常在信件末尾加上自选人称代词，如：he, him, his(他、他[宾语]、他的)。
⑥ STEM: science, technology, engineering, math(科学、技术、工程、数学)。

横看成岭侧成峰,远近高低各不同
——求索于历史教学研究与图书资源运作之间

程洪（Cheng Hong，1986 年出国留学，chengh@library.ucla.edu）：美国加利福尼亚大学洛杉矶校区（UCLA）历史学硕士、博士、中国学博士后、历史学及图书馆信息科学硕士，复旦大学历史学学士、硕士。现任加利福尼亚大学洛杉矶校区图书馆研究馆员、东亚图书馆中文部主任。研究和出版领域包括中国近现代史、中国社会经济文化史、历史哲学、图书馆学理论。现任(北美)东亚图书馆协会主席，美国南加州复旦大学校友会会长，曾任(北美)中国研究图书馆员学会主席。主要编著包括:《见证二战：从上海到太平洋战场》(2005 年上海十大推荐书、全国纪念抗战、二战百本好书之一)、《当代海外中国研究》，发表中英文论文、学术专著章节、译作等近百篇。曾任中国留美历史学会筹备组成员(1986—1987)、中国留美历史学会理事会理事(1987—1989)。

在美国教历史,对我来说既是个眼前的课题,又是个遥远的课题。离开大学的全职教席已经有三十多年了,却也从来没有真正远去过,作为大学图书馆的专职馆员,我的工作与历史教学密切相关。横看成岭侧成峰,远近高低各不同。从广义来讲,美国大学的图书馆从来都是学校的核心建制之一,图书馆工作也从来就是教学的一部分,与院系一样,直属于负责教学的教务长管理。图书馆虽然不承担课堂的直接教学,但与课堂教学有密切的联系,并且有不同的系统和特点。在此我想介绍一点图书馆和教学研究资源的运作,对教学来讲不乏助益。

柳暗花明又一村:改行与转型

本来以为,在大学教历史会是自己的终身职业。1986 年 8 月,我到加州大学洛杉矶校区(University of California Los Angeles,简称 UCLA)攻读历史学博士学位,在此之前我已在复旦大学历史系中国现代史教研室当了四年多的青年教师了。在我钟情的历史学领域中,中国现代史有着开发不尽的课题,而历史哲学更是尚待开发的处女地。我荣幸地考上了金冲及、黄美真教授的在职硕士研究生,也得到了系里其他著名教授的指导帮助。在复旦读书和留校数年间,我发表的论文接连为国内十多家主要报刊刊用转载,还获得了 1986 年上海首届哲学社会科学论文奖。在这样的背景下出国留学,一个迫切的愿望就是尽快学好先进的教学和科研理论方法,成为一个承前启后的大学历史学教师。

攻读博士学位期间,我有幸得到美国著名历史学家黄宗智(Phillip Huang)教授亲授,并得到美国世界史各研究领域的领军人物——如美国史的纳什(Gary Nash)教授、欧洲史的萨宾(David Sabean)教授——的指导,学习进展很快。一年后我拿到了第二个历史学硕士学位,两年通过了博士资格考试。由于学校给了我全额奖学金,不需要担任教学助理(Teaching Assistant),加上有复旦工作期间收集的研究资料作为基础,四年多后我完成了博士论文。这个时期我继续关注历史学研究的理论和方法,先后发表了《美国关于中国近现代史研究的趋势与特点》[1]《关于"过密化理论"和规范认识危机的讨论》[2]等文章,与国内同行共磋交流。

获得历史学博士学位后,我开始寻找教职,但即刻遇到了很现实的困难。我的博士学位完成得很快,得益于没有在当教学助理上花时间,但美国大学招收新教师都很注重课堂教学经验,而在复旦的教学经历并不能满足这个要求。进退维谷之际,加州大学洛杉矶校区东亚图书馆当时的馆长郑炯文(James Cheng)先生(后任哈佛燕京图书馆馆长,现荣休)安排我到馆内工作,从事中文图书资料的采购,并为中国研究方面的教授和学生提供咨询服务。同时,加州大学洛杉矶校区历史系当时的系主任沃夫(Scott Waugh,后任执行副校长兼教务长)教授在白凯(Kathryn Bernhardt)教授的提议下安排我在历史系教一学期的"20世纪中国"课程。课程进展很顺利,我初次尝试了结合影视多媒体教学,学生人数激增到150来人,这对我的教学经验是个很大的帮助。我接着又在上班之余在一年内攻读了图书馆信息科学专业,拿到了学校的首个MLIS硕士学位(以前是MLS,即图书馆学硕士学位)。

继续走上求职的道路时,我有了历史学教师和图书馆员两个选择。多了选择也多了困惑。当历史学教师,往往需要从比较边远的或小一点的学校开始;而当图书馆员,则可能从非学术领域开始。同校社会学系的一个博士生曾提醒我,如果有选择,一定要注意地域,有的地方进去了就出不来了。更有同学帮我分析,如果你希望继续中国史研究,哪个职位带来的可能更大?如果去缺乏中国研究传统的院校教历史,需要教世界文明、亚洲文明等课程,中国史可能只占很小一部分,搞中国史研究也缺乏研究资料。如果去图书馆,留在大都市的可能性大,即使只是业余搞中国史研究,也比

---

[1] 《历史研究》1988年第4期,第79—85页。
[2] 署名史翼,《史学理论研究》1994年第2期,第86—91页。

较容易得到资料和学术交流的机会。再看著名大学中国研究相关领域中的现有人员结构，教学领域主要是从小在美国土生土长的学者，而东亚图书馆中文部则多为来自中国大陆和台湾地区的新移民。因为两者对语言的要求不同，教学更重英语，而图书馆更重东亚语言。在美国的大学中，图书馆员也属于高级职称，多数大学直接授以教授称号，对经历过上山下乡的人来说，地域的考虑也许更为重要，避免"洋插队"可能更为现实。

柳暗花明又一村，虽然失去了梦寐以求的历史学教职的机会，却得到了在新领域发展的动力。在转型图书馆领域之后，我得到了更多的工作机会，先后得到了匹兹堡大学和哥伦比亚大学等图书馆的图书馆员职位聘请。这时又不得不考量地域因素。我妻子陆承忠在迪斯尼工作，当时正在担任《加勒比海盗》《汽车总动员》等网络游戏的资深艺术总监。虽说纽约的百老汇有类似好莱坞的艺术工作，但薪酬还不及好莱坞的一半，加之纽约的生活成本又高于洛杉矶，考量之下只好放弃。2004年下半年，我在担任加州艺术学院洛杉矶校区（California Institute of the Arts, Los Angeles）图书馆馆长多年之后，申请了加州大学多个校区有关中国和东亚图书馆馆员的职位，加州大学洛杉矶校区东亚图书馆最先递来橄榄枝，我也如愿成为该校的中国研究图书馆馆员（中文部主任）至今。在这个职位上，我深切体会到历史教学研究与图书资源的关系就是兵马与粮草的关系，是前沿与后盾的关系。

万卷古今消永日：图书馆系统

美国是一个建国历史不很长的国家，但其图书馆的历史却源远流长，自殖民地时代就已经开始。现代美国的图书馆系统大体包括学术图书馆（Academic Library）、公共图书馆（Public Library）、学校图书馆（School Library）和特别图书馆（Special Library）四大类别。学术图书馆就是大学图书馆，而学校图书馆则是中小学图书馆。公共图书馆主要是县市和社区的图书馆,是美国文化的典型代表。而特别图书馆是企业公司的图书馆,包括博物馆、艺术馆、医院、法院下属的图书馆。

美国大学的图书馆往往在建校时就设立,最初的学校建筑物中一定有图书馆,在学校申请认证许可时,图书馆也在必需之列。小一点的公立地方院校或私立院校可能只设一个图书馆,而著名大学往往有十几个,甚至像哈佛大学有上百个图书馆。著名大学的图书馆一般独立于院系,直属于校方。有些专业的分馆,如法学图书馆、医学图书馆或商学图书馆可能在财务管理上属于学院,但专业业务上仍由校图书总馆负责。

与院系相似,图书馆工作人员包括学术和非学术职位。学术职称与教授职称类似,包括图书馆员、副图书馆员和助理图书馆员,与教授、副教授、助理教授对应。有的大学图书馆可能直接使用教授职称,或使用其他专业职称。图书馆员的招聘与教授一样,在全国范围内开展,图书馆员的升等评级也需要经过同行评审(peer review)。

图书馆的运行与大学的教学和研究密切相关,如前所说,是粮草与兵马、后盾与前沿的关系。教授的教学需要通常是图书馆资源发展的首要考量,也可能是一些小型学术图书馆的唯一考量。就大型图书馆来说,还有其他方面的资源发展考量,譬如专业和出版领域的发展趋势、学校重点投入的方向等等。一般来说,教授的教学和研究需要往往涉及特定范围,有深度而不一定兼顾广度。如中国史研究,教授的资源需求可能具体到某一朝代、某一专题或某些人物,而图书馆资源的发展必须有更为广泛的范围,不仅要考虑目前的教学研究需要,还要顾及今后的发展趋势和与其他图书馆资源的协调。所以,负责馆藏建设的图书馆员除了与教授保持密切联系外,还需要深知相关学术领域的现状和趋势、出版界的现状和动态、其他图书馆的收藏和发展计划,而最重要的是对学术发展有远见。所以在著名大学图书馆负责资源发展的图书馆员,除了图书馆信息专业学位外,很多都有文学、历史学、语言学、法学、医学专业的博士学位。美国东亚图书馆系统著名大学的图书馆中,拥有博士学位的图书馆员比例很高,是这些院校东亚研究学科教学和研究的支柱之一。

  图书馆的业务大致分资源发展、公众服务和技术服务三大块,其余的管理和计算机技术等均为这三大板块提供支持。大学图书馆的资源发展主要由专业图书馆员负责,图书、数据库资源的采购通常直接接轨出版社和一级供应商,极少通过实体书店或网上书店,以保证供应并减少中间环节成本。就中文图书而言,基本直接来自中国大陆和台港地区主要出版供应商和主要出版社,兼顾较小的特色出版商,同时也与大学和研究机构图书馆交流交换资料,并欢迎对有学术价值的研究图书和资料的捐赠。图书馆的研究资源一般不收复本,一种书只收一本;至于电子书,由于平台的限制,通常只限于少数几个平台。大学图书馆的公众服务就是为教学和研究直接提供支持。图书馆员通常为各学科的教授和学生提供两种课程,一是图书馆资源介绍和使用方法,二是针对具体课程的现场教学。公众服务还包括一对一的咨询服务和较大范围的展览、座谈以及学术会议。教授和学生也可以与图书馆员约定一对一咨询服务,针对特定的研究课题寻求资源方面的参考,包括学生所修课程、撰写学期论文所需要的资源。在图书馆范围内,公众服务还包括流通、馆际互借、文件传递等,通常由一般工作人员承担。图书馆的技术服务主要是采访、加工及编目,原始元数据的编制通常由专业图书馆员担任,其他均由一般工作人员承担。图书馆业务与各学科的教学和研究密切相关,缺乏任何一种图书馆服务都会为教学和研究造成困难。我们在工作中发现,有的博士生直到快完成论文还不会使用图书馆检索,花费了很多时间去寻找图书馆实际早已收藏的资料。如果他们在入学之初就参加一下图书馆的教学,可以省下极多的时间和精力。

  与其他专业一样,图书馆和信息服务也有自己的学会或协会。美国图书馆学会(American Library Association)是全美第三大专业学会,仅次于医学学会和法律学会,规模远超我们熟悉的美国历史学会或亚洲研究协会(Association for Asian Studies)。美国图书馆学会下属有美国大学研究图书馆学会、美国公共图书馆学会等数十个部门学会和几十个专门委员会。美国图书馆学会对高校图书馆和信息科学专业实行认证,负责批准授权专业学位点的建立和存续。我曾受美国图书馆学会指派参加了2013年对马里兰大学(University of Maryland, College Park)和2020年对华盛顿大学(University of Washington)的图书馆和信息科学专业硕士学位点的认证。

与中国历史研究密切相关的图书馆专业组织是东亚图书馆协会(Council on East Asian Libraries)。东亚图书馆协会不隶属于美国图书馆学会,而在亚洲研究协会旗下。专业图书馆协会下辖于专业研究协会在美国是普遍现象,方便同一领域的教授学者和图书馆员在学术会议上同场交流互通。东亚图书馆协会下设中文资源委员会等专门委员会,直接在专业层面协调中文图书资源的发展和交流。此外还有关注图书馆员业务水平和学术研究的独立的中国研究图书馆员学会(Society of Chinese Studies Librarians)和华裔美国人图书馆员协会(Chinese American Library Association)等组织。我在2014年至2017年担任东亚图书馆协会中文资源委员会主席,目前任东亚图书馆主席,也曾在2018年至2020年当选为中国研究图书馆员学会主席。东亚图书馆协会、中国研究图书馆员学会、华裔美国人图书馆员协会等与中国国内图书馆学会和同行进行了大量的合作与交流,联合举办了中美学术图书馆合作与发展论坛等国际会议,也支持了中美图书馆员的互访,促进了学术资源交流和资讯服务互通。这些活动的意义不仅限于图书馆领域,也有利于各学科教学和研究。

万卷古今消永日,图书资源的发展没有止境,是高校教学和研究的基础和粮草。显见的事实是,所有世界排名前列的大学都有一流的图书馆作为后盾。

众里寻他千百度:资源之竞争

图书资源的发展随着时代而变化。尽管图书馆的框架上百年来基本未变,图书资源的内涵和外延却早已日新月异。进入21世纪以来,最突出的变化就是电子资源的兴起。电子资源对传统图书馆的冲击显而易见。特别是今年爆发新冠肺炎疫情以后，很多图书馆闭馆，师生只能依靠电子资源支持教学和研究，一些高校图书馆的领导层决定今后图书馆资源的发展基本上为电子资源。电子资源与实体资源（如印刷本图书、期刊等）之争早已有之，而电子资源中又以远程数据库为主。据估计，十年前美国主要大学医学院图书馆的电子资源经费已占所有资源的百分之九十，而科学工程图书馆的电子资源经费也占到了百分之八十五，社会科学的电子资源资金占百分之六七十，即便是人文科学也达到了百分之五十以上。同时，图书馆大量把原有的印刷版图书资料进行电子化扫描，大有废弃非电子化资料之势。

电子资源也对图书馆的既有收藏提出挑战，甚至影响到一些大型图书馆的声誉。美国一些百年大学图书馆历来以藏书丰富、年代久远而享誉全球，很多藏书世上已不可得。而电子资源的出现使原先绝版的图书重新问世，虽然电子版的图书与原版的图书在文物价值上不能相提并论，但对多数读者来说，电子版与印刷版的文献价值是相同的，而很多电子版还有可检索的附加值。一些大型的图书和报刊数据库，百年大馆可以有，新建的中小馆也可以有，大馆的相对优势便减弱了。在大馆之间，本来是收藏各有所长，电子资源的出现拉平了差异，削减了特色，日益成了千馆一面。电子资源收得越多，原有印刷版图书的电子化搞得越好，图书馆之间的互通互联越出色，图书馆的特色就越不明显。谷歌在2008年牵头启动了名为"海蒂信托"(HathiTrust)的电子图书馆项目，把美国最大的大学图书馆的藏书逐一扫描下来，当时就有人说，有了这个电子图书馆，其他什么图书馆都不需要了。

物极必反，面对这个千馆一面的电子化趋势，主要的大学图书馆纷纷发展以纸版、实体版为主体的特藏和专藏，展现与众不同的特色。孤本、珍本、绝版图书固然是难以复制的特藏，但根据主题而建立的专藏也能充分表现资源的个性和特色。各个大学图书馆八仙过海各显神通，既竞争又合作,使图书馆的资源收藏出现了前所未有的新局面。就美国东亚图书馆系统的中文收藏而言,就是百花齐放、百家争鸣。哈佛、斯坦福、哥伦比亚的中国近现代历史人物档案资料无人可比,加州大学伯克利校区发现和收藏了中国近代最早的白话文小说。哈佛大学经济实力雄厚,在收藏中国当代新方志方面无人匹敌;加州大学伯克利校区和加州大学洛杉矶校区在同一系统内协作,一个注重县市以上的新方志,一个着眼县区以下的新方志。在与哈佛的竞争中两强对一超,至少不落下风。即使规模小一点的东亚图书馆也各有特藏和专藏的特色,如匹兹堡大学的当代村志收藏、南加州大学的张爱玲专题收藏、欧柏林学院(Oberlin College)的山西传教士收藏等等。

  图书馆的特藏和专藏不仅具有长远的收藏价值,更为所在大学的教学和研究提供了直接的支持,充分发挥了粮草的作用。就以我们加州大学洛杉矶校区为例吧。我们的中国戏剧戏曲资料专藏包括了历代戏曲曲本唱本、地方戏剧戏曲、俗文学曲本、戏剧影像资料和光碟、戏剧戏曲研究资料等等,历史系的郭安瑞教授在教学和研究中就充分使用了这些资料,她的专著获得了亚洲研究协会的列文森中国研究书籍奖。[1]我们关于中国当代史的专门收藏包括从报刊文件到口述回忆各种类型的资料及影视资料,为本校亚洲语言文化系白睿文(Michael Berry)教授的当代中国的教学和研究提供了素材,日本庆应义塾大学的教授和学生甚至专程赶来使用这些资源。中国艺术史的收藏,除了大型画册和研究专著外,还有按原尺寸精密复制的北京故宫博物院、台北故宫博物院等藏大型立轴和手卷,如张择端的《清明上河图》,是北京故宫出版社专门为我馆应用最新技术制作的高精仿本。这些藏品使艺术史系李慧漱教授的中国艺术史课程成为吸引大量各族裔本科生的课程。此外,我们的考古、文物和古建筑收藏是发展了几

---

[1] Andrea Goldman, *Opera and the City: The Politics of Culture in Beijing*, 1770-1900 (Stanford: Stanford University Press, 2012).

十年的专藏项目,包括完整的中国大陆和台湾的考古发掘报告和图文齐备的文物与古建筑资料,是中国考古专家罗泰(Lothar von Falkenhausen)教授和李旻教授的教学基地。我们收藏的中国民族民间音乐资料包括了多个民族的资料和音像光碟,支持了音乐学院里斯(Helen Rees)教授的教学和研究。我们东亚图书馆的中医药专藏包括从中医古籍到当代植物志的专题资料,医学图书馆则保存了大量中医古籍珍本,均是支持学校东西方医学中心的资源基地。我们还收藏了较为完整的从早期黑白默片到近年的中国电影影像和研究资料,包括纪录片资料,甚至英文纪录片。其中《苦干》(Kukan)是最早获得奥斯卡纪录片奖的影片,记录了重庆大轰炸等真实历史场面;《威尔基在中国》(Wendell Willkie in China)记录了前共和党总统候选人威尔基受罗斯福总统委托访华的情景。加州大学洛杉矶校区图书馆下属的电影资料馆是全美仅次于国会图书馆的第二大电影资料馆,保留了大量有关中国的电影资料。这些特藏为学校的中国电影教学和中国历史教学提供了坚实的支持。

众里寻他千百度,蓦然回首,那人却在,灯火阑珊处。在波澜壮阔的电子资源浪潮下,特藏专藏为图书馆开辟了前所未有的新天地,与电子化相得益彰,互补互促,开创了图书馆资源发展的新局面。

心有灵犀一点通:偏师与异军

回顾中国图书馆的历史可以发现,很多学者大师均与图书馆结下不解之缘。他们在获得文学、历史学、语言学、政治学、法学、医学博士学位后转型到图书馆工作,开始时总有议论说可惜和屈才。其实,如同我们笑谈在哈佛燕京图书馆工作的复旦学长马小鹤那样,"老鼠掉到了米缸里",就因为近水楼台先得月,他才有机会成为世界上鲜有的研究摩尼教的权威专家之一。就多数拥有博士学位的图书馆员来说,虽未必每人都能成为独霸一方的专家,但也多在各自领域颇有建树,成为学术研究的偏师和异军。

以具体学科为学术基础、以图书馆信息服务为专业背景,这样的图书馆员过去往往被称为"学者馆员"(scholar librarian)。这些图书馆员深知各个学科教学和研究的需要,在发展馆藏资源上有的放矢,同时也善于把图书馆的资源引介给各学科的教授、学生和其他研究者。图书馆大量不为人知的馆藏资料通过这个途径而闻名天下。举例来说,北美许多图书馆藏有中文古籍,包括国内罕见的珍本、孤本。很多大学图书馆与国内重要的古籍出版社中华书局合作,出版了"海外中文古籍总目"丛书,搜罗了很多院校图书馆的古籍目录。在这个过程中,有学科学术基础的图书馆员起了关键作用,如加州大学伯克利校区的周欣平博士、俄亥俄州立大学的李国庆博士、耶鲁大学的孟振华博士、华盛顿大学的沈志佳博士、多伦多大学的乔晓勤博士、布朗大学的王立博士等。李国庆博士还主持和翻译了多种名著,出版有"亲历中国丛书"等。[①]

加州大学伯克利校区东亚图书馆周欣平馆长是伊利诺伊大学(University of Illinois Urbana-Champaign)语言学博士。他在主管东亚图书馆搬迁新址时在地下室发现了传教士傅兰雅来伯克利担任首任东方语言文学讲座教授时带回的一批"时新小说"竞赛的应征文稿,是中国最早的白话文小说。他据此主编出版的《清末时新小说集》[②]为中国文学史填补了一块空白。哥伦比亚大学东亚图书馆程健馆长获富布莱特奖学金资助,进行中国电影史的专题研究,并在疫情期间推出数字化历史音像资料,如数字化修复的翁万戈收藏的20世纪40—80年代摄制的有关中国城市、文化、历史、艺术、宗教的纪录片资料。他主编出版的英文版《中国电影研究书目提要》等[③]是研究中国电影史的重要参考资料。(北美)中国研究图书馆员学会

[①] 耿昇、李国庆主编:"亲历中国丛书",全22册,北京图书馆出版社(国家图书馆出版社),2004—2015年。

[②] 周欣平主编:《清末时新小说集》,上海古籍出版社,2011年。

[③] Jim Cheng, *An Annotated Bibliography for Chinese Film Studies* (Hong Kong: Hong Kong University Press, 2004)。

学刊《天禄论丛》①编辑出版十年来发表了大量的论文,全面地展现了学会成员在各个学科领域的研究成果,介绍了一大批收藏在北美各大学图书馆的珍贵研究资源。在美国、加拿大的中文图书馆界和中国的图书馆界形成了重大影响。

图书馆员的学术研究至少在两个方面具有特别意义,一是通过这些研究把一些原来没有引起学术界注意的教学研究资源推向前沿,二是这些研究较少拘泥于特定学科领域内的理论范式,注重从原始资料出发,从而给学科带来清新的空气。尽管这些研究可能不是学科领域的主流,而只是偏师和异军,仍不乏特别的意义。从我自己的实际经历来看也是这样,进行直接的学术研究有利于发展和推介图书馆资源,而图书馆资源的发展也为自己的学术研究提供了基本条件。

加州大学洛杉矶校区东亚图书馆在20世纪80年代收到一批捐赠资料,是20世纪初北美保皇会的往来信件的档案资料,包括康有为、梁启超的手迹,由北美保皇会负责人谭良(Tom Leung)的后代捐赠。这批珍贵的原始资料数十年来没有受到足够重视,也很少有学者前来使用。我在查阅这些原始资料时看到其价值,便以此为基础结合其他中国近代史资料,写就了《清末立宪派历史作用的再认识——谭良所藏康有为保皇会资料的发掘和启示》②一文,作为《天禄论丛》创刊号的首篇文章发表。我在文章中论证,立宪派推动君主立宪基本顺应中国近代资产阶级民主政治的潮流,立宪派唤起民众、促进社会进步是中国近代资本主义发展的需求,立宪派对中国近代民主共和政治的疑虑不意味着把中国社会拉向倒退。保皇会原始信件中对革命派和清王朝顽固派的截然不同态度说明,立宪派与革命派之间是中国近代资产阶级民主政治保守与激进的政治派别之争,体现了中国近代资本主义政治派别的多样性。这篇文章为中国近代史领域关于

---

① 《天禄论丛:中国研究图书馆员学会学刊》,广西师范大学出版社。
② 《天禄论丛》创刊号,2009年,第1—11页。

康有为、梁启超的保皇会、立宪派提供了新资料和新角度,也让加州大学洛杉矶校区东亚图书馆的这一特藏受到学术界内外的重视。香港历史博物馆在纪念辛亥革命100周年的展览中,还特意向加州大学洛杉矶校区图书馆借展这一特藏中的康有为手迹等。加州大学洛杉矶校区图书馆进而把这一特藏电子化,收入了数字图书馆。美国国内外学者也专程赶来使用这批特藏的原件。

我们在2010年接受了在加州圣路易斯·奥比斯波(San Luis Obispo)有第一华人家族之称的黄安家族的档案。黄安(Ah Louis, 1840—1936)是中国近代早期具有代表性的北美华裔移民。他在圣路易斯·奥比斯波唐人街开设的黄安记商店(The Ah Louis Store)除了经营日用的食品和小商品外,还具有多重的亚社会功能,相当于医药诊疗所、职业介绍所、国际邮政局、银行信贷所、仲裁调解处和社区活动中心。由于其历史地位,特别是对华工参与建筑太平洋铁路的记录,商店在1965年被授予第802号加州历史地标的称号。中国近代史上的黄安是倾向于革命派的,在《黄安家族档案》中保存有一张金山中华会馆代理广东国民军政府驻美筹借公债总局的收条。有意思的是,20世纪初期圣路易斯·奥比斯波的唐人街的保皇立宪派和共和革命派都有相当影响,在当时主街的两边分插着革命派的旗帜和保皇党立宪派的旗帜,倒也相安无事,这从另一侧面说明,在中国近代民主政治的方向上立宪派和革命派有共同点。我就此撰写发表了《中国近代社会变革与北美华人华侨社区的历史考察——圣路易斯·奥比斯波黄安家族档案研究》[①],使更多学者了解这一资源。后来,斯坦福大学历史系的一位博士研究生专程来到加州大学洛杉矶校区,使用这批原始资料,作为他研究华人在美国太平洋铁路建筑过程中的历史作用的博士论文中的基本资料之一。

图书馆的资源可以带动图书馆的研究,图书馆员的研究也可影响图书

---

① 《天禄论丛》第3辑,2013年,第1—17页。

馆的收藏。我主笔合著的《见证二战：从上海到太平洋战场》①使用了当年驻守上海租界的美国海军陆战队员拍摄的历史照片，并结合了其他历史资源，获评2005年上海书展十大推荐图书之一以及全国纪念反法西斯战争和抗日战争胜利70周年百本好书之一。此书吸引了美国学者和不少读者对上海研究的兴趣，促使加州大学洛杉矶校区的上海研究专藏逐渐形成规模，涵盖了从档案资料、文史记载、口述历史、影像图片、方志族谱等各个方面，并举办了多次相关展览和活动，包括由上海电影（集团）有限公司、上海京剧院等联合出品的京剧《霸王别姬》的首映式和上海图书馆的近代年画展览。我基于这个专藏撰写发表了《收藏上海：随着全球化都市而崛起》的关于图书资源研究的文章，并在洛杉矶当地社团刊物《上海人》杂志上专栏介绍了上海研究资源。

加州大学洛杉矶校区的中国当代地方志收藏在北美开始较早，与哈佛、伯克利等学校同为主要的收藏中心。数年前进而发展到当代族谱的收藏，与哥伦比亚大学同为收藏中心。我们目前收藏原版当代方志上万种、原版当代族谱逾千种，另加上电子版当代方志、族谱数万种。清代史学家章学诚说过："夫家有谱，州有志，国有史，其义一也。"史学研究中最重视史，志次之，谱无足轻重。广泛收藏地方志（尤其是县区以下基层社会的地方志）和族谱提供了新的研究资源，也为历史哲学和宏观历史的研究提供了新的动力。我的《大历史中的小历史：中国基层社会结构变迁和地方志谱》②一文在《史志研究》创刊号上作为首篇文章发表。

图书馆领域的发展不仅可以延续历史研究，也有利于推动学术界的国际交流。我和学界同仁主编的《当代海外中国研究》③在上海和旧金山两

---

① 程洪、陆承忠、张济顺著，华东师范大学出版社，2005年。
② 《史志研究》第一辑，中华书局，2015年，第1—21页。
③ 程洪、马小鹤、张海惠、薛昭慧主编，上海社会科学院出版社、华东师范大学出版社，2010年创刊；程洪、张海惠、薛昭慧主编：*International Review of China Studies*, South San Francisco: Long River Press, 2012年创刊。

地出版,把美国的研究带给中国的学者。同时我也在美国的主流学术书刊上发表多篇文章①,使美国的学术界注意到有关中国的研究和相关资料。

心有灵犀一点通。虽说图书馆与教学研究是两个不同的领域,但只要有心,继续投身史学研究的前景仍然广阔。

留得残荷听雨声:未来的展望

进入图书馆领域工作以来,经历过一些风风雨雨,其中既有来自消极因素的倒退型挑战,也有来自积极因素的前进型挑战。

2008年的全球金融危机在图书馆界引起的震动是经费削减,很多中小学和企业图书馆因此关闭,至今尚未缓过气来。大学图书馆的采购经费也被大幅削减,图书馆员和其他工作人员都被迫休无薪假。去掉通货膨胀的因素,很多图书馆的采购经费迄今没有恢复到金融危机前的水准。这是消极的倒退型挑战。

全球金融危机过后,图书馆又遇到了来自计算机信息技术的前进型挑战。2010年3月加州大学伯克利校区的一位教授在东亚图书馆协会年会上警示,"最后一家图书馆将在2019年关闭"。换言之,图书馆,尤其是学术研究图书馆可能在21世纪第二个十年之际解体。当时的流行词是"谷歌化"(Googlization)。人们(尤其是网络世代的学生)认为,最终有一天,

---

① 我在美国匿名评审的《编码与分类季刊》(*Cataloging & Classification Quarterly*, Volume 56 No.2-3:146-154)上的《全球地域化和中文连续出版物编目中的其他挑战》("Glocalization and Other Challenges to Cataloging Chinese Continuing Resources")一文把中国研究"全球地域化"的新概念首次带入美国图书馆界。在纽约出版的《族谱与图书馆员:对研究、教学、外联和管理的展望》(*Genealogy and the Librarian: Perspectives on Research*, *Instruction*, *Outreach and Management*, Jefferson, North Carolina: McFarland & Company, 2018:104-111)中,我撰写的章节"当代中国族谱:学术研究与图书馆收藏的价值和地位"(Contemporary Chinese Genealogy: Value and Status in Academic Research and Library Collection)首次把中国当代族谱介绍给美国学术界。

像怪物一样的包含全部人类知识的"谷歌全球知识库"将取代全球的图书馆,成为人们唯一需要访问的信息源。在各个媒体上列出的即将被高技术取代的工作职位中,图书馆员无一例外地出现了。然而十年后的今天,这种情况并未发生。尽管全部图书馆的图书、影像和数据库资源可能只占社会信息总量的百分之二左右,但是信息并不等同于知识。人们,包括青年学生,终于认识到知识是人类从各个途径中获得的信息经过提升总结与系统凝练而来。如同英国史学家彼得·伯克使用的比较宽泛和表浅的知识定义,用信息一词来特指相对原始的、特殊的和实际的认知,以知识表示经过深思熟虑的、处理过的或系统化的认知。学生可以不去教室上课,不到图书馆寻找资料,可以只通过谷歌直接投身信息的汪洋,就像跳进大海直接抓鱼,而不到市场上买鱼一样,有人或许会成功,但多数人会迷失。十年过去了,知识和技术的发展仍旧证明,课堂教学和图书馆是获取知识的捷径,"谷歌化"并不能取代课堂和图书馆。

"谷歌化"浪潮很快被更新的技术——人工智能取代。当人工智能所向披靡地战胜世界一流的围棋手,当人工智能可以取代教师在远程教室中讲课,当人工智能可以就法律或医学问题作出比一般律师或医生更准确的答复,人们预期人工智能的时代马上要来临了。这一次不同的是,图书馆员并没有出现在即将被取代的工作职位名单中。是否被取代的关键点是规范化。规范化就是以特定标准或规则实行管控,以确保一致性和规范性。如果某些事务是高度规范化的,往往会更加稳定而机械化。如果某些事物低度规范化,往往就会多变而更富哲理。在日常生活中,棋类运动是高度规范化的,因而受到人工智能的严重挑战。某些图书馆工作也是高度规范化的,如图书上架和索取,以及导引服务、复制性编目和流通服务,我们已经看到其中一些工作被人工智能的机器人所取代。然而一些主要的图书馆功能是低度规范化的,根据基本原则而非标准规则运行,包括资源发展和管理、咨询服务、元数据主题和关键词制定,以及图书馆管理和诸如筹款的对外工作。如同教授的教学和研究一样,这些以人为本的图书馆工作，很难为人工智能所取代。

  图书馆工作面临的最新挑战是新冠肺炎疫情。疫情之下，教学改为网课、图书馆也闭馆改为网上数字服务。疫情之后，教学和图书馆是否会恢复到疫情之前的状态，谁也没有把握，关键是看大学教学将如何进行。图书馆是直接为教学和研究服务的，是粮草与兵马的关系，主导方是兵马而非粮草。如果兵马仍基本延续以往的布阵，粮草供应的方式不会有太大的改变。如果兵马在根本上改变了作战方式，粮草供应也必定随之而变。我在本文一开始就提到历史教学研究与图书馆资源的关系是前沿与后盾的关系，这么多年来的经历证明了这一道理。

  很多人注意到埃隆·马斯克试图把电脑芯片接入人脑的试验。这个将根本改变人类受教育方式的试验距离获得成功和得到普及看来还很遥远，不过谁知道呢？不管怎么说，在那一天到来之前，大学教学研究与图书馆之间的关系大概率仍会保持。

  留得残荷听雨声。图书馆何时成为残荷尚不得知，不过残荷孕育着下一代的种子，会在来春的雨声中萌发吧？

醒、悟、理、道
——美国大学教学思想的认知与实践

洪朝辉（Z. George Hong，1986年出国留学，puc826@yahoo.com）：美国纽约福坦莫大学历史学教授。1982年获杭州大学历史系学士学位，1987年、1992年分别获得美国马里兰大学历史系美国史硕士和博士学位。研究领域为美国经济史、经济思想史和经济转型等。发表学术专著五部、主编和合编学术论著五部，学术论文百余篇。主要代表作有：*The Price of China's Economic Development: Power, Capital, and the Poverty of Rights*；《左右之间 两极之上——适度经济学思想导论》；《社会经济变迁的主题——美国现代化进程新论》等。曾在美国佐治亚萨凡纳州立大学（Savannah State University）、宾夕法尼亚州西切斯特大学（West Chester University）、普渡大学西北校区（Purdue University Northwest）任教任职。主持和合作主持四十余项科研项目，获得美国联邦、州立、私立和国际研究基金会的长期资助。曾任中国留美历史学会第四任会长（1990—1991）、中国留美历史学会期刊 *Chinese Historians* 主编（1989—1990）。

在美国教历史

自 1992 年以来,我在美国高校执教已过 30 个春秋。在过去 30 年里,我先后在 4 所美国大学任教任职。这些大学既有教学型的,也有研究型的;既有州立大学,也有私立大学;既有地处城郊的,也有位于美国最大都市的。我所教的课程以美国史类为主,包括美国通史、美国经济史、美国社会经济史、美国现代化进程、美国城市史等;也教与中国历史有关的课程,包括中国通史、美中关系史、中国经济改革进程、中国宗教场所数字与空间学研究等;还有超越中美历史的课程,如西方经济思想史、世界通史、比较城市化史、亚洲通史等。既教过本科生,也教过博士生,从教学形式而言,我既教过大型的通史课,也参与过小型研讨班的教学,更有一对一指导博士论文的经历。另外,自 2017 年起,我为来自中国的金融管理博士班的同学上课,讲授《西方经济思想史》《美国社会经济史》和《中美关系史》等中文课程。这些学生由我所在的福坦莫大学(Fordham University)与北京大学联合培养,但他们的博士学位由福坦莫大学独家授予,我也因此有机会比较中美学生的异同。

尽管在美国高校的教学经历"五彩缤纷",但我始终重视培养学生的思想能力,因为我们大学教授的主要使命应该是传"道"而不仅是授"器",我们要传递给学生的是"能力"而不仅是"知识",我们从事的是"教育"而不仅是"培训"。而所有的布"道"、授"能"、传"教"大业的根本,就是思想。记得我的恩师史密斯(E. B. Smith)一再强调,没有思想,便无法成为一个杰出的历史学家。

基于此,我想通过一系列具体的教学案例和教学法的陈述,来分享我对美国大学教育思想的认知与实践。很显然,传授思想的起点是厘清思想的内涵与要素,理解思想的本质与效用,尤其是实践适合美国学生的教学思想传授。大致而言,我所理解的美国大学教学思想的内涵,应该具有四大要素:醒(awakening)、悟(comprehension)、理(reason)、道(dao)。

必须指出,我大多是在所有本科高年级或研究生课程的第一讲,就强调思想的重要性,有时也会在最后一讲中深化这类讨论,当然,有些案例会穿插在具体的课程教学中,但与具体课程的设计和逻辑没有关系。毕竟,这些有关思想性的讨论,只是历史课程的一些"点缀",起到画龙点睛的效果而已。另外,这类有关思想的传授,第一并不拘泥于课程主题(美国史或中国史);第二无关学生的类别(本科生或研究生、美国学生或非美国学生);第三无关修课的人数(200人或10人);第四也无关大学的性质(私立、公立、研究型或教学型)。因为,培养学生思想能力的主题应该贯穿所有大学、所有课程,以及所有学生级别,只不过在大课中,多陈述、少讨论;小课或研究生课则多对话、常辩论,随机应变。本文所涉及的信息和案例也是根据自己多年点点滴滴教学经历的一种综合、总结和贯通,不是发生在具体的某一特定课程中的集中演示。

醒

"醒"是思想的第一元素,也是古希腊哲学家苏格拉底的最大贡献之一。为了帮助学生理解"醒"的本质,我往往先通过比较苏格拉底与孔子不同的教学方法入手。

第一,"苏式"的"醒"体现在极问,以问促醒、不问不醒,问是醒的必要条件,尽管不是充分条件。苏格拉底习惯给学生不断提问、挖坑、再提问、再挖坑,直至学生掉坑。一般一个问题可以连问20次以上,例如他与学生埃斯奇涅斯(Aeschines)关于幸福是什么的经典对话,就是长达22个来回的问答。[1]

作为对比,以《论语》为例,孔子一般惜言如金,要么直接传道解惑;要么只允许学生问一次,例如"子游问孝。子曰:今之孝者,是谓能养"。[2] 所以,孔子和学生的关系在于教和学,"诲人不倦",类似布道,宣告规则,以犹

---

[1] Alan Adams Jacobs, "Free Will and Predetermination", *Advaita Vision*. http://www.advaita.org.uk/discourses/teachers/freewill_jacobs.htm

[2] 《论语·为政第二》。

如法官的口气公布结论,给学生留下可供反复背诵的格言警句,少有极问的空间,也没有实证研究的过程。对此,汉代的王充曾说:学于孔子,不能极问。因为极问就是对老师的不尊、不敬。加上老子的"知者不言,言者不知"的哲学,抑制了一些中国学生上课提问的冲动。

第二,"苏式"的醒还体现在辩论,以辩促醒。苏格拉底的特长就是通过对话和辩论,不断揭露学生的矛盾,促使学生再次思考或否定自己原来已经肯定的想法,对学生产生振聋发聩的催醒作用。苏格拉底尤其习惯通过悖论的演绎,促使学生产生头脑风暴,催醒学生,如美诺悖论(Meno paradox):1.一个人既不可能找到他所知道的东西,也不可能找到他所不知道的东西;2.他不可能找到他所知道的东西,因为如果他知道他要找的东西,他就不需要寻找;3.他也不可能找到他所不知道的东西,因为他将不知道他在找什么东西。①

随后,我习惯将"苏式"问题演化为 N 个当代悖论,有助于"诱逼"学生自相矛盾,帮助他们加深对悖论的理解。如,问:"你是否热爱所有和平、反对一切暴力?"答:"是的";再问:"你是否支持推翻英国殖民统治的美国革命?"答:"是的。"话音刚落,知性的学生马上"清醒",意识到自己的自相矛盾:既然反对一切暴力,为何又要支持暴力的美国革命?于是,就要引导学生讨论暴力是否需要分出"正义的好暴力"与"不正义的坏暴力"、"防御性暴力"与"进攻性暴力"?如果要区别,标准在哪里?谁有权定标准?一连串的问题,促使学生"清醒"。类似的课堂对话还可以很多。如,问:"你是否支持少数服从多数的民主原则?"答:"是";再问:"你是否支持真理往往掌握在少数人手里?"答:"是。"掉坑!你到底是支持少数还是多数?

这类问答,就是苏格拉底所推崇的在痛苦中催生知识的教学理念。在极问的过程中,苏格拉底其实在教导学生,世上没有什么学问是不可以被

---

① 参见 Gail Fine, *The Possibility of Inquiry: Meno's Paradox from Socrates to Sextus* (Oxford: Oxford University Press, 2014)。

质疑和挑战的。基于这种境界,他才有可能培养出他的徒孙辈、亚里士多德这类"犯上"的学生,因为亚里士多德创造了"吾爱吾师,吾更爱真理"的传世名句。

在课堂中,我习惯将人类的"醒"分为五类:真醒、真没醒、半醒不醒、装醒(不懂装懂)、装不醒,最麻烦的是装睡的"装不醒",老师可以逼你闭上眼睛,但老师没法逼你睡着,更难以将装睡的学生催醒。类似地,在全球化发展的过程中,我也习惯把世界各国分成五类:先知先觉、后知后觉、半知半觉、不知不觉、明知不觉。最后,我常常提出一个悖论,留给学生下课后继续思考:没有觉醒,不可能有思想;但没有思想,也不可能有觉醒。鸡与蛋,谁先谁后?

第三,苏式的"醒"还体现在"平等催醒",老师通过与学生随意和平等的交流,催醒学生,与"师道尊严"形成对比。在与学生埃斯奇涅斯讨论何为幸福时,苏格拉底完全没有架子,而是运用浅入深出、先易后难的提问和解说方法。例如,一开始就来一句:"向你致敬";然后闲聊什么你爸爸做的香肠很美味,更无聊地"抬杠":"为我?请告诉我,这个我是谁?"最后结束时,又是不顾师道尊严地说:"来吧,我亲爱的朋友,让我们来享受你的香肠吧!"①

对此,我也在美国大学第一堂课上,进行过多次"苏式"实验。例如,在1989年11月的一天,导师临时有事,要求我独立在马里兰大学历史系讲一堂有关美国内战起因的大课。这是一门有200多位学生参加的超大型公共必修课,学生的水平参差不齐,几乎涵盖所有专业、所有年级,以及老中青的年纪,尤其是,这些美国学生都是从幼儿园开始,无数次地重复听过美国内战史,无数遍看过有关的电影和小说,可见对付这些"资深"本科生的难度。

---

① Alan Adams Jacobs, "Free Will and Predetermination", *Advaita Vision*. http://www.advaita.org.uk/discourses/teachers/freewill_jacobs.htm

当时我讲课的第一个技巧是，争取一开始就吸引学生们的注意力。我故意提前10分钟坐在大教室的最后，静听学生们的议论："听说今天讲课的那位是来自中国的家伙？""他怎么可能懂我们美国史？""没关系，听不下去，我就提前离开！"上课时间一到，我从后排起身，夸张地大声招呼：大家好，我就是那个来自中国的小子，求大家千万不要用脚投票，不然的话，我就要成为一个无业、无钱、无家可归的人。于是，气氛立即轻松、热闹起来。

第二个技巧是讲课内容由易至难。也就是说，每一主题都是前半段使学生觉得有趣、好玩，后半段才难懂、费解。这种"浅入深出"的顺序安排十分有效。如果讲的课太容易，学生会马上轻视你；如果太难懂，他们会打瞌睡甚至离席；而如果课程前半段难懂、后半段易懂，那么，他们很可能提前用脚投票。只有前半段易懂、有趣，才能激发他们继续听下去的兴趣；也只有后半段提出令人困惑、深思的主题，他们才会在内心里佩服这个老师"有货"，并为搞懂那"深奥"的后半段，不断保持对历史学和对这位老师的持久兴趣。

例如，在第一课中，我的"听得懂"的前半段主要是通过讲故事的方式进行，风趣地讲解小说《汤姆叔叔的小屋》，并提出一个令人费解的问题：从1619年到1865年奴隶制在美国合法存在期间，有50名奴隶以上参与的武装暴动为何只有4次？① 而从1865年到1989年美国黑人的集体暴动和抗议活动却是难以计数？而课程的后半段主要是通过"易懂"的故事和数字，提出五大"难懂"的困惑，旨在促使学生省思和醒悟：

其一，为什么一个从不主张暴力的汤姆叔叔，却能刺激如此众多的北方民众拿起枪杆、参与内战？其二，如果说哪里有压迫、哪里就有反抗是一

---

① 美国历史上一共出现了4次50人以上的奴隶暴动：(1)1773年：Cato's Conspiracy/Stono，80人参加；(2)1811年：St. John the Baptist Parish，500人参加；(3)1816年：Fort Blount，300人参加；(4)1831年：Nat Turner，80人参加。参见 Herbert Aptheker, *American Negro Slave Revolts* (New York：International Publishers, 1943)；History Guy Web, "Slave Rebellions and Uprisings in the United States"，May 1, 2010, http：//www.historyguy.com/slave_rebellions_usa.htm。

个普遍真理的话,那为什么万恶的奴隶制没有导致奴隶的频繁起义,而1865年后,解放了的自由黑人却进行了层出不穷的为民权而战的暴动和抗议活动?其三,为什么奴隶主愿意承担巨大的奴隶起义的风险,允许奴隶们每周聚会一次,参加教会礼拜?奴隶信教是否与奴隶社会相对稳定存在关联?其四,美国立国的最根本原则是自由选择还是国家统一?内战前夕南方的奴隶主就曾提出这一世纪之问:当初加入联邦是自愿的,为什么现在退出联邦就没有选择?如何回应这一质问?其五,美国民主的本质之一是妥协,而基督教的本质之一却是黑白分明(天使与魔鬼、天堂与地狱、真理与谬误),但为什么两者能够相对和谐地共存,并构成美国文化的主流价值?

在第一课中,我第一次领教了美国大学的师道是多么地没有"尊严",斯文可以如此地"扫地",因为学生可以随时打断我的讲课,而且,我的一系列"哥德巴赫猜想",导致课堂像个菜场,人人可以"吆喝"。尤其是课堂上几乎人人一瓶饮料、个个不正襟危坐。下课后,我感到极为沮丧,觉得我得益于"苏式"的"极问""挖坑"和"平等"之"洪氏"教学实验,以惨败告终。但没想到,第二天,导师专程向我表示祝贺,因为他听到了许多正面的反应,并希望我今后多讲几次。也许,这是导师为了自己经常"逃课"所编织的善良"谎言"。

总之,深受古希腊传统影响的西方教育,往往比较能够促使和逼使学生梦醒、惊醒、猛醒,最后启迪和创新他们的思想。而且,这种"以问促醒""以辩促醒""平等催醒"的效用在于,提示学生要敢于和善于不唯上、不唯书、不唯师,通过疑问、质问和追问,挑战经典和大家,不断创新史学理论与方法。

悟

"苏式"的"醒"能够启动学生的思考,但它不一定能够深化思考的质量,而东方思维则有助于启发学生的悟性,促进深思熟虑。所以,"悟"是思想的第二元素,其中蕴含了三大要素。

第一,心悟。对此,中国的拆字学很有说服力,因为汉字之"悟"的意象非常丰富,"悟"是由"心"和"吾"组成,吾即是心,心即是吾,遇心则悟,形声、象形、会意俱全。尤其是,东方的儒、释、道都推崇"悟"这个关键字,因为儒家视心性本然为"悟",提倡悟性;佛家禅宗,也提倡"觉悟"所在的悟境;道家则推崇虚心之"悟道"。

由此,还需要引导学生思考"悟"的真谛:走心、入心、用心,只有"醒"但不用"心",很可能是醒而无心,或者是无心之醒。例如,在课堂上,尽管有学生"清醒"地发现美国新任总统宣誓时,是将手放在《圣经》上宣誓,而不是放在《宪法》上宣誓,但多数人难以解释其中的原因。于是,就需要启发学生继续"感悟""走心",从做人的道德底线与法律底线的不同,"悟"出其中的深意:一部《宪法》显然管不住一位美国总统的"性丑闻",因为此类道德问题,不属于法律问题;但一部《圣经》却可以管住一个基督徒的灵魂,也许这些存在道德瑕疵的总统能够坚持完成任期,但他们的良心将终身受到谴责。所以,守住道德底线比守住法律底线更难。而且,《圣经》对总统的制约力量更强大、更广泛、更长远、更隐性。

当然,由此议题,也可以帮助学生从更多的方面予以"感悟":在美国,到底神大还是法大?法大还是民大?如果神、法、民三者发生矛盾,应该服从谁?借此机会,我常常实践"角色扮演"(role playing)的教学方法,要求学生分三组,分别为"法""神""民"进行辩护,厘清美国政治和制度的实质到底是 rule by law(法治)、rule by God(神治),还是 rule by people(民治)?当然,其中还涉及一个重大的假设性问题:如果美国出现一位佛教徒、伊斯兰教徒或无神论的总统,他们将手捧什么进行宣誓?是否会因此出现宪政危机?有意思的是,多数美国学生的回答是:美国在未来50年,还没有准备好接受一个非基督徒和非天主教徒担任美国总统。

与此同时,我常常超越西学的讲授界限,因为通过引入中国式的哲学思想,能够帮助学生用"心"去思考,并鼓励他们通过修养、经历、见识等渠道,提高悟性。例如,所谓的"返观内照、向内求索",就是要求从悟本心而悟天道。用老子的话说就是:"知人者智,自知者明",而且,需要提出"俗"者知其一,"智"者观其二,但"明"者则能悟其三的道理,尤其是明者能"反求诸己"。① 在这里,又是一个有趣的拆字"游戏":"俗"者(ordinary)是指吃五"谷"之常"人";"智"者(wise)只能"知日";而"明"者(brilliant)则既知"日",又知"月"。② 类似拆字的讲解,能够有效激起美国学生对中国文字和文化的浓厚兴趣。

第二,心静。当学生问:如何才能达到悟的境界?答案是要做到心定、心安、心静,最后才能达到心悟。梁漱溟就认为:静以通天下所感。所以,静是悟的根本和前提。所以,悟的境界是唯心、唯我、唯冷、唯静。

在此,我常常鼓励学生辩证地批判"心静",思考它对思想发展所可能起到的正面、负面和中性的三种不同作用。美国学生特别容易发现"心静"的负面作用,因为"静"的另一层含义往往是缺乏冲动和激情,而激情则是创新的基本动力。还有,如果执念于悟,就会培养一种"君子动口不动手"的习惯,缺乏行动力。于是,我经常鼓励学生比较美国学生"好动"与东方学生"好静"的各自优劣。许多学生的结论是:多数东方学生做实验不如美国学生,因为美国学生从小就在课堂里做各种各样必须动手的作业(project),但一些东方学生在思考的深度、思辨的能力、思想的悟性等方面,往往更胜美国同学一筹。

第三,"醒""悟"合一。苏式的"醒"与东方的"悟"其实不是对立的,存在互动与组合的可能,并存共同的启蒙效用。苏格拉底坚持哲学家就是光明,因为他们有能力将身处黑洞中的芸芸众生唤醒,令他们觉悟,完成开启民智、启蒙思想的使命。对此,在课堂上,我乐于运用柏拉图的"洞穴比喻",来启发学生的思考。

---

① 《孟子·离娄上》。
② 约翰·H.霍兰:《隐秩序——适应性造就复杂性》,周晓牧、韩晖译,上海科技教育出版社,2019年,第2页。

柏拉图在《理想国》第七卷中讲到：一些囚徒从小就住在一个洞穴中，全身被捆绑，不能走动，也不能转头，只能面朝洞穴后壁。在他们背后的上方，燃烧着一支火炬，映出一些假人和假象的投影，囚徒们一直把这些投影当成是真实的景象。后来一个囚徒被松了绑，被迫突然站了起来，而且可以转头，看到了真实的世界，但他完全不再相信真实，坚持认为，真的是假的，而假的才是真的。后来他又被带到洞穴外面，看到阳光，发现极其刺眼，以至于他完全看不清外部世界。所以，囚徒仇恨为他松绑、让他见光、给他自由的人，因为这使他看不清外部事物，给他带来了无限痛苦，所以他坚持要继续回到被囚困的黑洞中。

随后，我会要求学生进行讨论，反思"洞穴比喻"的启蒙意义和"醒""悟"作用。其实，柏拉图是想告诉我们：要认识事物的本质，人必须转身；转身还不够，需要转向；转向还不能达到真正的醒悟，还需要转念。也就是说，人不仅需要身体或肉体的转向，更需要灵魂与思想的转念，而转念的一大前提就是不再执念。王国维提出成就大事业的三大境界之一，也与转向有关：众里寻他千百度，蓦然回首，那人却在，灯火阑珊处（辛弃疾词）。

讨论至此，我会要求学生阅读20世纪哲学家海德格尔（Martin Heidegger, 1889—1976）的《柏拉图的真理学说》（*Plato's Sophist*），因为海德格尔对"洞穴比喻"提出了新解：我们原本就是生活在黑暗之中，为了寻找家园，我们点亮蜡烛，追逐光明，但越来越执着于光明，忘了我们的家还在黑暗之中。结果，我们在光明中迷失了自己，最终发明出比一千个太阳还亮的科技文明，彻底遗忘了在黑暗中的故乡。① 于是，海德格尔试图劝告人类再来一次转向，从光明再度回归黑暗。正如老子所言："知其白，守其黑"，强调黑暗的价值、家园的价值、初心的价值！但这也揭示了新的一层意思：转向没有完成时，只有进行时，人需要不断转身、转向、转念，但不一定是线性地从光明继续走向更大的光明，而有可能是循环地转向，从黑暗到光明，再从

---

① Martin Heidegger, *Plato's Sophist* (Bloomington, IN: Indiana University Press, 1992).

光明回到黑暗。当然,这种重复不是简单的重复,而是辩证的扬弃。有禅宗和尚说,"觉悟"要经历三个阶段:最初看山是山,看水是水;第二阶段看山不是山,看水不是水;第三阶段看山还是山,看水还是水。① 这就是辩证思维、否定之否定的思想魅力。

鉴于"醒"无终点、"悟"无止境的事实,我会继续要求学生进行更深层的思考:今天的网络世界是不是另一种"洞穴"? 因为它再度弱化了人类的心智、强化了人类的偏见,人类其实正在给自己重新设计一个个走向黑暗的"洞穴"。我们是否成了新的井底之蛙? 是否剔除异己,同道者将共同走向封闭、固执,抱团走向黑洞,坠入愚昧的深渊?

最后,通过讨论,学生们会形成一种共识:西学的"醒"善于创新、长于批判;汉学的"悟"善于学透、精于揣摩,各有所长。

理

思想的第三大元素是"理"。人类思想光有"醒"与"悟"还不够,还需要整合各种要素,达到通透、洞察本质,最终成理,建立思想体系和抽象理论,追求天下同一理,因为"理一分殊"(朱熹语),从一个"理"中能够分出万物,从一般到个别,再从个别到一般,完成从演绎到归纳,再从归纳到演绎的不断求证和实证的过程。在这里,作为思想的第三元素,"理"大致包含三大要素。

第一,理性。古典和新古典经济学派崇拜完备理性,善于通过实证、实验等手段,理清事物的来龙去脉,逻辑自洽,不含糊、不模糊,放之四海而皆准,绝不能被证伪。

但人真能做到完全理性吗? 这是需要激励学生思考的一个大问题。

---

① 引自吴思:《血酬定律》,中国工人出版社,2003年,第8页。

休谟认为,理性是激情的奴隶,①因为面对人性的激情,人往往失去理性,真正的理性有时是假理性,或者是缺乏人性的理性。例如,在大饥荒时期,人吃人的现象是理性还是非理性? 如果为了生存而需要残酷的"理性",这样的理性能提倡吗? 美国行为经济学思想提倡的有限理性(Bounded Rationality)已经大行其道,信奉这个理论的七位经济学家已经四次获得了诺贝尔经济学奖,但是植根于西方理性文化的美国主流经济学界,至今还是不认同行为经济学的有限理性。

第二,科学。理性是科学的根基。例如,牛顿的万有引力,如果有人能够证明东西不是往下掉,而是上升后永不落地,那么,万有引力就将被证伪、被推翻。同理,爱因斯坦在1921年获得诺贝尔物理学奖时,实验尚未能证明他的相对论,所以,他得到诺贝尔奖的主要依据是他成功验证了光电效应和光子假设。其实,爱因斯坦早在16年前的1905年就创立了狭义相对论,1909年就被提名竞争诺贝尔物理学奖,1915年又创立了广义相对论,但就是无法因为相对论得到诺贝尔奖。对此,需要启发学生,科学就是如此理性而又无情,没有实验,就没有科学。于是,纯粹的学者必须坚持理性的尊严,讲道理、认死理、服真理。

所以,科学理论比较容易在"无情"的西方土壤生根发芽,在此,有必要鼓励学生讨论和辩论将"0"变成"1"与将"1"变成"10"的本质区别。② 将"0"变成"1"是科学发现,但将"1"发展成"N",则是科技创新,"发现"是根本和载体,"创新"则只是一种技术。许多学生在讨论中就会发现,理性是科学的基础,而科学则是西方人的一大优势,迄今为止,绝大多数科学类的诺贝尔奖得主还是西方人。中国文化,尤其是"放盐少许"之类的不定量的菜谱文化,不利于建立科学理论的基础体系。

但是,在将科学转化为科技、将科技转化为生产力方面,中国人则完全

---

① David Hume, *A Treatise of Human Nature* (London: Longmans, Green, and Co., 1890), 453.
② Peter Thiel, *Zero to One—Notes on Startups, or How to Build the Future* (New York: Crown Business, 2014), 6-10.

有能力独树一帜。尽管国人较少能完成从"0"变成"1"的原创发现,但他们将 AI 等技术转化为生产力的努力,已经相当成功,而且,能将"1"发展成"N"也不是所有人都做得到。类似"放盐少许"的模糊、定性文化,也有它的优点,因为北方人喜咸、南方人偏淡,如果规定一律放盐一克,就可能无法照顾饮食文化的多样性和差异性。科学很重要,但科学有时会过于整齐划一、忽略多元特性。

第三,逻辑。西方的"理"还蕴含非常强大的逻辑元素。西方逻辑提倡同一律,无论是什么,它就是它。祸就是祸,福就是福,不存在什么"祸兮,福之所倚;福兮,祸之所伏"这类似是而非的可能和"狡辩"。西方逻辑还主张无矛盾律,A 和非 A 不可能同时发生,没有什么事物同时既是它,又不是它。它更热衷于排中律,A 或者非 A 为真,但两者之间不存在半真半假、你真我也真的可能。这就是西式逻辑的泾渭分明,黑白两极。作为对比,东方思维就善于发现两大极端状态之间的中间道路。A 是正确的,但非 A 不一定是错误的,一个伟大真理的反面也可能是真理。在这一点上,汉学的禅宗与科学的量子力学似乎存在相通之点。

对此,有必要在课堂上组织一些讨论,来加深学生对东西方文化不同的认知。首先,我常设计一个场景:你要去公共汽车站等车,发现那里没人等候,你觉得是好事还是坏事?不少美国学生的回答是:当然是好事,因为不需要排队;但来自东方的一些学生则回答:应该是坏事,因为这表示上一班公车刚刚离开,我必须费时等到下一班。类似,我也常鼓励学生思考:应该买正在涨的股票,还是买正在跌的股票?有意思的是,多数美国学生会买涨,而且还理直气壮地强调,只有傻瓜才买跌,因为涨了还会涨;但多数来自东方,尤其是中国的学生,则选择买跌,因为今天的跌就意味着明天快涨了。

讨论和交流这类案例,有助于鼓励学生思考西方逻辑与东方思辨的区别。西方人的逻辑比较信奉线性思维,A 导致 B,B 导致 C,形成一个极其严密的逻辑链条;而东方人的思辨,则乐于强调 A 是 B,B 是 A 的辩证思维,比如,今天期中考试拿到一个"A",表面看是好事,但如果学生从此得意满足、放弃努力,最后在期末很可能拿到一个"F";同理,如果期中考试得"F",但在后半学期刻苦用功,也许会笑到最后,一举得"A"。这些简单的例子,有助于美国学生了解何为"福祸相依"的东方哲理。

总之,不同于以"理"为核心的西方文化,东方式的思辨存在四大特点。一是演化性,现实经常不断变化,今天是好事,明天有可能变坏事,所以需要学会应变与权衡;二是模糊性,东方人经常追求创造性模糊,好定性、喜两可;三是关系性,各个部分只有置于整体关系之中,才有意义,整体大于部分叠加之和,2大于1+1;四是效用性,一切以有效、有用为准,无用之用就是无用。

道

尽管"理"很重要,但"道"应该是思想的第四大元素,因为相对而言,理浅道深、理方道圆、理清道玄、理简道繁,"道"中深藏着人类深刻的智慧和思想,而不仅仅是知识和理论,道理道理,一定是先"道"后"理"。

第一,"道"乃玄。"理"是方的,明晰、尖锐,但"道"是圆的;而且,"理"可以说清,但"道"天生"混沌""模糊",所以,"道"的一大特点是"玄"。尤其是经典思想的魅力,说不清、道不明,而且一旦说清,就失去了"道"的独特魅力。所以,美国的大学教科书就没法翻译"道"的精确含义,只能直接偷懒,用拼音("Dao"或"Tao")应付了事,这类复杂"高深"的来自东方的词,还包括"缘"和"气",因为"情"勉强能够说清,但"缘"是什么?是运气,还是情分?难以说清,充满"玄"意。所以,往往是情浅、缘深。

尤其是,如果将"道"升华为一种宗教,就更说不清了。中国文化中只有一门专属于中国土生土长的宗教——道教。以道为核心的中国文化,是智慧型文化,中国的经济主体也是智慧型经济,不是理论型经济。在中国,任何一种理论型经济都有可能是灾难性的,包括纯粹的苏联式计划经济和经典的西方式市场经济,在中国很难行之有效。

第二,"道"为本。道是中国文化之本,因为"道生一、一生二、二生三、三生万物",任何公理、原理、学理、哲理都要服从"道"理。中国知识分子向来信奉自己的使命,习惯关心道、关心道理、关心真理,更推崇"道"是万物生长的根本,尤其推崇循序渐进的"五道":知道、悟道、行道、合道、得道,由此,才能谈得上格物、诚意、正心、修身、齐家、治国、平天下。

对此,为了帮助学生理解"道"的魅力,我常与学生一起讨论四类知识分子的区别,并要求他们列出历史上知识分子的具体分类和名字:一是"学人",有醒无悟,只有一些知识而已;二是"学者",有醒有悟,醒悟合一,既有知识,又有文化;三是"学家",有醒有悟有理,有知识、有文化、有理论,自成独立的思想体系;最后才是"学道",就是有知识、有文化、有理论、有思想,醒悟理道兼备,那是指能将为人、为学、为家、为民、为国,升华为一种"有而不有、知而不知"的境界,并修炼成一种道的"常无"心境,虚心待人、静心治学、平心济世,犹如韩国电视剧《商道》和《医道》的主人翁一样。① 尤其是,知识界的"学道"创造出来的学问,往往可以被不同观点的人予以解读,如苏格拉底和孔子。这就是思想的魅力,也是"道"的魅力。

最后,我经常启发学生,如何才能铸就最佳、最强的思想力?关键是将醒、悟、理、道进行创造性组合、综合与融合,缺一不可。我们今天大学生和研究生的主要使命之一是如何将器与道、术与学、训练与教育、知识与思想,尤其是西学与汉学进行创造性的交叉。有些人擅长"术",也善用"计",但由此也可能导致他们聪明但不高明、精明而不英明。类似,未来的人工智能也许能解决人的技能和知识的不足,但难以取代人的思想和教育,所以只能称人工智能(Artificial Intelligent),而不可能是人工思想(Arti-

---

① 洪朝辉:《杨小凯的"学道"境界》,陈一谘主编:《中国向何处去?追思杨小凯》,明镜出版社,2004年,第84页。

ficial Thought)。所以,让 AI 的暴风雨来得更猛烈些吧,因为 AI 统治全世界之日,就是我们文史哲学科有可能再度复兴之时,绝处一定逢生。真正的思想使命的完成,还是要靠文史哲,而不是数理化。

最后,我经常鼓励学生们对思想的功能进行辩证的认知:西学的"醒",有利创新,但缺乏深度与扎实;汉学的"悟",善于学透,但影响行动与冲动;西学的"理",长于科学和逻辑,但缺乏变通与灵活;汉学的"道",长于包容和模糊,但缺乏明断与清晰。而最高的"王道"似乎应该是组合、融合与和合,推动思想成为新时代的第一生产力。①

---

① 洪朝辉:《左右之间 两极之上——适度经济学思想导论》,香港城市大学出版社,2021年,第7—12页;洪朝辉:《美中社会异象透视》(纽约:博登书屋出版社,2021年),第1页。

文以载道：理工学院里的人文关怀

卢汉超（Lu Hanchao，1986年出国留学，hanchao.lu@hsoc.gatech.edu）：美国加州大学洛杉矶校区（UCLA）历史学博士。现任美国乔治亚理工学院艾伦人文学部教授、历史与社会学系主任，兼亚特兰大中国研究中心主任。曾在纽约州立大学、新加坡国立大学、清华大学、哈佛大学、柏林洪堡大学、台湾"中研院"等院校和机构任全职教授或客座研究员。曾任美国福特基金会和美国学术团体理事会评审、上海社会科学院特聘研究员等职。研究领域为中国近代社会经济史和城市史。主要英文著作有 Beyond the Neon Lights（中译本：《霓虹灯外》），Street Criers（中译本：《叫街者》），The Birth of A Republic，Shanghai Tai Chi，主编 Culture and Customs of Asia 十六卷本英文丛书。英文著作多次获奖，为首获美国城市史学会最佳著作奖和美国第三世界研究学会塞西尔·柯里最佳著作奖的亚裔学者。英文论文散见于 The Journal of Asian Studies，The China Quarterly，Modern China，Urban History，Journal of Urban History，Journal of Social History 以及 Pacific Affairs 等学术刊物。主要中文著作有：《赫德传》等。曾任中国留美历史学会第十任会长（1999—2001）、The Chinese Historical Review 主编（2015—2019）。

理性务实的教育环境

在中国和美国从事教育事业都是受人尊敬的。中国是文明古国,虽然直到20世纪中叶,80%的成年人是文盲,但教育在中国文化中极受重视。中国的第一圣人孔子生前的主要职业就是教师。孔子之圣就在于他是"万世师表",所以现在华人社会普遍以孔子诞辰为教师节。即使出现过知识分子普遍被压制的年代,"师道尊严"被批,知识分子被蔑称为"臭老九",教师是"人类灵魂工程师"的美誉还是流传了下来,人民教师仍以传道授业解惑为荣;通俗文化中,至今仍有"一日为师、终身为父"的残存思想。

美国是个年轻的国家,以基督教为核心的西方文化也没有类似孔子这样地位的世俗圣人,塑造人类灵魂的只有上帝。但教育的重要性在美国不仅停留在美誉上,更体现在经费的规划上,即体现在地方政府税收的大部分用于教育这一点上。美国各州情况不完全一样,但平均而言,州税的四分之一、房地产税的70%以上用于从幼儿到高中的免费教育。两者加起来,地方税收的一半以上用于教育,另外还有9%左右的经费来自联邦政府。在发达国家中,美国花费在公立教育上的经费一直名列前茅。

在高等教育方面,据美国国家教育数据中心(National Center for Education Statistics)2018年的统计数字,全美有4298所大学(含二年制的社区大学),其中1626所公立大学、1687所私立非营利性学校,另外还有985所私立营利性学校(一般是只有几百个学生的微型大学)。美国最一流的大学大多是私立的。如以最新的《美国新闻和世界报道》(U. S. News and World Report)大学排名(2021年)为例,美国前二十名的大学,除了加州大学洛杉矶校区,全部是私立大学;排名前五十的大学,私立大学占了70%。而且研究型的大学中,即使是公立的,政府的钱也只占一小部分。如我任教的乔治亚理工学院(Georgia Institute of Technology),有三万多名学生,虽然是所公立大学,长期以来政府给的经费却只占很小一部分。以2020年为例,全校二十多亿美元的预算中,州政府拨款仅占18%。大学主要的经费来源是各种项目资助(sponsored funding)以及学费,分别占了46%和20%。乔治亚理工学院之所以仍属公立大学,主要是因为学校的土地是州政府的,无法也没有必要私有化。美国其他研究型的公立大学,也是类似的情况。

目前美国公立大学正在"私有化",重要的原因就是来自政府的固定财政资助在减少。但是,美国大型基金会和富豪们都舍得或愿意在教育上捐献或投资,这使得申请各种项目资助成为可能,同时,能否争取到校外资助来培养学生也成为考核大学教授业绩的重要标杆。这种现象从表面上看是教育的商业化。大牌教授往往就是有办法拿到资助、手头有经费招研究生做各种研究助理的教授,所以博士生往往称导师为"老板"。我初次听到这称呼很不以为然。但从深一点的层次看,各种基金会和企业能拨出经费资助学术研究、基础科学研究、培养研究生,反映了社会对教育的重视不是仅停留在教育至上的理念上,而是有雄厚的财务支持和实际操作来支撑这种理念。这种既有理念又务实的文化环境,使美国有许多政府和私人的财力雄厚的基金会,通过竞争拨款资助教育和研究。

最近的一个例子就是医学院免费。大家知道,在美国读医学院是非常昂贵的,而且很少给奖学金。现在读四年医学院,仅学费一项已高达25万美金,加上生活费和各种杂费则直冲40万。所以医学院学生毕业时都是负债累累,本金加利息,多年才能还清。这也影响了他们的就业选择,收入较低的职位如做基础研究或家庭医生就比较缺乏吸引力,美国医生现已出现严重短缺。据美国医学院协会(Association of American Medical Colleges)预测,到2032年,美国将出现5万到12万初级保健和专科医生的短缺。

为了应对这些问题,纽约大学医学院作了一个重大的改革,从2018年起,凡录取的学生一律免费,以鼓励学生读比较不赚钱而社会需要的专业。该医学院之所以能有此魄力,是因为家得宝(The Home Depot)的创始人朗格尼(Kenneth Langone)设立了一个4.5亿美元的基金会(他本人捐了1亿)为纽约大学医学院所有的医学生买单。此举一出,美国的一些名校如哥伦比亚大学、康奈尔大学、圣路易斯华盛顿大学等纷纷跟进,开始给学生全部或部分免费。所以,如将整个现代教育看作一架庞大的机器,那么经费就是它的燃料和润滑剂,教授们就是这部巨大的用金钱运转的机器的大小部件。明了这一点,就会对自己有恰当的定位。

在19世纪内战后兴起的理工学院(也可翻译为理工大学)也是美国务实文化的一部分。美国各州都有以理工专业为主的大学。我所任教的乔治亚理工学院(惯称 Georgia Tech,建于1885年)与麻省理工学院(MIT,建于1861年)和加州理工学院(Cal Tech,建于1891年)一起,常被称作美国三大理工学院,也有"南方MIT"之名。但在实力和名气上,乔治亚理工学院比前面两位大哥还是差了一截。19世纪后半期,美国经过内战之后的重建时期,急需工程技术方面的人才,修复战争中被摧毁的美国南方的经济和工业,乔治亚理工就是在这样的大背景下成立的。所以学校重实用而轻理论,不容易产生能够在长远上影响人类科技进程的理论成果。最近二十年,它们之间的距离有所缩小。工科方面,乔治亚理工学院已在不少领域超过加州理工。乔治亚理工的所有工科专业在各大主流排名中均位列前茅,工业工程(Industrial Engineering)更是二十多年来长期位居全美第一,生物医学工程(Biomedical Engineering)自2016年也坐上了全美第一的位置。在世界上各种权威的大学评比上,乔治亚理工的综合排名也在稳步上升。虽说该校是以理工科闻名,实际上乔治亚理工学院是一所有着三万六千多名学生和八十多个主副修专业的综合性大学,包含工学院、计算机学院、理学院、建筑学院、管理学院和人文学院六大学院。全校37个本科主修的专业中,人文学院占了10个。近年来乔治亚理工学院在学界和教育界的地位稳步上升,工程技术领域固然挑了大梁,但人文学院也功不可没。校方在规划发展方针时,也越来越意识到这一点。科学技术归根结底是要应用和服务于人类社会才有意义,才有依托,人文的力量就在此时显现。套句古语,这就是"文以载道",只不过这里的"道"已从儒家义理转换为现代科技了。

文以载道：理工学院里的人文关怀

我在20世纪90年代中期进入乔治亚理工学院时，正值该校特别是它的人文学院重组时期，我的这个职位也是新设的，由人文管理学院院长亲自拍板敲定。当时人文学院和管理学院还在一起，90年代末，经过校方多种考虑和辩论才分成两个学院（校园内戏称此次重组为"离婚"）。因为是初创，所以开始时所有有关亚洲的课程设置都由我这个孤家寡人负责。与此同时，人文学院的现代语言系也开始发展中文师资力量。我刚到校就应邀参与招聘教授和筹划与中国有关的项目，两年后升为终身职。此后二十多年，正是中国经济和国际地位快速上升时期，理工科技领域的教职，由华裔学者担任的比比皆是，有关中国的研究和教学也受到相应的重视。过去在国内常听到"祖国强大了，海外华人的地位也随之提高"之类的话，这种说法至少在美国高校开设中国课程和招募有关师资方面，有点道理。

最近二十来年战后婴儿潮一代逐渐退休，同时亚洲崛起，世界潮流也往全球化方向发展。反映在大学历史系里，就是一些欧美史的教师职位空出来，经费就用于招聘非西方史特别是东亚史的教授。我在90年代刚开始教书时，曾在纽约州立大学（State University of New York）任职。纽约州立大学系统有十几个校区，包括四个研究型的校区。每个校区的历史系都设有亚洲方面历史的教职。但也许因为乔治亚理工学院是个工科为主的大学，我进校时，全校历史教授中大部分是欧美史的教授。美国史占大头，因为美国史是全校学生必修课。欧洲史方面，老牌的西方大国如英国、法国、西班牙等都有专职教授。而任非西方国家的历史教职的，我却是第一个。后来这种情况有所改善，如教欧美史的教授们因退休等各种原因离开后，他们留出的空缺就补了俄国、中东和南美等方面的史学家，今年又有印度和中国方向的学者加入。

由此想到参与写作本书的同仁们。成立于1987年的留美历史学会，本来是个留学生组织，会员都是大陆背景的留学生。但三十多年过去了，现在大多数会员已经在大学任教，资历上则从刚入行的年轻教授到已在筹划退休生活的"老教头"都有。我没有做过统计,但在美国历史这一行的华裔教授,大概绝大部分都是以中国史、东亚史为立身之本(虽然很多以教学为主的大学历史系里,中国史的教授还必须上包括西方文明在内的世界通史课)。像本书编者王希教授这样以美国史为专业,专长美国宪政史和非裔美国人史,在几乎是非裔禁脔的美国黑人史领域谋一终身教职是凤毛麟角。另一方面,大学在开设历史课程时,往往都是详今略古,开设中国或亚洲史课程时也是如此,普遍以近现代史为主,古代或中世纪历史往往付之阙如。本书另一编者姚平教授专攻唐史,但美国大学在课程方面对此需求要比近现代史少得多,这就要求求职者优秀到足以"打垮"近代史专业的竞争者才能胜出。

科技专业训练与博雅通识教育

现代工业社会以分工细致和专业服务作为社会经济运作的一个基本模式。除了某些纯体力的工作,各行各业都有专门的学位、执照等作为入行的基本要求。但奇怪的是,大学教授的职业,除了博士学位外,并没有在教育学方面受过训练或一定要有教课经验的要求。一般人文社科领域的博士专业在整个学习过程中,有该专业的理论课和研究方法的必修课,教育学(pedagogy)却非必修课,可以说绝大部分博士生都没有修过教育学方面的课,而人文领域尤其是历史系博士生的基本就业方向就是在大学教书。美国大学读博期间,唯一与教学有关的训练是当教授的助理(teaching assistant),做点事务性工作或带领大课的分组讨论,但这也并非必需。当教授助理往往是得到资助的一种方法,得到奖学金的优秀博士生并不需要当教授助理。在欧洲大学读博,连选课和博士资格考试也免了,就是直接写论文毕业,更没有必读教育学课程的规定。所以在各行各业都必须以专门技能服务于社会的现代世界,当大学教授不必接受教育学专门训练实在是个悖论。

我出国前曾在上海社会科学院学习和工作过七年,那是研究机构,不需要教课,所以我在国内完全没有教学经验。在美读博期间,仅在写论文期间当过一年"教员"(teaching fellow),其实还是给教授当助理,并非自己开课。不过因为当时已通过博士资格考试,所以校方给了一个比较好听的头衔,收入也较一般的教学助理多一点。这一年内,我在完成博士论文的同时,分别为三门东亚史的课当教员。记得这些都是一百多人的大课,教授上课,我和另外两位助理到场,坐在教室的第一排或末排,其实等于是旁听了三门本科生的课,同时分班给学生做点辅导,为学生的作业和考试打分。这是我在进入美国大学的职位市场、申请工作时唯一的教学经验。

大学和职业学校不同之处在于大学不仅培养学生的专业能力,还要进行通识教育或称博雅教育。理论上要使学生成为一个有文化底蕴、现代意识的公民,而非仅仅掌握一门技艺的工匠。所以美国大部分大学都有以通识教育为目的核心课程(Core Curriculum)。而通识教育的主要版块之一就是人文历史课程。在乔治亚理工学院,美国历史是全校学生的必修课,后来又加上美国宪政课。但即使在历史系,地区性的历史如欧洲史、亚洲史等,都是选修课。对于教这些课的教授们来说,各有利弊。一方面是不需要上大课,相对轻松一些。美国史的课因为是必修,一门课动辄一二百个学生,而亚洲史的课都是小班,35人为上限;如注册已满,学生须开课教授同意才能插班。但另一方面,因为是选修课,不是教授们的"面包和黄油",课程内容的设置和讲课的风格就必须比必修课更生动才能吸引学生,如学生寥寥,对开课的教授会有一定的压力。

美国虽然是一个教育发达的国家,但一般年轻人的文史知识特别是对美国以外世界的了解还是很有限。美国有将近70%的高中毕业生进入大学继续学业(包括二年制的社区学院)。21世纪最初十年,美国在校本科大学生激增了37%。最近十年略有下降,但从2000年至今的二十年来,攻读学士学位的本科生还是增加了26%。同时,美国还是有相当一部分的年轻人连中学都没有毕业。据美国教育部的统计，2018年，16岁到24岁的青年中，有42.8%不在校。而且美国中学一般没有史地课，历史教学都是放在社会通识（social studies）课里的，内容以欧美历史为主，东亚史往往一掠而过。也就是说，一般年轻人能在读大学时主动选修一两门中国或亚洲历史方面的课，已是他们同龄人当中有点世界眼光的了。

所以我们在美国教中国历史，常常会有过犹不及的问题。大学历史系专攻中国或东亚历史的本科生总是少数，即使在加州和纽约这样文化多元、种族繁杂的地方也是如此。在历史同行们的聚会上，我就不止一次听到有同行抱怨说美国学生是世界上少有的花了钱不要货的顾客，意思是学生出了学费却往往不想认真学知识，只求拿了学分、混个文凭跑路。这种现象当然是普遍存在的，是当今社会教育商业化和职位市场过于讲究文凭的结果，不仅在美国如此（虽然美国也许是始作俑者）。然而作为从中国来的第一代移民，在美国教中国历史常常会有一种弘扬中华文化的使命感。宏大精彩的中国历史和文化，真是说不完道不尽。而我们这一代人教中国近代史，特别是中国革命或中华人民共和国史，又会有一种作为亲历者和过来人给小朋友们讲自己故事的急切感。再者就是每个历史系的教授都拥有历史学的最高学位，都以此为终身职业，都对历史学有着超过常人的热情，所以无意间也会对前来选课、只不过对历史稍有兴趣的学生有过高的期盼。

对美国学生，特别是理工科专业的学生来说，学习中国史或东亚史在时间和空间两方面都是遥远的。我们当老师所能做的，就是要处理好精深与广博之间的矛盾，把历史课上得生动活泼、深入浅出，将遥远的历史和现实结合起来，使之不那么陌生遥远，甚至看得到、摸得着。在互联网时代，视觉材料已是极为丰富，这在为教学提供方便的同时，也提出挑战。二十年前上课，老师在课堂上放点幻灯片和录像之类，相对于单纯的讲课，学生们已是很欣赏了。但是现在的学生都是随着网飞（Netflix）、油管（YouTube）之类视频网站一起长大的，对铺天盖地的录像早已有点视觉疲劳。

只有与教学内容密切结合,在内容和制作上都上乘的作品,才能入他们的法眼。这就需要教授们在选择可用的视觉教材时精挑细拣,有时甚至还要充当一下剪辑师,在版权允许的范围内,将生动有用的片段编辑在一起,才能较好地用在课堂上,辅助讲课内容。

与在东亚教东亚史不同,在北美教东亚史,特别教本科学生,实物展示也是一种有效方法。例如中国有文字可考的祖先崇拜习俗可以上溯到商代甲骨文,并盛行于日本、韩国和东南亚等地,至今仍是东方文化的特点之一。美国各地稍具规模的华人超市,都有专柜出售香烛冥币等祭祖用品,可见在海外华人群体中拜神祭祖仍根深蒂固。稍花心思,从商周的青铜器、秦汉的兵马俑、宋代以后流行千年的绣花鞋等仿古文物到晚近的毛主席像章、红宝书、红卫兵袖章、宣传画等等,都不难获得。这些实物在课堂上的展示只是几分钟的事,却往往起到事半功倍的效果。

中国向来有文史不分家的传统,在海外教历史,文学作品更是一种有用的教学工具。其实在这一点上,先哲早有名言。恩格斯曾说他从巴尔扎克小说中学到的法国社会图景,即使在经济的细节上,也比从当时所有的历史学家、经济学家和统计学家的全部著作中学到的还要多。毛泽东就不止一次提出把《红楼梦》当作历史来读,把这部小说视为了解封建社会的百科全书。好的文学作品,特别是作家写的当代故事,不仅反映了作者所处的时代,同时也能使人从作者如何观察和描述该时代的角度上,看到人与社会的关系。我常安排学生看小说和回忆录之类的书和文章,增加学生对历史和时代的感性认识,效果还是很好的。有一次我收到一个已经毕业的学生的来信,说他毕业后被一家日本大公司录用,其中一大原因就是他在面试时提到谷崎润一郎的小说《痴人之爱》,负责招聘的日本人对一个美国理工男读过这部日本大正时代的著作有点刮目相看,两人交谈甚欢。因为这本书是他在我的课上阅读的,所以特意来信感谢。我自己两部写作风格比较通俗的专著,《霓虹灯外:20 世纪初日常生活中的上海》和《叫街者:中国乞丐文化史》,以及《辛亥革命图史》,也分别用作有关亚洲和中国近代史课程的读物,效果甚好。①

另外,在每门课开课时,我会作一个小小的调查,让学生填一份表格,回答几个简单的问题,诸如"你为什么选这门课?""你对东亚或中国有多少了解?""你以前上过有关亚洲历史的课程吗?""谈谈这门课和你的专业的关系",等等。学生的回答五花八门,煞是好看,但最主要的是通过这样的问卷,使自己对学生有点了解。同时学生也很乐意回答这些问题,觉得老师对他们的个人背景有兴趣,也是一种关心。

乔治亚理工学院是座研究型的大学,全校三万多名学生中,二万以上是研究生。全校文科的博士项目中,历史学是开办最早的,而且在相当长的时间内也是全校唯一的人文方面的博士学科(现在全校文科已有五个"博士点")。我们主要的强项是科技史,广义上包括科技与社会的互相作用、物质文化和城市研究等课题。按规定,无论以前在其他地方有无获得硕士学位,博士生入学后必须上十门必修和选修课,然后在三个领域通过博士资格考试,包括科技史、近现代史(地区可在亚洲、欧洲和美国中任选一个)和在系里规定的六个领域中自选的第三个领域。通过三个领域的笔试和口试后,才能提交博士论文计划书,由三位教授组成的委员会通过后才能开始写论文。这个过程一般需要两三年的时间,此后至少还需两三年的时间才能完成和通过博士论文答辩。这个过程与全美授予博士学位的历史学科大致相同,所以在美国读历史博士的平均时间达六年半之久。

我曾任历史和社会学系研究生项目主任数年,深知其中甘苦。我们一般每年只收三个到五个博士生,每人入学后都有四年到五年的资助(包括全免学费和约两万美元的生活费)。另招若干硕士生,数额按申请者的质

---

① 这些专著的英文书名为:*Beyond the Neon Lights: Everyday Shanghai in the Early Twentieth Century* (Berkeley: University of California Press, 1999/2004); *Street Criers: A Cultural History of Chinese Beggars* (Stanford, CA: Stanford University Press, 2005); *The Birth of a Republic: Francis Stafford's Photographs of China's 1911 Revolution and Beyond* (Seattle: University of Washington Press, 2010)。

量而定,一般不给资助。理工学院的文化是教授们应该自己申请校外资源来带研究生,其数额动辄上百万甚至几百万,而且是经常性的。我曾数次担任人文学院教授升职和终身职评审委员会主席,因此也必须代表人文学院参加全校的教授升职和终身职评审委员会,审阅所有申请者的材料并投票。其间常见有理工科方面的助理教授或副教授因几年内只有几十万的校外资助而被刷下来。问题是,历史学科的教授若能申请到七八万美元的研究经费来补助一下假期的个人收入已经不错了,几乎不可能申请到足以带研究生的校外资助。学校的行政部门也了解学科间的差别,在申请校外资助方面并没有对我们苛求。与此同时,也因为我们的研究生经费全部来自校方,学校在财政上一有风吹草动,我们就捉襟见肘,也难以资助每个博士生五年以上。尽管如此,在培养国际学生方面,校方还是出了很多力。以来自亚洲的历史学博士生为例,最近二十年内就培养了多名华裔、印裔和韩裔的优秀博士生。其中来自中国的姚靓和沈辛成,毕业后分别在北京大学和上海交通大学任教。姚靓关于可口可乐和软饮料在近代中国的发展、沈辛成关于卫生和中国近代城市的地下管道的研究已在学术界有一定的影响。①

乔治亚理工学院的国际学生来自五十多个国家。近年来,来自中国大陆的学生已占全校国际学生的三分之一以上。虽然来自中国的学生大部分是研究生,但自费出国念本科的学生也日益增多。这些学生几乎全是读工程电脑和企业管理方面的专业,他们的家长出了大钱(国际学生的学费是美国本州学生的三倍,几乎接近上私立大学),当然希望子女读实用型的专业,毕业后可以谋生(2018年我校本科毕业生第一份工作的平均年薪已

---

① 参见 Liang Yao, "Nationalism on Their Own Terms: The National Products Movement and the Co-ca-Cola protest in Shanghai, 1945-1949", *Modern Asian Studies*, Volume 51, Issue 5 (September 2017): 1439-1468。沈辛成:《生活污水系统在上海公共租界的形成——兼论公共卫生研究中的现代性误区》,《史林》2019年第1期,第14—24页。沈辛成还著有纪实性专著《纽约无人是客:一本37.5℃的博物馆地图》,中西书局,2017年。

超过七万)。但还是常有国内出来的学生选修我的课作为他们必修的社会科学课程的一部分。不少学生说他们想知道在美国是怎样教中国历史的,我和他们接触后才知道其实这些学生对中国历史知之甚少。不知是因为他们大都是理工科学生的缘故,还是因为国内的人文历史教育有着结构性的局限。

不过,在美国当中国历史的老师,也常有教学相长的时候。有一个学生迷上了中国古币,常常拿了在各种古玩市场收集到的古币来跟我商讨年代真伪和文字。我虽然只懂一点皮毛,也不由得对此关心,看了不少真真假假的从战国时代的青铜铸币到乾隆年间银圆的古币。他毕业时来我办公室,恰巧我不在,他还留了一枚古币和一封短笺告别。我刚开始在乔治亚理工学院教书时,有一个学生来我办公室聊天,说他父亲曾在乔治亚州萨凡纳(Savannah)市的阿姆斯特朗大西洋州立大学(Armstrong Atlantic State University)读书,那里的历史系有一位名叫 Mr. Wu 的中国历史教授,曾在中国当过大官,问我是否认识。我查了一下,才知道就是大名鼎鼎的吴国桢,二战后曾任上海市市长,20世纪50年代初又任台湾省主席一职,骎骎然可与蒋经国争雄,后来因为和蒋介石意见不合,离开台湾,全家到了美国,是所谓"吴国桢事件"的主角。我虽然知道吴国桢其人,却不知道他在乔治亚州了其余生。萨凡纳是一座美丽的滨海城市,但这样一位权倾一时的国民党要人,后来只能在乔治亚一所偏僻的州立大学教书终老,就像20世纪50年代胡适之蜗居纽约陋巷、陈立夫在新泽西州以养鸡卖蛋谋生一样,反映出中国近代史大动荡中历史人物的浮沉。

学校里还有一项叫作"带一位教授去午餐"(take a professor for lunch)的社交活动,即学校餐厅在某日辟出一角,由学生自费(大约是7美元;当然校方是给补贴的)邀请一位自己喜欢的老师共进午餐,增进师生情谊。我也时常被邀请。我还应邀充当各种亚洲学生会的顾问,虽然常常是顾而不问,但从这类课外和学生的互动中,我也了解了这一代年轻人的生活和许多想法。有时我还会收到从亚洲各地寄来的明信片,告诉我他们到我曾经在上课时讲述过的某地方的见闻。因为本科生的标准年龄在 18 岁到 23 岁之间,研究生包括博士生一般也就二三十岁,所以校园里总是生气勃勃,充满了青春的气息。这样的环境是在其他行业中很难有的。

乔治亚理工学院和中国

乔治亚理工学院是中国改革开放后最早和中国交流的美国大学之一,并在这方面创了数个第一。1979 年 1 月底,在中美建交仅仅一个月后,邓小平率团对美国进行国事访问,亚特兰大在他的行程中。访问期间,国务院副总理方毅由乔治亚州州长巴士比(George Busbee)陪同来到乔治亚理工学院,参观了学校的计算机中心,并和州长就科技教育交流问题进行磋商。时任校长毕提特(Joseph M. Pettit)教授在采访中称,乔治亚州州长本可以陪同邓小平参观福特汽车公司,然而他却选择和方毅副总理一道来到乔治亚理工学院,体现了教育问题在两国关系之中的重要性。这是新中国成立以来,中国国家领导人第一次来一所美国大学参观访问。

五年后,1984 年 9 月,乔治亚理工学院和中国科学技术协会在北京签署合作协议,正式在深圳、天津和南通开展科技合作项目。其主要内容为乔治亚理工学院的高科技发展中心(The Advanced Technology Development Center)和这三座城市的中小型企业进行技术层面的合作。1984 年 9 月 22 日《纽约时报》在对乔治亚理工学院和中国建立合作关系的报道中称,中国从乔治亚理工学院得到援助,后者也成为第一所和中国建立合作关系的美国大学。20 世纪 80 年代,许多美国企业对中国市场还在持观望态度的时候,乔治亚理工学院下属的科技交流公司(Technology Exchange Cooperation)与中国科学技术协会下属的中国科技交流中心(Technology Clearinghouse of China)在 1986 年合资成立中国科技公司(China/Tech),总部位于北京,执行委员会设在亚特兰大。China/Tech 为双边企业提供咨询服务,将美国先进的制造技术引进中国,并以中国的丰富资源进行投产。

1995年，上海市政府委托复旦大学为处局级干部开办培训班，以为改革开放造就行政人才。干部培训班送学员到欧美大学上企业和政府管理方面的课，乔治亚理工学院便是受托培训的大学之一。当时我刚到校任职，工商管理学院和人文学院院长要我参与负责培训班的课程设置、教员聘用等事务。我妻子朱琳琳是复旦校友，也被院长聘为项目联络人，负责具体事务，包括安排培训班成员到亚特兰大的大公司如可口可乐、UPS（United Parcel Service, Inc.，美国联合包裹运送服务公司）、美国银行等企业实习。这期培训班历时九个月，很成功，第二年又举办了一期，按同样的课程和实习计划进行。①

值得一提的是，当时工商管理学院和人文学院尚未分家，院长霍金斯（Robert G. Hawkins）原是纽约大学的经济学家，对中国情有独钟，这个中国干部培训项目就是他访问中国期间与复旦大学国际关系与公共事务学院院长倪世雄教授等人定下来的。我和霍金斯院长聊天时知道，他认为中国将来的发展不可限量，所以非常支持与中国有关的项目。这两期培训班都是他亲自安排建立的，连课程的安排他都亲自过问。培训班主要的课程来自我校工商管理学院和公共政策系，也包括了相当一部分美国历史和经济发展的课程。因为学员来自上海，我还为培训班上了一门上海和中国近代

---

① 两期培训班共培训了约六十人，本来要继续进行，后因1996年亚特兰大筹备奥运会，乔治亚理工学院的校园被选为奥运村，该年的培训计划就在7月奥运会前结束。原来的说法是培训这些干部是要为香港回归后的工商市政管理等服务，但后来培训班的干部大部分还是留在上海工作，在最近二十年中国发展的各方面发挥作用。其中有的成为中共十六大代表、上海各大区委书记，有的在工商界和外交界作出成绩或成为领军人物。如学员陈振鸿（1950— ）回国后任上海市静安区委书记十年，卸任后任上海爱建股份有限公司党委书记。学员沙海林（1957— ）回国后任正在开发中的上海市浦东新区组织部部长和人事局局长，并任中国驻美大使馆公使衔参赞和驻爱尔兰特命全权大使，后任上海市委统战部部长、上海市人大常委会副主任。学员徐逸波（1957— ）回国后任上海市经济委员会副主任、黄浦区委书记、上海市人民政府副秘书长、市国资委党委书记、上海市政协副主席等职。学员胡茂元（1951— ）回国后成功地把上海汽车和德国大众汽车公司合资成为上海大众汽车公司，先后任上海通用汽车公司总经理、董事长和安邦保险集团股份有限公司董事长。

经济史的课,又和我校政治学教授高龙江(John Garver)一起合上了一门中美关系史的课。当时中国经济刚起步,经费有限,所有学杂费用全由我校支付,所费不赀。所安排讲课的教授,大部分来自工商管理学院和各人文科系,上课的费用按工商管理教授的薪水计算,每小时四百美元。因这些费用都不算日常的教学和行政费用,两年下来,学院预算上出现了亏空,后来霍金斯院长辞职,与此有很大关系,因为校方管理层对这个花钱为中国免费培养管理人才的项目颇有微词。但霍金斯先生对中国的友善和不计功利的做法却代表了一部分美国知识分子的远见和睿智。

进入 21 世纪,乔治亚理工学院和中国的交往就更多更稳固了。2002年,曾任我校地球物理系主任的江家驷教授应北京大学之邀,负责筹建北京大学环境学院并出任首任院长,后来又任北京大学环境基金会理事长。2006 年起,我校在上海交通大学开办了联合硕士项目,八年内培养了 200多名硕士毕业生。这些学生毕业后不少在大企业如 J. P. 摩根公司、IBM 深圳分公司工作,也有进入世界一流大学继续学业,攻读博士学位的。2013年,乔治亚理工学院与北京大学签署协议,开展学生交换项目。依据协议,两校学生可以进行为期半学年到一学年的交换,两校交换学生数目等额,学生只需向自己所在学校支付学杂费,而无须向所交换学校付费。2016 年由我校电子与计算机工程教授周国彤教授牵头,乔治亚理工学院和深圳市政府与天津大学(周国彤教授的母校)签署了合作办学备忘录,三方在深圳共建天津大学乔治亚理工深圳学院,所有课程由乔治亚理工学院教授开设;2017 年起已正式招收研究生,校区也正在建设中,约可满足 400 多名硕士研究生的办学规模。

另外一种更经常性的交流是暑期班。20 世纪 90 年代起我校就在复旦大学开办以学习中国政治经济课程为主的暑期班,由我校政治和国际关系学教授任教,后因故停办。但最近二十年来,有三个在暑期带学生去中国学习的项目进行顺利。虽然参加学生的平均成绩必须达到一定标准,每年参加者仍有百人之多,可谓人丁兴旺,为此校方还专门设立一个全职的行政位置来负责操办具体事务。我本人长期参加了分别由清华大学和上海交通大学作东道主的两个暑期项目，主要为这些暑期班的学生们上一门亚洲通史课。其中由工业工程系周琛教授创建并任主任的北京—新加坡暑期项目，主要与清华大学和新加坡国立大学合作，除2003年因非典疫情和2020—2021年因新冠肺炎疫情不得不暂停外，已持续进行了二十年，而近代亚洲史一直是该项目的必修课程。2020年起，由中国教育部发文批准，我校又正式开办了深圳学院，办学规模约3000人，包括全日制本科和研究生教育。办学宗旨为"立足深圳、融汇中美，以立德树人为根本，以谋求人类福祉与社会进步为己任，致力于创办引领未来的创新教育，成为世界工程教育与科学技术发展的领航者"。总的来说，乔治亚理工学院很重视学生的国际交流，约35%的学生参与过各种国际项目，而与中国大学的校际交流则是其中的一个强项。

2017年起亚特兰大的中国研究中心移至乔治亚理工学院，由我忝任主任，美国卡特中心中国项目主任、埃默里大学教授刘亚伟任副主任。该中心由经济学家潘苹（Penelope Prime）创立于2001年，是一个跨校的研究中心，旨在为亚特兰大及周边地区十几所大学和机构（如卡特中心）提供有关中国研究和教学的平台，在经费上除了我校人文学院支持外，还得到鲁斯基金会（The Henry Luce Foundation）和一些企业的资助。在中美关系波诡云谲的今天，在相对保守的美国南部，有这样一个关于中国研究和教学的学术平台和交流中心尤为重要。

文以载道，书以焕采，这就是美国一所理工大学跨越国界和学科的人文关怀。历史学科的强项在于，作为一门基础学科，它可以和每个学科挂钩，包括理工科，甚至是每个学科不可或缺的"导言"部分。我作为在美国一所主要的理工大学工作了二十多年的历史学者，对此深有体会。愿以此与读者和历史学会的同仁们共勉。

"在乎"学生的情理与功效：一名历史教师的体会和思考

孙绮（Sun Yi, 1986年出国留学, ysun@sandiego.edu）：美国圣地亚哥大学历史学教授和亚洲学研究主任，主教东亚史、美亚关系史和亚洲女性史等课程。英文合著包括 *East Asia and the West: An Entangled History* 和 *Mapping the Historical Path of Chinese Americans*。发表多篇学术论文和文集章节，主题包括中国妇女与现代化和冷战时期的中美关系。多次获得圣地亚哥大学竞争力很强的学术奖和其他各类教学奖。曾担任多个学术组织的执行委员会成员，包括亚洲网络和第三世界研究协会（现为全球南方研究协会）。曾任《第三世界研究杂志》亚洲部的副编辑。目前任《亚洲网络交流》（ASIA Network Exchange）的编委会成员。2022年当选并就任中国留美历史学会第二十一任会长。

转眼之间，《在美国发现历史》竟然已经出版十年有余。当收到两位主编的邀请，让我为它的续集《在美国教历史》再次贡献一篇小文时，我深感荣幸并欣然接受。据说前一书在国内引起了一定的反响。我本人就因此而有机会结识了深圳和厦门的两位年轻有为的读者。他们受到那本书的启发后和我取得联系，后来分别来到圣路易斯市的华盛顿大学和位于美国首都的乔治华盛顿大学攻读历史学硕士学位。

在执教二十六年之际能够有机会重新回顾我的教学生涯是件非常有意义的事情。经过最初的辗转，我在任教的第二所大学——圣地亚哥大学（University of San Diego）——已经度过了二十三个春秋寒暑。这所在1949年缘于几位致力于高等教育的天主教修女的远见而建成的学府，享有得天独厚的地理位置，透过我办公室的窗户便可以遥望到太平洋的一角。走在美丽的校园中，哪怕是奔波于两座教学楼之间去赶下一堂课，我也会时常感到一种莫名的欣喜。从小就立志要当老师的我，不曾想到少年时代的愿望会在大洋彼岸得以实现。

我喜欢教书。尽管岁月荏苒，昔日的青丝已生华发，可是如今的我走进教室仍然会感到兴奋。能够与年轻人分享我对历史的热忱，培养他们对知识的好奇心和对东方文化的了解，并在日益全球化的世界中激发他们的个人责任感，我甚感欣慰。作为一名教师，我觉得自己的主要任务是帮助学生们提高他们的批判性思考能力，并鼓励他们挑战自我，发掘个人的最大潜力。为了实现这个目标，我告诫学生们要将"信息"（information）和"知识"（knowledge）区分开来，并说服他们学历史绝对不是死记硬背人名、地点和日期。我引导他们分析重大历史事件之间的因果关系，从不同角度考虑历史信息，并勇于质疑"标准"的诠释。这在教有关中国史乃至亚洲史的课程时尤其重要，因为它们的文化底蕴、社会模式、经济发展和政治制度与美国的历史主旋律大相径庭。要帮助从小就饱受"美国特殊论"熏陶的年轻人们摆脱以美国或西方文明为中心的偏见着实不易。不过，只要肯花功夫，不断探索和改进教学方法，还是可以收到相应的效果。

故事中的历史

我发现比较有效的方法之一是让学生们学会"讲故事"。总结教学初期的经验教训,我的结论是:讲课的时候不能满堂灌,要提纲挈领,使学生们尽量能够融会贯通。记得刚开始的时候总是怕讲义准备得不充分,于是写下大量的笔记和讲稿,并做到讲课时不看讲义。可是准备得越充分就越怕讲不完,因此便一气呵成,没有多少时间留给学生消化。一个学期下来,我累得筋疲力尽,可学生们并不领情。说实话,我前一两个学期的期末评语很让人汗颜。学生们抱怨说内容太多,讲得太快,课堂参与的时间太少,其结果大多是为考试而背书,而考试过后所记无几。

面对这样的批评,我思索良久,并开始认真地修正自己的教学方法。长期以来,我已从教学生涯初期的一名忧心忡忡的讲师蜕变成一位耐心的辅导员,而课堂则成了学生们集体参与和共同学习的地方。对于历史课来说,给学生们提供明确的时间线固然重要,但主题重点的突出更是必不可少。因此,我注重强调重大历史事件发生与发展的前因后果,并启发学生独立思考。我经常对他们讲,其实所谓历史就是一个宏大而复杂、承前启后的故事。虽然简单的谷歌点击就可以将《南京条约》的各项条款呈现在他们面前,但了解其复杂的起因、形成的过程和长远的意义则需要对19世纪中国与西方的关系这个"大故事"进行严谨的剖析。通过听讲、小组讨论和循序渐进的问答,学生们逐渐学会了如何探讨并回答关键性的问题。我让他们互相讲故事,从而把重要事件的前因后果联系起来。这个方法非常奏效。就在去年,一个学生跟我说,她经常用冰激凌"贿赂"她的室友,来"迫使"她们听她讲"故事"。在讲的过程当中,一经发现自己不能自圆其说,她便会重新看书查笔记,直到她的故事有足够的说服力。几经"贿赂",连这个学生的室友们都对亚洲史略知一二。一个学期下来,这位学生轻松地在各项测验和考试中取得高分。这些年来,学生中类似这样的经历和经验数不胜数。

　　选择一些有意思、有意义的阅读材料可以使学生们在"故事"中学历史。为了强调资料来源对学习历史的重要性,我常选用一些回忆录、传记和口述历史来补充教科书的内容。例如日本第一位女权主义者石本重宙的《面对双重人生:我的故事》①使学生能够充分了解日本明治维新时期没落的武士道传统和现代社会文明的冲突,新兴的工业革命中矿工遭受的剥削,及其女性在20世纪初期的觉醒。同样,《殷老太太》②一书也通过对一位有智慧有主见的中上层阶级的女主人公的生动描写,展现了中国二三十年代传统与现代文化的纷争与妥协。更值得一提的是几位在国内度过青少年时代而后多数在美国大学教书的女学者们共同编写的《在毛泽东时代生长的我们》③,很受学生们的青睐。透过一个个栩栩如生的故事,他们了解到尽管在1949年以后中国的妇女解放运动并不彻底,也不尽如人意,但是中国女性的经历并不是千篇一律的,男女平等的观念还是播种在女孩子们的思想意识中,也为这些作者后来在事业上取得成就奠定了一定的基础。

　　另外,在合适的时候通过"讲故事"与学生们分享我个人在国内的经历也不乏为一个有效的方法。有一次,我们学校戏剧系的学生到我班来采访,准备以"进入成年"为主题制作一个节目。班上几个调皮的学生给了我一个措手不及,推我讲我自己的故事——什么时候我意识到自己变成了"大人"。我略加思索,给他们讲了这个故事。那是1976年夏天唐山大地震的时候,天津受到了很严重的波及。我们全家人在我父亲工作单位负责

---

① Shidzue Ishimoto, *Facing Two Ways: The Story of My Life* (Redwood City, CA: Stanford University Press, 1984; new edition of the 1935 edition).

② Ida Pruitt, *Old Madam Yin: A Memoir of Peking Life* (Redwood City, CA: Stanford Univeristy Press, 1984).

③ Xueping Zhong, Wang Zheng, and Di Bai, eds. *Some of Us: Chinese Women Growing Up in the Mao Era* (New Brunswick, NJ: Rutgers University Press, 2001).

搭建的集体帐篷里住了将近五个月。由于学校关门了,刚上初中的我便承担起为全家五口人买菜做饭的任务;更主要的是,我自告奋勇地担任起平衡家庭收支的重任。由于父亲身体不好,经常歇病假,家里总是入不敷出,而且欠了亲戚朋友很多债。我计算了一下,除了主食以外,全家每天用于买菜的开支不能多于四毛一分钱。接下来的几个月里,我严格计划,不肯多花一分钱,竟然在帐篷生活结束之际成功地平衡了家庭的收支。在那一刻,我充满了自豪感,并强烈地感觉到自己是个大人了。故事讲完,我意外地发现学生们的脸上满是严肃。过了一会儿才有一位学生发了感慨:"要不是你亲口讲这个故事,我肯定会觉得是天方夜谭!"戏剧系的人走后,学生们又自发地问了好多问题:20世纪70年代中国人的平均收入是多少?集体帐篷是什么样的?睡在通铺上大家不觉得尴尬吗?为什么要用"粮票"和"油票"买食品?看病很贵吗?有没有公费医疗?四毛一分钱相当于多少美金?够买冰激凌吗?解释这些有趣又有点幼稚的问题无形中增加了学生们对当时中国的了解。那一次无意的收获提醒我在接下来的学期中"不厌其烦"地重复这个故事,每次都能收到积极的反馈。

我经常跟学生们分享的还有一个故事,那就是我从十二岁便开始负责全家的供水,而水站在离家八九分钟以外的地方。挑着似乎有我身高一半的水桶晃晃悠悠,在冬天的雪地上行走尤其艰难。到如今我有时还会和母亲开玩笑说,如果不是小小年纪要挑那么重的担子,我的个子肯定会比现在高两寸,那就不用穿高跟鞋了。这时候学生们会哄堂大笑,并对20世纪70年代的中国增加一分了解,为后来对经济改革的论述奠定了基础:一般家庭没有自来水,更不要说洗衣机或其他如今已经很常见的电器了。这种看似简单的故事比要求学生单纯回答有关历史事实的问题要有效得多。他们也许会忘记"四个现代化"的定义,但会记住它给中国家庭带来的巨大的物质改变。当然,类似的故事还有很多,我会"因班而异",在适当的时候讲给学生们听,总会收到意想不到的良好效果。

参与式学习

我发现增强学生们的参与感也是启发他们对历史的兴趣的有效方法。为此，我采取了几项有效的措施。第一，每堂课上我都会安排一到两个学生来分享有关亚洲的时事新闻的报告，题目不限。就拿上个学期的例子来说吧，学生们选择的新闻题目十分有趣，也很广泛——从抗疫措施到婚礼习俗，从"一带一路"到中印之争，从中美贸易到中秋赏月，从日本尼桑公司总裁的金蝉脱壳到特朗普和金正恩的戏剧性峰会，从华为的一波三折到星巴克的扩张以及其亚洲店的新食谱，总之应有尽有。在学生"记者"的报道后，我会顺着某一个新闻题目拓展开来，讲述其历史和文化的关联。比如，中印之间的领土问题会引申到西方殖民主义对中印两国历史的影响，包括对其领土的界定等；华为的经历会牵扯到技术创新和中美在 5G 领域和其他方面的竞争；星巴克的入乡随俗则会延引到经济和文化的全球化。这样的课堂练习一般不超过十分钟，但它是学生们最喜欢的活动之一。尽管我并没有要求，学生们仍会主动做出精彩的 PPT 来提高他们"新闻报告"的质量。通过发现历史与现实的紧密相连，他们强烈地意识到学习历史的重要性。

另外一个方法是让他们自己出考题。我会打趣地问他们：你们觉得应该通过什么样的考题来展示自己已经掌握的知识？你们认为自己对哪些问题稳操胜券？有趣的是，学生们彼此竞争，出的题并不简单。比如：19 世纪中国、日本两国面对的来自西方的压力和胁迫，以及它们应对的方式有何相似与不同？如果《凡尔赛和约》没有把中国的山东"赠"给日本，那么还会有五四运动吗？美国使用两颗原子弹来结束太平洋战争，这在军事上是必需的吗？在道义上是容许的吗？中美敌对在冷战期间是不可避免的吗？东亚各国所奉行的"儒家资本主义"与西方资本主义的性质和模式有何不同？东亚女性的历史经历与美国女性的有什么相似和不同？这只是学生自己出的考题中的几个具体的例子。我一般会把它们分类，汇总出一些综合题。即使在考试之后，这些问题也经常会激发热烈的辩论。这样一来，学生们不再诚惶诚恐地应付考试，而是觉得他们对这个集体学习的过程也有贡献。更主要的是，他们最后记住的不是独立分离的历史人物和事件，而是对一些大问题的联系、分析和理解。

对于高年级的学生，我则会在学期末组织像正式学术会议那样的发言和讨论。我根据他们学期论文的题目把三四个学生分成一组；他们按次序宣读自己的论文，并接受同学们的反馈。我会提前发给"评委"们衡量的标准——主题的新颖度、组织的严谨度、发言的清晰度等等，以便他们依此给发言人打分。这样，因为需要认真地听其他同学发言，很少有人开小差。这种旨在增强学生们参与感的"压力"既有必要，也很奏效。我有时会收到一些毕业生的电邮，说这样的练习对他们后来应付研究生课的挑战也很有帮助。

学生们的参与不局限在课堂里。我基本上每个学期都会带他们到圣地亚哥的中国历史博物馆和日本植物园参观，通过观赏文物、艺术展品和体验日式的"静思"（meditation），将东方的历史和文化带到学生们的生活当中。在植物园中，熟谙日本文化的讲解员会为学生们解释"神道"宗教对自然的欣赏与敬畏如何反映在公园里的一草一木一石中，以及东、西方文化对大自然的态度有哪些相似和不同之处。樱花灿烂的春天更是向学生们介绍日本文化的好季节。每次参观之后都会有学生迫不及待地把他们的照片——色彩斑斓的锦鲤鱼、静谧平和的竹喷泉、荫绿清新的盆景树、闹中取静的沙石园——上传到脸书上。

近年来学校对走出校园的社区活动愈加重视。在社区外展（community outreach）办公室的帮助下，我经常组织至少一个班的学生到校园附近的一所小学参加活动。比如 2020 年春节前，一年级班里的二十多个学生来到这所小学，给小朋友们介绍中国的节日，还和他们一起包饺子。这样的社区服务为年轻的大学生们"炫耀"已掌握的文化知识提供了机会，是一种非常有意义的活动。

比较中的思考

另一个有效的方法是鼓励学生从比较的视角来分析重要的历史议题，提高他们的思考能力，并鼓励他们正视自己对亚洲文化和社会的无知、傲慢与偏见。在"东亚的历史变迁"（East Asia in Transformation）一课中，学生们通常很喜欢阅读《孔子住在隔壁：东方教导我们如何在西方生活》（以下简称《孔子住在隔壁》）①。通过书中生动的描述，他们可以捕捉到东方文化的一瞥，意识到它的精髓，感受到体现在东亚人民日常生活中的儒家思想的经久不息的影响。正如这本书的副标题所示，它的目的就是想让西方民众认识到东方文化的可鉴之处。学生们对日本儿童能够自己结伴去迪士尼乐园而羡慕不已，也为邻里间的谦恭而感动，更为犯罪率低下和社会的相对和谐而折服。比之于美国的社会现实，学生们感触最深的还是集体主义和个人主义之间的冲突。有趣的是，2020年2月初的时候，班里的学生们正在讨论这本书。当时国内疫情严重，武汉刚刚封城。我问他们：如果类似的疫情发生在圣地亚哥，你们会不会遵守封城的指令，自觉地待在家里？一多半的人回答说，绝对不可能！并且给出了个人自由为先的理由。不承想，一个半月以后，疫情开始抬头，我们学校也被迫开始了远程教学。在5月中旬的时候，我问同一班的学生同一个问题，而他们这次的回答却大不一样。一大半的同学表示，他们可以接受武汉式的居家令，因为这样做于人于己都有好处，而且长痛不如短痛，可以促使生活尽快地回归正常。一位学生甚至引用《孔子住在隔壁》一书来支持他的新观点。又是半年多过去了，美国的疫情仍然肆虐不止。我有时会想，如果更多的美国人读过这本书的话，他们的想法和做法会不会改变呢？

---

① T. R. Reid, *Confucius Lives Next Door: What Living in the East Teaches Us About Living in the West* (New York: Vintage Books, 2000).

同样的比较法也适用于对其他历史问题的探讨。比如,当讲到二战以后美国对日本的占领时,许多学生一开始觉得是个遥远的话题,不那么感兴趣,可是当我让他们将这个课题和近年来美国对伊拉克的占领进行比较,并回答为什么前者相对成功而后者却遭遇失败时,他们的兴趣就来了。很值得一提的是,学生们给出的回答竟然和几位著名学者得出的主要结论不约而同,包括:日本作为战败国,特别是由于珍珠港事件的原因,更容易接受美国的占领,而伊拉克跟"9·11"并没有直接关系但却受到大规模的轰炸;日本基本上没有宗教和宗派方面的纷争,所以相对来讲对美政策的反应比较一致,而伊拉克内部的重重矛盾使得美国的占领政策举步维艰;儒家思想使得日本人更容易接受权威和像麦克阿瑟那样有气势的领导人物,而伊拉克的情况恰恰相反,更不要说美方的几个领导人选也不得力。可见,这样的比较对提高学生的学习兴趣和思考能力十分有效。

同样,将抽象的概念与具体的问题联系起来进行比较也有利于加深学生的理解。例如,在解释所谓"儒家资本主义"时,学生们最初总会以为这是个东亚国家的特有现象,而美国实行的是"纯粹资本主义"(pure capitalism),并且话里话外透露着美国制度的优越感。但当我问到美国政府制定国际贸易政策和环境保护举措方面的作用是否有悖于"纯粹资本主义"及其市场经济的原则时,他们便会对这个概念有一个新的思考和理解。

通常,在教美亚关系史这门课时会不可避免地提到19世纪的清政府的所谓"中心王国"(middle kingdom)心理及其固步自封的后果。我会问学生们能否在美国的思潮中找到与"中心王国"相近的概念。虽然多数学生想不出合适的答案,总会有几个学生提出"美国例外论"(American exceptionism)来比较,而且他们还会指出后者是多数美国人对其他国家和文明的傲慢与偏见的直接原因。从小就受"美国例外论"教育的年轻人能意识到这一点已经很不简单了。显然,学生们通过比较而自己得出的结论对增强他们的分析能力是很有益处的。

另外,有些"不合传统"的作业也可以引导学生们更积极地投入到学习之中。比如,我让一年级的学生们阅读《地缘思想:亚洲人和西方人的思维不同及成因》。①该书通过案例的研究和分析,从语言、哲学和历史各方面来阐述东西方的差异。随后,利用学校里外国留学生的资源,我会在国际部的帮助下安排学生采访从亚洲国家来的留学生,撰写采访报告,来证实或反驳作者的观点。在讨论会上,学生们津津乐道地分享他们各自的发现和结论。这个练习使他们认识到自己也可以做初级研究,并从实例中得出(有限的)结论。而且,他们还可以学会用自己的实践结果与作者的观点做比较,并指出书中的优点和不足。在刚刚结束的秋季学期里,我还专门为两个高年级班的学生安排与坦普(Temple)大学日本校区的同学进行远程交流。他们询问彼此对各种问题的看法,包括美国大选、美日关系、中日关系及文化习俗等。这种被疫情"逼"出来的新办法很受学生们的欢迎,所以我计划教学"正常化"后仍然沿用。

体验中的收获

带学生到中国上"身临其境"的课是我教学中的一个"法宝"。近十多年来,我经常在暑期带一些学生到国内上一门三个半星期的历史课——"中国:历史之旅"。我们途经几个城市,包括北京、西安、杭州、上海,参观诸多的历史文化古迹,体验现代化的高铁,亲眼目睹传统与现代化的反差和共存。意想不到的感受从一下飞机就会开始,不止一个学生感叹北京首都机场比洛杉矶机场更先进。接下来与国内的教师、学生、茶农、街头小贩和出租司机的互动,使学生们对中国的经济成就和与其并存的各种社会问题获得比较深刻的理解。在上海的时候,我们住的宾馆是非常现代化的,可是附近就有拥挤不堪、卫生条件很差的街道。两种截然不同的社会现实

---

① Richard E. Nisbett, *The Geography of Thought: How Asians and Westerners Think Differently, and Why* (New York: Free Press, 2004).

显而易见。这些学生在三个半周内学到的关于中国历史、文化和社会的东西可能比他们在校园里一个学期学到的更多。除了日常的讲课、参观,我要求他们每天写日记,记录下个人具体的观察与感受,而好多学生在课程结束时写的可视化短文(visual essays)棒极了。看到他们的收获,我所有的努力——从准备现场讲课、为学生们衣食住行操心,到帮助一些学生到上海南京路量体裁衣、定做西装和旗袍,再到偶尔带生病的学生去医院——都是值得的。

这门暑期中国史课程还有一个意想不到的作用,那就是让一些学生意识到他们对节能环保很多时候是只说不做。大家知道,在国内的宾馆,客人取出房卡离开后,房间的电源会自动掐断,旨在节能(这样的举措在美国饭店里还不普遍)。每年我的班里都会有多数学生把他们的学生证放在房卡的插槽里,以保证他们从外边回来即可享受房间内的空调。我发现这个"诡计"以后,很不客气地指出他们的自相矛盾甚至虚伪。我问:"你们当中有谁觉得中国的环境污染是个大问题或者对中国的环境政策持批评态度?"这时基本上所有的人都会举手。"有谁认为中国应该致力于环境保护?"同样的反应。"宾馆里的房卡和自动断电设置算不算环保的一项措施?"几人点头,几人面面相觑。"那么为了自己一时舒服而不遵守这一规定,算不算言行不一?"明显的局促与窘迫。不少学生会在他们的日记里反省这一幕,这也算是美国学生中少有的"自我批评"吧。

更令人欣慰的是,这门课引起了一些学生对进一步了解和认识中国的浓厚兴趣。我曾两次申请到亚洲网络-弗里曼基金会(ASIANetwork-Freeman Foundation)的资助,分别带四名学生到国内进行他们的独立研究。他们的课题包括:北京红枫妇女热线对女性的帮助、女性农民工在城市工厂中的经历、新闻媒体对中美关系的影响以及非政府组织在环境保护工作方面的经验。我帮助他们设计各自的研究题目,建立联系,安排后勤,并提供三个星期的全面指导。其中的一个学生深受她对妇女热线研究的影响,特别是有关家庭暴力问题的困扰,大学毕业以后决定专攻有关方面的法律,后来成为一家专门为遭受家庭暴力的美国妇女服务的律师事务所的首席律师。

  在中国的实地体验也挑战了有些学生先入为主的观念,并开拓了他们的思维。在指导另外三个学生的研究项目时,我和他们住在北京海淀区的一家青年旅社。一天晚上,其中一名女生来到我的房间,情绪非常激动地说她要把基金会奖给她的钱退回去,因为她研究的结果很不理想。原来,她采访八位女农民工后发现她们的观点与她所想象的大相径庭。她本以为这些女工一定会悲愤交加,控诉厂方的剥削,抨击社会的不公。但采访以后发现,她们虽然忍受背井离乡之苦,承受孤独和无奈,但依然怀揣希望,并为自己的经济独立和一定程度上的自由感到高兴,也为能支撑农村家人的生活而感到欣慰。有的女工明确表示工厂的工作固然辛苦,但却强于在农村种地。这样的态度显然有悖于她关于资本家剥削工人的信念。要知道,这位同学的父亲是美国一个大公司的总裁,在西安拥有加工厂。她曾经抨击她的父亲对中国工人的剥削。那天晚上,在失望气愤之余,该学生也表达了对我的不满,认为我应该为她安排"更好"的采访对象,也就是说,她希望自己对资本主义的强烈愤慨能够得到采访对象的共鸣。说心里话,我最初的一瞬间有些生气,觉得我为了几个学生的研究计划花了很多心血,却费力不讨好。但转念一想,这不正是和她交流的好机会吗?于是,我们展开了心平气和的长谈。我首先肯定了她的理想主义精神和对工人的同情,但也指出事物的相对性,以及如何从历史的角度来分析中国女农民工的经历。我还和该学生探讨了纵向与横向比较的区别。也就是说,比较中国的女农民工自身的历史体验与比较她们和美国工人的经历得出的结论会是截然不同的。秋季开学两个月后,这位学生来到我的办公室展示了她的书单。原来,她自觉地读完了好几本关于中国女工的书,对她的课题有了更成熟的想法。

为人师的职责

  我认为,有效的教学法还包括认真听取学生的意见并与他们进行细致的交流。很久以前,我听到过这样一句"名言":学生不会在乎他们知道什么,除非他们知道你在乎他们(students don't care what they know unless they know that you care)。我的确在乎我的学生们。每个学期我都会和每个学生安排一次十五分钟的"聊天会",就连这两个学期疫情中的远程教学期间也不例外。我利用这个机会来了解他们选修的课程、所选的专业、将来的工作方向和规划等等。经常有些学生开始时比较局促,但几分钟以后就滔滔不绝地讲起他们的个人及家庭情况。"聊天会"帮助我与学生们建立起比较融洽的关系,而他们中的大多数随后会更积极地在课堂上发言。需要指出的是,圣地亚哥这样的私立大学的特点之一是班级人数比较少。我一个学期教三个班,低年级一个班基本不超过35人,高年级每班25—30人。有些同仁在学生人数庞大的公立大学教书,像这样一对一的面谈估计是不大能实现的。此外,多年来我一直请学生们在期中考试后匿名地对课程提出建议,以便我能够对教学计划做出及时的调整和改进。

"在乎"学生还意味着冷静地对待批评意见。有一次,一位"美亚关系史"课程班上的学生义愤填膺地来到我的办公室,对我布置的一本书大发牢骚。这本必读书题为《韩国与朝鲜:危机中的美国政策》[①]。作者批评布什政府的对韩政策,认为布什总统在2002年国情咨文中"邪恶轴心国"的提法是华盛顿-平壤关系恶化的直接原因。这个学生说他对那本书憎恨到极点,两次把书掷到寝室的墙上。我笑眯眯看着他说,"很好啊!"他听了一脸的不解,问,"我恨你强迫我看的书,难道你不生气吗?"我回答说,"你的反应激烈,说明你仔细看了这本书,总比你耸耸肩表示不以为然要好得多"。平静下来后,他承认作者对美国外交政策的批评让他觉得很不舒服。我们于是认真讨论了批判性思考和勇于接受不同观点的重要性。同时,我还向他介绍了一本论点完全相反的书,希望他能够比较两种不同的视角,

---

① John Feffer, *North Korea/South Korea: U. S. Policy at a Time of Crisis* (New York: Open Media Books, 2003).

从而形成自己关于美国与朝鲜半岛关系的结论。期末时,该学生货真价实的努力为他赢得了班上最好的成绩。他毕业以后,我们则形成了一种亦师亦友的关系。后来,我还了解到这位学生的爷爷是当年飞虎队的一员,他曾一度计划把他爷爷的经历写成电影剧本。

学生们知道我是个认真的老师。按照学校的规定,每个学生只需要修一门历史课就可以毕业,就算历史专业的学生也有许多其他的选择。因此,选修亚洲史有关课程的学生都是有准备要下一番功夫的。说来有趣,曾经有学生给我起了个"微笑杀手"(smiling assassine)的绰号,因为,照他们的话讲,只有我能够面带笑容给他们下严格的"军令状"。一般说来,多数学生都不大喜欢写论文,但写作对历史课尤其重要。我要求学生根据每一份阅读材料写几个简短的讨论题,并要他们自问自答,同时提供文中页码。这是一个检查他们的阅读理解能力并逐渐提高其写作技巧的好方法。因为问答题是十分具体的,这样的练习还可以杜绝抄袭。除此之外,高年级的学生们还要写一篇至少十页的期末论文,并提前上交论文提案,以便收到我的反馈和修改意见。因为我对论文改得认真,经常有学生找我来指导他们的独立学习课题(通常每学期有一到三个学生)。在这种情况下,我和每个学生共同制定读书计划,每周至少会谈一次,讨论其所读的书与文章,为他们书写长篇论文打好基础。

我认真的态度还反映在给学生写推荐信上。一年到头会有不少学生申请各种奖学金、实习工作、研究生、法律学院等等。我基本上有求必应,不厌其烦。而且,我写的推荐信都是有针对性的,会具体详细地强调申请人的优点和特点。这样虽然要花不少时间,但我觉得责无旁贷。别的不说,学生们付这么昂贵的学费,其中一个原因就是希望能够得到老师们的关切。不过,我的认真也导致了"恶性循环",所以每年都会乐此不疲地写无数封推荐信。

教与学的感悟

除了教好"分内"的那些历史课,参与跨学科教学并在校内外注重"宣传"亚洲学的重要性和必要性是我的另一重要体验。圣地亚哥大学非常强调文科教育,而跨学科甚至多学科的综合性教育是它的一个重要组成部分。所以,我多年来一直努力与其他系(政治系、宗教系、大众传媒系)的同事合作,共同教一些"尖子班"(Honors Classes)的课程,包括"中国和印度""儒教社会和伊斯兰教社会中的女性""媒体中的亚裔女性"和"东亚国家的民族主义"。不用说,我从同仁们那里学到了很多东西,并深为他们的敬业及对学生的奉献精神所感动和鼓舞。

在一些同事们的支持下,我于2005年创立了亚洲学副科(Asian Studies Minor),并一直担任指导老师。我的主要任务包括帮助选择亚洲学为副科的学生们制定课程计划,组织课外活动,如日本茶道和关于中国历史、文化和社会的讲座,协助学生们去亚洲国家留学,担任亚洲学生联谊会的辅导员,并帮助他们组织有关亚洲文化节日的庆祝活动,等等。这份额外的工作是没有报酬的,但绝对是值得的付出。此外,我自2000年以来一直担任学校在亚洲网络(一个全美文科院校推广亚洲研究的组织)的代表。2019年,圣地亚哥大学成功地主办了这个组织的年会。与此同时,我还会为一些组织和机构提供有关亚洲历史的讲座,比如像校内的人文学中心和桥梁学院(后者是专为圣地亚哥老年人设计的),及校外的圣地亚哥职业妇女组织(Organization for professional women in San Diego)、中美友好协会(圣地亚哥分支)和世界事务理事会(World Affairs Council, San Diego Branch),等等。

对我来说,二十多年来,挚爱的工作已经升华为事业,随之而来的是一种使命感。圣地亚哥大学的校章明确表明,它是一座重视学术、维护道德、提倡和促进社会公正、拥护多元性和包容性,并致力于启发学生全球公民意识的学府。与学生们分享我对历史学的热爱,帮助他们培养一种全球化的意识和视野是我作为教师的天职,而传授知识与培养学生的品格不仅是基督教人文教育的传统,也是儒家教育的精髓。作为一名亚洲史的教师,我努力在这些方面尽职尽责地做出自己的贡献。我最感欣慰的是,学生们能够把在我的课上养成的独立思考、积极参与、包容和反思不同意见与观点的好习惯延续下去、发展开来。因为我更希望向他们传授的不仅仅是历史知识,而是一种严谨的治学态度和职业道德。俗话说,学无止境。其实,教书也是如此。"教"与"学"相辅相成,而我从学生们那里学到的东西更多。这些年来,我教过的许多学生推迟了上研究生或法学院、医学院的机会而报名去贫困地区的小学教书,或者参加去非洲的和平队。学生们的理想、热忱和朝气令我感动。是他们让我更加脚踏实地,也是他们让我觉得自己永远年轻。

我在美国大学如何教美国历史

许光秋(Xu Guangqiu,1986 年出国留学,2208940966@qq.com):广州中山大学中国史学士和中国现代史硕士,美国马里兰大学美国外交史博士。曾任美国富兰滋大学历史系终身教授,新加坡国立大学客座教授,香港岭南大学兼职教授,暨南大学和西安外国语大学讲座教授。曾荣获阿肯色州西北社区学院年度杰出教师称号、富兰滋大学杰出教学奖。著有:*American Doctors in Canton: Modernization in China*, *1835-1935*; *Congress and the U. S. —China Relationship*, *1949-1979*; *Imperial China*, *617-1644*; *War Wings*: *The United States and the Chinese Military Aviation*, *1929-1949*。曾获美国富布莱特−赫斯奖(Fulbright-Hays)、美国富布莱特学者奖、美国国家人文学科基金奖(NEH)。曾多次和连续担任中国留美历史学会理事(1991—1992)。

光阴似箭，日月如梭，弹指一挥间，在美国高校讲授美国历史已近三十年了。在这篇文字中，我将主要讲述自己为什么要在美国大学讲授美国历史，以及如何尝尽辛酸苦辣，克服语言挑战、文化隔膜等重重难关，终于走进美国大学殿堂。我还将与读者分享自己如何讲好美国历史的经验，如何处理好在美国大学教学的几对关系：历史的"枯燥无味"与采用生动有趣的教学方法的关系、学术研究与课堂教学的关系、课堂教学与校外活动的关系，以及历史教学与学为今用的关系等。不妥之处，请读者不吝赐教。

我为什么要教美国历史课？

我1986年年底自费从家乡广州来到美国马里兰大学（University of Maryland, College Park）求学，1993年获得美国外交史博士学位。我来美国之初，并没有想在美国教书，只是想拿到学位就回国。毕业时，看到不少同学在美国拿到美国博士学位后，在大学里找到了教职，我也不知天高地厚，想试一试，结果碰了一鼻子灰。我虽然获得了好几次校园面试（campus interview）的机会，但在做课堂演讲时，因为无法流利地回答招聘委员会的教师和学生的问题，最后都没有成功。我后来才知道，我学的是美国外交史，全美国每年招聘的美国外交史教授只有4—5人，而申请人往往有好几十人，不少申请人还是名牌大学的美国外交史博士，竞争之激烈，可想而知。对我一个外国人来讲，得到在美国大学教授美国外交史的机会非常非常难。

我也知道，美国通史是美国各大学（不管是公立的还是私立的）通识教育的课程之一，也几乎是所有美国大学生的必修课之一。因此，全美三千多所大学中，大部分都开设了美国通史课程，有很多讲授美国通史的教授。教美国通史可能是我能够在美国大学教书的唯一选择了。为了实现我能在神圣的美国大学课堂讲课的梦想，我决定在马里兰大学附近的学院找一个教美国通史的兼职工作，以提高我用英语讲课的能力，掌握一定的教学技巧，为将来找全职教授工作做准备。皇天不负有心人，有志者事竟成。

1993年秋季,我终于在南马里兰学院(College of Southern Maryland)找到一份兼职工作,开始了我以教美国通史为主的教学生涯。这所偏僻的乡间大学是一所社区大学,离我的住处有90多英里,开车要一个半小时。从1993年到1995年,我在这里教了整整两年通史课。由于学院的工资低,我没有挣到什么钱,只是勉强维持生活,但我在这里得到了练习的机会,学会了如何在大学课堂讲授美国通史课,并在实践中不断改进教学方法,最终获得了学生和同事的认同。1995年春季,学院安排我讲授三门美国历史的课,我从内心感到高兴,觉得自己迈出了关键的一步。

两年多的社区大学教学经历帮助我找到了第一份正式的全职教职。1995年,阿肯色州西北社区学院(Northwest Arkansas Community College)聘请我为历史系助理教授,负责讲授美国通史。在这个学院任职的5年期间,除美国史外,我还开了世界文明史、西方文明史等课。

2000年,艾奥瓦卫斯理大学(Iowa Wesleyan University)需要招聘一名讲授美国通史课的教授,由于我已有7年讲授美国通史课的经验,所以很顺利地被聘请了。2000年秋季,我离开工作了5年的阿肯色州西北社区学院,开始执教于艾奥瓦卫斯理大学。这是一所私立的四年制教会大学,学生总数只有一千多人,每个教学班只有十几名学生。由于学费昂贵,学校非常强调教学质量,对教授的教学要求也非常严格。刚开始时,我还担心自己不适合小班的教学环境。在我之前,有几位教授因为学生不满意,仅执教一年便被解雇了。除了讲授美国通史外,我还新开了中国史、美国政治思想史、美国经济史、美国外交史等课。由于教学有方,一年多后,即2002春季,校方破格提升我为终身副教授(tenured associate professor),并任命我从2002年秋季起担任社会和人文学系主任。

人往高处走,水往低处流。得知富兰滋大学(Friends University)需要招聘一名讲授美国通史课的教授后,我又心动了。申请成功后,我于2002年秋季来到堪萨斯州的富兰滋大学。这是一所拥有3000多名学生、有硕士学位授予权的私立大学。与很多其他的私立大学一样,富兰滋大学对教学要求很高:所有新来的教授必须在这里教满5年以后,才能申请终身教授。这意味着我必须放弃我在卫斯理大学的终身副教授一职,在这里从副教授做起,5年后再申请终身教授。美国通史是这个大学的必修课之一,每个学生都必须上。于是我继续以讲授美国通史为主,同时开了不少新的课程,例如冷战史、共产主义运动史、东南亚史、俄国近代史、现代德国史等。在这个大学任教十几年间,我的美国通史课很受学生欢迎,也受到学校的好评。2007年我被提升为终身正教授(tenured full professors)。就这样,在近三十年的美国大学教学生涯中,我在美国四个州的几所大学都是以教美国通史课为主。

我如何讲授好美国历史课程

要在美国的大学讲授好美国历史课程,非常不容易,就像一个外国人在中国的大学用普通话教授中国历史一样。以下是我的一些心得。

克服三大难关

我认为,讲授好美国历史课必须克服三大难关。第一,英语表达清楚,克服语言关。众所周知,广东人、香港人讲英语口音很重。由于广东话没有卷舌音,广东人讲普通话都带很浓的广东口音,更不用说讲英语。因此,与其他省份的人相比,广东人讲英语的难度似乎更大。从广东去外国留学的人也比北京、上海要少很多,英语关恐怕也是一个原因。因此,克服语言困难,这是我能在美国大学教好美国历史课的最重要一关。

在马里兰大学研究生求学的七年间,我虽然英语水平提高了不少,还做了几年助教,但我清楚地知道,我的英语水平距离流利还有一定距离,更不用说独立讲课了。为了使学生能听懂讲课的内容,教授必须在课堂上表达得非常清楚,一个单词都不能发错音。这对一个外国人来讲,非常不容易。

在南马里兰学院,由于是第一次独立在美国大学课堂用英语讲授美国历史，我非常紧张。每次上课之前，我都要把这堂课要讲的内容一字一句地写下来，打印出来，大概每堂课的讲稿是30—40页纸。然后在家里反复读几遍，借助有声字典把某些单词的准确发音了解清楚。最后再找一个美国人听我试讲，以纠正我的发音。一切准备好，我把讲稿带到课堂，在课上一句一句照着讲稿读。因此每堂课，我都要花很多时间来准备我的讲稿。尽管这样，在开学的第一个月，还有不少学生跑到系主任那里投诉我的广式英语。结果，系主任亲自到我的课堂听我讲课。这时，我已丧失信心，觉得我真的不能在美国大学教书，打算去中国餐馆打工或者回国。然而系主任听完我的课后，并没有解聘我，而是勉励我不断改进发音。就这样，经过几个学期的反复练习，我的英语表达能力有了很大的提高。我心里很高兴，我知道我还是可以在大学里教书的。在后来的十几年，我的讲稿页数越来越少，甚至不用了。

第二，熟悉美国历史。我在中山大学求学期间，本科专业是中国史，硕士专业是中国近代史，虽然修过一门中美关系史，但从没上过美国史的课。在马里兰大学七年期间，我只修过一门"美国通史"，一门"美国内战史"以及两个学期的"美国外交史（上、下）"，其他都是欧洲史和亚洲史。而美国学生在小学、中学都上过美国历史的课。进入大学时，他们对一般的美国历史人物和事件都有一定了解，对某些美国历史现象及本质，可能比我更了解。因此，凭我这样一点点美国历史的"家底"，想站在美国大学课堂对美国学生讲美国历史，蒙混过关，基本上是不太可能的。由于先天不足，我只能后天补救。我从图书馆借来一大堆关于美国历史的教科书、参考书、通俗读物，特别是自己不熟悉的教会史、艺术史、电影史、运动史和社会史等方面的书籍，强迫自己几天读完一本。经过多年的大量阅读，自我"充电"，我对美国历史有了更深的了解，底气足了，讲课声音也大了，我也更有信心了。

第三，了解美国文化。要讲好美国历史课，除了要精通美国历史，还要深入了解现在美国的文化。不然，很多历史现象就很难解释了。我虽不是信徒，但为了教好美国通史中的宗教发展史部分，了解美国民众的宗教文化，我经常在周末参加基督教的圣经班、团拜会、聚餐、募捐、野外旅行等教会活动。参加这些活动，使我更加理解宗教文化在美国社会中的重要性。教会是政府与民众联系的重要枢纽，也是社会稳定不可缺少的力量。这样，我就能把美国如何在过去三百多年中在基督教文明基础上发展为一个自由、民主、平等的社会和现代文明的模式讲清楚了。学会欣赏音乐会、芭蕾舞，了解美国艺术文化也很重要。艾奥瓦卫斯理大学有音乐系，富兰滋大学除了音乐系外还有芭蕾舞系，学校经常有各种免费的汇报演出。为此，我经常与学生和教授们一起去欣赏表演，了解美国艺术文化，理解美国人民如何通过艺术的熏陶来培养他们的价值观，辨别好与坏、美与丑、对与错、真与假、善与恶。在教学中，我就能把美国民众在过去三百多年如何形成他们的普世价值观讲得更清楚。为了了解美国民众的体育文化，我也专门去学打高尔夫球和网球，虽然打得很差，但我借此了解了美国中上层民众的业余生活。美式足球是美国大众体育文化的一个重要部分，为此，我学会并经常去观看美式足球比赛。我慢慢理解了足球运动如何促进集体主义、团体主义、英雄主义和顽强拼搏的精神在美国社会发扬光大。在课堂上，我强调指出，除了西方思想，美式足球文化对美国民众的世界观和价值取向也有很重要的影响。观看美国电影也是熟悉美国文化的一条捷径。为了更多地了解美国的电影文化，我经常让当时读小学的两个儿子陪我看电视，因为他们能听懂英文俚语，帮助我理解剧情。当然，他们也常常感到很奇怪，老爸在大学教美国历史，怎么连这么简单的日常俚语都听不懂啊！学无止境，一直到他们长大成人，都当上了医生——一个外科，一个内科——仍然一有空就陪我去看电影。他们长大了，懂事了，也了解到老爸的工作需要，我也不再需要对他们"软硬兼施"了。观看美国电影的确是熟悉美国各种多元文化的一个途径。战争题材是美国电影文化的一个重要内容。不少战争影片情节非常惨烈，场面恐怖，死人如麻。我慢慢体会到这些影片都表达了美国人民的战争观、和平观、宗教观。他们认为，战争是非常可怕的、邪恶的,人类应该远离战争,但当他们的生活方式受到威胁,他们应该勇敢地投入战争,为保卫自由民主而战。他们不怕死,因为他们认为死后可以到天堂见上帝。但他们非常珍惜生命,在敌众我寡的情况下,宁愿投降,也不愿战死,因为身体是上帝给的。为此,在讲课中讨论到一战、二战、朝鲜战争、越南战争等战争时,我就能够把美国为什么要卷入这些战争,以及胜败的原因讲清楚了。总而言之,要在美国大学讲授美国历史,必须非常了解美国社会文化,才能讲得深刻、透彻、有水平。

上好每一堂课

上好每一堂课是教授讲好历史课的关键。我自己是从以下五个方面去做的。

第一,了解学生情况。我在多年教学中慢慢地体会到,要讲好课,教授要了解学生的美国历史知识水平、学生分析问题的能力和写作能力,要知道学生想要学什么,对什么历史人物、历史事件感兴趣。这样才能有的放矢,才能教得好。学生对教授留下比较好的印象后,会在学期末给教授一个好的评估,这样就会有更多的学生修这位教授的课。为此,在开学之前,我都会把修我这门课的学生过去的学习成绩(包括高中的成绩)看一遍,心中有个数。在每个学期的第一堂课,我除了详细介绍自己外,还要求每个学生详细地介绍他们的个人兴趣、专业方向、家庭情况、学习目的和具体要求。这样一来,我对每个同学都有了更进一步的了解。开学一个月左右,我就基本上能记住每个学生的名字。每上一堂课之前,我都提前15分钟到课堂,除了写板书之外,还会跟学生聊天,与学生拉近距离。如果学生几次不来上课,我就发电子邮件了解情况,使学生感受到教授对他们的关心。

第二,充分备好课,讲课有条理,重点要突出。上课前,我一定备好每堂课,把每堂课学生要掌握的重要历史观点、历史人物、历史事件等写出来,并制定详细的讲课提纲。我还花不少时间把其他历史教授和学者的最新研究成果、最近出版的专著、优秀学术论文和研究动态补充到讲义里。

我在美国教美国通史的二十多年中,每个学期都同时教三到四个班,教科书几年才换一次,内容基本上变化不很大,但是我讲义的内容比教科书更全面、更广泛,分析得更深刻、更透彻,这都是备好课的结果。如果教授只是照着教科书讲,学生就会觉得乏味,没有意思。如果讲义有与教科书和参考书不同的内容,学生就会觉得有新意,老师有水平,注意听课,就不会开小差或逃课了。

由于90年代初还没有PPT,每上一堂课之前,我会提前15分钟到教室,把讲课提纲全部写在黑板上。这样一来,学生上课前已清楚我将要讲什么东西。上课时,我就按照黑板上的大纲一点一点地讲,讲到关键词、人名、地名,再写上黑板。这样学生虽然有时听不清楚我讲的某些英语单词发音,特别是人名和地名,但是他们看着黑板,就能理解并沿着我的思路去有条理地思考。在讲课时,我强调深入细致地分析,讲深讲透。这样一来,学生就会感到我讲的美国历史跟以前他们的中小学历史老师讲的不一样,有深度,有水平。例如,我讲授美国内战史时把着重点放在引起内战的六个主要原因、五大战役、北方战胜南方的七个重要因素、内战对美国历史和世界历史产生的深远影响和历史教训,以及历史学家关于美国内战的各种争论和评价上。这样一来,我的学生就不必像其他学生那样死记硬背很多关于美国内战的人物和事件,也可以掌握关于内战的基本常识和要领。

第三,强调独立思考,保持批判与怀疑的态度,不带偏见,不搞一言堂。教授历史不仅仅是要求学生背熟历史人物和历史事件,更重要的是培养学生学会独立思考,怀疑并挑战传统的结论或观点,提出自己的新观点新看法。我不用满堂灌的教学方式,而是经常在课堂上组织小组讨论,让学生发挥自己的独特见解。为了提高学生分析问题的能力,我要求学生每个学期都要交读书心得,写研究论文,并在课堂小组讨论时与其他同学分享。这些做法大大提高了学生的学习积极性,从被动地学到主动地学,既掌握了美国历史的基本要领,又学会了如何用批判性眼光看待历史问题和事件。

美国历史中包含着很多有争议的问题和历史人物,历史学家也有不同的学派和观点。学生因所处的社会环境、经济地位不同,政治观点和对社会的看法也很多样。历史教授由于受家庭、教育、宗教、经济、政治、文化、种族等各种因素的影响,在讲课时,很容易带有偏见,容不得其他不同于自己观点的看法。二十多年来,在讲授美国通史时,我一直让自己尽量保持中立,让学生充分发言,谈出他们不同的看法,不会统一思想。例如,对于应该如何评价美国总统的历史地位与贡献,支持民主党的学生往往认为民主党的总统历史贡献大,而支持共和党的学生就会有不同的观点。在讨论到里根总统的历史贡献和地位时,我就把历史学家对他的不同评价都介绍给学生,让学生作出他们自己的评价。如果学生问我的看法,我会谈自己的意见,但不会要求学生都同意我的观点。这样学生就不会感到被冒犯了。我在阿肯色州讲美国内战史时,我从学生们的家庭情况中了解到,不少白人学生都是南方奴隶主的后代。因此,他们认为南方种植园奴隶主决心脱离美利坚合众国不仅仅是为了保留奴隶制,更是为了保卫他们的州的权利(State's Right)。有的学生更认为,每个州都是自愿加入合众国的,他们也应当有选择离开的权利,脱离并没有违反宪法。在学生讨论后,我总结说,由于所站的立场不同,这些观点都有历史事实根据,都没有错,并希望他们在学期末写出有分量的论文。

第四,利用多媒体,讲课要幽默。在上课时,我经常采用多媒体教学的方式,提高学生学习的兴趣。在90年代初,没有电脑,在课堂上只能利用图片、幻灯片、录像片段、地图、音乐、历史人物的演讲录音来加深学生对历史人物和事件的了解。自从有了PPT后,我就能把这些内容连同每堂课的教学提纲都放在上面。每次上课时,学生都会感到新鲜好奇,仿佛穿越时光隧道,亲临历史现场,于是更加集中精神听课了。

有些教授上课喜欢站在讲台旁或坐在椅子上,照着讲义讲,滔滔不绝,照本宣科。二十多年来,我上课时不会老是站在讲台,而是喜欢在课堂里走来走去。这样使我能更密切地观察到学生对我的讲课内容是否理解和满意,以便马上转变话题。我讲课还有幽默感,经常在课堂上开一些玩笑,使学生轻松一下。加上我阅历丰富,曾独自走遍世界80多个国家,因此可以不时谈谈外国的奇人怪事,说说外国人如何看美国人。例如,为什么英国人说美国人缺乏文化？我举例说,很多英国人认为美国人不会穿西装,所以美国教授很少像英国教授那样穿着笔挺的西装走进神圣的大学殿堂,他们有的甚至穿着牛仔裤拖鞋来上课。讲课幽默能大大活跃课堂气氛。

第五,采用灵活多样的教学方式,可以提高教学质量,更好地调动学生的学习积极性。

为了充分提高学生的学习兴趣,我经常组织学生到附近的博物馆、纪念馆、档案馆参观。富兰滋大学在堪萨斯州,是艾森豪威尔总统的故乡,也是艾森豪威尔总统图书馆的所在地。在讲授艾森豪威尔总统的主要贡献时,我会联系好总统图书馆馆长,租好车,组织学生到离学校二百多公里的总统图书馆参观,由专职档案员给学生上课,回答学生提出的问题。通过看实物图片,学生学到了在课堂上学不到的东西,反应非常好。距艾奥瓦卫斯理大学一百多公里处有印第安人部落的墓地和博物馆。在讲授早期美国印第安人历史的时候,我就组织学生一起去那里参观。通过现场教学,实物接触,学生学到了从教科书和课堂上学不到的东西。回来后,写出了很好的心得报告,有的学生还对一些相关问题提出了很有见地的看法。二十多年的教学里,每个学期我都安排一定的时间,组织学生到实地考察,参观博物馆,探索历史遗迹等。学生兴趣很大,学到了真东西,我也受益匪浅。

"请进来"也是提高教学质量的一个很好的方式。几乎每一个学期,我都会请学校当地的知名人士、复退军人、有名的教授学者、律师、政府官员来课堂上给学生上课。当我讲授到克林顿总统对华经济政策如何形成的时候,我的一个在美国国务院工作的学生刚好在家休假。我得知后,马上联系了她。经过她的上级主管的批准后,她来到弗拉德斯大学给我的学生做了一场非常生动有趣、分析透彻的讲座,使学生更深刻地理解克林顿总统为什么要建立一个美国国家经济安全委员会,为什么有条件地允许中国加入世界贸易组织(WTO)。

多年的教学经验使我认识到,帮助学生成立历史俱乐部(History Club)也是提高教学质量行之有效的方法。我在富兰滋大学、艾奥瓦卫斯理大学和阿肯色西北社区大学先后都建立了学生历史俱乐部。俱乐部的主要活动是组织学生看历史纪录片,组织一些小型的专题学术讨论会,组织成员到历史遗迹和历史博物馆参观,等等。因为上课时间有限,不可能在课堂上看很多非常珍贵的历史纪录片和影片,不可能去参观很多博物馆,只能在课外观赏,课后去参观。俱乐部的活动既活跃了学生的业余生活,又大大地丰富了学生的美国历史知识。

积极做学术研究

在美国大学里,虽然教学是教授的一项重要工作,但是做学问、搞研究也是一个任务。我虽然在以教学为主的社区大学和私立大学教书,但我认为,学术研究与课堂教学有密切的关系,学术水平高,教学质量才会提高。我所任教的社区大学,每学期要教5门课,在四年制的私立大学教书时,每学期要教4门课。我只好利用下班后的时间做研究,常常搞到深夜。寒暑假则到外地搜集有关资料。二十几年里,我出版了四本英文专著[①],其中《美国国会与中美关系,1949—1979》(*Congress and the U. S. -China Relationship, 1949-1979*)(Ohio: University of Akron, 2007)一书获得美国华人图书馆员协会(The Association of the Chinese American Librarians)2008年成人、非小说类最佳图书奖(Best Book Award)。除了写专著,我先后发表了30多篇英文学术论文,有些学术论文还发表在比较有影响的SSCI, A & HCI学术刊物上。学术研究提高了我的教学水平。因为在撰写《美国国会与中

[①] Guangqiu Xu, *American Doctors in Canton: Modernization in China*, *1835-1935* (New Brunswick, NJ: Transaction Publishers, 2011); *Congress and the U. S. -China Relationship*, *1949-1979* (Akron, OH: University of Akron Press, 2007); *Imperial China*, *617-1644* (Farmington Hills, MI: The Gale Group, 2002); *War Wings: The United States and the Chinese Military Aviation*, *1929-1949* (Westport, Connecticut: the Greenwood Press, 2001).

美关系,1949—1979》时做了大量的调查研究,当我在课堂上讲到冷战期间的中美关系、1972年尼克松访华、1979年中美正式建交时,就能得心应手,高屋建瓴,滔滔不绝了。撰写《美国医生在广州:中国的现代化进程,1835—1935》(American Doctors in Canton: Modernization in China, 1835-1935)使学生从我的研究成果中了解了从美国通史教科书中学不到的关于美国传教士对中国近代化的贡献的知识。

另外,到国外高校讲课、参加学术讨论会也是提高教学质量和水平的一个途径,并使我的教学成就和学术成果得到同行的认可。1997年,阿肯色西北社区大学评选我为年度杰出教师(Outstanding Faculty Award);2007年,我被授予富兰滋杰出教学奖(The Certificate of Outstanding Teaching)。不少国外的高校邀请我去讲课、开讲座。我先后被中山大学、中国政法大学、中央财经大学、中国传媒大学等大学邀请去讲课。中国地质大学政法学院和广东省社会科学院先后聘请我为客座教授和客座研究员。西安外国语大学和暨南大学也分别于2011年和2016年聘请我为讲座教授。2016年,香港岭南大学历史系需要一个兼职教授,历史系主任亲自从香港打电话到美国给我,我欣然接受了。我先后在岭南大学讲课几个学期。2019年秋季,我担任了地处广东珠海的联合国际学院(United International College)的兼职教授。除了到国外讲课,我还积极到国外参加学术讨论。二十几年来,我先后到国外参加了十几个国际学术讨论会,在学术会议宣读十几篇学术论文。[1]

---

[1] 部分学术论文见:"Dr. Peter Parker and the Canton Hospital, 1835-1855", *Journal of Presbyterian History* 2 (Spring/Summer 2019);"Medical Missionaries in Guangzhou: The Initiators of Modern Women's Rights Movement in China", *Asia Journal of Women's Studies* vol. 22, no. 4 (2016);"American-British Aircraft Competition in South China, 1926-1936", *Modern Asian Studies* vol. 35, no. 1 (February, 2001);"The Issue of U. S. Air Support for China during the Second World War, 1942-1945", *Journal of Contemporary History* vol. 36, no. 3 (July 2001); "The United States and the Tibet Issue", *Asian Survey* (University of California, Berkeley) 37 (November 1997).

到国外讲课开会,有利于教学水平的提高,这主要体现在两方面。第一,与同行专家学者面对面交流,有利于开阔眼界,把美国史教学放在世界史教学的范围内。2012年,新加坡国立大学历史系邀请我作为富布莱特客座教授去教美国通史一个学期。新加坡国立大学是在亚洲排名数一数二的大学,历史系有50多名教授,近一半来自欧洲、美国、澳大利亚等地区和国家,大师云集,几乎每个星期都有学术讨论会。这无疑给了我一个非常好的交流学习的平台以提高我的学术水平和教学质量。2014年,我到瑞士日内瓦大学参加了一个专门研究富布莱特的国际学术讨论会。在会上,我宣读了我的论文,并与其他教授学者进行了面对面的讨论。从与其他学者的学术交流中,我才认识到富布莱特参议员在二战后,提议建立基金会,促进美国与世界各国文化交流以维护世界和平,是美国政府主导的民间文化外交的先行者。到课堂讲到富布莱特基金会的历史意义和现实意义的时候,我就能讲得深刻透彻了。

2006年,由于我获得美国国家人文科学奖(The National Endowment for Humanities Grant),于是能够在暑假期间参加在夏威夷大学东西方研究中心(The East-West Center)举办的近两个月的中国丝绸之路研讨班。在研讨班上,我主要讲授美国高校关于丝绸之路研究的最新动态和教学状况。回来后,我就把这些最新动态和教学状况以及美国人眼中的中国—中东关系等内容补充进我的美国通史课讲义。2009年,我荣获富布莱特-赫斯奖(The Fulbright-Hays Award),在6—7月期间与其他16位美国教授参加美国教育部在阿曼和约旦举办的近两个月的美国中东问题暑假研讨会。在研讨会上,我做了有关中东石油对美国外交政策影响的发言。研讨会除了促进美国教授与中东国家专家学者的学习交流和友谊外,也加深了我对美国的中东问题的认识。因此,我在后来讲授美国通史课中的当代美国与中东关系时,更加深刻透彻,学生也更清楚明白了。

第二,教学相长,从外国学生的课堂提问讨论和研究报告中得到启示和思考。我所教的西安外国语大学的学生是国际关系学院的学生而不是历史系学生,他们在课堂上和研究论文里提出的问题与历史系学生提出的不同,对美国的外交政策方针有很多令人深思的挑战和不同看法。八年多来,每次讲课都使我从学生那里学到新的东西,补充美国通史中的外交部分。2007年,我获得海外青年学者教学奖(The Overseas Young Chinese Forum Teaching Fellowship),到广东省湛江师范学院讲美国通史课。学生非常高兴,因为这是第一次听美国教授讲美国通史,而且是用粤语讲。从学生好奇的提问中,我深受启发。

在新加坡国立大学,我又重操"旧业",强调教学互动,组织学生走出去,参观历史博物馆,请知名学者来演讲。为了讲好美国的东南亚政策,我专门请了美国新加坡大使馆的文化参赞来班上给学生上课,深受学生欢迎,同时也受到历史系系主任的大力赞赏,开创了先例。新加坡学生知识面广,对美国历史也了解,喜欢站在英国人的立场评论美国历史。不少学生认为,美国在一战前把古巴和菲律宾变成海外殖民地,根本无资格批评英国政府在一战期间的殖民政策。他们使我在讲美国史时受益不浅,学到不少知识。

2016年,暨南大学聘我为讲座教授,每年用英语给世界史研究生讲授美国通史。在暨南大学讲课的几年里,我同样强调教学互动,组织学生走出去,每年都带他们从广州到香港大学图书馆学习如何查找资料写毕业论文。香港大学图书馆是亚洲最大的图书馆之一,学生在那里学到不少检索知识,还找到了他们在内地找不到的宝贵的历史资料和文献。我开创了广州高校学生到香港查资料的先例,并得到历史系和文学院领导的高度赞赏和充分肯定。有些内地的学生比较墨守成规,不够活跃,但他们对美国社会和政府的尖锐批评,也促使我在讲授美国通史时从另一个角度进行反思。

由于我有二十多年讲授美国通史的经验,加上我还能与学生用普通话和粤语沟通,在岭南大学我的课也很受学生欢迎。那里的学生思想活跃,经常在课堂上提出不少挑战性问题,质疑美国史的一些结论,批判一些学术权威的观点。在香港岭南大学的授课对提高我的教学水平有很大帮助。

  回顾我近三十年在美国高校讲授美国史的经历,我深深感到,我每走一步,都要付出很大的代价,没有不到长城非好汉的勇气,没有惊人的毅力、愚公移山的精神和坚持不懈的决心是不可能的。我也看到了美国高校中的公平竞争。你没有这个能力,就不能担任这个职务。只有通过不懈的努力,提高和获得这个能力,才能获得别人的认同。我同时也看到了美国高校的宽容、自信和自由。美国高校能够允许一个外国出身的教授用很重的口音在大学课堂上讲授他们自己国家的历史,允许教授表达不同的意见,这就是一个很好的例子。

心灵和社会的工程师:教书育人点滴

邵勤(Shao Qin,1987年出国留学,shao@tcnj.edu):华东师范大学中国古代史硕士,美国密歇根州立大学近代东亚史博士,现主攻中国近现代城市史,活跃于国际学术界。曾担任哈佛大学拉德克利夫高级研究所、柏林洪堡大学和新加坡国立大学东亚研究所研究员。英文专著包括:*Culturing Modernity: The Nantong Model, 1890-1930* 和 *Shanghai Gone: Domicide and Defiance in a Chinese Megacity*。英文学术论文包括:"Tempest over Teapots: The Vilification of Teahouse Culture in Early Republican China";"Exhibiting the Modern: The Creation of the First Chinese Museum, 1905-1930";"Citizens versus Experts: Historic Preservation in Globalizing Shanghai"等。中文成果见诸《历史研究》《光明日报》《学术月刊》和《华东师范大学学报》等报刊,包括《析"民本"——对先秦至西汉"民本"思想的考察》《秦王朝:一个没有理论的时代》。除获得哈佛大学和洪堡大学等研究基金外,还荣获伍德罗·威尔逊国际学者中心、全美人文基金、美国学术理事会、日美社会全国协会等多种国际学术基金,并担任诸多国际基金会、出版社和学术刊物的评审专家。

教师是艺术家和工匠的结合。教师需要富有想象力的思维和理念，也需要有像工匠一样对技能和细节的专注，包括对待每一段历史，每一节课，每一个问题，每一位学生。本文讲述的便是我的教育理念和体现这一理念的细节。

开　端

　　20世纪90年代是美国高等教育对中国的认识发展的一个转折点。在此之前，美国大多数小型大学没有专职的中国史教授。90年代时，中国正在经历的改革开放充满了希望。美国的校园也逐渐觉醒，即使是小型大学也开始意识到了解中国的重要性，于是有史以来第一次聘用中国史专家。这形成了对在美国90年代左右毕业的中国史博士生来说比较有利的求职环境。

　　然而1994年我毕业时得到新泽西学院历史系的教职却有点阴差阳错。当年该历史系所要招的是中国经济史专家，而我的博士论文与经济史无紧密联系。但系里打破常规，在我面试的当天就决定录用我。我便谢绝了另一个大学已给我的教职并取消了已经安排的接下来的几个面试，接受新泽西学院历史系的教职。这不仅是因为该大学的地理优势——处于纽约和费城之间，靠近普林斯顿大学和其享有盛名的东亚图书馆——更因该大学本身的出类拔萃和优秀的同事们。国内有些人只知美国的常春藤大学。但其实美国还有一批高质量的中小型大学，新泽西学院就是其中之一，一所有156年历史、大约7000名学生的四年制大学（教育学院设有研究生部）。新泽西学院每门大课限30名学生，有很多是只有15名学生的小型研讨班。教课的主要是全职教授。大学生所受到的教授的关注度，就和有些大学的研究生一样。自1991年以来，新泽西学院一直在《美国新闻和世界报道》评估的美国北部最优秀的地区性的公立大学中排名第一，在公立和私立大学中排名第四。① 《普林斯顿评论》(The Princeton Review)认为新泽西学院是美国东北部包括耶鲁、普林斯顿和宾州大学在内的学术上最优秀的大学之一,并指出哈佛、耶鲁和宾州大学的研究生院一以贯之地欢迎我校毕业生,我校毕业生中为各医学院和法学院录取的比例分别为64%和88%。②

新泽西学院的声誉来自于它拥有的出色的教授。当时我的12名历史系同事中有汤姆·埃尔森(Tom Allsen),他是国际上研究中世纪欧亚史和蒙古帝国的权威,精通中文、俄文、波斯文、阿拉伯文和多种西欧语言。他是《剑桥中国史》第六卷中蒙古帝国一章的作者。③我的另一同事,哈佛培养的美国史博士阿兰·道利(Alan Dawley)的第一本专著便获得了著名的班克罗夫特奖(Bancroft Prize)。④这是我在读博时就熟悉的、美国史学界在1970年代开启社会史研究的经典之作。水涨船高,系里聘用的其他教授也都在他们各自的领域中出类拔萃。这个藏龙卧虎的系在1994年早春我的博士论文仅完成了两章的情况下就毫无保留地欢迎我的加入,是我人生之幸。

课程设置

当时,历史系在东亚史的课程方面基本是一张白纸。我的挑战是如何在这张白纸上建立一套系统的东亚史课程并有效地吸引学生来修这些课。我的同事大多教授古代史或近代史,很少有人教某个国家或地区从古到今

---

① "U. S. News Best Colleges", https://www.usnews.com/best-colleges.
② The Princeton Review, "The College of New Jersey", https://www.princetonreview.com/college/college-new-jersey-1023902。
③ Tom Allsen, "The Rise of the Mongolian Empire and Mongolian Rule in North China", in *The Cambridge History of China*, Vol. 6. *Alien Regimes and Border States*, 907-1368, eds. Herbert Franke and Denis Twitchett (New York: Cambridge University Press, 1994), 321-413.
④ Alan Dawley, *Class and Community: The Industrial Revolution in Lynn* (Cambridge: Harvard University Press, 1976).

的通史。而因为我是唯一的一位东亚史教授，我本人又特别重视历史的传承，所以我必须也很高兴承担教授中国通史的责任。我最初设计了三门阶段史课："中国古代史""晚期帝国史""二十世纪中国"。多年以后我又发展了一门新的课程："毛泽东以后的中国"。这四门课加在一起，基本覆盖了中国从石器时代到今天的发展历史。同时我也设计了"东亚近代史"和"近代日本"两门课。这样虽不能面面俱到，但至少能够向学生介绍近代东亚史发展的主要脉络。这些课程设计，需要准备详细的材料，包括课程的目的、阅读内容、主要的问题、学生的作业及其评判等等。然后每一门课程都要报经系和学院两级课程委员会审批和通过之后才能正式列入学校课程系统。最终这些课程顺利通过后便一直包括在我们系的常规课程系统中。

除了这一套常规课程之外，我还设计并讲授过一系列小型高年级研讨班的课。这些研讨班由教授提出具体课题，不需要经过审批，每个学期可以更新和调整。我开设的研讨班包括"近代中国的妇女和家庭"(Women and the Family in Modern China)、"美国大众文化在海外"(American Pop Culture Abroad)、"香港的回归"(Hong Kong in 1997)、"中国近代史上的政治抗议"(Political Protest in Modern China)、"中国近代的城市"(The City in Modern China)以及"幸福和感情的历史"(Happiness and the History of Emotions)等。这些研讨班的课题，并不都是我精通的，但一定是我感兴趣并希望和学生一起探讨的。所以这对我自己也是一种突破。

学者型教授

教学通常与教授的个人经历、研究取向以及对学术和教育的理念有紧密关系。我一向对历史的分期不甚拘泥。历史分期可以勾画出历史发展的大致轮廓，但它并不意味着某个社会从上一期到下一期一定有实质性的变化。比如，1911年辛亥革命推翻了中国几千年的帝制，导致了中国历史上第一个共和国的诞生。可是，中国社会的很多方面在1911年之后的很长一段时间内仍是1911年之前的延续,就像鲁迅曾经入木三分地指出过的那样。我对中国古代史、中国近代史、毛泽东时代,和后毛泽东时代都有过研究,发表过文章和著作。因此,我对中国通史的教学是以研究为基础的。这是我跟很多历史学者专攻某一断代史不同的地方。同样,我对学科的分类也不以为然。我认为知识是一个整体。古代社会并没有对学科加以分门别类,其中的优秀者是通才。而近代学科的分类,是在近代知识爆炸后我们对个人在有生之年无法理解所有知识的有限能力的一种妥协。因为学科分类,我们心安得理、引以为豪地成为某一领域的专家,而无视我们对其他领域的无知。可我坚持打破学术领域的界限,尽可能去理解各种学科。我对历史和知识的这种理念,贯穿在我的教学中。我为学生提供的阅读材料经常是各个历史阶段和多种学术领域的结合。比如,2020年秋季我上的一门新的研讨班的课:"幸福和感情的历史",是没有国界、时代和学科界限的。我安排的阅读材料的作者包括古代中国和印度的思想家和宗教学家、19世纪的俄国作家和美国的黑人奴隶、20世纪的黎巴嫩诗人、当代斯坦福大学的教授和教肚皮舞的丹麦作家等。我会向学生们强调学科的分类是人为的,是可以突破的。以此来鼓励他们挑战常识、拓宽知识面、扩大思维的空间。

我校很明智地强调学者型教授(teacher-scholar)的重要性。我们所招的教授,一定是有研究能力的学者型教授。这是我们学校能长期保证高质量教学的基本条件。学者型教师和普通教师的区别是,前者直接从事创造出新的知识的学术研究,而后者只是循环讲授常规内容。这个区别很重要,它是衡量大学和教师质量的重要标志。我经常用自己的研究成果和学术领域最新的发展来充实我的教学。我曾在20世纪90年代中期研究过作为大众文化的中国茶馆文化,[1]当时学术界也开始关注中国的大众文化

---

[1] Qin Shao, "Tempest over Teapots: the Vilification of Teahouse Culture in Early Republican China", *The Journal of Asian Studies* 57, 4 (November 1998): 1009-1041.

和公共空间,包括饮食业和麦当劳在东亚的发展。①因此,我开了一门"美国大众文化在海外"研讨班,探讨包括饮食文化在内的美国大众文化在全球的转播以及这一现象的意义。而我在写作晚清和民国的中国城市史专著时,②便开了一门"中国近代的城市"研讨班。

从2004年起,我的研究兴趣转到了毛泽东以后中国城市的发展。这是我第一次研究当代中国,为此在上海做了七年的田野调查。在研究过程中,我把我所学到的知识、我思考的问题以及我的田野调查和我的学生们分享。因为这些是当代问题,学生们非常有兴趣,有的甚至要求来中国帮助我做调查。多年以后,我完成了对上海住房问题研究的专著,③对当代中国也有了更好的理解。所以我开设了"毛泽东以后的中国"这门新课,为学生提供了更及时的关于中国的知识。由于当代中国在不断的发展,"毛泽东以后的中国"这门课程也是开放性的,内容会不断更新。2020年春季我教授这门课的时候,正值新型冠状病毒肺炎疫情在中国流行。我及时搜集资料,通过介绍疫情的发展向他们讲解中国的政治结构、医疗制度、媒体、文化以及居民住宅等情况,使他们对中国社会有更深刻的理解。不久,疫情在美国开始泛滥,我的学生们觉得与其他人相比,他们对此有更好的思想和心理准备。

桥梁的使命和优势

中国的历史,尤其是古代和近代的历史,对当代美国学生而言是遥远

---

① James L. Watson (ed.), *Golden Arches East: McDonald's in East Asia* (Stanford: Stanford University Press, 1997); Di Wang, *The Teahouse: Small Business, Everyday Culture, and Public Politics in Chengdu, 1900-1950* (Stanford: Stanford University Press, 2008).

② Qin Shao, *Culturing Modernity: The Nantong Model, 1890-1930*. (Stanford: Stanford University Press, 2004).

③ Qin Shao, *Shanghai Gone: Domicide and Defiance in a Chinese Megacity*. (Lanham, Maryland: Rowman & Littlefield, 2013).

和无关的。如何使他们对中国的过去产生兴趣,是我的挑战。我解决这个问题的方法之一,就是讲课时结合自己的经历和文化背景。虽然古代中国对他们来说仅仅是一个虚无缥缈的概念,可我这个中国人,这个在中国文化中熏陶出来的人,却活生生地站在他们面前,在用他们的语言与他们进行对话。这是我的优势。我是他们和中国文化建立联系的一座桥梁。我的使命是让学生对中国文化有直接的感受、理解和体会。比如,在讲到殷商文化对祖先的崇拜时,我会分享我童年时代在农村除夕之夜家里祭奠祖先的经历。当时饭桌上摆满了菜酒和饭。我父亲会从后门把家中已故的祖先都"召唤"回来吃年夜饭,并带着我们下跪求拜他们。然后父亲会把他们从后门"送走",烧一大堆纸钱给他们带回去用。童年的我很好奇,为什么桌上的饭碗都没有动而大人们却说祖先已经吃过饭了?我奶奶就说那是因为我长大了,如果我还只有一岁,就会看到饭从祖先们嘴里吃下去然后从下巴掉下来了,所以饭碗看上去还是满的。我把奶奶的解说与美国文化中大人告诉小孩圣诞老人送礼物的故事联系起来。这样的讲解,把中国历史上对祖先的崇拜具体化了,让学生了解到这一文化几千年来在中国的生命力。同时,从我奶奶编的故事,和他们童年时相信的圣诞老人的故事中,他们也看到了中西文化的共同点。学生们经常说我把中国的历史讲活了,提高了他们对学习中国文化的兴趣。

我对大学教育的一个关键理念是让学生掌握自学和自我表达的能力,以求将来能无师自通——从师的目的是得到能够终身自学的法宝。这就要帮助学生提高他们的学习能力,具体来说就是阅读、口述和写作的能力。中国的基础教育会通过对一篇文章段落大意的划分来训练学生的阅读能力。美国的学生缺乏这种训练,在阅读和写作方面的基本功比较差,往往读书而不得要领。这不仅浪费时间,而且也挫伤他们的学习积极性。而我在国内受到的良好基础训练和自己多年的专业实践,可以用来帮助我的美国学生,使我再次发挥桥梁的优势。我经常教一个由毕业年级学生参与的研究班,指导学生完成一篇历史研究的论文。这要求他们有高效的阅读和写作能力。而教授阅读和写作比较抽象。我告诉学生,阅读是收,是提升,是由多到少,读出一篇文章或一本书的中心思想。而写作是放,是展开,是由少到多,要把几个要点和提纲发展成一篇文章或一本书。在阅读方面,我首先会和学生一起细致剖析几篇论文,体会如何读出每个段落和全文的中心思想。写作方面,我会在课堂上拿一件外套,把它的结构当作一篇文章的结构来讲解各个部分的作用、联系和区别。外套的领子就像文章的介绍部分,从体积上来看很小,也没有多少细节,可是它跟整体有紧密的联系。无论是这件衣服的前襟、后襟,还是袖管,都和这个领子连在一起。这就是提纲挈领的作用。而外套的后襟就像文章的背景部分,支撑着其他部分。我用口袋、纽扣、拉链等说明哪些部分需要细节、例子、史料来说明观点。最后我拎起这件外套的一个袖管,这件外套的形状就垮了。我以此说明一篇杂乱无章的文章会像这件以袖口为纲的外套一样混乱。我用一件外套做道具,说明文章组织结构的重要性以及每个部分的关系和作用,把写作这个抽象的问题形象化了。学生反映说,从来没有人这样教过他们写作。可喜的是,有的学生在自己当老师后,也会用一件外套做道具讲解如何写作,帮助他们的学生提高写作能力。

以身作则:历史和现实的正义

教书的目的是育人,是成为人类心灵和社会的工程师。这个世界上最需要的是愿意为一个更平等、更正义、更健康的和平社会做出自己贡献的世界公民。培养这样的公民是我作为教师的主要使命。

当然我要从自己做起,首先要做到的是公正地对待历史。我教授近代东亚史和近代日本史时会给学生看一部1989年由今村昌平(Shohei Imamura)导演的日本电影《黑雨》(*Black Rain*)。这部电影反映了美国二战末期在广岛投放的原子弹对日本民众造成的巨大的和永久性的伤害。有一位中国同事曾问我,"你怎么给他们看这样的电影?日本受到原子弹的轰炸是罪有应得"。可我同时也让学生们阅读张纯如关于南京大屠杀的书,①了解日军对中国人民犯下的滔天罪行。因为这两者——日本军国主义的暴行和日本人民受害于战争——都是二战不同方面的历史真实。而且我认为特别有必要让我的学生看到美国的对外政策及美国在战争中的行为对世界造成的影响。我使用这些材料的更深层用意是让他们思考,为什么美国的原子弹对日本人民的伤害和日本在南京大屠杀那么重要的历史事件会在他们从小到大的教育中渺无踪影,进而启发他们对美国的社会价值和教育理念提出质疑。

其次,我坚持平等对待每一个学生。美国是一个充满种族歧视的社会,我又是我们系里自 1855 年建校以来招聘的第一位"有色人种"教授。因此,我觉得自己在教育学生认识美国社会的种族歧视方面责无旁贷。我们系的非裔美国学生(以下简称非裔)不多,偶尔班上有几个,也很少看到白人学生和他们交流。我很想改变这种状况,可我又不能直接要求白人学生和他们来往。我的方法是以自己的经历和感受从侧面加强他们对这一问题的敏感度。比如,我有一次参加一个全球性美国律师事务所的合伙人鸡尾酒会。该事务所的几千名律师中,非裔美国人律师寥寥无几。在酒会上我注意到有两位非裔律师在一旁聊天,而那几千名从世界各地来的白人律师没有一个人过去和他们交流。而且也没有人觉得这个现象很奇怪。这些律师们大都毕业于名校,受过良好的教育,绝大多数自认为具有种族平等思想。我会跟学生分享类似的经历,希望他们对周围实际上是种族隔离的社会现状敏感起来,并思考自身在这一现状中的角色和作用。

为人之师,对学生的一言一行,都会有直接或间接的影响。对班上的非裔学生,如果他们有需求,我会尽力帮助他们,但我不会给予特殊的迁

---

① Iris Chang, The Rape of Nanjing: The Forgotten Holocaust of World War II (New York: Basic Books, 1997).

就。几年前,我班上一位非裔女学生上课迟到了几次,我把她请到我的办公室,询问她为什么会迟到。她说,有时是因为睡过了头,有时是因为很难找到停车的地方。我明确地告诉她,这些都不是理由,如果她还想继续上这门课,就一定要准时,并且表示相信她能够做到这一点。这位学生在之后的学期中没有迟到过一次。后来她说很感激我,因为从没有一位老师像我那样直截了当地要求她准时来上课。事实上,我对她有要求,表明了我对她的重视和信任,而不是放弃。她感觉到了这一点,从而改变了自己的行为,这也增添了她努力的信心。而以前那些对她听之任之的老师们,其实不是在爱护她,而是用另一种方式来歧视她。因为他们给出的信号就是你和别人不一样,你不能做到准时来上课,你被放弃了。而这只会增强她的自卑感。

非裔学生感受到我对他们的尊重和期望,有的会展现出高度的学习积极性。2019年秋天我的新生研讨班上有一位心理学专业的非裔女生,对我的课产生了兴趣。当我要求学生们四人一组一起完成一篇文章时,她提出要独立完成这篇文章,因为她有很多的想法要写。如果和他人合作的话,她的写作内容就会减少。看到这么好学的学生,我当然破格同意。结果她独立完成了一篇很有见解的文章,我们两人都非常高兴。这位学生也因此而对中国历史和我的教学发生了兴趣,并决定在春天修我给历史专业的学生开设的"毛泽东以后的中国"。更让我惊喜的是,她希望在我下一次教授新生的"近代中国的妇女和家庭"研讨班时,做我的教学助手,不用报酬,就是每周来跟我一起上课,帮助我指导学生的阅读和写作。我第一次遇到对我的课这么有兴趣的非历史系的学生。当然,我不赞成让学生无偿付出。为此我专门给系里打报告申请了一门为老师做助学(Learning Assistant)的新课,这样她可以得到学分。显然,老师对学生的平等相待和关怀重视可以激发学生的求知欲,帮助他们发挥自己的潜力,从而更好地贡献于社会。

在美国教历史

挑战学生

要做好人类心灵和社会的工程师,很重要的一点是启发学生们挑战他们自身的局限,批判性地思考他们自身的观念和经历、他们的家庭、教育、社会和国际环境。从这个意义上说,我上的每一门关于中国史的课又都是关于美国社会和国际事务的课。在讲解中国历史上的皇朝更替时,我会联系世界史上帝国的兴衰以及美国作为二战后崛起的强国目前的状况。我让学生们反思2003年美国对伊拉克的战争——一场借了钱、利用谎言来发起的非正义战争,让他们讨论这是一个大国欣欣向荣还是日落西山的表现。讲到中国农业社会中粮食为民之天,而民为国之本时,我启发学生去观察美国社会对粮食的态度,比如,已经商业化的暴吃热狗的比赛反映的问题。我让他们思考如何尊重自然、尊重粮食、尊重农民的劳动。这些现象,大到美国的对外战争,小到民间的热狗游戏,在我的课堂上都成了让学生重新审视美国社会的材料。

当然,有些现象更为直接地触及学生们自身的观念。美国学生对中国的一些传统文化,有时会产生直观的批判,比如,对中国历史上妇女缠足的态度就是如此。我的"中国近代的妇女和家庭",是给第一学期的新生开设的一个研讨班。我校和美国的许多大学一样,强调对学生进行博雅教育。各个专业进校后第一学期的新生都要参加一门小型研讨班。学校鼓励全职教授们开设这些研讨班,其内容覆盖世界文明和人文知识的各种问题。那些选我这门课的新生对中国历史一无所知。我从传统中国的妇女和家庭讲起,包括中国历史上的妇女缠足等。学生们对中国传统妇女缠小脚很反感,纷纷认为这是一种原始的、赤裸裸的暴力,不能接受。我便引导他们展开了一系列的讨论,主题是缠足这一现象所反映的是男尊女卑的社会本质。缠足可能是中国古代的一个特点,但男尊女卑却是人类社会的一个共同现象。然后我问他们既然男尊女卑是各国社会的通病,那么在其他社会的历史和现实中，是否也存在以摧残女性身体来满足社会和男性对妇女的期待的现象？我特别让他们思考在他们所生活的当代美国，有没有这种现象。学生们很快就意识到这个问题的普遍性和与他们自身的关联性。他们不仅指出了维多利亚时代妇女的束胸，而且指出了当代美国女性们整容、穿高跟鞋、养成不健康的瘦身和饮食习惯等一系列反映性别歧视的现象。

为了更进一步帮助他们认识自己的思想和行为，我还问女生中有多少人结婚后打算用他们丈夫的姓氏，男生中有多少人希望他们未来的妻子用他们的姓氏，有多少人会让他们的孩子继承他们母亲的姓氏。为什么会？为什么不会？这一系列问题触及世界历史、美国现状、家庭和他们自身的观念。那些一开始觉得自己很有资格批评中国古代妇女裹足的学生，不久便认识到他们的社会和他们自己——被认为是世界最先进的美国社会和21世纪的美国青年——原来在本质上和古代中国社会竟有相同之处。有的学生说，谁给了我们批评中国历史的权力呢？这些讨论的目的，是让学生意识到文化现象的差异（如裹脚和高跟鞋）可以反映同样的社会问题和自身的偏见。很多在生活中看似普通和正常的现象，如果加以检验，实际上反映了隐藏的社会矛盾。通过这样的锻炼，可以让学生学会反思自己和美国社会的局限以及将来努力的方向。

对权力的批判性思维

我认为在批判性思维中，最重要的是对像空气一样渗透在社会中的权力结构及其形成和作用的批判性认识。我培养学生对身边各种司空见惯的代表权力的象征性事物和现象进行观察，从而敏感地看到权力的穿透性和普遍性。我曾用教室做例子，引导学生像阅读原始资料一样阅读一个教室布局的意义。教室是一个空间，而空间可以成为权力等级的象征。一个课堂纯粹空间意义上的中心在教室的正中，而它的权力中心则在教室的前面,在讲台那里。我让学生思考为什么他们走进教室,会自然地面向讲台。我给他们时间来观察在教室这个空间中有哪些因素为这个权力的中心定位,如座位的安排、前台的黑板、讲台的位置、IT 设备和屏幕的设置等等。这一切使得他们进了教室后,会自动地坐在既定的桌椅上,面对前台。而进一步强化由这个空间布局所造成的权力结构的是占据讲台的人对整个教室的控制。然后我让学生想象打破既定结构,重新组合这个教室的空间,包括取消讲台,把桌椅围成一个圈,创造出一个平等的空间环境。这说明,这个教室的设置和它反映的权力结构是人为的,是服务于一定利益的,但也是可以被打破重新安排的。

我让他们从一个教室空间的布置去理解一系列关于权力结构的问题。比如权力结构通常是由生活中一些人们习以为常的现象和物件来代表的。这种代表性一旦形成,会成为所谓的正统和常识,在无形中使人们服从,从而使服从者也成为强化既定权力结构的一个因素,尽管很可能这个权力结构是用来压迫后者的。如果我们对这些权力的设施保持敏感,对其中的不合理、不公正的现象保持警惕,随时质疑既定权力结构中的荒谬和不公,思考改进和重新建造的方案,我们就有可能削弱和改变这种权力对社会的统治和约束,创造出一个更平等和公道的社会。批判性的思维方式可能比较抽象,但我用他们身居其中的课堂作为例子,学生就比较容易领会。对既定的社会机构和政治权力不断提出质疑,能使他们的思维变得敏锐而有实际意义,这既是他们在大学里所能学到的最重要的能力,也是培养他们成为公正的、有献身精神的世界公民的必要环节。

潜移默化的作用不可小觑。我所有的教学活动都会关注社会公平正义的问题。比如上文提到,我在 2020 年秋季开设了一个关于幸福和感情的研讨班。其他学校开类似的课程时通常会从正面心理学的角度着手,同时阅读很多西方名著中对于幸福的阐述,继续欧洲中心论在高等教育中的影响。而我设置的这门课的独特处,是包括了对社会正义性和幸福感的关系的讨论。因为,一个残暴、压制和缺乏信任感的社会,是一个不健康和不愉快的社会,尤其是对社会下层和边缘化的人们而言。而且,他们对幸福的看法也会和所谓的精英们不同。所以,我选择的阅读材料包括了来自下层社会的声音,比如19世纪初一个美国黑奴所写的他追求家庭和自由,即他的个人幸福的经历。

系里大多数同事也和我一样强调对社会正义性和边缘化群体的重视。我的一位研究欧洲中世纪宗教和艺术的同事现在研究"白人"这一概念及其特权的形成。另一位专攻美国外交史的同事最近在研究全球的黑人史。日积月累,我们的思维、研究和教学在学生中有明显影响。因为我同时教新生班和毕业班,所以能看出这二者间的区别。大学一年级的新生通常缺乏对社会正义和边缘化群体的敏感性,而毕业班却有明显的不同。2020年春季我指导一个毕业班写毕业论文,题目由他们自己选。结果17位学生中有11位的论文题目都是关于社会的弱势群体以及对政府滥用权力的批判。他们的选题包括美国政府二战期间设置的日本侨民集中营、犹太妇女在二战中受到的性侵犯、丘吉尔的种族主义对造成1943年孟加拉大饥荒的影响、美国艾滋病患者在1980年代的挣扎、美国国家公园的形成和对印第安人土地的掠夺、美国监狱制度的弊病以及美国社会中精神病患者的遭遇等等。他们阅读了很多资料,几易其稿,大都写出了令人满意的论文。这些学生如此努力,如此有激情,是因为他们认识到自己对弱势群体和权力弊端的研究的意义。

结　语

涓涓细流,可以汇成大海。我的学生中有的已成为律师,有的从一开始对中国一无所知到取得中国史的博士学位,有的在博物馆和其他文化机构、非政府机构工作,有一位甚至成为美国海军的杰出军官,更有大批在中小学岗位上教书的老师。我为他们感到骄傲。我会经常收到学生的来信。但最让我感动、让我觉得特别有成就感的,是一位学生在毕业数年后的来信。在校时这位学生上过几门我的课,在我的指导下写过关于五四运动的毕业论文。他还到北京大学学过中文。回到美国后,他让我给他写推荐信到哥伦比亚大学去读教育学的硕士学位。2017年暑假他来信说:

> 我很高兴地告知你,我已完成了在哥伦比亚大学的硕士学位。而且接受了在纽约一个很小的公办中学的教职。一个多月前,我有机会在哈佛的图书馆看到你的关于南通的第一本书,使我回想起在你课堂里学习的那些经历,能够得到你的教诲,是我的荣幸。我希望以后能把批判性思维的方法带到我的课堂,帮助我的学生了解世界上各种非正义和压迫性的政府。我也会继续我的中文学习。感谢你对我所有的帮助。

这位优秀的学生完全可以去读一个博士学位,在大学从事研究和教学。他在得到哥伦比亚大学教育学院的硕士学位后,也完全可以到一个高薪的私立中学去教书。可他选择到一个不为一般人看好的城市公立中学去任职。而且要教育学生了解"世界上各种非正义和压迫性的政府"。显然,我理想中的教育效果,得到了实现。

在一个不仅可以想象,而且可以实践批判性思维的环境里教书育人,在一段可以和我的学生一起追求成为人类心灵和社会的工程师的旅途中探索跋涉,我感到生命的价值和对未来的希望。

美国大学为何教"西方文明史"?
——缘起、反思和展望

王晴佳(Q. Edward Wang,1987年出国留学,Wangq@rowan.edu):美国罗文大学历史系教授、北京大学历史学系长江讲座教授(2007年至今)、宾夕法尼亚大学、哥廷根大学等访问教授,并任国际杂志 *Chinese Studies in History* 主编,国际史学史、史学理论委员会理事,中国社科院历史理论研究所《史学理论研究》杂志海外编委等职。出版的英文著作主要有:*Inventing China through History: The May Fourth Approach to Historiography*;*A Global History of Modern Historiography*(中译本:《全球史学史》);*Chopsticks: A Cultural and Culinary History*(中译本:《〈筷子:饮食与文化〉》)和 *Historiography: Critical Readings*(主编,四卷本)。中文著作有《西方的历史观念:从古希腊到现在》《后现代与历史学:中西比较》《外国史学史》等。曾任中国留美历史学会第六任会长(1992—1993)、中国留美历史学会期刊 *Chinese Historians* 主编(1990—1992)。

2020年年初在各地肆虐的新冠肺炎,给今天世界上几乎所有人的生活都带来了巨大的影响,而且其后遗症估计会持续很长一段时间。这一局势恶化的后果,对我个人的生活和学术有不小的影响:本来已经定下的出行、讲学计划不得不取消;原本已经核准的六年一次的学术休假,也由于停课之后学校财政受到重创而被推迟。为了应对收入锐减,学校要求我们全职教授多上课,以便辞退兼职教师,进而减少开支。于是,从2020年的秋季学期开始,我便要重操旧业,相隔20年后再次开设"西方文明史"(History of Western Civilization)这一面对低年级学生的通史课程。但也正因为这一教学上的新安排,让我有了写作此篇小文的缘由,也借此回顾一下自己在美国大学多年讲授历史课的一点体会。

"西方文明史"课程的缘起

在讲述我的个人教学经历之前,或许有必要回溯一下"西方文明史"这一课程的历史。"西方文明史"最初是美国大学历史系的一个独特设置,一般不见于其他国家和地区。顾名思义,此课侧重的是从文明的角度看待历史演化。我们在当代讲到文明间的差异时,经常会想到美国政治学家萨缪尔·亨廷顿(Samuel Huntington)的名著《文明的冲突与世界秩序的重建》。此书超越了民族国家的视角来考察国家之间的关系,可谓另辟蹊径,因此自1996年出版后影响甚大。我最近著书讨论当代历史哲学和史学理论,将亨廷顿视作我们这个时代的一个历史哲学家,对他的论述专辟一章分析。[①]

但从历史学的发展视角来看,其实早在20世纪初年便已有人(试图)从文明的视角考察历史的变动,也是自那时起,美国高校开始设置"西方文

[①] 参见王晴佳、张旭鹏:《当代历史哲学和史学理论:人物、派别、焦点》,社会科学文献出版社,2020年,第92—108页。

明史"这一课程。简单而言,我们通常倾向于认为西方,抑或是世界的近代是从文艺复兴时期开始的。然而文艺复兴时期的史家和学者并不认为自己所处的时代超越了以往任何时期,他们只是觉得,与中世纪相比,自身的时代已经有了长足的进步,但与此同时,他们更希望能够回到古典的希腊罗马时代。例如号称"文艺复兴之父"的彼特拉克(Petrach)曾数次"致信"古罗马的史学家李维(Livy)和政治家西塞罗(Cicero),表达自己的仰慕之情,希望能成为二者的同代人。西方人真正觉得自己的时代具有超越性、认定历史的进步观念,则要到17世纪至18世纪的科学革命及启蒙运动之后。自17世纪起,西欧一些地区如葡萄牙、英格兰和荷兰,逐步开始出现民族国家的雏形,而民族国家和民族主义作为国家形式和思潮的盛行,则是在1789年法国大革命之后。拿破仑所发动的大规模战争,一时间横扫欧洲大陆,一方面推广了法国革命的理念,另一方面也激发了其他地区的民族主义情绪,促进了民族国家在19世纪的大踏步发展。这一时期欧洲国家之间的相互竞争,又促使其向外殖民扩张,击垮了包括中国在内的诸多旧帝国。

正是在这种与其他文明相互冲撞的过程中,欧洲人产生了"文明"的意识,他们开始思索,自己是怎样一个不同于"东方"的文明。19世纪后期出现的一些"文明史"著作,如亨利·托马斯·巴克尔(Henry Thomas Buckle)的《英国文明史》和弗朗索瓦·基佐(François Guizot)的《欧洲文明史》等便是这波思潮的产物。不过需要指出的是,巴克尔和基佐的取径在当时尚属少数派,因为那时大多数的欧洲史家,都认为西方文明的特色就在于近代出现了民族国家。被称为"科学史学鼻祖"的德国史学家利奥波德·冯·兰克(Leopold von Ranke)便是这一理念的代表性人物。兰克认定,民族国家之间的竞争勾勒了近代历史的主线。他不仅强调对史料的审核批判,而且身体力行,写作了多部民族国家兴建的历史。兰克的史学方法中突出了档案的重要性,而档案收集和保管的主体又是国家级的政府。因此,兰克的历史观念、历史书写和史学方法之间形成了一种相辅相成、相得益彰的紧密关系。

但颇具讽刺意味的是，也正是民族国家之间的竞争，导致了帝国主义的产生，最终引发了第一次世界大战。战争的残酷和惨烈，让人开始怀疑西方文明的先进性；许多相对主义的思潮也都在此时逐一涌现。德国思想家奥斯瓦尔德·斯宾格勒（Oswald Spengler）的《西方的没落》便是个中显例。斯宾格勒在此书中质疑了民族国家的重要性，以"文明"取而代之来看待历史的变化。他嘲笑了启蒙思想家认定的历史进步观念，认为那种将历史分为古代—中世纪—近现代的三段论思维荒唐无稽。换言之，在20世纪初年，由于一战的爆发，西方思想界出现了不少新的历史思考，挑战了兰克学派所代表的19世纪的历史书写传统。从很大程度上说，美国大学那时开设西方文明史的通史课程，正体现了历史教育领域对这一新的历史思潮的回应。

具体言之，西方文明史课程的前身是哥伦比亚大学在1919年首创的"当代西方文明入门"（An Introduction to Contemporary Civilization in the West）。该校创立这一课程也是历史系教授们反思与批判兰克学派传统的一个体现。中国的读者也许熟知詹姆斯·哈威·鲁滨逊（James Harvey Robinson）的《新史学》（The New History）一书，因为此书于1912年初版后多次再版，并由何炳松译成了中文，对20世纪初年中国史学的近代化和专业化有所助益。1963年齐思和又用更为白话的中文据其1922年版重译，"文革"之后还出了再版。不过美国大学讲授欧洲通史并不始于20世纪初年，而是在19世纪下半叶便已出现。吉尔伯特·阿勒戴斯（Gilbert Allardyce）指出，美国史家早在19世纪下半叶便视欧洲为一个文明，并在哈佛大学等校开设了欧洲通史。但他同时也承认，就西方文明史课程的普及而言，没人可与鲁滨逊的重要性相比。① 饶有趣味的是，鲁滨逊出版了不少

---

① Gilbert Allardyce, "The Rise and Fall of the Western Civilization Course", *American Historical Review*, 87:3 (1982), 695-725.

欧洲通史和思想史的教材，影响甚巨，但是他本人却于 1919 年为捍卫学术自由离开了哥大，并没有亲自教过"当代西方文明入门"这一课程。而鲁滨逊对 19 世纪历史观念的改造，则以《新史学》一书最为重要。鲁滨逊在其中说了这么一段话，值得在此引述：

> 我们不能在此处讨论国家在历史上的地位这个复杂问题，而且也没有讨论的必要；因为没有人不认为国家的重要性，也没有人主张历史书中可以不讲到国家。我们此地应该研究的问题，就是我们对政治史的偏心引导着我们专去叙述那些无关紧要的朝代史和军事史中的琐碎事实。……人类的活动不仅是当兵、做臣民，或做君主；国家也决不是人类唯一关心的事情。……自古至今，人类的活动包括海上探险、开拓商业、建筑城市、设立大学、建筑宏伟的大礼拜堂、著书、绘画，并且还发明了许多东西。我们在历史里面应该包括这些人类活动，大家渐渐承认了；但是直到现今政治史仍然保持着它的至高无上的地位，一般人仍然把过去的政治事件，看作是历史的主要内容。①

显然，鲁滨逊力图突破兰克学派所注重的民族国家的传统。从后视的眼光来看，他提倡思想史，其意图是为了扩大历史研究和书写的范围，走出政治史的窠臼。鲁滨逊所谓的"思想史"，其范围可以与战后兴起的社会史、文化史相比仿。而这类扩大了视野的历史书写和教育，便呈现了一种文明史的视角。因此，阿勒戴斯将鲁滨逊视作建立西方文明史课程的重要功臣，便显得顺理成章了。

美国属于西方文明吗？

上一节的论述主要从史学史的视角考察了"西方文明史"一课的设置及意义。其实在学理的因素之外，这一课程的设立及其在全美国的普及，

---

① 詹姆士·哈威·鲁滨孙：《新史学》，齐思和等译，商务印书馆，1964 年，第 8—9 页。

与美国于一战后对自己的国家定位有着密切的联系。上面已经提到,一战的爆发激发了不少批评、反省西方文明的思潮。"西方文明史"课的建设,给美国史家提供了一个检讨和总结欧洲历史与文化核心价值的契机,从而应对那时质疑西方文明的思潮。同时,由于美国是一战的参战国,学术界需要向那些参战的美国大兵说明他们为什么而战、这次大战对美国捍卫西方文明的核心价值有何必要等问题。上面提到哥大的"当代西方文明入门",最初就是为即将奔赴战场的大学生军训团(Students Army Training Corps)在 1918 年开设的。换句话说,一战前后的美国不但视自己为西方文明的一个有机组成部分,而且还觉得有必要承担保护和发扬这一文明的责任。①

另外值得一提的是,西方文明史课程是在 20 世纪 20 年代在美国校园逐渐普及的,而彼时正好也是美国政府制定最带种族主义意味的移民政策的时期。1882 年,美国通过了《排华法案》,史无前例地歧视和限制某一特定族裔的移民。这是美国历史上一件十分耻辱的事件。《排华法案》通过时,有效期为十年,而到了 1892 年又续了十年,然后到 1902 年变成永久有效,直到 20 世纪 60 年代民权运动的时候才正式作废。《排华法案》限制中国移民,背后反映的是美国以欧洲文明特别是西欧文明继承者自居的心理。也就在"西方文明史"出现在美国大学校园的时候,美国国会于 1924 年通过了《移民法案》。该法案不但限制、禁止亚洲人移民美国,而且还对东欧犹太人、希腊人、意大利人、波兰人和斯拉夫人移民美国严加限制,可

---

① Lynn Hunt, "Reports of Its Death Were Premature: Why 'Western Civ' Endures", in Lloyd Kramer, Donald Reid & William L. Barney, eds., *Learning History in America: Schools, Cultures and Politics* (Minneapolis: University of Minnesota Press, 1994), 34-43; John U. Nef, "The American Universities and the Future of Western Civilization", *The Review of Politics* 1.3 (July 1939): 241-260; Richard A. Voeltz, "'No Longer from Pyramids to the Empire State Building': Why Both Western Civilization and World Civilization Should Be Part of the History Major: A Case Study", *The History Teacher* 44.1 (2010): 83-91.

谓臭名昭著。写到这里,我忽然想起美国前总统特朗普在近年接待挪威总理时对她说的话:很希望你们国家的人们移民美国。这其实显示了特朗普对美国的定位,时隔这么多年仍然带有同样的种族主义思维,认定美国是西欧、北欧文明的延伸。

不过,带有讽刺意味的是,从20世纪初直至今天,至少根据我的经验来看,"西方文明史"的设置和教学并没有帮助美国大学的历史系学生树立自己是欧洲文明继承人的观念。换句话说,他们中的大多数人,对欧洲历史和文化所知寥寥,甚至比不上在亚洲受过教育的学生。这里可以举两个切身的例子来说明。我于1987年到美国纽约州的雪城大学(Syracuse University)攻读博士学位,选择该校的原因之一就是其图书馆在1895年购买了兰克的私人藏书、手稿以及他办公室的整套家具,而我当时的兴趣是研究近代德国史学,需要参考和利用兰克的手稿和书信等原始材料。另一个原因是该校历史系有一位名叫约瑟夫·列文(Joseph M. Levine)的教授,是欧洲思想史、史学史的专家。我在申请入学的过程中与他有过联络并得到了他的支持。当然还有一个原因是,雪城大学离格奥尔格·伊格尔斯先生任教的纽约州立大学布法罗校区(State University of New York at Buffalo)很近,两校都在纽约上州,仅相隔三小时车程。我考虑去那里求学也能随时向伊格尔斯先生请益,因为我申请到美国深造,起初就是受到了伊格尔斯先生的热情鼓励。我到了美国之后,也的确选修了伊格尔斯先生的两门课,平时自己阅读论著,有课时则开车去布法罗上课向他当面求教。

记得我第一学期上列文教授的英国史课时,他在课上提到了弗朗西斯·培根(Francis Bacon),然后问班上的学生,谁能介绍一下培根。但学生中竟然没有一人举手,让我颇为惊讶。因为在20世纪80年代中国曾产生的"文化热"中,培根可谓名闻遐迩,他的小册子《论人生》在大学生中几乎人手一册。下课之后,列文教授与我同行回办公室时不无尴尬地对我说,雪城大学的生源不是很好,如果去他子女求学的普林斯顿和耶鲁大学提同样的问题,光景或许就有所不同了。他之所以如此说,是因为美国社会两极分化严重,精英和富裕家庭的子女,由于大多就读私立中小学,对欧洲文明的历史有较好的了解。遗憾的是,我之后虽然也有几次在常青藤大学授课的经历,但并没有开设欧洲史或西方文明史方面的课程,所以也就无法验证列文教授的说法了。

上面已经提到,亚洲学生对欧洲或西方历史的了解,普遍高于美国学生(这一现象是耶非耶,此处不做评价)。我记得曾经看过日本中学生的本科入学考试大纲,其中列出了很多欧洲的历史文化名人如歌德、伏尔泰、康德、黑格尔等。那时我已在罗文大学(Rowan University)任教,讲授"西方文明史"。看到这份材料后心里自忖,我的学生中有不少人应该是不知道这些欧洲思想家的。罗文大学是新泽西的州立大学,学生中中产阶层家庭出身者居多,但也有部分学生是家里第一代的大学生。这些学生对于欧洲历史的了解程度应该不如学费昂贵的私立雪城大学。我在美国留学时主要跟随列文和伊格尔斯教授学习欧洲近代思想史、史学史。罗文大学聘我的原因之一就是我拥有较为充分的欧洲历史知识,可以讲授包括"西方文明史"在内的欧洲史课程。我上课之后也发现,虽然我是一个亚洲人,但在西方文明相关知识的储备上,足够教授许多金发碧眼的美国学生。当然这事也不怎么值得夸耀,因为也有不少鹰眼高鼻的西方汉学家,虽然汉语表达或许不够标准、流利,但他们关于中国文明的知识,往往高于许多中国的大学生。西方汉学家的中国史著作近年在国内的畅销,便是一个证据。

以上讨论其实也从侧面说明,我们要了解美国学生对西方文明的知识水准,既要考虑他们的家庭背景,更要注意美国中学的课程设置,因为后者才是他们知识的主要来源。换言之,如果美国的中学像日本的那样,向学生介绍欧洲思想文化界的杰出之士,那么他们在这一方面的知识储备就会有明显的不同。事实上,设立"西方文明史"这一课程的初衷,就包括让美国的大学生了解西方文明中的名著、名人。20世纪上半叶,当"西方文明史"课程逐渐在美国大学校园普及时,处于中西部的芝加哥大学便采取了略有不同的取径。该校为全校学生开设了"名著选读"(Great Books)的通识课程,要求所有专业的学生必修。此课犹存至今,现名为"成人通识教育基础课程"(Basic Program of Liberal Education for Adults),也是芝加哥大学教学的一个重要特色,其重要性不亚于该校的社会思想委员会(Committee of Social Thought)和文化历史委员会(Committee on the History of Culture)这类培养研究生的机构。

我之所以将芝加哥大学的"名著选读"与"西方文明史"的课程相比较(前者的开设也不限于芝加哥大学,有不少学校如西部的名校斯坦福大学效仿至今),原因之一是两者都具有概览古今的规模。[1] 至少在某一时期,"名著选读"的课程内容涵盖了从《圣经》开始至当代的文化名著。同样,"西方文明史"的讲授也会使用名著作为教材,内容自古至今,从两河流域、埃及文明开始一直到当代为止。当然每个老师的知识储备和学术兴趣不同,所以实际上课的时候,其侧重的时段也有差异。据我观察,虽然"名著选读"和"西方文明史"有类似之处,但对学生而言,前者的难度要大一些,因为要美国学生啃那些历史上的名著,比在课堂上听老师讲课、记一些笔记更具挑战性。其中一个原因就是语言文字一直在变化:当代的美国学生阅读莎士比亚如同要中国大学生理解《古文观止》,并非易事。或许由于这个原因,美国大学中"西方文明史"课远比"名著选读"来得普及。"西方文明史"相比"名著选读"更为流行,还有另一层因素。曾就读于哥大和芝大,后在斯坦福讲授"名著选读"的丹尼尔·戈登(Daniel Gordon)指出,单纯地精读那些名著,是将其经典化,但相对而言更重要的也许是视其为历史的产物,理解和评价它们在历史语境中的价值。[2]

走笔至此,似乎应该讲一下我教授"西方文明史"一课的经验和体会。自我入职以后,最初的七八年几乎一直都在上这门课。作为一门通史,这

---

[1] Daniel Gordon, "Teaching Western History at Stanford", in Loyld Kramer, et. al., *Learning History in America: Schools, Cultures and Politics* (Mineapolis: University Of Minnesota Press, 1994), 44-52.

[2] Daniel Gordon, "Teaching Western History at Stanford".

门课分为两个学期,第一学期从遥远的古代开始一直到十七八世纪,但至于到底能讲到哪个世纪,还得看各个教授的偏好。比如我系的一位古代史教授,专攻古埃及史,兼治古希腊、罗马史,所以他第一学期上"西方文明史"时,常常在古代部分流连忘返,到学期末才快马加鞭勉强拉扯到文艺复兴。而另一位专攻中世纪晚期历史和文艺复兴、宗教改革的教授,则恨不得一下跳过古代的部分。尤其在第二学期,基本处理的是世界历史的近代化及其在现代的变化,一般以二战后的时期作为结束。相比我的同事,我则更倾向于平均用力,不太让学生吃"偏食",含括的时段比较完整。当然,我也只是尽力而为,因为"西方文明史"要在一学年囊括上下五千多年的历史,从古代两河流域、古代埃及到二战之后,实在不可能面面俱到(此次重上此课,对此体会更深。比如,以古代罗马历史之错综复杂,著名人物如西塞罗、恺撒、屋大维和克里奥佩特拉之叱咤风云、可歌可泣,我还是只能在一周内用两节课的时间讲完,对于这种"弹指一挥间"的做法,内心其实是颇为纠结的)。所以我所谓的含括时段比较完整,主要就年代而言,而在处理具体某个历史时期的时候,我还是不得不有所取舍。这一取舍最终其实也反映了我本人治学的兴趣,那就是更为注重史学史的内容,也即略微多讲一点那个时段的史学书写成就及与之相关的历史教育的内容。我这么做除了兴趣使然以外,还有一个原因是修课的学生中,常有不少有志从事教育事业者(我校规定,教育专业的学生必修"西方文明史"),因此我在照顾自己兴趣的同时,也顺便给了这些学生一点"偏食"。最后需要一提的是,这些教学内容上的不同处理,系主任从不干涉,这体现了美国大学"学术自由"的精神。我后来也担任系主任多年,对此亦不闻不问,一方面是对同事们的学术兴趣的尊重,同时也乐得清闲。

据我观察,听课的学生们对这些不同的教学方法评价不一,认为各有千秋。对一些上课认真的好学生而言,我的这种"平均用力"的方法,内容交代比较全面,所以相对受欢迎。但也有许多学生喜欢吃"偏食",期待老师多讲一些特定时段的内容,来丰富和加深理解。当然也不乏一些有小心思的学生,想着如果老师课上讲的少,那么考试的内容也会相应减少,准备起来便会轻松一些。现在看来,其实在上"西方文明史"这类低年级的通史课程时,适当给一点"偏食"也许更好,因为这更容易引发学生对于某一专题的兴趣,进而展开更加深入的探究,甚至决定在本系或其他学校攻读研究生,进一步钻研、深造。可以说,老师对学生的影响,确如中国成语所形容的那样——桃李不言,下自成蹊。

"西方文明史"的不确定未来

虽然我校历史系一直有"西方文明史"通史课程,但在今天的美国校园,这已经不是一个普遍现象。自20世纪60年代以来,美国的大学经历了一场思想改造,不少学校的历史系取消了"西方文明史",取而代之的则是"世界史"或"世界文明史"。1967年斯坦福大学的某一调查指出,由于"当代西方文明入门"之类的通史教育与现代大学的理念扞格不入,所以芝加哥大学和哥伦比亚大学的相关课程已经"濒临死亡或死亡了"(dying or dead)。翌年斯坦福也取消了"西方文明史"课,直到1980年后才恢复。对于"西方文明史"的批评持续了很久,乃至在90年代有一位发了财的耶鲁大学校友,给母校捐献两千万美元,希望加强"西方文明史"的教育,但这一要求令老师们颇为不满,不肯满足他的愿望,所以最后校方退回了他的捐款。①

针对"西方文明史"课的批评出现于20世纪60年代的美国,这一现象并不奇怪,因为那时正值当代西方文化的一个转折期。苏美冷战呈剑拔弩张之势,常有一触即发的危险,美国民众特别是青年一代,随时面临被征兵到越南战场的可能,因此许多美国人对美国政府乃至整个西方近代的帝国主义行径展开了尖锐和全面的反思。上文提到的《排华法案》的废除,标志

---

① 见1995年3月15日的《纽约时报》:https://www.nytimes.com/1995/03/15/us/yale-returns-20-million-to-an-unhappy-patron.html,访问时间:2022年4月28日。

着华人自此可以移民并归化入籍美国,便是当时蓬勃发展的民权运动的结果之一。此外,那时还有女性主义、反越战、"反文化"(counterculture)等运动。这些运动的思想特征之一就是反对启蒙思想家所认定的普遍真理,抑或真理的普遍性,质疑历史线性进化的"宏大叙事"(master narrative),转而伸扬"亚文化"、多元文化和多元史观。在这种思潮的背景下,"西方文明史"成为众矢之的便不足为怪。当代史学名家、新文化史倡导者林·亨特(Lynn Hunt)在20世纪90年代以切身的教学经验讨论该课的利弊,指出发生在20世纪的许多重大历史事件(法西斯主义、纳粹屠犹、核爆炸、越南战争、艾滋病、恐怖主义等)使得西方文明丧失了原来线性进步、乐观向上的"宏大叙事"。亨特将"宏大叙事"定义为对历史进程的"一个放之四海、一以贯之的目的论解释"(a unifying teleological threat of interpretation)。她承认,"像其他人文学科的人士一样,历史学家已经不再相信任何形式的'宏大叙事'"。①

亨特的分析可谓一针见血。如前所述,"西方文明史"这一课程的创立,其目的便是为了呈现西方文明的核心价值以及这一价值逐步建立的历史过程。要陈述这一过程——抑或其宏大叙事——叙述体裁似乎是最合适的,而叙述体的历史书写,又是西方史学的一个悠久传统。换言之,用平铺直叙的方式、平静如常的态度叙述历史的演化,让人觉得不偏不倚,正好体现了兰克史学所提倡的"客观性"。但对于西方文明史和西方近代史学的批评者来说,叙述史的体裁正是问题的症结所在。林·亨特在她的文章中引述了桑德·科恩(Sande Cohen)的观点。科恩指出,叙述体裁本身就是"非思考"或者"反思考"(disthought)的,抑制了人们的批评思维。的确,

---

① Hunt, "Reports of Its Death Were Premature: Why 'Western Civ' Endures". 美国马克思主义学者 Thomas Patterson 曾著书系统批判"西方文明史"的概念及其西方中心论历史思维,见其: *Inventing Western Civilization* (New York: New York University Press, 1997)。而对"西方文明史"所反映的线性历史进步观念的反思,可见 Lawrence Birken, "What is Western Civilization?" *The History Teacher* 25.4 (1992): 451-461。

"叙述"(narrative)在英文中与"故事"(story)可以互换,两者基本是同义词,而人们听故事时往往不假思索,跟着故事的情节一路听下去,于是便自然而然地接受了故事所陈述的内容。而这一内容,就是西方文明如何崛起并逐步建立世界霸权的"天命所归"的过程。

科恩是美国史学界最早倡导"语言学转向"的学者之一,1986 年就写作了《历史文化》一书,对历史书写的形式做了深刻的反思。亨特引述的内容便是出自此书。① 当然,比科恩更早、立场同样激烈的是海登·怀特(Hayden White),其初版于 1973 年的《元史学:十九世纪欧洲的历史想象》一书,径直认为所有的历史书写都是一种"言语结构"(verbal structure),没有真实性、客观性和权威性,而是一种、一类"情节"(plot)的展开,不是悲剧、喜剧,便是反讽剧或浪漫剧。② 怀特生前是国际史学史、史学理论委员会的理事,而我亦是理事,并在 2005 年至 2015 年期间担任秘书长,与他有过不少交流。怀特私下曾多次对我说,兰克学派所代表的西方近代史学,危害之处就是那种平铺直叙的风格,让人不知不觉中了圈套,进而认为西方的霸权地位理所当然。怀特被视为历史学界后现代主义思潮的主要代表人物,而后现代主义的史学批评,主要就是针对近代以来的叙述史体裁进行各种各样的审视、反思和反省。③

作为一门通史课程,"西方文明史"在美国教育界还面临另一个挑战,那就是战后特别是 20 世纪 80 年代以来提倡的世界史研究和教学。美国的世界史学会成立于 1982 年,之后发行了《世界史杂志》(*Journal of World*

---

① Sande Cohen, *Historical Culture: On the Recoding of an Academic Discipline* (Berkeley: University of California Press, 1986), 326.
② Hayden White, *Metahistory: The Historical Imagination in Nineteenth-Century Europe* (Baltimore: The Johns Hopkins University Press, 1973).
③ 参见 Keith Jenkins, ed., *The Postmodern History Reader* (London: Routledge, 1997),特别是 Hans Kellner, "Language and Historical Representation", 127-138。另见王晴佳、古伟瀛:《后现代与历史学:中西比较》,山东大学出版社,2006 年。

History)。21世纪又出现了全球史的热潮,《全球史杂志》(*Journal of Global History*)也于2006年编辑出版。① 从当下的趋势来看,世界史、全球史方兴未艾,朝气蓬勃,代表了史学界的一个新气象。也就在过去的半个世纪中,美国大学的历史系几乎都开设了"世界通史"或"世界文明史"课程,我所执教的罗文大学亦是如此。不过,虽然在许多学校,"世界通史"已经取代了"西方文明史",希图给予美国学生一个超越西方的视角,但并不等于所有的学校都已经取消了"西方文明史"这门课,罗文大学便是一例。顺便一提的是,我在历史系任教这么多年,也写作了《全球史学史》这样的著作,② 但至今尚未在系里上过"世界通史"的课程。

林·亨特在90年代讨论"西方文明史"课程时,提出了许多批评,但到文章的最后,她还是认为没有必要废除这门课。其理由是,作为通识教育的一个有机组成部分,"西方文明史"可以发挥历史学的社会功能,为美国学生了解其文化认同和美国在西方文明中的位置,提供一个思考和辩论的场所。③ 这种说法自然有点道理,我也部分同意。不过,就像中国古诗里写的那样,不识庐山真面目,只缘身在此山中。亨特作为一个美国学者,显然

---

① 有关美国世界史教学的兴起,可见 Eckhardt Fuchs, "Curriculum Matters: Teaching World History in the US in the Twentieth Century", in Q. Edward Wang & Franz L. Fillafer, eds., *The Many Faces of Clio: Cross-Cultural Approaches to Historiography*, Essays in Honor of Georg G. Iggers (New York: Berghahn Books, 2007), 279-292; Gilbert Allardyce, "Toward World History: American Historians and the Coming of the World History Course", *Journal of World History*, 1:1 (Spring 1990), 23-76。

② Georg G. Iggers, Q. Edward Wang & Supriya Mukherjee, *A Global History of Modern Historiography* (London: Pearson 2008; Routledge 2017). 此书出版之后,由北大出版社于2013年翻译成中文出版,题为《全球史学史》。该书有了2017年的英文修订版之后,北大出版社也于2019年出了新版。

③ Hunt, "Reports of Its Death Were Premature: Why 'Western Civ' Endures". 亨特这里有点老调重弹,因为1941年美国著名学者 Walter Lippmann 就强调了"西方文明史"教育与整体公民教育的关系: Walter Lippmann, "Education vs. Western Civilization", *The American Scholar*, 10:2 (Spring 1941), 184-193。

没有清醒地意识到西方文明虽然四面楚歌、四分五裂,但其文化上的霸权在今天的世界仍然顽固,并且尚不会在短期内土崩瓦解。曾在澳大利亚求学和任教、现执教于芝加哥大学的迪佩什·查克拉巴蒂的代表作《将欧洲地方化》中也处理了这一问题。此书的基本立场是挑战和质疑西方文明的普遍性,但同时查克拉巴蒂也指出:

> 欧洲人的论著作为历史知识中一个沉默的参照物,显而易见,司空见惯。……第三世界的历史学家觉得有必要参考欧洲历史上的作品;而欧洲的历史学家并不觉得有任何对等的需要。"他们"[笔者注:西方历史学家]在对非西方历史相对无知的情况下创作他们的作品,而这似乎并不影响他们作品的质量。①

简言之,历史学界当下的状况的确如同查克拉巴蒂所描述的那样,非西方地区的史家在写作时往往需要参考西方同行的论著,因为西方史学是一个"沉默的参照物"(silent referent)。而大多数西方学者写作时,却没有同等的回馈。杜维运多年前的著作《与西方史家论中国史学》(1981)中将在西方研究、工作的史家分为"正统"和"非正统"两类。前者指的是在西方治欧洲史的史家,后者则是身在西方但研究非西方的史家。② 我以前认为这种两分法过于绝对,因为以我的经验来看这两类史家之间有频繁的交流,应该不存在那么严格的区分和隔膜。但现在看来,杜先生的这种划分也有其重要之处。那就是他与查克拉巴蒂一样,都看到欧美史家在研究西方历史时,对西方之外的历史基本可以不闻不问。易言之,虽然两本著作的出版时间相隔差不多二十年,但杜先生与查克拉巴蒂能做出相似的观察,可见西

---

① Dipesh Chakrabarty, *Provincializing Europe: Postcolonial Thought and Historical Difference* (Princeton: Princeton University Press, 2000), 28. 查克拉巴蒂也是国际史学史、史学理论委员会的理事,他有次开会时对我说:我虽然批评西方文明,但其实我是一个"普遍主义者"(universalist),也即他并不认为西方文明已经寿终正寝,而是认为其中的一些价值,已经为人类历史所内化和吸收了,无法剔除。

② 杜维运:《与西方史家论中国史学》,东大图书有限公司,1981 年。

方学术文化的霸权地位很久以来并未发生根本性变化。因此，不管是好是坏，"西方文明史"这一课程，看来还将继续在美国大学的校园持续下去。

然而，变化虽然缓慢，但自 21 世纪以来，借助全球史的开展，不少所谓"正统"的西方史家，也在其论著中频频提及西方之外的历史和文化，进行比较研究。以亨特而言，她的研究以法国革命史为主，但在 2014 年出版了《全球时代的历史写作》一书。书中比较了包括北京大学在内的非西方国家的大学历史系课程的设置情况。① 此外，研究欧洲经济史、货币史出身，现执教于斯坦福大学的英国史家尼尔·弗格森（Niall Ferguson）在近年也走出欧洲历史的范围，不但写作了东西比较的著作如《文明：西方和其他》(Civilization: The West and the Rest)，也出版了《中国的崛起与动荡》(China: Triumph and Turmoil)。此类的例子还有不少。也许杜维运先生对西方史家"正统"和"非正统"的划分，将会渐行渐远、终成过去了。不过，历史的演化毕竟不是一往直前，而是充满曲折反复的。比如这次新冠肺炎疫情暴发之后各国的应对，仍然明确显现出文明之间的差异。而只要这些差异存在，"西方文明史"课程或许便有存续的理由，与此同时，学界也需要继续讨论、反思和争辩其功用和价值。

---

① 林恩·亨特：《全球时代的史学写作》，赵辉兵译，大象出版社，2017 年，第 3—4 页。

落基山畔学教史

田宪生(Xiansheng Tian, 1988 年出国留学, tian@ msudenver. edu):1982 年获河南大学英语学士学位并留校任教,1985 年至 1987 年在黄河大学美国研究所研究生学习与工作。1989 年获纽约州立大学历史硕士学位,1994 获俄克拉荷马州立大学历史博士学位。自 1996 年起为丹佛州立大学历史系教授,曾在多所中国高校讲学。著有 *Patrick J. Hurley and American Policy in China: 1944-1945* 及英文论文多篇。合著、合编中英文著作包括:《旅美学者看台湾:二十一世纪台湾社会考察与分析》、《西方史学前沿研究评析(1987—2007)》、*Evolution of Power: China's Struggle, Survival, and Success* 以及 *Urbanization and Party Survival in China: People vs. Power* 等。现任 *American Review of China Studies* 编委会成员。长期担中国留美历史学会理事会理事(1999—2005)、美国华人社会科学教授学会(Association of Chinese Professors in Social Sciences-US)常务理事与执行副会长。

2020年1月春季学期刚刚开始,新上任的系主任詹姆斯(James)[①]就敲门进来,对我说:"嘿,田。意识到你已经在这里25年了吗?"原来学校要为在校教学满5年以上的教师搞一次庆祝活动。当然后来新冠肺炎疫情暴发,这事儿就没有下文了。三月份学校所有课程一律改为网上授课,好几个月大家都没有见面。中间有一次经过校方批准回办公室取文件,发现整个教学楼乃至整个校园都静悄悄没有一个人影,和往日好几万人熙熙攘攘的情景大相径庭,感觉怪怪的。在办公室坐下细细打量,不敢相信在这间狭小的办公室里,我已经待了25年了。窗外依然是市中心林立的大楼,靠窗户的书架上还是摆着过去导师们赠送的书籍,只不过又旧了不少。好在书架的第二层多出了一排比较新的书,都是过去这些年自己撰写或与同事们共同撰写和编辑出版的著作,看着心中颇有些成就感。几天后就收到《在美国发现历史》两位主编的电邮,邀请书中的各位作者考虑再写一篇在美国如何教历史的文章,以"给不同层次和不同类别的读者带来不同的启发"。没什么好说的,欣然同意。想到本书其他作者(许多是多年的老朋友)一定会分享他们珍贵的教学经验体会甚至高深的教学理论,自己心里便暗自决定不再重复大家的议题,还是记录一下自己教学经历中的教训和一些同事和学生的趣事吧。

回想起来,25年前刚刚受雇于这所位于市中心、以教学为主的州立大学时,心里还是惴惴不安的。尽管出国以前在国内大学教过几年书,读博期间也做了好几年助教,可这一次毕竟是自己独挑重担了。在这条路上,历史系老主任史蒂夫(Steve)可称得上是我的引路人。他是丹佛州立大学的创始员工之一,担任系主任也有好多年了。作为科罗拉多州最权威的地方史专家,他关于科罗拉多州和落基山地区的几本书是本州乃至其他州不少学校的教材,可他一直是那么低调,勤勤恳恳地工作,不但坚持每学期要教一门一年级新生的基础课,还把辅导我们这些新教师当作他最重要的工

[①] 为保护个人隐私,本篇中人物的名字均为假名或 first names。

作来做。我们这些新人当然也是一有问题马上就想到满头银发的史蒂夫。在选择美国史课本时,我接受他的忠告,选了一本很热门的通史课本,另加一本对传统历史教科书批判力度极强的课本①。课堂上我鼓励学生们把两本书进行对照阅读,使他们马上意识到即使是面对同一历史事件或历史人物,不同的解读竟然可以那么天差地别。所以我们必须学会倾听不同的声音,保持头脑清醒而不是偏听偏信,不去迷信权威而是用批判性眼光和思维看待周围的一切。每一学期的第一堂课基本上都是这么开始的。

在教学中,我们这些新教师都被告知要引导学生(尤其是历史专业的学生)学会利用原始资料研究历史,而不是一味听老师自己讲述、解读历史。比如在讲到鸦片战争时,我就选用林则徐致英国女王信、《南京条约》原文和英国文武官员、商人与传教士的书信等原始文件作为辅助阅读资料,使学生能够更充分了解和理解历史事件的来龙去脉与前因后果。班上的中国学生反应尤其强烈,特别是在读到1900年慈禧太后颁布懿旨向西方11国发出宣战诏书时,不少人表示从来没听说过。

提到批判性思考,不得不提到我的一个学生。阿曼妲(Amanda)是一个极聪慧的学生。她两岁时被她的美国养父母从韩国的孤儿院认领带回美国,从此改变了人生轨迹。进入我们大学后,她发愤图强,各门功课力拔头筹,四年一路下来,门门课程皆优,毕业时成为全校仅有的几个全A的学生之一,不仅获得学生最高荣誉——校长奖(Presidential Award),而且代表全体毕业生在毕业典礼上致辞。大二时她选修了我的东亚近代史课,结束后申请到中国学习(我还为她写了推荐信),在四川大学和北京大学学习一年。三年级时她回校又选了我教的现代中国史课。又见面时吃惊不小,猛一听还以为她是个北京小姑娘,一口带北京口音的普通话说得那叫一个流利。除了对韩国的历史极感兴趣,她对中国的感情也日益增强。她还决定

---

① James W. Loewen, *Lies My Teachers Told Me: Everything Your American History Textbook Got Wrong* (New York: The New Press, 1995).

学期论文要写 19 世纪日本和中国的改革运动的比较,我当然大力支持。通过查阅大批原始文件和其他资料(她可以不费什么力气地阅读中日两种文字),她在论文中详细比较了日本的明治维新改革和中国的洋务运动。她发现,日本的改革涉及整个社会的各个方面,如陆军参考德意志帝国陆军系统,海军仿效大英帝国海军,金融制度照抄英美,教育系统学习美国的公共教育体制,等等。当然这是岩仓使团(Iwakura Mission,1871—1872)出使西方各国学习的结果,但也充分显示了日本人虚心好学的精神。这一系列的改革运动使日本在短短二十多年里从一个落后的岛国发展成为世界列强之一。反观大清帝国,洋务派的改革建议屡屡受挫,改革仅限于军队和军事工业方面,而且都是政府垄断,社会大众并无参与。外交改革虽也有动作,但总理衙门没有什么权威,而且处处受到掣肘,其属下的同文馆连学生都招不到。虽然在 1871 年费尽周折送出第一批留美学生,可是最后还是被全数召回,理由竟是怕这些学生被"西化"了。大清统治者没有认识到,西方的工业革命并不是横空出世,而是欧洲多年的宗教改革、文艺复兴、启蒙运动、思想解放和科学发现的结果。"用传统的封建思维怎么可能指挥现代化的军队和工业,并管理一个现代化的社会呢?"问得多好啊,一个刚刚二十岁的本科生的学期论文竟然如此让人耳目一新。①

说到利用第一手史料,帕特里克(Patrick)的名字马上就浮上心头。这也是一个勤奋的学生,虽然他入学时早已过了大部分学生的平均年龄,属于那种"非传统"(non-traditional)的学生。② 作为一个退伍老兵,他选亚洲

---

① 阿曼妲(Amanda)毕业后就读位于华盛顿的一所大学研究生院,我又为她写了推荐信。她回信表示感谢并称学习亚洲史开拓了她的眼界,使她意识到世界之大和多样性。研究生毕业后和她失去联系,有同学猜测可能与她的工作性质有关,我猜想大概是政府保密部门的工作吧。

② 所谓传统的本科生指高中毕业后直接进入大学的年轻学生,年龄在 18—22 岁之间,所以超过这个年龄段的成年学生被统称为"非传统"学生,我们学校年龄最大的"非传统"本科生毕业时已是 74 岁。

历史课可能跟他曾在关岛和釜山服役有关。他的学期论文是关于二战期间著名的"飞虎队"的。他的伯父是二战老兵,向他讲述了不少战争中的故事,其中让他着迷的就是陈纳德将军的美国志愿航空队。为了写好这篇论文,他查阅了大量史料,包括不少飞虎队成员的日记和官方文件,他甚至打电话访谈了几位尚存的飞虎队成员和家属。他的这篇关于三百多名最早的飞虎队成员的学期论文可以说不亚于任何研究生级别阶段的论文,其中他列举了不少飞虎队成员的个人经历,以及陈纳德将军费尽周折招募美军志愿者、为中国空军购买飞机和零件以及与日军浴血奋战的经历。最感动人的部分是对"铝通道"的描述:在为中国抗战运输物资飞越喜马拉雅山脉时,美军几百架飞机在恶劣的气候中撞山坠毁,很多飞虎队成员阵亡;坠毁的飞机碎片散落在航线两侧,反射着阳光,如路标一样,"我们不需要领航员,看着地面上的飞机残骸的反光,就可以飞抵昆明"。在论文的结尾处,他还提到许多阵亡将士的名字和不少人访问武汉和南京航空公墓的记述(那里埋葬着不少在中国抗击日本侵略而阵亡的外国人),为我们了解中美两国二战期间并肩作战的情况做了很好的总结。后来我在国内大学讲学时也讲到这个故事,竟有不少中国学生告诉我他们从来也没有听说过飞虎队的名字,令人唏嘘不已。

另一位学生约翰(John)也有近似经历。这位陆军预备役(ROTC)军官也是一个孜孜不倦的好学生,对战争史尤为专长,他的学期论文是关于日俄战争中的对马海峡战役。① 一个学期下来,他到我办公室十几次和我讨论他的论文。使我惊讶的是,他居然搜集到那么多原始资料,包括美国军方的文件和官兵的信件回忆录等等。学期结束时,他最后一次到我的办公室表示感谢,为此还送了我一本书,*The Collapse of the Soviet Military*②,这是

---

① ROTC(Reserve Officers Training Corps)即美国预备役军官训练团的简称。许多大学都有不少学生加入该训练团,由军方出资帮助他们完成学业以及学期间和夏季的军事训练,毕业后授少尉或中尉军衔到军队服役数年。

② William E. Odom, *The Collapse of the Soviet Military* (New Haven: Yale University Press, 1998).

一位退休的美国陆军上将的旧作。稍加留意立刻发现作者的姓和 John 是相同的，一问下来才知道作者就是 John 的祖父，原来是位将门虎子啊！

  我教的好几门课是通识教育课（General Studies），绝大多数学生是非历史专业的，不少人对写历史论文一筹莫展。为了帮助这部分学生，我鼓励他们选择和他们专业有关的历史作为研究题目，并专门为他们开了一堂讲历史论文如何选题的课。东亚近代史班上有一位女生，音乐专业的，是非常棒的长笛手，只是因为好奇选了这门课，写论文让她发了不少愁。我就引导她考虑挖掘一下日本音乐的近代发展。几天后她发电邮告诉我，她已经找到研究对象了。论文交稿截止期前一天，她兴冲冲地来到我的办公室，把厚厚的一叠纸呈上来，论文将近有三十页。她告诉我，自学期刚开始和我谈话之后，她就开始搜索关于日本音乐的资料，无意之中发现在日本幕府时期，有一个佛教分支被政府收买，其信徒以游方僧的身份为掩护，黑纱遮面，四处巡游，专门收集各地大名和武士活动迹象的情报向幕府报告。而他们之间的联络方式竟然是通过他们随身携带的长笛，吹奏不同的音符和曲调表达不同的意义，内容只有他们自己明白。当然明治维新之后这些为德川幕府当奸细的僧人下场相当惨。这个事件我好像在哪里读到过，却从没有认真查阅，如今竟让一个非历史专业的二年级本科生给发掘出来了。

  在与老主任史蒂夫和其他几位老教授的谈话中，我们都认为，如果学生在你讲课的时候打瞌睡，那么你这堂课就是失败的。历史课绝不应该只是让学生背诵人名年月，而是启发学生思考，理解历史事件的前因后果，以便明白我们当今的世界为什么是这个样子。为了鼓励学生投入更多的注意力，我向其他同事学习，让学生自己关注周围正在发生的事情并与我们所学的历史结合起来。例如在东亚近代史课上，学生可以在授课开始前的几分钟里报告发生在东亚国家的新闻，如中国的环境问题、日韩之间的竹岛之争、日本社会老龄化问题、中美经贸摩擦等。如果学生花功夫写出一篇新闻综述或读书笔记还可以获得加分奖励。

另一个吸引学生注意力的办法就是让他们所学的历史与周边环境联系起来。例如在移民史课上，我会带学生到市中心的地标"1880年排华骚乱纪念牌"并讲述当年发生在那里的事件。1880年是选举年，但是经济下滑，失业状况严重，不少政客为了选票打起了种族牌，称来自中国的移民劳工抢了美国人的饭碗，发誓要把中国人赶走。10月31日，一群失业的爱尔兰裔铁路工人和当地华人在酒吧发生冲突，谣言立刻传遍全城，说是"中国佬"杀了一名白人。美国历史上最严重的种族暴乱发生了：多达五千人包围了唐人街，打砸抢烧持续将近一天，所有中国人开的店铺、饭馆、洗衣店尽数被毁，多人被打伤，一个开洗衣店的中国工人丧命。疲于奔命的警察只能把逃出来的中国移民转移到不远处的监狱保护起来。市政厅召开紧急会议，决定临时雇用私人侦探帮助警察维持秩序。这支由五十多人组成的队伍里大部分是恶名昭彰的"讨债鬼"（bounty hunters），一个个五大三粗，手持霰弹枪。五十支枪同时向天空和地面各开一枪，镇住了暴徒，并威胁第三枪就会平射，人群方才散去。一片狼藉的唐人街再也没有恢复过来，华人没有得到一分钱的补偿，私刑杀人的罪犯竟以证据不足为由获得释放。繁华一时的丹佛唐人街就此消失，大部分华人移居纽约或旧金山的唐人街。两年后，臭名昭著的排华法案在国会通过，整个美国的排华浪潮开始了。20世纪60年代后一栋栋拔地而起的大厦替代了旧城，唐人街唯一留下的痕迹也就是那个地标牌了。事件中当然也偶有人性的显现，例如一名赌徒一个人持枪保护了一个华人家庭，"Nobody hurt my Chinese buddies"。还有一家妓院的老板带领一群妓女用霰弹枪、破玻璃瓶和高跟鞋拦下暴徒，解救了三十多名逃跑中的中国移民。学生们都听得目瞪口呆：长这么大怎么头一回听说有这种事，我们每天都从这里走过啊！好几个学生当场决定学期论文就写这个事件，这堂课的效果极佳。

此事让我决定继续使用这个方法让历史课堂变得更加生动。当"现代中国历史"和"美中关系史"课讲到辛亥革命时，我指着教室外的市中心楼群说："大家下了课到那家大酒店（Brown Palace Hotel）问一下，三楼西南角的那个房间都住过什么著名人物，下堂课回来汇报。"隔天的下一堂课刚开始，几个学生就竞相举手报告：

"1911年那里住过'中国的乔治·华盛顿'——他的名字叫孙逸仙！"

"他就是从那里启程回中国就任中华民国临时大总统的！"

"我还查到了《丹佛邮报》(Denver Post)和《落基山新闻》(Rocky Mountain News)1911年10月的报道，武昌起义时，孙就在咱们丹佛！"

整个课堂好不热闹，学生们发现原来这个地处北美西部的山城竟然和中国有这样的渊源。

我告诉大家，还远不止这些呢！课程进行到与二战相关的内容时讲到了滇缅公路这一美中合作的例子。下课后我让学生跟我一起走到北教学楼一楼，指着走廊里的一幅中国人照片告诉他们，这位陈孚华教授（1986年退休）就是滇缅公路的总工程师。陈的父亲陈模是武昌起义前试验炸弹不幸遇难的两位烈士之一，他则由国民政府以资助烈士遗孤的名义送往美国留学，学成后回国参加了许多铁路公路的建设。抗日战争开始后，他被中央政府任命负责修建滇缅公路，历经艰险，克服无数困难，成绩显著。后来日军进攻，许多工人和技术人员被杀，他自己也差点遭日军杀害，九死一生，为此重庆中央政府曾授予他极高荣誉。1949年后，他辗转从香港前往美国，在丹佛落脚，卖掉他珍藏多年的集邮藏品成立了一家建筑公司（Chen & Associates）。此时，陈孚华的丰富经验，尤其是对土壤膨胀的研究已经让他颇有些名气（他在此专题方面的著作已经成为该专业的必读课本）。美国中西部许多地方的土壤膨胀问题让建筑工程师们伤透了脑筋，因为土壤的膨胀会逐渐损害建筑物的地基甚至引起建筑物的倾斜和倒塌，而陈的经验和技术极大程度上解决了这个问题。20世纪80年代的城市建设中，陈的公司屡建奇功。为此，科罗拉多州州长在他的嘉奖信中极力赞赏："我们丹佛市中心的这些大楼一大半的地基都是Chen & Associates建造的。像陈这样的华裔美国人为我们骄傲的城市立下了汗马功劳！"同时，陈孚华还在科罗拉多大学丹佛校区的工程学院执教,并担任科州华人科工会会长以及另外三个科州和全美的科学工程学会主席。20 世纪 80 年代末退休时,他将自己一生收集的资料、著作、实验结果和相当数量的款项捐献给科罗拉多大学,学校则以他的名字命名了一个实验室和图书馆,他的照片也就一直出现在教学北大楼的墙上。[1] 班上的学生激动不已,一位华裔男生立即表示陈孚华就是他的表率,一定要好好研究这个在我们身边的伟人。听说这位学生后来还真改学工程去了!

二战的课还在继续进行,很快就又讲到了飞虎队。陈纳德将军的事迹让不少学生非常感动,以他为研究对象的学生不少。我问大家,他的中文底子有限(虽然后来娶了中国太太陈香梅),那么他在中国怎么和人交流呢?当然是通过翻译了。那么谁是他的翻译呢?大家都摇头。我指着脚下的地板告诉大家,他的那位翻译官就曾经站在这个教室里上课——又轮到大家睁大眼睛合不拢嘴了。事情真是如此,那位翻译官的名字是易岳汉(英文 John Yee),昆明人,一家教会学校(Southwest Union University)的学生。1937 年"8·13 上海会战"失利后,中国海军全军覆没,空军也几乎损失殆尽,日本空军几乎可以在任何时候选择任何中国城市进行轰炸,失去空中保护的中国军民死伤无数,易岳汉就亲眼目睹了不少惨剧。有一天空袭警报又一次响起,但这一次情况不同,他注意到有几架有中国空军标记的 P-40 战斗机如狼入羊群一样杀进日本轰炸机的编队,一举击落好几架日机。昆明人民敲锣打鼓来庆祝,原来这就是陈纳德将军的飞虎队进入中国后发动的第一波攻势。兴奋无比的易岳汉听说美军急需会说英语的人作翻译,他二话没说马上离开学校参了军,成为陈纳德的翻译。与其他翻译比,他和陈相处的时间最长,成为好朋友。在此期间易岳汉负责美军飞

---

[1] 请参考陈孚华(Fu Hua Chen), *East and West: Life on the Burma Road, the Tibet Highway, the Ho Chi Minh Trail, and in the United States* (Boulder, Colorado: University Press of Colorado, 1996) 和其他相关资料。本人利用这些资料撰写了一篇论文,在留美历史学会的年会上宣读,引起不少同行的注意。

虎队和中国军方及民间情报系统的联系,利用庞大的预警系统掌握日本空军的动向,屡屡挫败日军的空袭计划。陈纳德回美后,易岳汉也在1944年被中方派往美国帮助训练中国的飞行员。1949年后,易岳汉选择留在美国,并在陈纳德和其他几名军官帮助下办理了移民手续。科罗拉多州是美国空军的重要基地,他便选择就近落户丹佛并担任本地二战老兵联谊会(China-Burma-India Veterans Association)的主席。从丹佛大学和科罗拉多大学研究生院毕业后他就在丹佛东部阿罗拉(Aurora)学区的一所高中任教,后来还不时到我们学校代课,而且真的使用过我们所使用的教室。美中1979年建交以后,他曾返回老家,帮助昆明和丹佛建立了友好城市关系(sister cities)并成为该委员会的终身名誉主席,组织过很多促进美中友好的活动。每次与老先生见面,我都肃然起敬,起立向这位英雄致礼,他也会用标准的军礼回敬。后来我还邀请易岳汉上尉(他退伍时的军衔)到我班上讲述二战时期的故事,可惜只讲了一次之后,老先生的白内障和青光眼发作,视力渐渐丧失,参加外出活动的机会也就很少了。2019年春,噩耗传来,易老先生辞世,永远离开了我们。令人稍感欣慰的是,在他过世前几年,美国国防部在科罗拉多州国会参众议员们多年的努力下终于承认了易岳汉先生的二战老兵身份(此前政府总是推脱,因为易是在中国战乱后决定留在美国,因此无法享受老兵待遇,陈纳德将军和其他长官的保证书都不管用),哥伦比亚广播公司(CBS)还做了专门报道。讲完这一系列内容,可以想象班上学生们的反应——历史就在我们身边啊!

老主任史蒂夫的另一条忠告是关于学生论文抄袭现象的,这种事当教师的大概都有经历。每个学期我都会花至少一节课的时间讨论此事的严重性,并增加有论文写作要求的课程,教会学生如何使用注释以标明资料来源。班上有的学生对此事几乎没有任何概念。其中有一个学生抄袭明显,竟将原作者的简介都抄进去了。我知道一味惩罚并不一定会对他有什么帮助,于是我就着重强调此事,让他重新再写,并提醒大家注意。一个学期下来,许多学生纷纷表示感谢,说这是他们最有收获的一门课,不但学习了历史,写作也大有收获。抄袭现象其实不仅仅出现在学生中,大名鼎鼎的学者照样有犯事儿的(我在《在美国发现历史》中的文章已有详述),其实我身边就曾经有这样的事情发生。①

  马丁(Martin)是在我之后四年加入历史系的。他身材高大,相貌堂堂,声音洪亮,每天总能听到他爽朗地大笑,人缘也是出奇的好。作为系里教职资格审查委员会的一员,我极力赞同他获得终身职位。他教的西方文明史和罗马帝国史是整个校园里最受欢迎的课之一,学生评价极优,同事听课评分也大大高于平均值。此外,几年里他还发表了好几篇论文,出了一本书,甚至担任一个历史专业期刊的编辑。几位教西方文明史的同事对他佩服得很,因为他是我们历史系(甚至全校)唯一一位可以读写拉丁语的人,对古罗马钱币的研究也颇有独到之处。他得到终身职和升职看来应该是板上钉钉的事儿了。就在委员会要投票做最后决定时,系里收到一封来自一个专业历史学会的信件,正言告知我们马丁涉嫌抄袭被控告。经该学会调查,已经证实确有其事并以该学会名义对他进行谴责,同时请求我们系也展开调查。大家伙全都愣了,有人马上就提到马丁最近有些惴惴不安。委员会把他找来给他机会解释,他便把事情的原因一一道来。控告人是他的同门师兄(他们的大佬导师声名显赫,几个师兄弟都顺利毕业进入高校成为教授)。马丁深受导师信任,以至于老先生在去世前将自己亲手创刊并维系多年的专业期刊交给他打理。在整理导师遗物的时候,马丁发现一些老师收藏的学生优秀作业论文,其中一个文件夹上就写着马丁的名字。读完其中的论文,他感觉不错,略加修改便发表在自己做编辑的期刊上了,据说该文的评价还不错。可是不久后,同门师兄就状告专业学会,称这篇论文是自己的作业,并找出当年有导师批语的原稿。我们教职委员会的几个成员深感事关重大,全系乃至全校都在盯着我们呢!几轮讨论下

---

① 田宪生:《从手指湖到落基山——我的导师和我的学史历程》,王希、姚平主编:《在美国发现历史——留美历史学人反思录》,北京大学出版社,2010年,第327—342页。

来，大家都意识到想要保住马丁是希望不大了。学术界最大的禁忌就是抄袭，发表的论文和有导师批语的原稿绝大部分相同，是不是老师把学生作业搞混了已经不重要，抄袭看来是坐实了。尽管还有不少同事想留下他，可是委员会和全系投票结果还是否定了他的终身职(tenure)申请。马丁还可以继续教完这一学年的课，但是他的学术生涯却最终画上了一个不光彩的句号。

和史蒂夫经常聊天，还注意到一个现象。和其他老一代的教授们一样，史蒂夫对许多新一代历史学家只侧重某一历史领域而忽视了"大历史"的倾向感到忧虑。比如我们系近年来就招收了几位专攻妇女研究和社会史等方面的专家。他们在各自的小领域里搞得风风火火，却对其他方面知之有限甚至有意回避，例如美国外交史干脆就没有人愿意或者能够承担教学工作。史蒂夫尤其对系里一位教授有看法。这位教授课堂上讲的几乎全是他自己信奉的观点，而不注重史实。学生论文的观点与他相同一律得A，不同就给低分或不及格。学生抱怨，老主任也婉转地向他提起，可是这位就是油盐不进，我行我素，谁也没有太好的办法。好在学生们还可以在其他课上学到东西，不至于变成激进派。"学术自由被滥用了!"对史蒂夫的观点我深以为然。如果历史教学只注重某一事件、某一历史时期或者某一部分人，很可能会使人抽去历史的前因后果而孤立地看待历史上发生的事情，而就此作出的结论也肯定是片面的。评价历史人物只能把他们放在当时的历史环境中加以考虑，使用当今流行的价值观念去衡量历史人物显然是不合适甚至不公平的。

另一个不容回避的问题就是所谓"政治正确"的现象。自20世纪60年代晚期兴起的这个运动也许初衷是好的，是为了纠正对弱势群体的歧视。但近年来，这种现象却大有泛滥的趋势，在历史教学中就有例子。例如在教学中一些历史名词已经成了禁忌，即使引用它们是用来批判都会招致麻烦。美国大学校园中大部分教师属于自由派，保守派很少，所以政治正确的现象就格外显著，对学生的影响可谓相当严重，似乎学术自由的领地正在逐渐缩小甚至消失。例如以言论自由运动著称的加州大学伯克利校区甚至出现不同观点的演讲者被赶出校园的现象，还有教授不小心用错了称谓就被停课、开除。这明显已经是矫枉过正了，继续下去肯定会走向另一个极端，不得不防。当下的形势是大家心照不宣，谁也不愿意当领头羊出来纠正这个趋势。虽然我周围这些比较保守的老教授年轻时都曾是敢想敢干的自由派人士，但现在对当下这些过头的举动也觉得相当忧虑。

分数膨胀也是一个不小的问题。近年来，不少大学将学生对教师的评分作为教师晋升的重要指标，这就迫使很多教师为讨好学生而放弃原则提高学生的分数以换取较好的学生评分，学生成绩分数大幅度膨胀已经不是少数学校的事情了。为了解决这个问题，一些学校，包括我们学校就把同行听课评分（peer review）的比重加大来抵消一部分学生评分的影响。我本人就经历过好几次这样的事情。有的学生平时学习不努力，对低分数不满，吵吵闹闹地以各种理由要求加分，成了令许多教师头痛的事。为了解决这些问题，就不得不增加工作量，在试卷和论文上增加更多的评语，指出为什么此处要减分。这当然是费力也不一定讨好的事儿，不能解决所有的问题。要不要把大学商业化，像管理公司那样控制起来，把学生像供奉顾客上帝那样宠起来，已经是不少学校乃至整个教育界必须面对的问题了。

教育商业化的典型当属美国大学理事会（College Board）所属的教育考试服务中心（Educational Testing Service，ETS）。它是美国最大的集教育、研究、考试于一身的营利组织（虽然它一直坚称自己是非营利组织），负责全美乃至世界各地的各种类型考试。中国国内同学应该对它每年举行数次的托福（TOEFL）和GRE考试非常熟悉吧。在美国，由此公司负责的SAT（Scholastic Aptitude Test）考试几乎成了高中生进入大学的必经之路。该公司也负责全美高中的预修课程（Advance Placement），囊括几乎所有相当于大学基础教育的课程。如果学生预修考试成绩优良，入大学后这些课程就可以免修，所以不少学生在高中期间就会选各种预修课程。美国通史就是其中最大的一门课程，每年总有数以百万计的学生参加考试。自2002

年起，我就应邀成为每年夏季举行的美国通史预修课程考试的阅卷老师。在超过二千人的阅卷老师里曾经有不少亚裔，包括好几位留美历史学会的成员，不过近年来这些熟悉的面孔逐渐消失了，截至2020年夏天好像只有我一个原籍中国的人了，颇感孤单。这么多年下来，以本人对美国通史预修课程的了解应该可以写一篇论文了，可是每一个阅卷人都和公司签有保密协议，不可以泄露被认为是机密的细节，所以也就没有动手。不过，谈谈这门课程和考试的基本情况也许对一些同学有帮助吧。

  该课程的专用课本是由不少学者集各种课本之大成的作品，内容偏"左"一些，非常详细，远超普通历史课本。教授这一课程的高中老师需经过预修课程的专门培训认证方可教学，而每年夏季进行的大型阅卷工作则由大学历史教授和高中预修历史教师组成的团队负责（参加预修阅卷还可以帮助高中教师积累一定的进修学分，在晋升方面有所帮助）。试卷本身由几个部分组成：多项选择题（Multiple Choice Questions，这一部分今后有可能被取消）、短文写作（Free Choice Essays）和以原始历史文件为基础的总结性写作（Document-based Questions，DBQ）。其中多项选择题由电脑自动计分，而写作部分只能由老师来判卷了。试题涵盖美国历史各个不同年代，要求学生不但对历史事件始末了解清晰，而且要对事件的前因后果有准确的认识。大半时间里我负责批阅写作部分尤其是总结性写作，所以可以谈一谈这方面的经历。

  总结性写作试题由一些原始的历史文件组成，如当年的报纸社论、个人的日记、目击者的叙述、照片或政治家的演说等等。学生要在限定的时间内完成阅读，把这些文件捋顺，然后再组织自己的观点，用这些历史文件作为依据为自己的观点进行辩护，并最终得出有逻辑的结论。阅卷前的阅卷老师培训面面俱到，详细至极，即使经验老到的历史教师也要十分用心努力，不然自己的判分可能与判卷标准相去甚远。例如，学生的短文必须有清晰明了的主题论点（defensible Thesis/Claim）和对该历史事件发生的因果叙述（Contextualization），两项占总分20%（2020年的试题是关于美国独立战争对社会各个方面影响深度的讨论)。如果学生只是笼统地重复试题原文或不能提出可为其主题辩护的理由,这20%的分数就泡汤了。对历史文件的理解与解读占50%,学生不但要正确理解原始文件作者的原意,还要和当时的历史发展联系起来,并且能够用来为自己的主题论点进行辩护。这对十几岁的高中生是个严峻的考验,因为有些文件中使用的英语很多是二百多年前的形式,即使是对美国历史有一定了解的人也可能会误解,所以误读不时发生。学生必须能够在有限的时间内做出正确判断并解释清晰方可得分(30%)。除了题目所提供的文件外,学生还要利用自己过去所学的知识举出其他例证来为自己的主题论点进行辩护才能够挣下这一部分的其他分数(20%)。而还有30%的分数是考验学生分析推理能力的。学生要做出自己的分析,解释证明至少一个历史文件中的观点和目的以及当时的历史原因来支撑自己的观点(20%)。这恐怕是整个答题过程中最具挑战性的一部分了,刚刚开始参加阅卷时,我一直认为让高中生来回答这样的问题有点太勉为其难了。但是在现实中我们还真是遇到过这样的学生,答题如行云流水,语言通顺,证据解读完全正确,分析头头是道,连我们这些教历史多年的老师们都禁不住竖大拇指。事情到此还没有结束,试题最后10%的分数要求学生把试题中的历史事件放在历史的大环境中进行讨论,发现各个不同因素所引起的历史性的变化或者持续,以及它们之间的关联和跨时代的影响力。考题还鼓励学生去引用不同的历史观点进行讨论。这一个最近几年才添加的项目可谓新颖,我自己都感到吃力了。

很明显,预修考试在美国高中教学中发挥着指挥棒的作用。教授这些预修课程的教师必须接受培训,掌握一些技巧,引导学生对历史学习产生兴趣并掌握基本知识,同时又要学会批判性思考兼练习英文写作。我自己就深刻体会到高中老师们的不易:面对那些桀骜不驯的青少年,能让他们安安稳稳地坐下来听课就不容易了! 美国高中学生的水平非常参差不齐,充分反映了各地学区不同的教学水平。虽然试卷上没有标明学生和他们学校的名字,有经验的老师通过学区代码一眼就能看出来该生来自哪里。从学生的答题方式也可以看出授课老师的方法和水平,常常是来自同一学校的学生使用同样的方法回答问题,连使用的词语和句型都非常接近。2020年夏天在肯塔基州进行阅卷时就遇到这样的情况:整整一个文件夹的学生卷子的答案如出一辙,无论是自由选择的写作还是总结性写作一律与种族主义相关,狠批几乎美国历史上的一切,与试题所问的问题毫不相干。可见这位老师是一位对美国历史十分不满的人,课堂上大概是一通批判吧。这种现象出现过不止一次,是一个不容忽视的问题。这样教育下长大的孩子是不是会对社会充满了仇恨呢?还有一个现象必须注意:许多学生报名参加预修考试,可从头到尾一题也不作,在试卷上画画儿,写信抱怨老师,甚至写自杀遗书(对此有专门政策,会立即通知该生的学校)。为什么报名参加考试却什么也不做呢?一些参加阅卷的高中老师反映,一些学区为了让本区教育成果评分提高,将有多少学生选修预修课程并参加预修考试作为评分标准之一,至于学生是不是真的去上预修课或者学到了些什么,这些教育官员似乎并不太在乎。他们甚至出钱为学生报名参加预修考试,而考试成绩则不在评分考虑之列。这不是浪费公共资源还害了孩子吗?这个现象充分显示当下公立学校的问题,公共教育系统的改革如果不是为时已晚的话,恐怕也是迫在眉睫了。

近几年来,预修课程、预修考试以及SAT/ACT等考试项目也招来很多批评,一些大学(包括常青藤院校)开始不再把这些考试的成绩作为入学的标准之一了。这当然又引起新一轮的辩论,涉及这些考试成绩与学生进入大学后学术发展是否绝对相关的讨论,以及学生高中平时的总成绩和学生的个人经历(甚至族裔)是否应该成为学生入学时的主要考量标准,等等。平权法案(Affirmative Action)已经实施很多年了,那些历史上曾经受到不公正待遇的少数族裔受益颇多,以至于近年来一些亚裔和白人认为自己成为"反向歧视"的牺牲品。一些亚裔学生的父母甚至状告一些常青藤大学,认为这些学校为照顾某些少数族裔学生而牺牲亚裔学生的利益,使这些优秀的亚裔(主要是华裔)学生即使入学考试成绩远高于其他学生也依然无法进入他们心仪的大学。这场辩论和当下的反种族主义运动几乎同时进行,是无法绕过的一个社会问题。美国全社会将做出什么样的决定,我们都将拭目以待。

2020年剩下的时间不多了。我猜想整个夏天同事们大概都在忙着把自己平常所教的课程搬到网上,然后在家里教网课。我自己就是这样的——由于学校突然决定不再使用已经用了多年的网上授课网站Blackboard而采用更新的Canvas,大家都需要重新接受培训,上至少8个不同的训练课程,任务不轻。写这篇文章就只好利用晚上的时间了。不过这倒是激起了我面对挑战的决心——过去几十年不都是这么一次次闯过来的吗?8月底新学期开始后,网上授课进展顺利,自己也逐渐对新技术有了较深的理解,掌握了一些新的技巧,收获不小。这好像也应了自己多年来信奉的:"The more I learn, the more I realize how much I don't know"(学的知识越多越能感到自己的无知)。爱因斯坦这句名言大概要伴我终生了。未来肯定还会有新的挑战,那么直面这些挑战就是了,人的一生不就是一个不断学习的过程吗?活到老就学到老吧。

从"土教师"到"洋教师",从西方文化追随者到中华文化大使

魏楚雄(Chuxiong George Wei,1988年出国留学,cwei@hksyu.edu):香港树仁大学历史系卓越教授、系主任,河南大学世界史讲座教授,博睿出版社东西方交流丛书主编。河南大学世界现代史硕士、美国华盛顿大学历史系博士。曾任上海社会科学院历史研究所助理研究员,美国托雷多大学、惠特曼学院访问助理教授,萨斯奎汉纳大学副教授,亚洲研究中心主任和历史系主任,澳门大学历史系任教授、系主任,北师大香港浸会大学联合国际学院协理副校长,美国亚洲研究协会亚特兰大分区顾问团成员,上海社会科学院历史所客座研究员,苏州大学历史文化学院讲座教授。主要研究领域为东方文化与外交、中美关系史、民族主义、中国传统文化等。曾获诸多国内外学术奖,撰写及主编或合作主编的中英文学术著作近20种,发表中英文学术论文七十余篇。曾任中国留美历史学会第十三任会长(2005—2007)。

从"土教师"到"洋教师",从西方文化追随者到中华文化大使

从知青到乡村"土教师"

当老师,而且是到美国大学当老师,是我在上半辈子做梦也想不到、做梦都不敢做的事情,因为我们"老三届"的命运,就是上山下乡。1969 年 3 月,我和上海一批重点中学的高材生们前往河南兰考,开始了我的插队生涯。兰考的生活条件异常艰苦,劳动强度也极高。但正是在那种特殊的环境里,我居然走上了一条通过自学而走向大学之门的路!我的几位高中生兰考"插友",知识面广、思想活跃,无形中成了我的业余老师。他们还不知从哪里找来了许多当时的"禁书",包括世界文学名著以及《唐诗三百首》《宋词三百首》《十万个为什么》《初等代数》《高等代数》等知识性书籍,它们成了我可以畅游其中的知识海洋!这些书籍以及知青之间的思想交流和探讨,大大丰富了我的知识和阅历,成为我人生的第一次启蒙,也为我之后考上大学奠定了基础。我经常清早四五点钟就起床,借助刚刚恢复的体力,挑灯晨读。马恩列的一些著作都是这样看完的。尽管当时对这些书还一知半解,但这样的自学,却奠定了我的历史基础知识,并帮助我掌握了一些学习研究历史的方法,对我后来参加高考以及报考研究生至关重要。更重要的是,古代志士在唐诗宋词中所表现出来的高尚情操和人生境界,以及西方经典对人性和生命意义的探讨,成了奠定我人生观和克服艰难困苦的精神源泉;而对马恩著作的研读,则养成了自己关切人类和国家命运的习惯。当一个人比较多地关心国家大事时,就不会轻易被个人生活中的琐碎烦恼所压倒了。

从这些书籍中,我了解到 19 世纪国外一些知识分子投身于扫除农民文盲的事迹,因而萌生了同样的念头。在生产队领导的热心支持下,我开始了乡村"土教师"的生涯。"开学"那一天,许多小孩子、大孩子甚至青年人都来了。我先教他们汉语拼音,以及最简单的日常生活用字。"学生们"个个兴趣盎然,劲头十足。随后,我又教他们唱歌。他们中有人唱走调,有

人扯着嗓子喊，不堪入耳，但没人在乎。在没有普及手机和电视机，连收音机都很少见的乡村，唱歌从此成了大家的一种娱乐方式，农田里到处回荡着我所教的歌曲，让我深感做老师的神圣。此外，我们上海知青还扮演了卫生"老师"的角色，给农民讲解一些普通卫生常识，并用从上海搜集来的各种常用药物，给农民医治小毛病，如用在上海中医学院快速学会的针灸技术，给他们治疗胃痛、胀气等，常常一针见效。结果，农民们称我们是"上海来的神医"。我们还给青年农民讲解一些书本上看来的农业知识，包括如何科学种植棉花、如何保养检修水泵等等，兼任了农业技术"老师"。特别成功的是，我们根据水稻种植知识手册，大胆教农民培育秧苗，并用违反"教科书"的办法，在黄河边板结的盐碱地上，用低温的井水浇灌，栽植了一片水稻，第一年就亩产400斤，超过了当地主要农作物小麦的产量，让兰考农民有生第一次吃上了大米！我们这种"土教师"的角色，让当地老乡对我们产生了深厚的"师生情"。三年半之后，我们获得机会去巩县河南化工厂工作，全村男女老少都到村口送别我们。先是年轻姑娘哭了，接着大妈大娘也哭了，然后中青年男子也哭起来，最后连最坚毅的老汉们都忍不住掉泪了。我心中也是万般不舍。

从乡村"土教师"到山城"土教师"

离开兰考后，我以为我的教师生涯就此结束了。谁知，那仅仅是开始。那时，工厂里刚开始注重"抓革命、促生产"。我们供水车间的主任要求全体人员加强业务学习，并举行技术考试，我这个学徒工居然考了第一名。车间主任便破格把我提拔为地位仅次于他的车间调度员。后来，车间支部书记被调到化工厂子弟学校当书记。子弟学校缺中学老师，书记便找到我，问我是否愿意接受挑战。我体验过当乡村"土教师"的甜头，所以毫不犹豫地答应了。

在山城当"土教师"，要比在乡村当"土教师"难十倍，因为城镇的孩子比农村孩子见多识广，也调皮许多。我这个初中生能胜任吗？可能就是为了考验我，校长把全校最差的一个班交给了我，让我当班主任和语文老师，但后来让他大为吃惊的是：不到一个学期，我就把差班变成了好班！那是怎么做到的呢？其实很简单。这个班纪律混乱、学习成绩差的主要原因，就是班上的男孩子特别调皮。我的对策是：一方面，只要看到他们的不良行径时，就当面严厉斥责，毫不客气，那势头几乎可以跟他们打一架。另一方面，我分别找了几位领头闹事的学生，告诉他们我要进行家访。一听说要家访，男孩子们立即惴惴不安，紧张得不行。因为他们的家长都是工人，脾气比较暴躁，如果听到老师告状，打起孩子来毫不留情。然而在家访时，我当着孩子们父母的面，一一指出他们自己都不曾意识到的优点，没有说任何坏话，只有鼓励和期望。这样一场家访下来，我"化干戈为玉帛"，让那些孩子对我感恩戴德，从此十分听话。这样，我就可以组织他们进行各种活动，如篮球赛、乒乓球赛、拔河、击鼓传物等，给他们的生活增添了许多乐趣，使他们对学习产生了兴趣，开始向往学校的生活。这种组织学生业余活动的经验，对我后来组织美国学生到中国游学很有帮助。

从山城"土教师"到正规师范生

我的教师命运，冥冥之中似乎有只无形的手在安排。到化工厂子弟学校工作半年多后的 1976 年秋冬，就有消息传来，说要恢复高考。听到此消息，我兴奋不已。虽然准备高考的时间只有短短的半年左右，但因为自己有坚持自学而积累起来的底子，我的高考成绩位居河南省文科第二名！但遗憾的是，我第一志愿选的是心中念念不忘的复旦大学，而当年对超过规定年龄的考生，全国重点高校的录取分数线要提高 100 分。我的年龄刚刚超过，便高分落榜。无奈之下，我写信给河南省教育厅反映情况。不久，开封师范专业学校文史专业录取我为扩招生，命运再一次把我推向了教师岗位。

开封师专离自己的"复旦"梦相差甚远，我心里实有不甘。没多久，国家颁布新政策,允许在校大学生报考研究生。我喜出望外,准备利用这个机会,进入一个四年制高校。抱着第一年尝试、第二年报考复旦的想法,我先报考了河南师范大学,即现今的河南大学。谁知,我真的是跟教育事业有缘:第一次尝试就成功,考上了河南师范大学世界现代史的硕士生!但录取过程并不一帆风顺。我的总分是全校第二名,但因为实际学历只有初中一年级加大专一年级,河南师大历史系领导对此抱有怀疑,所以特意对我进行了复试并外加面试,由系主任亲自操持。幸好,我都一一过关了。在经历过多年的农民、工人生涯之后,能在一所正规大学读书,我很满足了!

  硕士生课程没有教育学,所以我的教学经验,是从受教和授教的实际过程中摸索出来的。我的第二指导老师任重,是一位土生土长的大学教授,他思路敏捷、逻辑严谨,但遵循的是中国传统的教学方法,要求学生恪守师训,重知识而非学问,重传承而非创新。第一指导老师鞠秀熙则相反,他是清华大学研究生和普林斯顿大学博士生,学贯古今中外,风格是循循善诱和启发式教育。作为年轻人,我自然比较喜欢鞠老师的教学风格。在毕业实践时,我也是按照鞠老师的教学方法,给本科生上了两堂关于二战史的课,反映还不错。我常常暗自思忖:我是研究世界史的,如果不能像鞠老师那样到真实的世界去看一看,将来有资格给学生讲授世界历史吗?两位攻读外国文学的同学,经常向我津津乐道地畅谈西方文学和西方文化,亦让我对西方心向往之。毕业后,我在上海社科院历史所的世界历史研究室找到了工作。出于工作的需要,我努力学习英语,阅读英文资料,同时也为出国深造寻找机会并做准备。

从中国学者到美国留学生

  正当我着手申请美国高校博士学位时,美国华盛顿大学(Washington University, St. Louis)的柯伟林(William C. Kirby)教授于1987年夏天来访,并邀请社科院推荐三名年轻研究人员去该校读博。我荣幸地被推荐并通过了面试和托福考试,于1988年8月17日踏上了留美生活的第一步!

作为博士生候选人,我们必须在两门次要领域中选修几门本科生的课,非英语国家的学生还必须上两门英语课。本以为美国教授会很讲究效率,但实则不然。在实际授课过程中,许多老师都不严格遵守他们印发的教学大纲,话题常常会跑偏,也不控制时间。结果一堂课下来,所授课的内容常常显得杂乱无章、没有条理。有一位犹太人教授讲授美国近现代史,喜欢在每堂课的一开始,议论隔夜的体育新闻,以此来吸引学生注意力。更要命的是,他每次都要花大约20—30分钟的时间点名,试图记住每个学生的名字。一节一个半小时的课,再扣除中间的休息时间,他还有多少时间讲课呢?都快半个学期了,他仍未搞清楚每位学生的名字和面孔,真令人焦急不已!

美国高校最出色的,是研究生专业课程的设置与讲授,不仅完整全面,而且具有相当的深度和高度,我的博士论文指导老师柯伟林所开设的中国现代史研讨课,就是如此。上课第一天,柯老师发给我们一份长长的书单,把该领域所有著名的、有影响的书著文章基本都网罗了。阅读了这些学术精华后,我们对该领域的学术状况和趋势,就一清二楚了。否则的话,在浩如烟海的中国近现代史书籍中,我们怎么可能不迷失方向啊!研讨课的学生人数很少,大家有充分的时间在课堂展开自由的讨论、争论,你来我往,欲罢不能,并及时得到老师的反馈和点拨,从而大大提高了学生的学习动力和活力,奠定了他们的理论素养和学问底子,而这正是中国培养博士生非常欠缺的。

从留学生到"洋教师"

留学生学业成功的最后一大关口,就是成功求职。幸运的是,当我尚未进行毕业论文答辩时,俄亥俄州托雷多大学(The University of Toledo,简称托大)历史系在临近秋节开学之际,急需一位能够教授中国史和东亚史的学者。柯老师得知消息后,便推荐了我,于是我被聘请为该系的客座助理教授(visiting assistant professor)。

从留学生到美国大学老师,给人一种改天换地的感觉。不仅从仰视别人变为被别人仰视,而且脱离了导师的庇护,开始在异乡的英语世界孤身奋战! 在中国史和东亚史的专业准备方面,我是没有什么问题的。倒不是我在这方面的学问有多深,而是因为美国学生在这方面的知识基本是空白。关于中国,他们唯一知道的就是长城、中国功夫和中国人爱吃狗肉的传说。关于日本,他们知道得多点,但也就是珍珠港事件、原子弹轰炸、寿司、艺妓和相扑而已。所以,我面临的最大挑战,不是知识而是语言。每次,我都不得不先把英文讲稿写好,然后全部背下来。上课时,我基本就是在背诵讲稿。回想起来,可能许多美国老师上课都是念讲稿的,所以像我这样基本脱稿,只是偶尔看一眼讲稿的老师在美国学生眼里就很不错了。但每节课最后5—10分钟提问讨论的环节,是最难的,因为那是现场应答,无法事先准备。尤其是,有的美国学生语速很快、有口音,还用我不熟悉的俚语,真令我防不胜防,生怕听不明白、闹笑话,那就真是出"洋相"了。当然,如果实在听不懂,就只能坦诚地请提问的学生重复一遍。或者巧妙地转问其他同学:你们怎么看? 引导他们自己进行讨论,再从他们的讨论中搞清楚我没听明白的内容。好在美国是个移民社会,人们一般不挑剔"老外"的英语发音和语法。所以学期结束时,学生给我的教学评估非但不是我所担心的一片差评,反而超过全系的平均水平。为此,系里比较满意,决定把原来一年的工作合约延长到两年。

两年之后,我离开托大,被华盛顿州的惠特曼学院(Whitman College,简称惠大)聘任为客座助理教授。惠大是所顶尖的小型私立文理学院,校园很漂亮,开设的都是20人左右的小班课,偏重于课堂讨论。好在我在托大磨炼了两年以后,教学经验和英语能力都已提高很多,能够把教学方式更多地朝启发式、研讨式的方向发展。每次上课,我注重提出几个比较深刻、有意思的问题,让学生们进行深入探讨,其效果犹如我上博士生专业课,学生们很喜欢。惠大地处偏僻的山区,但校园生活却丰富多彩。学生们不仅每周都能免费观看各种国际电影,而且还能参与不同的"外国文化节",分别由学习各国语言文化的学生们组织筹办,展示各国的美食、手工艺品、服饰、歌舞等。我入职后,义不容辞地组织学生开办了"中国周",很受欢迎。有一位学生,虽然主修政治学,却选修过两三门我上的课,也积极参与"中国周"的活动。他毕业后发电邮告诉我说,因为受我的历史课的影响,毕业后考上了中国史的博士研究生。更有意思的是,很多年以后,我在澳门大学任教时指导过的一名中国硕士生,要申请攻读美国宾州州立大学历史系博士学位,请我为他写推荐信。我一看收信人的名字,竟然就是当年在惠大的那位美国学生,如今已是历史系副教授!多年后,这位中国学生被我曾教过的美国学生/教授培养成了博士生,并在2019年开始在香港中文大学深圳校区任职!中美之间的这种教育文化交流,多么令人赞叹!

从客座助理教授到终身教授

三年担任客座助理教授的经历,对我以后的学术生涯至关重要。1997年,我成功入职宾夕法尼亚州私立文理学院萨斯奎汉纳大学(Susquehanna University,简称萨大)之后,被告知,我应聘面试时的一个有力竞争对手,竟是我的同门师弟。虽然他的推荐信远胜过我的,但后来却主动退出竞争,因为他缺乏上课的经验,在校园试讲时表现失常。相对来说,我有三年教学经验的基础,过程就比较顺利了。

更重要的是,如果我刚毕业就直接成为一名正式全职老师,不仅要全部从头到尾地备课,还要修改毕业论文、争取出版,时间会非常紧迫,压力会异常大。然而,我在担任客座助理教授的三年时间里,不仅取得了教学经验,备好了几门课程的讲稿,而且还完成了博士论文的写作与修改,再进入全职,就比较轻松了。尤其是,我在进行论文答辩之前,就已经顺利拿到了把毕业论文修改成书稿的出版合同,这在华盛顿大学历史系是史无前例的,这也是我最后能找到全职教职的关键因素之一。

萨大是一个以教学为主的小型私立贵族学校,连续7年在美国东北地区文理学院排名中第一。学校建在人口才5000左右的偏僻小乡镇,希望学生可以在那里埋头读书,不为大城市的各种诱惑所干扰。对于我这个乡镇中唯一的中国人来说,这无疑是一种"洋插队"。好在我有过"土插队"的经历,不怕孤独,孤寂的生活反而有利于我静心做学问。然而对美国学生来说,那真是一种严峻的挑战。他们忍受不了没有娱乐去处的周末,便召开"地下"派对,狂喝啤酒,甚至偷偷吸毒,而这都是学校禁止的。结果,每逢周一,在周末过度狂欢的学生大都在课堂上昏昏欲睡,号称"蓝色(忧郁)周一"(blue Monday),让学校和老师伤透脑筋。对此,我根据自己在中国当"土教师"的经验,建议学校在周末组织使学生感兴趣的交谊舞活动,这种活动既健康又文明,还能促进学生的绅士风度和彼此间的友谊。此建议被采纳实行后,曾风靡一时,对扭转校风颇有帮助。我一位同事受此启发,在周末开设了音乐聚会,也吸引了很多学生参加。

在美国高校担任正式全职,最大的挑战是升职为终身教授。新入职的助理教授在六年之内如果没有升为终身教授,就得走人,但成了终身教授,那就是捧上了铁饭碗。入职后,一位比我早入职两年的女老师担任了我的"辅导员"(mentor),来指导我的工作。她屡次三番地告诫我:必须积极参加周末酒吧里的"欢乐时光"(happy hour),与各系同事搞好关系,这是今后升职的关键。我把她的话谨记在心,便不顾繁重的教学任务,把宝贵的时间奉献给了"欢乐时光"。初始,因为有新鲜感,我感受到了某种"欢乐"。但几次之后,我发现大家聊天的内容无非是些旧话题,即体育、宠物、电影、明星等,基本与工作和学术无关。我一直在为生存拼搏,哪里有时间去看球赛、看电影、养宠物啊!所以,我对这些话题根本插不上嘴,"欢乐时光"于我再也不欢乐。于是,我大胆违背了"辅导员"的忠告,退出了"欢乐时光",觉得与其把时间耗费在酒吧里,还不如把精力放在科研上,用实力来证明自己。颇为讽刺的是,四年以后,这位"辅导员"因为没有出版什么像样的学术成果，申请升职失败，离开了萨大，而我却成功晋升为萨大的终身教授！

可见，在美国高校，主要还得靠实力说话。我在申请升职时，一开始似乎因人事关系不佳而遇到麻烦：系主任拒绝为我写推荐信，理由是我的英语还不够好。按惯例，如果没有系主任推荐，升职成功的机会就非常渺茫。我很不服气。按照合同规定，我入职前三年的教书经历，可以折算为两年教龄，所以到第四年我是有资格申请终身教授的。而既然学校聘请了我，就说明我的英语是合格的，学生对我的教学评价也是超过学校和学系平均水平的，有的甚至超过了系主任。相比之下，系主任工作了几十年，却连一本书、一篇论文都没有发表过，凭什么我就不能当终身教授呢？当时，正好发生了中美撞机事件，有学生把"打倒中国"的标语贴到我们社会人文大楼的门口，明显是针对我来的。在这种情势下，我更觉得不能忍气吞声，决心升职不成便走人，于是递交了升职申请书。

就在这时，一件令我非常震惊的事情发生了。一次系会中，一位也在申请升职的非裔美国人同事突然大发雷霆，又拍桌子又用脏话骂人，严厉谴责系主任拒绝给他写推荐信是种族歧视。这时我才明白，原来系主任是因为不想给这位黑人同事写推荐信，所以也拒绝了我。在此之前，我还从来没有见到过这样的架势：在神圣的教育殿堂里，美国知识精英使用脏话开战！我不禁为系主任偷偷捏把汗：他将怎么收场？让我大跌眼镜的是，系主任不仅不争辩，而且还当场正式诚恳地向黑人同事道歉，表示会给他写推荐信！殊不知，校律规定：教师在高等学府里用脏话骂人，是可以被开除的！这位黑人同事，六年来不仅教学评估不合格，学术成果也不达标，然而系主任却不敢正面指出他的问题，还为不给他写推荐信而道歉。何其荒谬！同样意想不到的是，既然系主任要为黑人同事写推荐信，就再没有理由不给我写推荐信了。最终，我顺利升职，而黑人同事尽管有系主任的推荐信却升职不成，离开了萨大。

从西方文化追随者到中华文化大使

拿到终身教授的铁饭碗之后,职业压力顿时大为减少,一种自由的感觉油然而生。我开始考虑:既然再没必要为生存而挣扎了,那就应该按自己的真实心意做事。反省下来,觉得自己自抵达美国以来,就一直在追随西方文化,拼命想融入美国主流社会,获得承认和接受。但实际上,这样做不见得正确。从学习美国式的英语表达,到待人接物、行为处事、教书做学问,中国留学生都必须遵循美国的方式,做到惟妙惟肖,如同猴子模仿人。但是,猴子再怎么成功模仿人,始终还是猴子。中国学生为什么不能在美国保持和弘扬中国的文化传统,向美国人展示其特色和魅力呢?实际上,中美文化的互补性非常强。美国社会强调个人主义和自由主义,而中国传统文化强调集体主义和"天下主义",两者如果能够平衡一下,就是最佳的组合。于是,我就在朋友圈号召:在美国弘扬中国文化,在中国诠释美国文化。

首先,我在教学方面增添了许多介绍中国文化的内容。每门课,除了让学生阅读一本正规的历史教科书外,我都会挑选一部历史小说或一部人物传记,让学生写书评。在上中国古代史课时,我把重点放在中国传统哲学方面,并引导学生把历史眼光从身居高位的帝王将相,转移到下层的普通民众和日常社会,并播放电影故事片以及关于中国古代绘画、书法、陶瓷、戏曲、刺绣、家具、建筑的教学片,让学生通过生动的视觉画面,来学习中国古代历史和文化。[1]这种运用影视手段的教学方法,效果远远胜于纯粹

---

[1] 我会选用本杰明·贺芙的《小熊维尼的道》(Benjamin Hoff, *The Tao of Pooh*),它通过美国家喻户晓的小熊维尼的经历,用通俗易懂的方法,来阐明深奥难懂的老庄思想和"无为"之精髓。我也让学生阅读小说般的历史书,如史景迁的《王氏之死》(Jonathan D. Spence: *The Death of Woman Wang*)以及谢和耐的《蒙元入侵前夜中国的日常生活》(Jacques Gernet: *Daily Life in China: On the Eve of the Mongol Invasion, 1250-1276*)等。我还给学生播放荣获奥斯卡奖的《卧虎藏龙》,用电影情节来说明儒释道精神,或者要求学生仔细审视美国动画片《花木兰》,看看电影在哪些地方扭曲了中华传统文化。

的书本学习和言语传授。在上中国近现代史课时,我要求学生把从小说、电影和书本上所学到的中国历史人物知识,进行比较,看哪个更接近历史真实。① 在讲到抗日战争和越南战争时,我用电影来向学生展示战争对人性的扭曲以及历史的复杂性,它们用震撼人心的现实主义画面,揭示了战争的血腥和非人性,对学生的思想认识冲击极大。②

其次,我努力推动萨大开设了亚洲研究副修专业和中文课,并联合附近高校具有中国文化背景的师生,一起在春节和中秋节举办中华文化节,请参与者们品尝中国饺子、春卷、蛋饺等佳肴,向他们展示书法、春联、脸谱、民歌、民族舞等中国文艺,并举行猜灯谜有奖活动。我甚至亲自上场,为观众们表演了太极剑。在宾州中部这样一个"鸟不拉屎"的偏僻地方,大部分当地民众都不曾见识过与美国文化迥然不同的中国文化,对此都兴趣盎然,非常喜欢。有人甚至向我竖起大拇指,称我为"中华文化大使"。我很喜欢这个头衔,并立志不负使命。

我觉得,要做一名成功的中华文化大使,不仅要把中国文化介绍到美国,更应该把美国学生带入中国文化。在校领导的支持下,我开始在每年暑期举办"田野考察/游学"(field trip/tour study),组织20名左右的美国学生,到中国各地旅行,为期约两周。途中,学生们不仅可以参观各种著名的历史遗迹和博物馆,如长城、故宫、兵马俑、陕西博物馆等,而且还能够游览中国各地风景名胜,如桂林、张家界、泰山以及现代化城市上海、香港等。旅途空余时间,我组织学生对中国的历史、文化和社会等各方面的问题进

---

① 我让学生评阅美国前驻中国大使温斯顿·罗德(Winston Lord)的夫人包柏漪(Bette Bao Lord)所写的历史小说《春月》(*Spring Moon*),它描绘了一家名门三代人对待近代中国改革与革命的不同态度和人生道路;或者让学生阅读讨论徐志摩夫人张幼仪的传记《幼仪与志摩》(Pang-Mei Natasha Chang, *Bound Feet and Western Dresses*)和巴金的小说《家》,让他们了解体会新文化运动对中国家庭的影响和冲击。在学生阅读了赛珍珠的小说《大地》(Pearl S. Buck, *The Good Earth*)之后,我又让他们观看根据该小说改编的同名电影,然后进行比较。
② 我播放的战争影片有:《太阳帝国》(*The Sun Empire*)、《末代皇帝》(*The Last Emperor*)、《生于独立日》(*Born on the Fourth of July*)、《猎鹿人》(*The Deer Hunter*)等。

行讨论,引导他们深入认识中国社会和文化,了解改革开放后的中国。最后,学生们各自写一篇数页纸的游学心得,获得1个学分。

美国大部分学生都没到过亚洲,所以游学中国向他们展示了一个崭新的世界。我曾带领美国学生访问过一位仍然居住在陕西窑洞里的孤独老人,那里没电没水,像生活在旧世纪。他们见了,感叹无比,问:怎样才能改变农民的贫困生活呢?随即,我带他们参观了一个在改革开放之后富裕起来的村子。路的这一边是农民们从前破烂不堪的老家,路的那一边是他们新盖起来的豪宅,学生们看了都惊诧不已。我告诉他们:中国目前就是在通过改革开放来消灭贫困。

美国学生在中国游学的体验,是形形色色的。每天早晨,我在公共场地教他们太极拳。学生们因是在武术之乡"献艺"而有点难为情,但中国人见了,脸上不禁流露出对中华文化魅力的自豪感。通过学习如何跟景点的小商贩讨价还价,美国学生一扫对那些缠人小贩子们的反感,认识到这些社会底层的老百姓是如何的不易和勤劳、聪明。为此,他们决意把一路喝完水的空塑料瓶搜集起来,送给在马路上捡破烂的老人,体现出他们对穷人的尊重和关爱。有一年夏天,游学团里有好几位帅哥美女,处处引来中国人的一片赞声。当我把这些赞美转告他们之后,他们不禁喜笑颜开,也以微笑回报中国游客的赞叹,这就鼓励了许多中国人上前要求合影。他们更开心了,欣然接受,大大方方地做了不知多少回明星。从跟普通中国民众的直接交往中,美国学生看到了中国人的好客、善良,也让中国人看到了美国年轻人的教养、文明,这是一种真切实在的交流。通过与中国老百姓的直接交流而获得的感受和认知,都是学生们在课堂里、从书本上得不到的。

组织这样的暑期课程,责任和压力是巨大的,最重要的是学生们的安全。一旦涉及安全问题,美国老师都会打退堂鼓,但我却没有。有位黑人学生在登入上泰山的缆车时,突然袒露自己有恐高症,想退却,但我鼓励她克服心理障碍,并告诉她克服恐高的方法,最终她顺利往返泰山顶,并在游学总结报告中浓墨强调说:中国之旅的最大收获之一,就是克服了自己的恐高症！另有一学生，对花生过敏，连闻到花生味都会晕过去。就因为这毛病，他从来没有坐过飞机，甚至连女朋友都没有交往过！我详细了解情况之后，坦然接受了他。但这样一来，我一路上给自己增添了许多麻烦，直到旅途结束。最后平安回到宾州机场后，这位男生与其在中国之旅中新结交的同校女友，手牵手地走出了机场，其久久等候的父母，见状不禁喜笑颜开，连声对我表示感谢！

在游学过程中，因为朝夕相处，学生们跟我熟了，就什么都跟我聊，包括各位老师的逸闻趣事、教学风格、个人雅号，甚至生活陋习。与此同时，美国学生对中国的见识，也越来越深刻到位了。中国博大精深的文化以及改革开放以来的迅猛发展，让他们刻骨铭心。许多美国学生在最后的总结报告中说道："这是我终生难忘的一次旅行！""中国之行，改变了我的世界观！""从中国回来后，我成了'第三种文化孩童'，因为我跟家人亲戚朋友都无法沟通了。他们无法了解我所目睹的第二种文化；他们被封闭在第一种文化里，跟过去的我一样，是'井底之蛙'！"

中美教育比较反思

2004—2006年，我被萨大任命为历史系系主任。至此，我才有机会全面了解各位同事的教学表现。我发现，原来萨大老师的教学风格，跟华盛顿大学的老师们差不多！主要是因为，美国大学的教育管理比较自由松散；平时除了学生对老师的教学评估以外，几乎没有其他任何监督教学的管理措施和手段。最重要的，就是五年一次的综合审核，由校外专业人士来评估，但这种审核，一般不会让人过不去，最多提些改进意见就是了。所以，美国大学老师在各自的教学领域里，就是绝对的权威。他们对自己课目的内容范围怎么设定、用什么方法来教，其他任何人都无权干涉。其唯一顾忌，就是学生的期末评估。虽然大部分美国历史老师都比较尽职，但少数老师，特别是那些还没有拿到终身教授铁饭碗的，就比较迁就学生，力图把学生哄开心,而把教学质量放在其次。例如,有一位同事给学生讲到二战爆发前的德国时,就聊了很多学生喜欢听的德国音乐和文化,至于法西斯主义在德国兴起和二战爆发的重要原因,却一带而过。

正因为学生的评语非常重要,老师在处理学生违规事件时,就比较为难。有一次在中国游学途中,我带领学生们到一家专卖农民艺术作品的商店。在我们即将离开时,经理突然声称我带来的人偷画,但却拿不出证据。事后,我却被学生悄悄告知,同队中一位最漂亮最有气质的女学生真的拿了幅画而没付钱。这真是令人意想不到啊!我随即宣布:我刚刚得知,我们确实有一位学生拿了画,但却没有付钱。现在,该同学要么主动公开认错,回去向商店经理道歉、赔款,要么立即自行回国,由学校处置。令人欣慰的是,那位女生选择了第一种做法,事情算是比较妥善地解决了。还有一次期末考试,一位平常学习成绩名列前茅的小帅哥要求上洗手间,但一位同事进来悄悄报告我说,小帅哥在洗手间偷看纸条,然后把纸条扔进了废纸箱。此时,我手头没有真凭实据,该怎么处理呢?最后,我把那名学生单独留了下来,告诉他有老师举报他作弊。他一听,矢口否认,并把衣兜一个个地翻了个底朝天,证明他是无辜的。于是,我要求他和我一起去厕所的废纸箱查看。听我这么说,他突然跪了下来,痛哭流涕地认错求饶。我怎么也不会想到,这样的好学生也会作弊,而一个美国学生竟然会向一位中国老师下跪!我不忍心毁了他的前程,就要求他深刻检讨,并将其考试成绩判为零,但可以补考。许多年以后,此生还特意来信告诉我,自从那次犯错之后,他一直老老实实做人,再不投机取巧,现在已成家立业了,并感谢我当年把他从悬崖边拉了回来,这样的师恩他终身不忘!

在美国当上终身教授之后,我觉得赴美的历程已达终点,可以考虑按原计划回国工作了。当澳门大学在2006年招聘历史老师时,我便辞职回国,到澳门大学任教,并于2008年努力帮澳大建立了历史系。在美国当了那么多年老师之后,再回中国教书,自然会对中美教育状况做些比较。我觉得,美国的历史教研比较自由主义化,各种学术研究主题和理论令人眼花缭乱。美国学生很独立、很有创意,但基础知识不完整,对东方历史与文化相当陌生。中国的历史教研注重考证,但理论创新缺乏厚实之力。中国学生的历史基础知识完整、全面,但缺乏质疑精神和创见。鉴于澳大的历史老师大都是欧美学者,教学风格都比较西化,我希望弥补平衡一下这种不足。于是,我和同事们一起,把最初按国别史设置的、比较零散的美国式课程,修改为澳门史、中国史和航海史/世界史三大领域,以增强历史教学的系统性、条理性和关联性。2020年来到香港树仁大学担任系主任之后,我也和同事们把原来不够系统、平衡的课程整合为香港史/城市史、中国史和世界史三大块,以便在世界史范围内讲授中国史,在世界史和中国史范围内讲授香港史/城市史,系统地拓宽学生的历史视野和知识面。

  总之,中美高校的历史教育,各有所长、各有特色。当今,世界风云变幻莫测,让人有点无所适从,但有一点却是很明确的:像我们这样在美国有过学习工作经历的中国留学生,应该义不容辞地充当起"中美文化教育亲善大使",继续为促进中美文化教育交流与世界和平搭建桥梁。无论眼下的惊涛骇浪有多险恶,我们必定会在暴风雨中迎来明日的灿烂阳光!

我的"美国梦":教海无涯,学无止境

张琼(Zhang Qiong,1989 年出国留学,zhangq@wfu.edu):武汉大学哲学学士、硕士、哈佛大学科学史博士。现任美国维克森林大学历史系中国史、世界史副教授。曾在首尔大学、京都大学、埃朗根-纽伦堡大学任访问研究员。主要研究方向为明清思想文化史、中西交流史、中国科学史及丝路史研究。著有:*Making the New World Their Own: Chinese Encounters with Jesuit Science in the Age of Discovery*(获中国留美历史学会2015年优秀学术成果奖)、《科学理论模型的建构》(与于祺明、刘文君合著),以及中英文论文多篇。近期研究侧重于明清气象学与气象占卜文化史、博物学史和闽北地方史。现为中国留美历史学会理事会理事。

新学期快要开始的时候,我常常会做一些类似的梦。要么梦见自己给学生们上第一堂课时,忘了带教学大纲这个必须发给他们的"合同书"了;要么就是梦见打印机坏了,教学大纲印不出来了;等等。有时我会焦急地从梦中惊醒。其实梦境中的事情从未发生过。它年复一年的重现表明,虽然在美执教了这么多年,但我对于这个职业的种种挑战仍然充满敬畏。专业知识的深化和拓展,教学艺术的琢磨和完善,是我这些年执着追求的"美国梦"。但如庄子所说,"吾生也有涯,而知也无涯。以有涯随无涯",是艰辛而无止境的。

历史学应该说是人文学科中独一无二的既讲求严密求证,又拥有海阔天高的自由探索空间的学科。一切曾发生或存在过的事物,政治、经济、文化、思想、宗教、艺术、科学、机构、团体、物质文化、自然环境等等,莫不可为历史学探讨的对象。这门学科如海纳百川,容得下各式各样的提问、分析视角和研究进路。也正因如此,我一个非历史科班出身的人,才能有机会跻身于这个领域,并在其间挣下自己的一片小小的立足之地。由于生活的变故,我不得不两易岗位,也因此体验了三类非常不同的美国高校的教学文化。这里我先回顾一下自己走过的这段不太寻常的教学生涯,然后围绕近年来在现岗位上的工作体验谈谈我对历史学的教学理念、教材遴选、教学方法等方面的感悟和思考。

曲折的旅程

我以哲学和科学史的背景转而教授中国史、东亚史和世界史。我在武汉大学哲学系完成本科,并师从张巨青先生攻读逻辑学和科学方法论硕士。毕业后留系执教三年,于1989年秋到哈佛大学攻读科学史博士学位,方向为中世纪和早期近代欧洲科学史。我选修的学位课程主要是欧美和伊斯兰科学史、哲学史和科学哲学,以及中世纪和文艺复兴思想史等。前四年花了大量的精力学习法语、德语和拉丁语。前二者是系里的博士项目要求所有的学生都必须掌握的,拉丁语则是我的研究方向所必需。在发现明清之际中西科学文化交流这个大有可为的研究领域之后,我把毕业论文题目定为亚里士多德自然哲学在来华耶稣会士对儒家宇宙观、形上学和身心观进行重新诠释过程中所起的作用,由东亚系的杜维明先生和现已故的科学史系教授约翰·墨多克(John E. Murdoch)合作指导。在重拾中国哲学史的功课之后,我旁听了杜先生的一些课程,并开始较系统地关注中国学、东亚史和东亚文化的研究。因为美国大学一般不设科学史系或专业,所以这个领域的教职很少,而历史系和东亚研究方面的工作机会则相对多一些,因此我决定向这两个方向发展。毕业后,我在加州大学伯克利校区的中国研究中心(Center for Chinese Studies)和洛杉矶校区的科学、技术、医学文化研究中心(Center for the Cultural Studies of Science, Technology, and Medicine, 现已解散)先后做了两年的博士后。在洛杉矶的职位还兼含60%的访问助理教授职责,为历史系开三门课,秋、冬、春季学期各一门。我开了"史学史入门"(Introduction to Historiography)、"现代知识的全球大循环"(Global Circulation of Knowledge in the Modern Era)和"东亚科学与宗教"(Science and Religion in East Asia)三门课,都是自己设计、独立教授的。那两年,我在修订博士论文之外还开辟了几个关于中国科学史和中西文化交流的新课题,参加了几个相关的学术研讨会(还合作主办了其中一个),并发表了三篇论文。此外,我也读了大量的中西史学与史学史文献,对中西史学界研究中国史、东亚史的不同进路和主要争议有了更多的了解。这段经历可以说是我从科学史转入历史学的一个重要里程碑。[1] 有了正式的直接相关的教育经历,再加上发表的专业论文和过去几年的知识积累,我信心大增,开始申请中国史领域的全职教职。1999年春,在洛杉矶的工作

---

[1] 科学史于20世纪初开始成为独立的研究领域,以科学、技术和医学的发展及其与社会的互动为主要研究对象,是一门交叉学科。与一般的历史学科相比,科学史有独特的视角、研究方法和理论资源。由于美国高校大多不设科学史本科专业,这方面的课程往往分散在理学院、医学院和文学院的历史系或哲学系等。

即将结束时,我得到两个新的机会,一个是康奈尔大学(Cornell University)人文社(Society for the Humanities)为期一年的全勤博士后研究金。他们对我的唯一期待是让我在人文社从事自己的研究并把我的博士论文修改成书。另一个是康涅狄格州立大学西部校区(Western Connecticut State University, WCSU)历史系的终身制助理教授职位。经历了两年的博后漂游,我很渴望过上稳定的生活,所以毫不犹豫地选择了去康州。

在 WCSU 历史系,我负责教授中国史方面的全部课程以及通识课中的东亚文化系列,后者包括中国文化、越南文化、韩/朝文化等;因日本文化被学校划归在社会科学系,故不在我的教学职责范围内。学校的教学工作量是 4+4:每学期教四个班,其中两个班可以是内容相同的。也就是说每学期至少要开三门不同的课程。因为"中国文化"课的学生需求量最大、最稳定,我每学期都上这门课,而且需开两个班,一个在白天(周一、三、五共 3 次课,每次 50 分钟),另一个在晚上,每周一次,每次两个半小时(晚七点到九点半)。朝/韩文化和越南文化两门课基本上每学年仅上一次。除这些通识课外,我还为系里开了一些中国史和中国文化方面的通史课和专题课,有些是我的前任曾经教过的,如中国现代史、中国宗教,其余课程则是我新开的,包括道教生命观、中国妇女史、当代中国、中国电影和大众文化等。此外还给研究生班上了"20 世纪中国史"。对我来说,这些全是新课,都必须现炒现卖。课外时间,包括周末和假期,我差不多都在学习相关的新知识、备课以及批改学生文章、试卷。每周十二个小时在课堂里和学生们打交道、大声演讲和交谈也需要消耗相当的心神和体力。我上小学、初中时曾参加学校的"毛泽东思想文艺宣传队",晚上常常给大队、公社里的社员们巡回演出,练就了即兴表演的功夫和发声的技巧,这会儿全都用上了。上课时偶尔还要做一些更原始的体力劳动。那时教室没有音响及投影仪等多媒体设备。要给学生们放电影或录像必须到地下室仓库借一台巨大的电视机和配套的录像播放器,它们都非常笨重。虽然有一辆小推车,但要推着它爬一道长长的斜坡去搭电梯到二楼或三楼的教室还是很吃力的。三年下来，我成了一个实打实的教书匠，而且喜欢上了这份工作。

那三年间我认识并融入了一个与哈佛等精英学校很不一样的教学机构。历史系共有八名全职教授和几名兼职教员。同事们对我很友好。教德国史的老教授杰克·利奥波德（Jack Leopold，现已故）每年农历大年初一都会请我上餐馆为我庆贺新年。但是因为大家都忙于教学，同事之间学术交流并不多。学校也很少请外面的学者来办讲座。终身教授职位的授予和职称晋升主要看教学业绩，特别是学生们期末填写的匿名课程评卷，包括评语和量化的评估。我与学生们一直相处得很好。由于课堂不大，通识课一个班大约30—40人，其他的历史课约20—30人，课内课外与学生交流的机会还不少。每个班总会有一些对我的课程非常感兴趣的学生，他们会在我的办公时间来找我说话、问问题。该校学生主要来自康州西部和附近纽约州的中、低工薪家庭，分全勤上学、半工半读和全勤工作、业余上课。另外还有一小部分是退休公民。康州公民62岁以上上州立大学学费全免。这些资深学生学习最勤奋、最投入，讨论时发言也最有新意。一位刚刚从一所社区大学退休的英语教授想去中国教英文，为此她读了很多关于中国的书，上了我所有的课，还开始自学中文，练习书法，如此悉心准备了三年时间。（后来她如愿两度去江苏的一所大学教英文写作。）她说她是我的"美国妈妈"，上我的晚课时总是坚持开车送我回公寓，不容推辞。她的友善、好学、智慧和自强不息的精神令我感动。我们的友谊一直持续到今天。

2002年，我当时的"另一半"终于完成了他的博士论文，希望回他的祖国发展，于是我告别了WCSU，和他一起离开了美国。没想到他回国后还没安顿下来就生病了，两年后辞世。那时WCSU已经另聘别人了。我2004年秋回到美国，在哈佛找了一份小差事维生，一边在几位老朋友的关照下疗伤，一边重整旗鼓，温习旧日的研究，然后努力申请工作，准备面试。次年春，在收到第二份终身制教职邀请时，我觉得学校十分理想，立刻就接受了,把后面几个校园面试的机会都推辞了。2005年7月,我到南伊利诺伊州立大学卡本戴尔校区(Southern Illinois University, Carbondale, SIUC)历史系报到,开始了我的第二份终身制教职。

SIUC是一所综合性研究型州立大学,由文学院、理学院等十所学院组成。学校所在的卡本戴尔是一座大学城,本地居民约两万人,而当时学校在校学生就有两万多。校园很开阔,中间有一个美丽的大湖。唯一的不足是地方偏僻,离最近的大城市圣路易斯及其机场有近两小时的车程,搭火车北上去芝加哥更是要五个小时。历史系设有历史学本科、硕士和博士项目。我的教学任务包括前现代和现代东亚史(分两学期上完)、前现代或者现代世界史(我选择教前者),以及两门由我自选的中国史课程——20世纪中国史和"文革"史。我们的授课量和大多数研究型大学一样,是标准的每学期两门。头两个学年内我在教学方面投入了大量的时间,因为东亚前现代和现代史、"文革"史和前现代世界史都是新课,多年前在WCSU为研究生开设的20世纪中国史也需要大幅翻新,所以基本上只是寒暑假才能潜心做自己的研究。

教学任务中最令我费心的是前现代世界史。前现代或现代世界史是我们系开的通识课,每位教员都有义务至少每两年教一次。这样的通识课都是几百人听的大课,每周任课教授要在大教室给全体学生上两堂50分钟的讲座,然后由若干研究生教学助理分小组领导学生们讨论50分钟,每组约20名学生。我在SIUC期间上过一次前现代世界史,班上共有275名学生。我发现原来除了准备自己的讲座外还要充当CEO的角色。每周要和教学助理们开会商议小组讨论的主题、重点,并听取学生们对前周讲座和讨论的反应。布置论文及考试时还要和他们讨论、统一评判标准等。另外,学期初还要旁听每一位教学助理领导的小组讨论,并提供反馈和建议,学期间也要抽样走访他们的课堂。助理和他们带的学生之间因为判卷或别的原因发生冲突时,任课教授必须进行调查、出面调停,并且要记录所有的相关情况,立案存档,以应对学生可能提出的诉讼。很幸运,我那个学期只碰上一次这样的情况,后来也妥善解决了。教这门课最大的缺憾是教授与学生之间没有近距离课堂接触和一对一的课外互动(如办公室交谈和通过作文批注给予反馈)。相比之下,我给历史系开的另几门课程则颇有乐趣和成就感。每个班约 25 人到 35 人,所以我有机会和学生们进行较深的交流。虽然 SIUC 是研究型大学,但它的本科学生主体的生源和素质和 WCSU 差不多,只是它有许多外州学生和相当优秀的国际学生,因此课堂上学生们的肤色、口音以及他们分享的观点的角度和深度都更加多样化。

SIUC 学术气氛还比较活跃。历史系授予终身教授职位时更看重研究成果,要求至少有一本经由匿名专家评审而出版的学术专著。系里也为我们的研究提供了一定的便利。第一年系里派给我一名研究生做助理,他不懂中文和拉丁文,但可以帮忙根据我给的关键词做英文二手文献的检索、帮我去图书馆借书、复印资料等等。2006 年夏系里又资助我到梵蒂冈图书馆和罗马耶稣会档案馆等处查了 40 天的资料。系里的同事们也很友好、敬业。那时系里有二十多名全职教师,其中有几位是非常出色、著述颇丰的一流学者。① 系里每学期举办几次内部研讨会,作为同事之间分享、评阅彼此正在撰写的文章和著作的平台。另外还有不定期的读书会,有时连带聚餐。我那时因无家累,曾多次主持这样的聚谈。总之,与我个人所知的哈佛、加州大学两校区相比,这里的教授们彼此间的亲和力更强。可能由于地方偏僻,大家更愿意抱团取暖吧。新结交的朋友们使我觉得卡本戴尔是一个可以称为"家"的地方了。那里的生活温暖、平静,又不乏高强度思想交流的精彩。但是,在 2007 年,我的生活开启了新的篇章,建立了一个异地而居的新家庭。因为卡本戴尔没有我先生的工作机会,我只好试试另找一个离他较近的教职。

---

① 据留任 SIUC 的一位同事说,因 2008 年金融风暴后伊利诺伊州政府出现严重财政赤字,州立大学经费巨幅缩减。该校离教员的空缺都没有填补,现在系里只剩 9 名全职教员了。全校学生总数现在也降到 1.4 万人左右。

2008年暑假,我换了工作,学会了开车,搬了家,并做了母亲。我的第三个终身制岗位在北卡罗来纳州的维克森林大学(Wake Forest University, WFU)文理学院历史系。秋季学期在孩子出生两周后开始了。我有幸请到了国内来的一位学者和朋友帮忙代了两周半的课,孩子满月后我自己开始正式接手上课。维克森林大学创建于1834年,原校址在维克郡(Wake County)的维克森林市,后来福赛思郡(Forsyth County)温莎市(Winston Salem)的雷诺兹烟草公司(R. J. Reynolds Tobacco Company)创始人的家族基金会给学校捐赠了一座山和附近的湿地,它就在此建立了现在的主校区,于1956年搬迁过来。这是一所私立综合性大学。它的主体是文理学院,现有本科生五千多名。另有文理研究生院、商学院、法学院、医学院和神学院。20世纪末WFU成功地完成了从以教学为主的文理学院模式向教学、科研并重的大学的转型。学校以模范的"教师兼研究者"(the Teacher-Scholar Model)的标准来要求教员。它在科研上向一流研究型大学看齐,在终身职授予和职位晋升评估时对研究成果一向都采取相应的标准。但在教学上则坚守其文理学院传统,以学生为轴心,讲求教学质量,课堂小(学生与教师比例为10:1左右),鼓励师生间的互动与合作研究等。这些特色为它赢得了很好的声誉。在近些年的《美国新闻和世界报道》发布的全美大学排名中WFU一直保持在第23—28名之间。

我所在的历史系有全职教师20人,其中7人研究欧洲史、7人研究美国史,其余6人研究"更宽阔的世界"(Wider World, WW),即欧美以外地区。我负责中国史,另五位同事负责日本史、南亚史、非洲史、中东史和拉美史。虽然我们系的研究阵营还远没有超越欧美中心主义,但与大多其他规模相当的美国大学历史系比起来还算是较有全球视野的。我们的教学量是以两年(四学期)为单位计算的。每人两年内教满9个班。需求量最大的是通识课,教授们人人有责。我们的通识课均属于世界史系列,包括较为传统的"前现代世界史"和"现代世界史"以及这几年新开的"现代欧洲与世界"(Europe and the World in the Modern Era)、"美洲与世界"(Americas and the World)、"1500 年后的大西洋世界"(Atlantic World since 1500)、"亚洲与世界"(Asia and the World)、"中世纪的世界"(Medieval World)、"世界史中的性别与性"(Gender and Sexuality in World History)、"世界史中的健康、疾病与医疗"(Health, Disease and Healing in World History)等。这些新的世界史课程可以让教员们在介绍全球史的同时更自由地设计课程以发挥自己的专长。我刚来时系里缺人教前现代世界史,正好我在 SIUC 教过一次,就把它接下来了。这就成了我这么多年来差不多每学期必教的一门课。专业课方面,我给系里开了中国前现代史和中国现代史、早期现代中国与世界、"文革"史等专题课和两门研讨班(限 12 名学生),主题分别为"大发现时代的全球相遇与交锋"(Global Encounters in the Age of Discovery)和"早期近代东西方的相遇与交锋"(Early Modern East-West Encounters)。在研讨班上我给学生们介绍与课程主题相关的背景知识、主要的原始资料(主要为英文或英译资料)和二手文献,学术界的主要争议,然后由他们在大致相关的范围内自己选题,在我的指导下从事研究,完成他们的学位论文。此外我还和系里的希腊化中亚专家杰弗里·勒纳(Jeffrey Lerner)教授一起开发、教授了"丝绸之路"这门专题课。系里每学期还要给学院开几个"大一研讨班"(First Year Seminar, FYS)。FYS 一般要求题材窄而有趣,适于深度挖掘,课堂以讨论为主,作业则以锻炼学生们开展独立研究、互相合作以及写作的能力为主,是为帮助大一学生适应大学学习和研究而设计的热身练习。我的 FYS 专题为"气的奥秘:传统中国的身心观和幸福观"(The Mystery of Qi: Traditional Chinese Perspectives on Mind, Body, and Personal Well-Being),差不多每两年教一次。

刚来 WFU 报到时,系主任就我的终身制考核时间表(tenure clock)问题征求我的意见。我表示希望把在 SIUC 的教龄转两年过来,把这里的考核期缩短至三年。她告诉我没有问题,但建议我最好不要这样,因为带孩子、开发新课程、适应新的工作环境会很辛苦,而我的书稿又还没有完成。她说从交稿给出版社到匿名评审、修改、定稿、出版,这个过程本身就需要两年左右,要是中间出现一点"意外"就可能会影响到我拿终身职。为保险起见,我同意五年后(即 2013—2014 学年)再申请终身职。后来发现,她的建议很英明。在工作满两年之后,我申请休学术假。按学校规定,终身制考核期间的教员可以休半年学术假,期间无教学、服务任务,可以全勤做研究,工资照发。需要者可以休一年的学术假,期间月薪减半。我选择了后者,并计划在 2010—2011 学年内把我的毕业论文和博士后及在 SIUC 工作以来做的相关研究整合成书。但"意外"果真出现了!当我把我拟定的书稿主旨陈述、目录和章节概要发给几位校外同行向他们征求意见时,其中一位打电话过来和我谈了一个多小时,说这本书看样子会是一个大部头,而且主题思想也太复杂了。他说现在的出版社喜欢出那种"小题大做"的书,通过对某一个历史现象层层盘剥来展示一个深刻、鲜明的论点。虽然别的同行给我的反馈都很肯定,但他的这个建议引起了我的共鸣。我开始考虑两个最根本的问题:我为什么非写这本书不可?能不能写一本让自己激动不已、连我孩子长大后也会喜欢读的书?重审我手头这几摊子相隔几年,甚至十几年的论文和手稿,我意识到是放下这个包袱的时候了。我的博士论文已经被一些学者引用、讨论,从某种意义上说它的使命也已经完成。于是我决定以我 2010 年刚发表的一篇论文作为引子,[①]写一本书来专门讨论耶稣会士的地球观及其在明末清初天文学、儒家经学和世界地理学等领域引发的回响。我对这个构想非常满意,马上着手新书的规划和研究,并向系主任报告了这个变动。学校有政策允许"新父母"将其终身制考核期延长一年,我于是申请了这个宽限。之后的两年里我一边教课一边继续研究。2013 年春,我申请到首尔大学天普顿东亚科学与宗教研究项目的基金,经系里批准,我请了半年无薪学术假,于 5 月底到达首尔,在那里奋

---

① Qiong Zhang, "Matteo Ricci's World Maps in Late Ming Discourse of Exotica", *Horizons: Seoul Journal of Humanities* Vol. 1, No. 2 (December 2010): 215-250.

战了7个月,终于完成了书稿,交给出版社送审。①

2015年4月WFU授予我终身教职并晋升我为副教授。这距我拿到第一个终身制职位已经过了15个春秋。至此,我的教学生涯与人生道路可谓九曲十八弯。回望这段历程,我看到它的曲折是一系列重要决定叠加起来的结果。这些决定中有些是不得已而为之(如生活的变故),有些则是知其不可为而为之(如1999年选择放弃康奈尔大学人文社的研究金;又如2010年冬决定重起炉灶写新书)。所幸有亲朋好友和同事们一路相助,使我得以有惊无险,闯过层层难关。

在"森林"里砥砺前行

在WFU这片"森林"中的历史系工作了十四年,我感到这是一个愉快而催人向上的小天地。大家在各自的领域里都得到充分的信任和尊重,但又有频繁的交流互动。系里每个月开一次系务会,另开一次学术交流会,会上讨论一位同事提前分享的文章或章节草稿。学期中也有较为自发的不定时的教学经验交流。因为大家都要教世界史通识课,交流的不止是教学法,更涉及材料、主题、世界史研究动向等实质性的内容。新冠肺炎疫情暴发前,每学年系里会选定一个主题,邀请至少六位国内国际知名专家来做学术报告。每次有专家来访,同事们会自愿报名分担接待任务,接机、旅馆接送、共进餐饮、陪访校园、与学生们座谈等活动都是教学交往的机会。此外还有一个比较正式的与教学考核和评估有关的切磋教学法的渠道。终身制授予和晋级考核依40%教学、40%研究、20%服务的权重进行。教学能力和效果的评估,除了要看课程设计、教材等教师本人提供的材料外,另有两组资料,一是学生期末匿名填写的定量、定性课程评估,二是系里更

---

① 我的书年后出版:Qiong Zhang, *Making the New World Their Own: Chinese Encounters with Jesuit Science in the Age of Discovery*, Leiden: Brill, 2015.

资深的同行们旁听被考核教员的课后写的课堂观察报告。系里规定在终身制考核期的教师前三年每学年都要接受两位同行的课堂考察。一个学期是系主任来,另一个学期是被考核者邀请的其他同事。三年之内至少要请系主任以外的三位同行来听课。听课者必须写详细的课堂观察报告和评价,先交被考核者过目征求意见,在做必要的修改之后交系里存档。这个过程一般也是很友好的互相学习的过程。盘点一下,我教学工具箱里珍藏的很多"法宝"都是从同事们那里借来的。这里主要谈谈我在历史教材遴选和教学方法方面的一些想法和尝试。

我教的通识课题为"1500 年前的世界文明"(World Civilization to 1500)。我采用的教材基本搭配是一本前现代世界史宏大叙事课本、一本前现代世界史原始史料集,另加两本辅助读物和25—30 篇史料及学术论文、章节。此外,我还会用一些纪录片等视频资料。我试过几种不同版本的前现代世界史课本,发现它们都各有利弊。相比之下,霍华德·斯波德克(Howard Spodek)的《世界的历史》(The World's History)第一册对主要几种世界宗教的教义、起源、演变和传播的解说最为翔实,而书中其他章节内容也还不错,所以我用得较多。著名世界史学家威廉·H. 麦克尼尔之子 J. R. 麦克尼尔(J. R. McNeill)所著的《人类之网》(The Webs of Humankind)围绕人类社会与其自然环境之间的互动和世界各地区相邻文明圈之间的互动两条主线展开世界史叙事,比较切近学生们当下对环境等问题的现实关怀,所以反应也比较好。前现代世界史原始史料集也有类似的情形。我用过三种,发现每一种都有短板,都必须从别的地方补充相当多的原始资料。①

---

① Howard Spodek, *The World's History*, Vol. 1: Prehistory to 1500, 5th edition (Boston, MA: Prentice Hall, 2014). 我用过的三种前现代世界史原始史料集分别为: Alfred J. Andrea & James H. Overfield, eds., *The Human Record*, Vol. 1: to 1500, 8th edition (Boston, MA: Cengage Learning, 2018); Thomas Sanders, et al., *Encounters in World History: Sources and Themes from the Global Past*, Vol. 1: to 1500, 1st edition (New York: McGraw-Hill Education, 2005); Bonnie G. Smith, et al., *Sources for World in the Making*, Vol. 1: To 1500, 1st edition (Oxford: Oxford University Press, 2018)。

前现代世界史在时间和空间上都跨度极大。我把它压缩为四个主题：1. 世界文明的起源，从旧、新石器时代到以古城邦为代表的复杂社会的形成；2. 帝国的兴起与扩张（着重讲波斯帝国、亚历山大帝国及其后续者、罗马帝国、秦汉、隋唐等）；3. 世界宗教的出现、演变与传播（印度教、佛教、天主教/基督教、伊斯兰教等）；4. 旅行、贸易、征战和跨文化接触与交流（联结欧亚非的丝绸之路、十字军东征、蒙古帝国的崛起与扩张、黑死病大流行与欧洲的社会转型、郑和下西洋、欧洲的航海探险及向非欧地区的扩张与殖民等等）。即便是这样一种高度简化、压缩的内容，在短短一个学期内要带学生们"周游"世界四次，平均落实到每一堂课上还是只能蜻蜓点水。所以我每个学期会选择两个地区、事件或主题，布置两本辅助读物。每本书我给学生们一周时间阅读，用一节课时间专门讨论。我选的辅助读物一般都是完整或相对完整的原始史料，同时会各配一两篇二手文献。这些辅助读本可以弥补前现代世界史原始资料集的严重不足。原始资料集里所收的基本上是编者按照自己的主题需要从原来的史料中切割出来的片段，由编者在引言中简略说明其历史背景和原文中的上下文。学生们没有机会直接从文献中去发现其完整的语境。而我从各种英译原始史料读本中筛选了一些相对简短、故事性较强的文本。这些读物可以让学生们进入历史人物的生活世界，调动他们的同理心、同情心去想象历史人物的生活日常、喜怒哀乐，从书中描述的陌生世界里发掘与当今世界的连续性和可比性。我几乎每一两个学期换一次聚焦的主题，逼着自己不断拓宽、加深我的世界史知识。我用过的辅助读本有：司马迁《始皇：史记节选》、古罗马史学家塔西陀《日耳曼尼亚志》、布特嫩英译《古印度的故事》、菲利普·西提英译《在十字军东征期间的一位阿拉伯叙利亚绅士：乌萨马·伊本·蒙奇德的回忆录》、马可·波罗《寰宇记》、尼亚奈英译的记述马里帝国缔造者松迪亚塔的非洲长篇英雄史诗《松迪亚塔》和中世纪摩洛哥大旅行家伊本·白图泰的游记节选《伊本·白图泰在黑非州》等。①有时我布置的两本辅助读物中有一本是今人的学术论著,或原始史料与二手资料兼备。前者如诺曼·F.坎特《瘟疫过后:黑死病和它所创造的世界》;②后者如莎莉·霍维·芮根丝《玄奘丝路行》。③该书作者根据《大唐西域记》《大慈恩寺三藏法师传》等史料,参照她本人对中土、中亚、南亚玄奘足迹所至之处进行的实地考察,生动地讲述了玄奘在公元629—645年间去印度取经的故事。她的叙述中频繁插入了大段的原始史料英译,有些长达数页,用斜体标出。书中还配有相应的实地考察照片和地图。此外,我还用过日本作家井上靖著、傅佛果英译的《苍狼》,让学生们也同时读《蒙古秘史》的节选,课堂上我们讨论成吉思汗的传奇,蒙古草原的自然环境,游牧民族的社会组织、生活方式、信仰和礼仪以及部落之间的战争等,还比较《苍狼》和《蒙古秘史》,讨论文学家与历史学家对原始史料的不同用法。④

---

① Sima Qian, *The First Emperor: Selections from the Historical Records*, edited by K. E. Brashier, and translated by Raymond Dawson (Oxford: Oxford University Press, 2009); Tacitus, *Agricola and Germania*(London: Penguin Classic, 2009); J. A. B. van Buitenen, trans., *Tales of Ancient India* (Chicago: The University of Chicago Press, 1959); Philip K. Hitti, trans., *An Arab-Syrian Gentleman in the Period of the Crusades: Memoirs of Usamah Ibn-Munqidh* (New York: Columbia University Press, 2000); Marco Polo and Sharon Kinoshita, *The Description of the World* (Indianapolis: Hackett Publishing Company, 2016); D. T. Niane, *Sundiata: An Epic of Old Mali*, translated by G. D. Pickett, revised edition (New York: Pearson & Longman, 2006); 和 Said Hamdun and Noel King, *Ibn Battuta in Black Africa* (Princeton: Markus Wiener Publishers, 1994)。

② Norman F. Cantor, *In the Wake of the Plague: The Black Death and the World It Made*, reissued edition(New York and London: Simon & Schuster, 2015)。讨论该书时可以同时布置一些关于黑死病的原始史料。John Aberth, *The Black Death: The Great Mortality of 1348-1350: A Brief History with Documents* (The Bedford Series in History and Culture), (Boston and New York: Bedford/St. Martin's, 2005) 是这方面的一个不错的史料集。

③ Sally Hovey Wriggins, *Silk Road Journey with Xuanzang*, revised and updated edition (Nashville, Tennessee: Westview Press, 2004)。

④ Inoue Yasushi, Joshua Fogel trans., *The Blue Wolf: A Novel of the Life of Chinggis Khan* (Columbia University Press, 2008); Arthur Waley trans., *Secret History of the Mongols and Other Pieces* (London: George Allen & Unwin, Ltd., 1963)。

除了四本主要教材外,我会布置多篇原始史料节选、学术文章和考古发现的报道。所选的二手资料是用来突显我对前现代世界史的总体认知和诠释,一是去欧洲中心化,还原前现代世界史上东亚、印度洋世界、伊斯兰文明的突出贡献和地位;二是去定居文明中心化,强调草原地带游牧文明和水上船民的海洋文明的技术独创和知识贡献,以及他们在推进世界各定居文明间的交流方面所起的作用;三是比较和总结前现代世界不同地区的社会组织、公权力行使与制约、经济生活、科技医疗发展、宗教信仰、人与自然的关系等方面的异同。因为这门课涵盖的年代非常久远,纪录片和其他视觉资料尤其重要,可以增强学生们读到的原始史料的现实感。① 不过,学生们虽然喜欢看这种电影,但他们不一定会认真看或全部看。所以我会提前布置一些侧重点,让他们在看片子时记笔记,下次上课时给他们一个关于该电影的开卷测验,给他们一点压力和动力。

除了要求学生们完成读物外,他们的主要课程任务还包括:1. 两个到三个闭卷考试,基本上是问答题(3—4 个短的问答题,一道短文题)。2. 两篇论文,其中一篇是史料分析(document analysis,约 4—5 页),让他们针对我提出的问题对几个指定的史料文本进行比较分析。在论文中他们必须提出自己的立论,并通过引用和分析文本来论证它。另一篇是给两个辅助读本之一(学生任选)写一篇 6—8 页的书评。如果他们选择评论的是一本原始史料,书评重点在其主题、主要内容和史料价值;如果是一部学术专著,则重点评价该书的立论、章节结构、作者使用了哪种历史证据来论证其结论、是否有说服力。学生们必须引证相关的原始史料和其他二手资料来论证他们对该书的评价。3. 独立研究项目,由学生们自己定题,但课题必

---

① 我用过的纪录片中学生反应最好的有:Charlie Maday, *The Roman War Machine* (The History Channel, 1999);UNC TV, *Islam: Empire of Faith: Parts 1 & 2*, *The Messenger & The Awakening*(N. P.:Infobase, 2000);Robert Marshall, Sean Barrett, Nihon Ho-so- Kyo-kai, and British Broadcasting Corporation, *Storm from the East* (Princeton, N. J.:Films for the Humanities, 2004)。

须大致符合课程涵盖的时段,要在开学一个半月左右提交开题报告,学期三分之二过后提交跟进报告,期末时用两到三节课的时间开研讨会,会上他们向全班口头汇报他们的研究结论和主要证据。学生们可以自愿组团(2—3 人)做这项研究,但项目必须相应地更大。4. 平时成绩,根据学生出勤情况,关于电影等的小测验,课堂讨论是否踊跃,发言是否切中要害、是否有创见等决定。中国通史和专题课程基本上保持这个形式,但两篇论文和研究项目要求高一些。"文革"史、丝路史等专题课的学生们必须单独做研究项目,期末除向全班口头汇报之外还要交一篇 15 页左右的研究论文。"文革"史课的研究项目我还给他们一个写历史小说的选项,但其故事必须基于对相关原始史料的研究,情节必须逼真。这些课程任务的设置也是为了让学生们达到系里期待的教学目标。

多年来的努力摸索和与校内外同行们的交流使我的教学艺术日益精进,但新的问题和挑战也时有出现。自从新冠肺炎疫情暴发,特别是在美国蔓延开来以后,随着中美关系的急骤降温,美国民众对中国的负面印象加强,针对亚裔特别是华人的仇恨犯罪也愈演愈烈。作为在美国大学教中国史的华人教师,我能为自己的祖国和两国人民的和平共处做点什么?这是当下最迫切,也是我考虑得最多的问题。最近读到美国阿勒格尼自由文理学院(Allegheny College)历史系伍国教授的《从网络了解中国的 Z 世代》一文,给了我很大的启示。文章说,现在欧美媒体对中国 1995—2010 年间出生的 Z 世代(Generation Z)的报道倾向于聚焦他们的"爱国"和"民族主义"情绪以及对西方价值观的盲目对抗。他用"网络民族志"(cyber ethnography)的方法在他曾参与和跟踪十几年的某社交和影评媒体上对一些群友做了网上观察和访谈,得出的结论是:"事实上,当下中国的年轻人和世界其他地区的年轻人具有高度共享的技术手段、关注点、知识结构、表达方式,以及情感模式。只有把这些常态和非政治的现象全面纳入观察和分析视野,而不是仅仅关注青年的抵制,抗议,或者激烈的爱国主义言辞,才能看到这一文化和全球青年文化之间的共同点,更准确地把握变化中的当代中国文化图景。"①这些联结太平洋两岸的纽带当然绝不仅仅存在于Z世代当中。经济生活、乡村/社区的重建、传统文化的复兴、个人幸福的追求，这些与普通人的命运息息相关的方方面面在美国和其他西方社会都有其相应的存在。我的学生中但凡去中国学习、生活一段时间，有机会与当地的普通民众交朋友的人对中国和中国人民都有非常美好的印象。他们喜欢那里的高铁、中餐，街道的安全、有序，也有很要好的中国朋友。作为美国学生和周边民众了解中国社会的重要信息源，我们教授中国史，特别是中国现代史和当代史的老师应该有意识地去关注"这些常态和非政治的现象"，并让更多的美国人从我们这里认识一个真正的、日常的、和平友好的中国。

---

① 引自伍国《从网络了解中国的Z世代》。此中文稿为伍教授提供。我最先读到的是其英文版，Guo Wu, "Nationalistic and Patriotic? Chinese Youths are More than That", *Think China*。https://www.thinkchina.sg/nationalistic-and-patriotic-chinese-youths-are-more，访问时间：2021年5月12日。（在此文定稿后，我又读到伍教授新作《华裔学者如何在后疫情时代讲述中国》[http://scholarsupdate.hi2net.com/news.asp? NewsID = 30422，访问时间：2022年2月18日]。该文从认识论层面讨论了如何帮助美国学生用历史学的原则和方法，以及批判性思维来审视美国主流媒体和政界对中国问题的过分简单化的报道和负面评论。)

"十年一梦"
——跨国"教""学"记

徐国琦（Xu Guoqi，1990 年出国留学，xuguoqi@hku.hk）：安徽枞阳人，现任香港大学嘉里集团国际化历史讲席教授。哈佛大学历史系毕业，获历史学博士学位。其主要英文著作有：*Chinese and Americans: A Shared History*; *Asia and the Great War: A Shared History*; *Strangers on the Western Front: Chinese Workers and the Great War*; *China and the Great War: China's Pursuit of a New National Identity and Internationalization*; *Olympic Dreams: China and Sports, 1895-2008*; 以及 *The Idea of China?*（即出）。中文著作包括：《边缘人偶记》、《难问西东集》、《为文明出征》、《文明的交融》、《美国外交政策史》（合著）、《作为跨国史和共有历史的传统中国文化中的"体"之"育"》（即出）等。目前正在撰写 *Sports and the Idea of China* 及 *Global China: A History* 两部英文著作。

在美国教历史

2010年,王希、姚平主编的《在美国发现历史——留美历史学人反思录》出版,其中收录鄙人《浮生三记》。10年后的2020年,姚平、王希邀请大家再写续篇,讲述在美国的教学经历。回想十多年前为《在美国发现历史》撰写《浮生三记》个人回忆录时的情景,恍如隔世。把盏望月,有不知今夕是何夕之叹。

1990年年底当我终于拿到中国护照并来到美国成为哈佛大学的一名学生,从而开启人生新的旅程时,美国正处于鼎盛时期,雄视世界。1989年柏林墙倒塌,美国兵不血刃取得冷战的胜利,1991年美国的老对手苏联解体。难怪福山(Francis Fukuyama)等人高呼"历史终结",认为以自由民主的美国为首的西方完胜!① 如果有所谓"美国盛世"的话,当时就是吧。然而,10年后当人类进入21世纪时,美国开始流年不利,步步维艰。2001年的"9·11事件"一举摧毁了美国人长期以来的本土安全感。众所周知,美国这个国家得天独厚,东西分别有大西洋和太平洋作天然屏障,南北分别与可以和睦相处的墨西哥和加拿大比邻。立国之后,很少担心外族入侵,实际上自1812—1814年美英战争后,美国本土未曾受到他国攻击。2001年的"9·11恐怖袭击"是美国本土的"珍珠港事件",美国人的地理安全感由此遭到重创。2008年的金融危机又让美国人对金融安全产生十分强烈的无助感;2020年的新冠病毒更是让美国人对个人生命安全感到恐慌。堂堂超级大国在病毒面前,毫无招架之力。执笔之际,美国已成为感染人数和死亡人数最多的国家。换句话说,在21世纪的头两个十年,美国人与生俱来的优越感和安全感越来越少。

就在美国感觉每况愈下时,中国却蒸蒸日上。2001年中国加入世界贸易组织,北京也得到2008年夏季奥运会的主办权。自此之后,中国经济突飞猛进,一路高歌,成为世界第二大经济体、第一大贸易国。2008年的北京奥运会更向世人展示了一个积极向上和开放进取的全新的中国,与当时正

---

① Francis Fukuyama, *The End of History and the Last Man* (New York: Free Press, 1992).

处于金融危机中的美国成为鲜明对比。一些西方学者开始高谈 G2 和"中美国"(Chimerica),鼓吹中美并驾齐驱,合作共赢。显然,对中国来说,21世纪的头两个十年可以说是多姿多彩,芝麻开花节节高,形势一片大好。在这两个十年里,中美关系虽时好时坏,但基本可控。可惜在特朗普主政时期,经历惊天巨变,前途未卜。

之所以啰啰唆唆说了半天中国和美国的"十年一梦",实际上是为了写我个人的"十年一梦"做铺垫,特别是为后面的"教""学"经历和心路历程提供一个时代背景。如果说,"十年一梦"对美国或中国是一个有趣的参照系,从中可以窥见两国发生的翻天覆地的巨大变化,那么冥冥之中,好像我的学术人生也以十年为一台阶,甚至可以说"十年一梦"。我 1980 年考上大学,1990 年年底到美国读书,中间整整十年。这十年不仅是我个人的一个重要十年,也是中国充满希望和理想的十年。1999 年春,即我到美国求学的第十个年头,终于十年磨一剑,修成正果,拿到哈佛大学的历史学博士学位。当然,这十年不仅纯粹读书,为了谋生,也在哈佛差不多做了近一半时间的助教(teaching fellow)。凭着哈佛的这个"羊皮证书"及在哈佛积攒的教书经历,我到处申请工作,居然得来全不费功夫,1999 年一拿到学位即谋得美国一个很好的文理学院的教职,并获讲座头衔。

本想就此在美国安身立命,但人算不如天算,我在美国教了十年书后,居然在 2009 年一走了之,"挥手从兹去,萧萧班马鸣"!甚至如同徐志摩的一首著名诗篇所说,"我挥一挥衣袖,不带走一片云彩"。说来话长,2007—2008 年香港大学在全球招聘人才,不才如我,也成为被网罗对象,并在 2008 年年初收到聘书,犹豫未决很长一段时日后,终于在 2009 年夏束装就道,开始在港大任职。到 2019 年,正好在港大教了十年书。

浮生记"缘":我在美国与亚洲的教学天地

遥想当年,1977 年高考恢复时,我刚上初三,不到 15 岁的我,咬紧牙关,全力准备几年后的高考,发誓用读书改变命运,跳出穷山恶水的农村。在苦读之余、头昏脑胀之时,偶尔也发痴想,少年聊发少年狂。虽然不敢像洪秀全那样居然做梦自己是上帝之子,但也想象自己考上政法大学,后来成为法官,一举把我一直恨恨不已的贪官污吏送入大牢,让他们永世不得翻身。也想象自己后来成为一流数学家,成功生活在数学的自由王国,潇洒享受人生。好像从未梦到自己会成为教书育人的历史学者。但1980年高考后,我成为安徽师范大学历史系的学生。

当时的师范大学,顾名思义就是培养中学老师。但除了大三实习时在黄山脚下的屯溪市(现属黄山市)教了初中生几个月的历史外,我在国内实际上没有什么教书经验。大学一毕业,我即到南开大学读硕士学位,并在毕业后留校任教。在南开时,我虽是教师,但在研究所工作,没有教学任务,所以我真正的教学是在美国开始的。而真正的教学经验是在哈佛做学生时学到的;"教学相长"可谓真正体现在我的这一经历中了。

我在哈佛的前四年有全额奖学金,不必交一分钱的学费。生活费也比较宽裕,因此不用打工。但在我通过博士资格考后,虽然不用交学费,奖学金却没有了,我必须开始考虑如何养家糊口了。当时最好的挣钱方法就是做助教。哈佛历史系规定所有博士生必须至少有一次做助教的经验,我因为想在美国谋生,力图在教学上有所突破,所以一心想多增加点教学经验。于是我从1994年起在哈佛前后做了四年助教。在哈佛写博士论文那几年,我好像很适合做助教,乐此不疲,也乐不思蜀(指完成博士论文)。除曾为著名"文革"史专家马若德(Roderick MacFarquhar)教授做过多年助教外,我还给柯伟林、包弼德(Peter Bol)两位教授合教的中国通史以及欧内斯特·梅(Ernest R. May)教授和谭可泰(Hue-Tam Ho Tai)教授合教的越南战争等哈佛核心课程做过助教,也做过本科生毕业论文的指导教师。因为助教的好坏直接影响到学生对该课的评价甚至该教授的声誉,所以这些大师们也对助教倾囊相授,言传身教。我因此学到了不少教学真经。

除在哈佛教书外,从哈佛毕业的前半年,我还在马萨诸塞州诺顿(Norton)小城的马萨诸塞惠顿学院(Wheaton College)教了一学期书。这份工作并不是我找的,而是自动送上门来的。当时该校一位历史教授休学术假,历史系急需一位代课教师。他们通过我的老师柯伟林教授找到我,特别希望我去。盛情难却,我只好勉为其难。历史系主任特别客气,同意我把两门课在同一天上。并专门安排住在哈佛所在地剑桥的一位惠顿学院老师在我需要到校那天顺便开车把我带上。惠顿学院的教书生涯因此成为我在美国教书的另一个有趣的经历。

1999年我正式找工作时,整个美国就业市场环境不好,很多历史专业毕业的博士生找不到事做。若有学校招人,也经常是两三百个人竞争一个位置。我在哈佛大学的指导老师入江昭教授在其学术自传《我与历史有个约会》中,就提到他的一位优秀的芝加哥大学博士生毕业后很长时间未能找到教职,不得已开了整整一年出租车以维持生计。[①] 身为外国学生,我还面临签证问题,连开出租车的机会都不可能有。但我的求职之路可谓幸运之至,得到好几个包括一流研究型大学和文理学院的青睐及聘书。

研究型大学和文理学院的最大区别就是前者重研究,后者重教学。美国的优秀文理学院和著名研究型大学一样均属一流,在美国社会受到同等尊重和承认,只不过分工各有不同。顾名思义,研究型大学侧重研究生培养及高端研究,文理学院则在本科教育的质量上比名牌研究型大学甚至更胜一筹。许多一流文理学院的毕业生在就职或申请研究生院时比起名牌研究型大学毕业的本科学生不但没有劣势,在很多情况下还更受青睐。理由很简单,因为他们接受了一流的本科教育。

拿到好几份聘书后,我却感到十分纠结,拿不定主意。不得已,问计于我的两位哈佛老师梅教授及入江教授。可是两位教授意见相左,梅教授坚决主张我选择到研究型大学任教,但入江昭教授则大力支持我到卡拉马祖学院(Kalamazoo College)。我在申请卡拉马祖学院之前,对该校一无所知。

---

① 入江昭:《我与历史有个约会》,杨博雅译,北京大学出版社,2013年。

但入江教授对这个学校不仅了解,而且还与夫人到该校做过学术研究。卡拉马祖学院建于1883年,曾经有好多日本学生来此求学,其中包括日本著名作家永井荷风。入江昭教授夫人的博士论文便是研究永井荷风,所以他们夫妇曾多次到卡拉马祖学院查找资料。入江昭教授夫人后来在20世纪90年代还把永井荷风基于在卡拉马祖学院的读书经历所写成的小说翻译成英文发表。此外,直到前几年读入江昭教授的回忆录时,我才意识到他有很深的文理学院情结。入江昭教授在美国读本科时在距费城不远的一个文理学院——哈弗福德学院(Haverford College),因此他对文理学院的优越之处有深刻的个人体会,一辈子念念不忘。我在多重考虑之后,毅然决定到位于密歇根州的著名文理学院卡拉马祖学院任教。事后想想,我真是非常庆幸有入江昭教授在我找工作的关键时刻为我规划出一个最佳选择。

尽管我有在卡拉马祖扎根的打算,诚如前面提到,我最终还是回到了研究性大学,即香港大学。享受在港大教书育人的生活。港大在亚洲和国际上都是享有盛誉的研究性大学,在我决定到香港大学任职的2009年,港大在一个国际性排名中是世界第18位。香港学生必须足够优秀才有可能进港大,从内地来的更是尖子,国际学生也很多。港大教师中有相当大一部分来自国外。我个人的研究和教学一直侧重跨国史和共有历史。香港正是我从事这一课题研究最好不过的地方。在这里有各种文化交汇,各种思想碰撞,这里既是中国和亚洲,又是世界。港大给自己的定位就是"亚洲的国际大学"。港大在1911年建立时,其目标就是"为中国和世界而立的大学"。我过去20余年生活在美国,现在回到东方之珠香港,这为我近距离研究中国和观察亚洲提供了地理上的便利。

煮字记"幸":未教先学与教学相长

如果说本章的第一部分的"十年一梦"是讲天时,第二部分是说地利的话,本节则侧重谈一下我作为教师的知识储备和积累,即煮字生涯,也可以说是人和,因为我的著述生涯得到无数师友的关爱和帮助。煮字是写书,写书与教书应该是一理同源的,都有个"书"字。就好像"学"问和教"学"都侧重"学"一样。大家都知道,写书难,用外文写书更难,在西方名牌大学出版社出书难上加难。但在美国学界混,大家都为两个 P 所纠结。P 者,"publish or perish"是也,我戏译为"出书或出门"!王国维在《人间词话》提到过著名的学问三境界,王氏这种借用古代诗词描述的境界听起来似乎很风雅和浪漫,但曾获诺贝尔文学奖的英国著名政治家丘吉尔关于写书的几个境界可谓道尽其中酸甜苦辣。他公开声称:"写一本书如同探险,开始时像在摆弄玩物,随后变为消遣,接着书稿变为一个情妇,然后又变为主人,再后来成为暴君。到了最后的阶段,当你差不多安于这种屈服和受奴役的时候,你却杀掉了这个怪物,把它抛到公众面前。"①丘吉尔所说的写书多重心境显然与王国维的学问三境界有巨大区别,对丘吉尔所描述的正在写作之中的书稿之地位经历由"mistress"到"master",并最终成为"monster"的可谓"3M"的角色变化,我个人是感同身受的。

但在此我不打算抱怨写作的煎熬和艰辛,相反,我要写个人煮字期间受到命运之神照拂的经历。人过了知天命之年,当然要少抱怨、多感恩。我的第一本书的出版即有六大贵人相助。虽然我的博士论文在入江昭、梅和柯伟林三位教授的指导之下,基础不错,但在博士论文完成后,我并没有急于投出,而是打算精雕细刻,把书稿修改到自己满意为止。三年后的 2002 年,感觉可以投石问路了。于是我将书稿寄给了西方一战史权威学者、耶鲁大学的杰·温特(Jay Winter)教授。温特为剑桥大学出版社著名的"近现代战争的社会与文化史研究丛书"(Studies in the Social and Cultural History of Modern Warfare)的主编,他对书稿似乎很满意,立即安

---

① 英文原文请参见 XU Guoqi, *Asia and the Great War: A Shared History* (New York and UK: Oxford University Press, 2017), vii-viii。

排匿名审稿。幸运的是，出版社安排的两位匿名审稿人是耶鲁大学的史景迁(Jonathan Spence)教授及牛津大学的米特(Rana Mitter)教授。两人对书稿都是鼓励有加，双双推荐出版。我的第一本专著就这样于2005年年初得以问世。① 中国有一句俗话，"一个好汉三个帮"，我的第一本书竟需要六位高人(三位论文指导教授加两位书稿审查者与主编)扶持！我的第二本著作则与一位重要人物有关，此人是哈佛大学出版社的著名编辑林赛水(Lindsay Waters)。早在2005年当我告诉他我打算撰写一本关于国际体育与中国的国际化历程的书时，他立即表示支持，并很快给我一纸出版合同。在林赛水的鼓励之下，《奥林匹克之梦》一书写作进展顺利，2008年由哈佛大学出版社出版。②

2005年就在我打算写《奥林匹克之梦》一书时，国内五洲传播出版社的一位编辑约请我写一本关于一战华工的书，我立即辞谢。但第二年同一家出版社再次诚恳邀约，并同意我推迟交稿。精诚所至，金石为开。我最终在该出版社出版了《文明的交融：第一次世界大战期间的在法华工》一书。③ 此书为普罗大众所写，有进一步研究的空间，结果直接促成我后来为哈佛大学出版社写作《一战中的华工》。④ 此书完成后，我一直在思考新的研究方法和如何在跨国史/国际史之后找到一个新的突破口。2009年林赛水先生邀请我写一本新的中美关系史，正好给我提供了尝试的机会。所以我打算在新书中提出一个新的视野和方法——共有的历史。我认为只有从"共有历史"视角，方可发掘那些我们通常忽视的人和事件，并理解其历

---

① XU Guoqi, *China and the Great War: China's Pursuit of a New National Identity and Internationalization* (Cambridge, UK and New York: Cambridge University Press, 2005).
② XU Guoqi, *Olympic Dreams: China and Sports, 1895-2008* (Cambridge: Harvard University Press, 2008).
③ 徐国琦：《文明的交融：第一次世界大战期间的在法华工》，五洲传播出版社，2007年。
④ XU Guoqi, *Strangers on the Western Front: Chinese Workers in the Great War* (Cambridge: Harvard University Press, 2011).

史贡献和意义。于是,《中国人与美国人:一部共有的历史》在 2014 年由哈佛大学出版社出版。①

鄙人虽然好像一直善于做学术研究的长期规划,但《亚洲与一战:一部共有的历史》是我从未计划要写的一本书。本来在写完好几本有关一战著作后,我就想不再做"一战"史了,想尽早转移到我一直魂牵梦绕的"The idea of China?"课题上。但在 2010 年,耶鲁大学的杰·温特教授受剑桥大学出版社邀请,拟主编代表国际最高研究水平的第一次世界大战专著,并计划在一战爆发 100 周年之际推出法文和英文版。他力邀我承担亚洲与第一次世界大战一章,我只好一咬牙答应了。好在杰要我写的只是短短的一章而已。但不久后,都柏林大学学院(University College Dublin)的格沃施(Robert Gerwarth)教授为牛津大学出版社主编多卷本"第一次世界大战研究丛书"(Series on the Greater War),希望我承担亚洲与第一次世界大战一卷。推辞不成后,只好咬牙接受。好在我的中美关系史书稿在 2013 年即将杀青,我可以专心投入《亚洲与一战》一书。而且《中国人与美国人:一部共有的历史》一书的共有的历史框架和视野正好可以让我用来写作亚洲与大战专著。《亚洲与一战》是我"共有历史系列"的第二部。2016 年秋我又与哈佛大学出版社签订合同,写作暂定书名为"*The Idea of China?*"的英文专著。这本书将成为我"共有历史系列"的第三部。此书书稿已于 2020 年年初交给哈佛大学出版社。何时或能否问世,尚不得而知。

之所以在这里罗列自己所写的书籍,毫无自我吹嘘之意,而是因为这些写书经历和煮字生涯与我的教书育人工作密切相关,不仅直接丰富了我的教学,甚至成为我作为在大学执掌教鞭时安身立命的资本。中国先贤在《礼记·学记》中写道:"学然后知不足,教然后知困。知不足,然后能自反也;知困,然后能自强也。故曰:教学相长也。"老祖宗们几千年前就知道教

---

① XU Guoqi, *Chinese and Americans: A Shared History* (Cambridge: Harvard University Press, 2014).

和学的辩证关系。本文标题中的"学"即来源于此。

对我而言,教学不仅相长,而且相互促进、相得益彰。可以说我的研究兴趣和成果丰富了我的上课内容,让学生不仅直接参与我的研究过程,还在第一时间得到相关研究的最新成果。窃以为,一个好教师不一定是一流学者,但充满创造力和好奇心的一流学者即使不是受欢迎的老师,其所教的内容至少也是前沿的,有真才实学。我之所以能在重视教学的文理学院和强调研究的研究型大学都顺利生存下来,不仅因为我的研究成果扎实,而且可能与学生觉得鄙人讲课有点深度以及不时穿插精心研究得到的有趣故事有一定关联。

教书记"乐":冷暖自知的教书点滴

我执教以来所开的不少课都基于我个人的研究兴趣。当然这在相当大程度上得益于上面提到的天时(十年一梦)、地利(执教文理学院和研究型大学)、人和(在师友关照下顺利出版学术专著)。我正式执掌教鞭的学校卡拉马祖学院是密歇根著名的文理学院,这里的学生极其优秀。孟子曰:"人之患,在好为人师。"孟子还说,君子有三乐,其中一乐即是"得天下英才而教育之"。我就有这种"患"和"乐"。我喜欢教书,尤其喜欢教聪明的学生。

卡拉马祖学院还有一个开风气之先的地方,就是它的 K-Plan(卡院计划)。早在 20 世纪 60 年代卡拉马祖学院就开始重视送学生到国外学习,学生在国外学习的时间从半年到一年不等。学院 80% 的学生都有海外游学的背景。2003 年我就任学院国际课程委员会(International Studies Committee)主席时,学院的国际留学项目(Study Abroad Program)被《美国新闻和世界报道》杂志评为年度全美大学第一。现在似乎全世界所有大学都已意识到学生海外游学背景的重要性,但卡拉马祖学院早就独领风骚几十年了。在卡拉马祖学院,一年三个学期,每个学期(十周)要教两门课,一年一共教六门课。虽然教学任务重,但是小班教学,学生也很用功,对我的压力并不大。同时因为东亚历史课程都由我一人教,我每年喜欢开一些不同的课,所以很有新鲜感和成就感,我教什么和怎么教,用什么教材,无人干涉我。

同在卡拉马祖一样,我也非常享受在香港大学的教书育人生活。港大不仅让我在研究方面如虎添翼,在教学方面也是如鱼得水。港大除中文学院外,授课语言是英文,因为我的研究成果大多也是用英文撰写,从教学相长的角度来说,转换起来很容易。我喜欢港大还有更重要的一点就是香港的特殊地位。香港既边缘又中心的地理位置与我个人的学术定位似乎很合拍,我于2017年在四川人民出版社出版的学术回忆录就叫作《边缘人偶记》,长期以来,我一直以"边缘人"自许。

前面提到,我的学术兴趣和研究大大丰富了我在卡拉马祖和港大的教学内容。承蒙港大校方的仁慈大量,我在港大的教学任务很轻,刚开始是一年教三门课,后来成为讲座教授,教学量减到一年两门。我这几年所教的课程一门是为全校本科生所开设的核心课程"体育与中国社会",还有一门是"中国人和美国人"的讨论课。这两门课完全建立在我所写的两本书的基础之上。港大的核心课程英文称为 Common Core,涵盖四大领域:科学技术、艺术和人文、全球议题、中国文化和社会。港大本科生除专业课程外必须选修六门核心课程方能毕业,六门核心课程应该包含上述四大领域的每一领域。我的核心课程名为"体育与中国社会",就是以《奥林匹克之梦》一书为基本框架,从体育角度分析中国社会、历史、政治及国际关系的一门基础课程。每次开课时,都能吸引到最多限额的120名学生注册上课。我在港大所开的另一门关于中美关系史的课程就是因为自己多年前决定要写《中国人与美国人:一部共有的历史》。虽然书早已出版,但这门课还一直在开。

卡拉马祖虽然是重视教学的文理学院,不是研究型大学,但我的教学同样受益于个人研究兴趣和成果。在卡拉马祖时,我学术上的兴趣主要是研究中国与第一次世界大战和中国与国际体育。两个课题对学生来说似乎都很有趣但都很陌生。所以我在上课时不时分享我在研究中发现的观点和故事来启发学生。例如2005年年初我的《中国与大战》一书出版,该年也是第二次世界大战结束60周年,不少学生对两次世界大战有兴趣。我借机多讲这方面的内容,并把自己的最新研究成果同学生分享。记得当我讲述中国不仅参加了一战,一战的战火还实实在在地在中国燃烧,特别是我告诉他们中国工人在一战期间如何在法国跟法国女人谈情说爱以及其他一些他们闻所未闻的故事时,学生们似乎听得很入迷。

在北京主办2008年奥运会之前,西方媒体便开始大加报道和关注。我自2002年即启动的与奥运有关的研究因此逐渐得到广泛注意。2008年年初我的《奥林匹克之梦》一书出版后,城市报纸《卡拉马祖报》(*Kalamazoo Gazette*)在头版以最显著位置加以报道,我一时成为社区和学校的名人,学生们不仅有兴趣甚至很开心听我给他们讲相关内容,同时好像很为有我这样的老师而自豪。总而言之,我个人很喜欢这种教学相长的模式和状态。有意思的是,因为撰有与该课程有关的专著,学生在写教学评分时,没有人敢说鄙人不称职,反而强调该老师学有专攻、知识丰富,更让我得到不少便宜。

我喜欢在卡拉马祖教书的另一个原因是我可以开非历史学的课程。卡拉马祖由于特别注重学生的海外游学经历及培养学生的跨国视野,专设一个国际与区域研究项目(International and area studies program),我每年自告奋勇教一门国际关系课程。说来可笑,用的教案是哈佛教授亨廷顿(Samuel Huntington)刚刚设计和尚未使用的,他吩咐我可以率先一试。此事说来话长。在哈佛做学生时,我正式上了亨廷顿教授一门关于文明冲突的讨论课。1993年亨廷顿在《美国外交季刊》发表了一篇洛阳纸贵的文章("Clash of Civilizations?"[文明的冲突]),轰动全球后,他就想一鼓作气写一本书。按照哈佛大学教授的写书流程,先开一门讨论课,组织一批哈佛优秀学生,由老师介绍观点,学生出谋划策。亨廷顿也没逃出这套模式,1994年春天他就在哈佛准备开一门新课,专门集中讨论Clash of Civilizations(课程表代号:Government 2788)。这门课只收了他亲自挑选的15名学生,这些学生分别来自不同国家、不同文明背景和不同专业。我大概是因为亚洲背景而成为这 15 名学生之一。我也是唯一的历史系学生,其他人多是经济系、政治系等院系的。他们有的来自墨西哥,有的来自英国,有的来自欧洲大陆。我在这一学期的课堂上收获很多。

学期结束前所有选修此课的同学都被邀请到亨廷顿家做客,享受有专门服务生服务的丰盛食品、饮料,听亨廷顿本人讲述许多有趣的故事。我因此有机会同亨廷顿教授变得很熟悉。更加幸运的是,我跟亨廷顿念完这门课后,获选为哈佛大学国际事务研究中心(Wetherhead Center for International Affairs)的研究生级别 fellow。研究生级别的 fellow,至多可做三年,我就做了三年。我的研究室与亨廷顿的研究室在同一楼层,抬头不见低头见。所以我经常有机会向他请教。

我在离开哈佛到卡拉马祖学院任职前,特向亨廷顿辞行,并告诉他我自愿每年教一门国际关系的课程,请教他有何建议。亨廷顿问了问我关于此课的想法后,发现我的设想跟他在哈佛拟开的一门新课相近,于是拿出他已准备好的教学提纲包括阅读书目给我,建议我不妨试试他的这份教案,如发现问题,告诉他。亨廷顿的教案帮了我大忙,对我犹如雪中送炭。因为尽管我对开国际关系的课很有兴趣,但对于究竟该怎么教,从何入手,并未想好。亨廷顿如此著名的学者能把他的教案给我,我实在非常感激,并答应向他定期汇报教学情况。当时他在写一本研究美国国家认同危机的书。大家知道他的《文明的冲突与世界秩序的重建》出版后,有一个软肋,即如何解释美国国家认同问题,所以他一直在思考这个问题,到 1999 年时他已决意写一本新书并不耻下问地向我提起。我在卡拉马祖教国际关系这门课第一年时,密歇根州聚居了大批的穆斯林美国人,在我的鼓励和启发下,有个学生写了一篇关于穆斯林美国人和美国国家认同的文章。当我向亨廷顿汇报我这门课的教学情形时,顺便将这位学生的文章寄给了亨廷顿。亨廷顿回信说该学生的这篇文章写得很好,希望我给他 A,其实我给这个学生打的分数是 A-。让我吃惊的是,几年后亨廷顿出版了他关于美国国家认同危机的书,①他居然引用了我这位大二学生的学期论文。我想我的这位学生一定一生都对此经历感到自豪。

我的多元研究兴趣也充分体现在研究生培养方面。我个人的研究在方法上一直属于跨国史范畴,特别是近几年转入共有历史领域。在我指导下的香港大学的博士生学位论文选题因此也是八仙过海,各显神通。前几年毕业的一位意大利学生的博士论文从跨国史入手,研究中国宋朝以前的文明与文化软实力。另外一位来自美国的学生的博士论文则研究20世纪50—70年代的亚洲冷战体系,并以中国—印度关系特别时期的1962年中印边境自卫反击战为中心。今年刚完成答辩的韩国学生的一篇博士论文则另辟蹊径,集中探讨西方特别是美国如何处理和认识世界范围内饥荒与人权的关系。目前在读的研究生中,一位来自加拿大的学生的博士论文从跨国史、性别、商业、婚姻家庭等多角度,研究民国时期女性企业家如何与国际、国家互动。另一位来自中国的学生则对美国人惠顿(Henry Wheaton)的《万国公法》(Elements of International Law)感兴趣,正在从跨国史和共有历史视野考察《万国公法》如何传播到中国与日本,又如何对亚洲国家参与国际社会和秩序产生影响。

简短的反思

从1990年年底我初到美国,到今天已经快32个年头了,正式执掌教鞭也有20余年。毛泽东的《七律·到韶山》写道,"别梦依稀咒逝川,故园三十二年前。红旗卷起农奴戟,黑手高悬霸主鞭。为有牺牲多壮志,敢教日月换新天"。我当然没有毛主席的豪情万丈,岂敢有"换新天"之念头,唯有一点感慨而已。在这32年里,我离开了生我养我的故土,来到世界上

---

① Samuel P. Huntington, *Who Are We: The Challenges to America's National Identity*, New York: Simon & Schuster, 2005.

另一个伟大的国家求学和讨生活,但个人的研究和教学一直与中国和美国这两个伟大的国家相关。令人唏嘘的是,32年后中美关系发生了翻天覆地的变化,世界还在经历新冠肺炎疫情的煎熬,香港也在不断变化。面对此时此景,我不知道是应该高唱"沧海一声笑"还是应该默诵"无奈何花落去,似曾相识燕归来"呢?

古人云,"文章千古事,得失寸心知"。检点浮生,我写了几本书,不敢说可以藏之名山,但每一本书毕竟开辟了一个新的路径,侧重重要但乏人问津的课题。窃以为,这些书的写作和研究经历不仅对本人的教书育人有帮助,对其他学者的教学和研究应该也不无参考价值。另一句老话说,"十年树木,百年树人"。冥冥之中,好像我就应该做老师。我也好为人师,乐此不疲。我没有计算过到目前为止在美国和亚洲究竟教了多少学生,但至少有成千上万个学子上过我的课或听过我的讲座吧。虽然"在传道、授业、解惑"方面不敢说有多大成就,但自信没有误人子弟,至少我可以自豪地宣布,我尽力了。

回首自己多年教书育人、教学相长的心路历程,不胜唏嘘,也不胜感叹。尽管世事如此沧桑,十年一梦,我个人还是感到极其庆幸和感恩,感恩自己能够从一个没有童年的农家少年成为所谓国际历史专家。同时也庆幸自己作为一位人文学者,教书育人,在面对国际局势发生巨大变化和大国关系经历风云突变时,正可以将平生所学用来思考,反思历史和未来世界将何去何从。百年不遇的著名历史学家陈寅恪先生有两句诗云"吾侪所学关天意,并世相知妒道真",此之谓乎?何况历史学者可以说越老越"值钱"。花了无数年终于学会了如何思考、如何选题、如何写作,教起书来更是驾轻就熟。

路正长,不管世界风云如何变幻,无论后浪和前浪如何纠葛,至少我个人还没有"躺平",还在前进的路上。

2020年夏于香港

史学雾海探路三十载:在美国教历史的感想点滴

杨志国(Yang Zhiguo,1990年出国留学,zhiguo.yang@uwrf.edu):山东师范大学历史系学士,北京大学历史学系硕士,美国马里兰大学历史系博士。现为美国威斯康星州立大学河瀑市校区历史系终身教授。教学领域为世界史、亚洲史、中美关系史以及中国近现代史。研究领域为中美关系史、中国近现代史上的民族主义、山东青岛地方史,并在这些领域发表数篇英文论文,包括:"Munitions of the Mind: Nationalism, Student Activism at Shandong University, and the U. S. Marines in Qingdao, 1946-1949";"'This Beer Tastes Really Good': Nationalism, Consumerism, and the Development of Beer Brewery Industry in Qingdao, 1903-1993"以及"U. S. Marines in Qingdao: History, Public Memory, and the Chinese Nationalism in the Twentieth Century"等。曾任中国留美历史学会第二十任会长(2020—2022)。

史学雾海探路三十载：在美国教历史的感想点滴

我生平第一次在大学讲历史课是 1985 年。那一年，作为北京大学历史学系美国史专业的硕士研究生，我进入了专业训练的最后阶段。除了完成论文之外，在该阶段要做的另一件事就是教学实习，其中包括自选一个讲课题目、准备讲稿以及就这个题目给本科生讲一堂历史课。我选择的讲课题目是美国内战后的重建历史。1985 年春季学期的一天，我在把讲稿准备到几乎可以倒背如流的程度之后，忐忑不安地走进了北大哲学楼的大阶梯教室。这是一个可容纳一百多人的公共课教室，那天有三十人左右坐在里面，其中包括我的指导老师齐文颖教授。面对这些比自己年龄小不了太多的听众和自己的导师，我自始至终都很紧张。尽管因讲课内容已经预演多次而没有在四十五分钟的授课时间里乱了阵脚，但我也只是把当时国内关于美国重建历史是一个不彻底的黑人解放运动的观点及相关历史事件复述了一遍而已。当然，对听众来讲，他们关注的重点肯定不是这个实习生现在课讲得如何，而是他在毕业之后成为一个好教师的潜力有多大。他们的结论如何，我不得而知。但在讲完课后从教室里如释重负地走出来的那一刻，我对自己在教历史这条路上是否能够走下去或者能走多远，还着实拿不准。

现在来看，我当时确实还没有下定以教历史为毕生职业的决心。也正因为如此，当我在毕业教学实习之后不久被分配到中国人民大学历史系教美国史时，我非但没有接受这个现在的毕业生求之不得的教职，反而头脑一热，跑到中国人民对外友好协会去从事民间外交工作，并且一干就是三年。在这期间，我也曾想过"迷途知返"，还因此与已故的中国美国史研究奠基者之一黄绍湘教授取得了联系，并在她的鼓励下准备报考她的博士研究生，但最终还是不了了之。如果不是 1990 年年初去了美国，我与历史学的缘分恐怕也就到此为止了。但正因为去了美国，我才在大洋彼岸续上了与历史的不解之缘，并不离不弃地从事了一辈子教历史的工作。

在回顾和反思教历史的人生经历时，我从来都觉得 1985 年的北大教学实习是这个经历的起点。而从个人感情和文化归属感方面讲，生平第二

在美国教历史

次在国内教历史的机会则把这个经历提升到了一个新阶段。应暨南大学历史系冷战史专家张维缜教授的邀请，我在 2016 年 5 月下旬一个闷热难耐，但对生活在珠江三角洲地区的人们来说再平常不过的夏日傍晚，与暨大历史系的同学们一起追述了二战后美国海军陆战队进驻中国的历史，并探讨了与之相关的中国民族主义等问题。讲座的地点是暨大人文学院楼里的一个阶梯教室。当我走进教室，看到坐在里面的暨大同行和他们的学生时，1985 年在北大哲学楼初登讲台时的那种感觉再次涌上心头。三十年来，这是我再一次用母语给中国学生上历史课。我能在短短的一个半小时里，既找出我讲的历史与暨大同学历史观之间的共同点，又逾越这两者之间可能存在的差异吗？

我是在 20 世纪末改革开放的大潮中告别故土，来到美国读历史和教历史的。斗转星移，三十年后我又回到了这个漫长历程的起点，并再一次在中国大学的课堂上讲历史。但我毕竟已经离开很久了，而且这期间我从来就没有在历史课堂上与国内大学生互动过，所以对自己的讲课效果如何感到焦虑，也在所难免。然而，当做完报告并同暨大的师生们进行问答互动之后，我悬着的心终于落了下来。那天晚上，听众中的一位同学问了一个有关民族主义定义的问题，还有一位同学就米歇尔·福柯的知识与权力之间关系的论点谈了自己的看法，而这一切都让我觉得除了语言环境不同之外，在美国教历史与在中国教历史几乎毫无二致。

想想也是，在我离开中国的这三十年里，全球化进程就像脱了缰的野马一日千里，促使不同政治制度国家之间多层次、多方位的交往互动替代了冷战时期美苏阵营之间的两极对抗。与此同时，历史学家们也与时俱进，尝试着以后冷战时代的新角度来研究和教授历史。然而，一波未平，一波又起。当人们仍沉浸在千禧年到来时的欢庆气氛之中时，发生于 2001 年 9 月 11 日的纽约世贸大厦恐怖主义袭击事件，再一次迫使我们在思考世界历史进程时，重新聚焦于不同文化与不同种族之间的互动、交流以及冲突在人类文明演进中的深刻影响，尽管有时候这种影响会是灾难性的。

具体到中美关系来说,在这期间,同属太平洋世界的这两个泱泱大国虽然通过不断加深的政治、经济、文化交往变得比以往亲密了起来,但它们还远不是像美日或美韩那样的盟友关系。不过从另一方面讲,尽管冷战时期所形成的文化偏见和交流障碍并没有消失殆尽,但中美两国学术思想和方法——包括史学观和史学方法——之间互动的途径还是变得越来越多,越来越顺畅。总之,我在美国生活和工作的这三十年里,全球化所带来的文化共享及跨文化共识早已悄然缩短了我和国内同学之间的距离,只是此前我从来没有机会亲身体会到这一点罢了。

得益于暨大同行和领导们的支持,我在2016年之后每年都重返羊城,以讲座和讲课的形式,和暨大的老师与同学们继续交流与探讨包括中国近现代史中的民族主义、中日关系对国民政府时期山东经济现代化的影响、可称为"软实力"的近现代美国思想文化在中国现代化进程中的作用、后现代主义理论给历史研究和教学所带来的挑战和机会等题目。从某种意义上讲,这些题目是我在美国教历史和研究历史的漫长岁月里所涉及的所有题目的一个汇总,而在暨大通过与中国师生进行交流来对它们做一梳理,让我有了史学雾海探路始于中国,终于中国的感觉。

当然,无论是在中国还是在美国都有这样一种说法,那就是开始和结果都不重要,重要的是过程。既然如此,那就让我就在下面的这些段落里谈一谈我在美国教历史的经历,以及我自己和我所教的历史是如何通过这种经历蜕变成暨大师生们所看到的那种模样的。

让我们从头说起。

千里寻职路 美利坚教历史学以致用

我是1990年1月入读位于美国东海岸的马里兰大学(University of Maryland)历史系的,到1998年5月获得历史学博士学位止,我在我的美国母校一共度过了八年时光。在这期间,除了恢复从北大毕业后中断了五年之久的美国史专业训练之外,我还选修了作为第二专业的东亚史和中国近现代史。之所以这样做,一方面是因身在异国他乡反而重新燃起的对自己国家历史的兴趣,另一方面则是出于对以后工作前景的考虑。在美国历史学博士就业市场上,由于美国史专业毕业生的数量几十倍甚至上百倍地超过对其教员的需求量,所以要得到这样一个教职非常不易。相对来讲,有关亚洲史和中国史的市场供求比例悬殊就小一些,因而找到一份稳定教职的可能性也就相对大一些。

对我来说,从在美国学历史到在美国教历史的转变发生在1997年。那一年,尽管我还没有拿到博士学位,但由于研究天津商会史的张晓波教授突然辞职,他任教多年的乔治梅森大学(George Mason University)临时应急,聘任我为任期一年的客座讲师,代讲张教授所开设的历史课程。乔治梅森大学位于最早加入美国联邦的十三个州之一的弗吉尼亚州,离首都华盛顿不远,与马里兰大学相毗邻,两校同属以交通堵塞而闻名于全美的495首都环线所经过的地区。于是,在1997年9月秋季学期开学的时候,我也加入了首都环线的车流之中,每日往返于两个学校之间,一面为完成学业做最后的冲刺,一面为使这个偶然而至的代课职位能够成为开启长久性工作机会大门的钥匙,而努力工作。

在乔治梅森大学的那一年用"含辛茹苦"一词来形容,实不为过。首先,由于是临时填补空缺,我必须接手张教授离职之前所开设的课程,主要是东亚通史、中国古代史以及中国近现代史等与亚洲历史相关的课程。乔治梅森是一个以培养本科生为主的综合性大学,所以这些历史课不仅仅是为历史专业的学生开设的,同时也服务于那些非历史专业但却希望通过选修历史课程来完成大学本科基础教育的学生们。所以,除了应对生平第一次成为全职教师的工作压力之外,我还要在非常短的时间里,把自己的中国史和东亚史知识通过赶写教案系统串连起来,然后再传授给专业背景各异的学生们。其次,由于美国本科教育对除了教科书之外的"课外读物"或辅助读物的要求很高,所以我必须在正式开课之前把讲课中所要突出的主题和重点确定下来,然后把与之相匹配的课外读物准备好。总之,初出茅庐,体力和脑力超负荷支出在所难免,但因此而得到的回报却使我受益终生。

譬如,在乔治梅森大学教亚洲史和中国史的经历,为我在美国教历史奠定了方向和基础,成为我在申请永久教职时一个重要的有利因素。还有,与在读研究生时以助教的身份给本科生上课的经历不同,作为正式授课老师,我在乔治梅森第一次享有并行使了独立确定教学主题、独立选择可深化教学主题的教科书和辅助读物的权利。在乔治梅森大学任职的那年,美籍华人作家张纯如出版了《南京暴行:被遗忘的二战大屠杀》一书,在西方读者中引起了轰动。① 尽管很多史学家对这本著作中历史叙述与分析的不严谨之处颇有微词,但为了使南京大屠杀这个在中国家喻户晓、在美国却鲜为人知的历史悲剧不再被淡化,并引导学生从多种角度来了解和思考这段历史,我还是把《南京暴行》选定为学生必读的辅助教科书之一。由于在很长一段时间里它是唯一一部能较为客观地将这一历史事件展现给世人的英文专著,在离开乔治梅森之后,该书被我继续用作教中国史和东亚史的辅助教材差不多十年之久。

乔治梅森的实战经历以及1998年获得的历史博士学位,使我对在教历史的道路上走下去的信心大增。不过,由于大学历史教员就业市场上僧多粥少,我在从1998年到2001年的三年时间里,始终没有找到终身教职,而是先后在密苏里州的杜鲁门州立大学(Truman State University)、宾夕法尼亚州的葛底斯堡学院(Gettysburg College),以及得克萨斯州的西得克萨斯农工大学(West Texas A&M University)担任临时教员,教世界史、亚洲史、东亚史以及中国近现代史。在那段横跨美利坚东西南北中,哪里有工作哪里就是我的家的岁月里,我除了练就一身驾驶搬家货车长途旅行的好

---

① Iris Chang, *The Rape of Nanking: The Forgotten Holocaust of World War II* (New York: Basic-Book, 1997).

身手之外,还把自己在美国综合性大学里教东亚史和中国史的能力锤炼得更加纯熟,并按照雇主的要求新开了日本近现代史课程。

谈到在美国教日本史,我想多说几句。由于美日两国交往历史源远流长,日本经济与文化在美国的影响举足轻重,以及美国对形成于冷战时期的美日政治军事同盟关系的高度重视,在美国大学里,包括日本史在内的有关日本问题的本科生课程要比有关中国问题的课程更受学生们的欢迎。正因为如此,除了乔治梅森之外,我所供职的其他所有大学都要求我开日本近现代史课。但我不懂日文,再加上做学生时有关日本历史的训练远非全面、系统,刚开课时不得不边学边教。当然,中国历史与日本历史的盘根错节之处给了我一些回旋余地,而与同我前后脚从国内来美国学历史、教历史的同行及朋友们的交流,也助了我一臂之力。譬如,我在葛底斯堡学院教书期间,邂逅了当时也在美国教历史的刘昶教授。刘教授在东亚史和中国近现代史方面的专业训练功底很深,而且我见到他时,他已经在美国教书多年了,积累了丰富的教学经验。当得知我的日本史教学还处在"摸着石头过河"的阶段时,他便建议我把日本明治时代思想家、"脱亚论"的始作俑者福泽谕吉的自传选为教科书之一。作为武士阶级的一员,福泽谕吉对门户开放后日本所发生的社会转变以及这种转变对他和他所属阶级的影响做了详细生动的叙述,因此会有效地帮助学生理解日本在19世纪下半叶从一个闭关锁国的封建国家,一跃而成为非西方世界里唯一的工业化国家和帝国主义强国的沧桑巨变。①从那次谈话之后,我差不多有十多年没有再见到刘昶教授,但如同张纯如的《南京暴行》一样,福泽谕吉的自传一直是我教东亚及日本近现代史时所使用的辅助教材之一。

就这样,我从属于美国政治文化中心的大华府地区移居到马克·吐温的故乡密苏里州,又从密苏里州折回美国南北战争中关键一役的打响之地

---

① Fukuzawa Yukichi, *The Autobiography of Yukichi Fukuzawa*, translated by Eiichi Kiyooka (New York: Columbia University Press, 1980).

葛底斯堡镇，然后再从葛底斯堡镇迁徙到被20世纪30年代肆虐于美国中西部的沙尘暴横扫而过的得克萨斯州，真可谓行万里路，教古今史。如果说任凭就业市场充满坎坷，而我在波折面前永不言退可称之为功夫的话，那么当我于2001年被威斯康星大学河瀑市校区（University of Wisconsin-River Falls）历史系聘任为正式教员时，也算是功夫不负有心人。与我在此之前所供职的大学一样，威斯康星大学河瀑市校区是一个以本科生教育为主的综合性大学，位于威斯康星州与明尼苏达州的交界处，北上300公里就可抵达北美洲五大湖之一的苏必利尔湖。由于学校所处地区四季景色如诗如画，再加上离美国中西部大城市明尼阿波利斯市和在那里的国际机场只有60公里左右的距离，交通四通八达，所以我在那里落脚之后，就没有再换过工作，一直待到现在。

在美国大学教历史是一个循序渐进的过程，而其中的重要一环就是首先确定教什么样的历史。当迁徙与奔波在威州大学河瀑市校区落下帷幕时，我教学生涯中的这一步就算基本上走完了。在这之前，我把世界通史、亚洲通史、东亚史、中国近现代史，以及日本近现代史统统教了个遍；直到现在，我还是在日复一日、年复一年地给一批又一批的学生讲授这些课程。俗话说，熟能生巧，而从熟到巧的过渡，则是在我所受的历史教育和我的史学观与我所教的历史之间交融互动的基础上完成的。这是一个细水长流的过程，是一个教历史的人与他所教历史之间相互磨合的过程。

教历史东学西用　评古今中外交融

我在威州大学河瀑市校区工作了七年之后，被评定为终身教授，之后又担任了六年历史系主任。春夏秋冬二十载的岁月流逝，让我从一个血气方刚的中年教员，变成了系里甚至学校里的元老之一。在这个过程中，我的文化及中国教育背景、我在美国读书期间所接触的西方史学理论，以及我在美国教历史时所处的时代大环境等因素相互融合，潜移默化，形成了我对如何教历史以及从何种角度教历史等问题的特定答案。有了答案，就有了信心；有了信心，就有可能把历史教得挥洒自如了。

我与历史结缘于1978年。那一年，我被山东师范大学历史系录取，开始了我在这所地处济南千佛山脚下、以培养中学师资为宗旨的高等院校的四年大学生活。作为一名历史专业的本科生，我在这四年里除了修完了中国通史和世界通史课程之外，还上了很多选修课，包括由已故的我国第一代美国史专家刘祚昌教授开设的美国史课程。之后，我报考了北京大学历史系的美国史硕士项目，并被录取，在美国史专家齐文颖教授的指导下自1982年至1985年学了三年美国史。毫无疑问，建立在这种训练基础之上的知识结构有其文化和国别特点，但我也只是到了美国接触到美国式历史教育之后，才通过对比而对它们有了更加感性的认识。比如说，尽管在美国史学界以马克思主义政治经济学和辩证唯物主义理论来解释历史的学者大有人在，但其影响力则无法与其在国内历史教研领域所占的理论主导地位同日而语。我在国内读历史时，虽然历史理论和方法多元化的趋势已经初露端倪，但历史唯物主义的权威性依然坚不可摧，并贯穿我历史学习的始终，然后再延伸到我在美国教历史的经历中。

记得刚到威州大学河瀑市校区不久，历史系便要求我给历史专业大四的学生们开一门史学理论与方法的讨论课。在备课过程中，我要在众多的史学理论中进行筛选，但重点介绍马克思主义的决定是最先做出的。与此同时，我还把已故英国马克思主义史学家汤普森（E. P. Thompson）的代表作《英国工人阶级的形成》(*The Making of the English Working Class*)选为必读书之一。在上这个课的学生当中，很多人是生平第一次接触诸如阶级意识、阶级斗争等马克思主义史学理论概念的。不仅如此，对他们中的大多数人来说，当完成课程所要求的最后一个作业之后，再次使用这些概念来认识人类历史发展进程的机会也就微乎其微了。所以，我不但很珍惜向学生们介绍这一西方思想发展史中具有里程碑意义的理论的机会，而且还把它当成一种责任，觉得不这样做就会在学生们的历史教育中留下一个很大的漏洞。当然,我的美国同事在上这个课时也教马克思主义,但与我不同,他们不是非教不可。仔细想想,这种在教学中对马克思主义重视程度的差异,很难说与我在国内受教育时所形成的知识结构和历史观毫不相关。

除了史学理论之外,国内的教育背景对我选择什么样的主题和事件来重现历史也有影响。譬如,在与美国同事就教学所进行的交流中,我了解到他们在教中国现代史时尽管会把诸如五四运动和红军长征这些有转折意义的历史事件讲得栩栩如生,但对中共建立瑞金根据地和西安事变等在国内历史教育中必讲无疑的历史事件却一带而过,或者只字不提。这自然是他们在美国所受的中国史教育的反映,不足为奇。而我的教育背景与他们不同,因此,在讲20世纪中国历史时,让中华苏维埃共和国、红军二万五千里长征,以及西安事变等历史事件成为勾勒中华民族在现代化进程中艰难前行经历的有机篇章,也就是顺理成章的事情了。

另一个能说明特定教育背景与教历史角度之间关系的例子便是朝鲜战争了。在中国,由于对这一历史事件的普及教育,抗美援朝战争可说是老幼皆知。相比之下,尽管美国是朝鲜战争的主要交战国之一,但朝鲜战争本身在美国民众中已经变成"被遗忘的战争"了,哪怕在美国知识界对朝鲜战争所知甚少者,也不乏其人。当然,不知为不知,他们也不会因此而不好意思。大概十年以前,在一次我主办的亚洲历史报告会上,报告人提到了朝鲜战争,但对其来龙去脉却未作解释。这时候,我的一位四十多岁的美国同事用她诚恳的提问打断了报告人:"对不起,请问朝鲜战争是怎么一回事儿?"这也许是个个别的例子,事实上美国有很多可以让人们了解朝鲜战争的渠道,包括以朝鲜战争为题材的影视节目,如播放于20世纪70年代、中文译名为《风流军医俏护士》(*Mobile Army Surgical Hospital*)的电视连续剧。尽管这部电视连续剧在美国家喻户晓,收视率经久不衰,但很多美国观众在欣赏其幽默、生动、感人的剧情时,却忽视了故事的历史背景。总之,一半是为了对此现象进行弥补,一半是自己的教育背景使然,我在教中国现代史和日本现代史时,总是尽量加大对朝鲜战争历史讨论的力度，争取把它对东亚地区的影响讲到与其在世界历史上的地位相匹配的程度。

当然，在美国教历史，还要把握好非西方历史观与西方历史观的平衡，因为只有这样，才能使对他国历史所知甚少的美国学生更愿意从不同的角度学习和思考历史。或许，我们可以用下面这个例子来说明这样做的重要性。

根据中美两国协议，美国政府从1993年起派美国和平队志愿者到中国教授英文，以加强两国之间的文化交往。在这种背景下，有一个名叫何伟(Peter Hessler)的美国青年，到四川涪陵师范学校（现为长江师范学院）教了两年英文，时间为1996年到1998年。在这期间，年龄比我的学生们大不了几岁的何伟在涪陵一边教中国学生学英文，一边自己也当学生，跟着师范学校的老师学习中国历史。由于师生双方文化背景的不同和与此相关的历史观上的差异，何伟经常在上课时与他的老师争辩，甚至当他的老师强调美国在鸦片战争中坐收渔利，并迫使清政府签订了《望厦条约》时，他因不同意这种说法还愤愤不平了好长时间，并把这种分歧称之为他与老师之间的"鸦片战争"。①回到美国后，何伟以自己在涪陵的经历为素材，写了一本中文译名为《江城》的回忆录，于2001年出版。由于有着同样文化及教育背景的美国学生会对何伟的经历产生共鸣，也由于书中所描述的两种历史观的互动有助于启发学生们思考文化对话的问题，所以我在该书出版后不久就把它选为亚洲史和中国现代史课的辅助教材。事实上，从教历史的角度看，我的学生与何伟是有共同点的，那就是他们的老师所讲的历史都有中国历史观的印记，只不过我是在美国讲历史，而何伟的老师则是在中国讲历史罢了。如果他们觉得自己的老师在教历史时没有在非西方历史观与西方历史观之间一碗水端平的话，那么普遍存在于美国学

---

① Peter Hessler, *River Town: Two Years on the Yangtze* (New York: HarperCollins Publishers, 2001), 145-146.

生中的民族自豪感就有可能让他们产生抵触情绪,甚至引发师生之间的"鸦片战争"。

避免"鸦片战争"的方式有很多,引导学生关注其他国家人民历史经历中与本国人民历史经历中的相似之处,从而加深他们对人类共同命运的认识,则是其中之一。举例来说,加州大学出版社于 2012 年出版了一本名为《吃苦:中国农民工城市移民潮前线的故事》的专著,书中叙述了陕西农民工在西安技术开发区通过吃苦耐劳以实现其中国梦的经历。①在使用这本书教亚洲现代史时,我要求学生们找出与这种经历相类似的美国下层人民为了改变自己的经济地位而吃苦的历史事件,并加以对比。对这样的问题,学生们的反应总是很热烈,有的说美国黑人在一战后从南方农村迁居到北方城市的移民大潮中吃了苦,有的说爆发于 1929 年的经济大萧条让美国人民普遍吃了苦,还有的说作为学生他们为在考试中取得好成绩而拼了命去准备,应该也算是吃了大苦。当然,这种通过对比异同来强化教学效果的方法,美国本土的历史教员用得也非常娴熟。但由于我和他们的背景不同,而且有相当一部分学生会因为这种不同而对相同的教学内容和手法做出不同的反应,所以它对我的重要性就更大一些。算是一箭双雕吧,这样做既能让美国学生更愿意从他人的角度来了解他人的历史,又能让他们通过了解他人的历史而从新的角度重新审视自己的历史。

值得庆幸的是,尽管西方优越论及诸如"新教偏见"(Protestant bias)之类的狭隘文化观念在美国远没有销声匿迹,但在史学界占主导地位的开放、进步与多元的史学理论与研究方法,为有像我这样背景的历史教员在美国教亚洲史和中国史创造了一个有利的大环境。在这方面,美国著名中国史专家柯文(Paul Cohen)教授和他在 1984 年出版的《在中国发现历史》一书,就是一个很典型的例子。比如,在分析用现代化理论来解释中国近

---

① Michelle D. Loyalka, *Eating Bitterness: Stories from the Front Lines of China's Great Urban Migration* (Berkeley, CA: University of California Press, 2012), 6-7.

现代史的利弊时,柯文教授通过对一位学者著作的评述,道出了他对这种史学方法所体现出来的西方发展模式应是全球发展模式的观点的质疑:"西方人对他人如何看待自己从来都不以为然。而且与其他伟大文化的拥有者们不同,他们从来不必因生存危机而不得不把自己的文化传统肢解得七零八碎,并有意识地摧毁其中的很多成分,然后再把它们重新拼接组合起来。"①这是一段有关中国五四运动的评论,与我在讲解这一历史事件和它的影响时所要强调的主题完全一致,所以每讲到五四运动时,我就和它"携手作战",让学生们围绕着这段引文谈自己对五四运动及中西文化互动的理解和认识。就像下面这个例子所证明的那样,采取这种方法所达到的教学效果还是很让人感到欣慰的。在二十年前的一次中国近现代史期末考试中,有一个学生在试卷上写下了这样一段话:"杨教授,今天是5月4号,五四运动就发生在1919年的今天。你选今天让我们考试,这是一个巧合呢,还是你有意安排的?"这个教历史的小插曲已经过去多年了,但我每当想起它时,还是会沾沾自喜。当然,能让学生们对五四运动留下如此深刻的印象,柯文教授和其他美国学者的研究成果也是功不可没的。

在当今美国大学的美国史课堂上,老师们教的和学生们学的开始从传统的美国史向强调跨国界互动的美国史(transnational history)转变。尽管与美国史相比,从文化互动角度来教历史从来就是亚洲及中国近现代史课堂的一贯做法,但为了让历史更有效地成为帮助新一代被教育者认识自己所处的多元化世界的一门学科,亚洲史和中国史教学也应与美国史教学一样,往全球历史的方向再迈进一步。对所有的历史教员来说,这是一个永无止境的追求。同我的美国同事相比,我的跨国教育背景和生活经历,让我在追求这个目标的过程中占了较大的优势。

但在探求教历史的目的是什么这一问题的答案时,我们则都是从同一

---

① Paul A. Cohen, *Discovering History in China: American Historical Writing on the Recent Chinese Past* (New York: Columbia University Press, 1984), 95.

条起跑线上开始我们各自的旅程的。

学历史古为今用　穿云雾史海探径

以研究早期苏联史而著称的已故英国史学家爱德华·卡尔（E. H. Carr）在谈到历史学家研究历史的动机时,曾做过如下评论:"历史学家的功能既不是缅怀过去,也不是仅仅为了把自己从过去中解放出来。相反,通过熟知和理解过去来了解我们当今的世界,则应是其功能所在。"[①]毫无疑问,不是所有的历史学家都同意卡尔的历史研究应着眼于现在的实用主义主张,特别是对那些信奉兰克（Leopold von Ranke）史学的史学家们来说,这一主张更是背离了历史学的初衷。但从教历史的角度来分析,卡尔的主张则不无道理,因为作为历史教学的服务对象,我们的学生上历史课的目的除了修满学分按时毕业之外,便是通过了解过去来更好地认识现在及更准确地预见未来。在我二十年的教学生涯中,每当中国现代史课堂上的学生告诉我他们选修中国史的目的是要弄明白为什么中美两国总是摩擦不断时,以及每当亚洲史课堂上的学生告诉我他们选修亚洲史的目的是以后在亚洲地区做生意更成功时,我就提醒自己:这就是大多数学生对历史课的要求,而满足这种要求的方式则是在教历史时不仅关注过去,还要心怀现在和将来。

就这样做的必要性而言,在我一生中所经历的所有重大历史事件中,没有比发生在2001年的纽约世贸大厦恐怖袭击事件更有说服力的例子了。2001年9月12日的早晨,我走进亚洲文明史课的教室,开始讲"9·11"惨剧后的第一堂课。作为开场白,我先谈了谈自己对恐怖袭击事件的看法,但说着说着就觉得自己马上就要犯课堂上情绪失控的大忌了。还好,学生们只是静静地坐在那里,表情沉重,让人觉得教室里的空气好像凝

---

① Edward H. Carr, *What Is History?* (New York: Alfred A. Knopf, 1962), 29.

固了一样。

  也就在那时,我开始重新审视历史教学中的全球化主题。按道理讲,源于全球化进程的跨文化与跨种族的频繁互动,应该让不同宗教群体之间更能求同存异、和平相处才是。但"9·11"的悲剧却证明事情远没有那么简单,有关全球化进程对人类社会正面影响的结论可能过于乐观了。当然,审视归审视,从一个极端走向另一个极端,把世界历史解释成一个以文化、宗教、种族冲突为主线的历史,也不可取。无论如何,由于恐怖袭击者们的伊斯兰宗教背景的缘故,"9·11"事件之后美国的历史教学中对伊斯兰教和伊斯兰文明史的覆盖面,突然加宽和加深了,包括我在威州大学河瀑市校区所教的历史课。当然,在美国这样一个政治正确高于一切的国家里,过分强调伊斯兰教的扩张以及它与其他宗教与文化之间的冲突是行不通的,也是不恰当的。矫枉但不能过正,所以为了保持平衡,我在讲伊斯兰文明在亚洲的发展史时,总是不会忘记强调和平互动对穆斯林及被其所征服文明的正面影响,譬如莫卧儿帝国皇帝阿克巴统治印度期间所推行的宗教宽容和种族融合政策。

  同教其他人文学科一样,教历史也需要有理论基础,否则就失去了灵魂。而同选择教历史的角度和着重点一样,理论基础的选择也应与时俱进。我们前面已经提到了现代化史学理论,而后现代主义史学理论在美国和西方史学界的影响也不容小觑,尽管它对传统史学的质疑让历史学家们深感不安。除了给历史专业高年级学生开设的史学理论讨论班之外,我在其他历史课堂上一般不涉及后现代主义学说,因为担心它可能带给学生太多的困惑。就是对我自己来说,米歇尔·福柯对知识就是力量和其他一些传统观念的挑战,也让我对他和他所代表的后现代主义理论半信半疑:如果说知识只不过是国家为了维护权力而臆造出的一种貌似客观的说教(discourse)而已,那么我教的历史是不是也是服务于国家权力的说教中的一部分呢?

  当然,后现代主义理论所带给我们的也不全是困惑和迷茫。除了挑战传统之外，它还主张从受压迫者的角度来叙述和解释历史，而这一点让我对后现代主义理论刮目相看，并用来指导教学。举例来说，每当在亚洲史的课上讲到英国殖民者试图废除印度寡妇自焚的习俗时，我就强调英国统治者之所以把这种习俗视为残酷之举而废除之，是因为他们不屑于接受被统治者的宗教——也就是印度教——赋予自焚习俗的含义。从人道主义的角度讲，自焚当然是残酷的。所以，如果没有后现代主义理论做铺垫，我还真不知道自己能否理直气壮地让弱势群体的观念和信仰与统治者的观念和信仰在我的课堂上"平起平坐"。

说了这么多，我想最后以美国著名冷战史专家约翰·加迪斯（John Gaddis）对历史学家的使命的论述，来结束自己对在美国教历史的经历的回顾与反思。2002年，加迪斯教授出版了一本题为《历史的景观：历史学家如何勾勒过去》的书，概述了他对历史哲学及方法论的观点。在这本书的开篇部分，他以19世纪初德国浪漫派画家卡斯帕·弗里德里希（Caspar David Friedrich）的著名油画《俯瞰雾海的探路者》做比喻，来说明史学家们所应尽的使命。就像油画里那位站在高山之巅面对茫茫雾海的探路者一样，史学家们也应立足于当下，背对未来，面向如雾海一般的人类的过去，去全力探寻一条通向认知过去的道路，并在此基础上勾勒出历史的景观。我们不必试图再现历史，因为我们无法做到这一点，但我们可以用自己的语言描述（representation）历史。[①]当然，如何描述及从何种角度去描述，则取决于史学家所处的时代，他们的文化和教育背景，以及他们各自不同的专业发展和生活经历。

我觉得，用加迪斯教授书中"探路者"的比喻来概括我在美国学历史和教历史三十余年的经历，还是蛮贴切的。

[①] John L. Gaddis, *The Landscape of History: How Historians Map the Past* (New York: Oxford University Press, 2002), 1-3.

2019年,我利用美国学校感恩节放假的机会,再次来到暨南大学讲学,题目是美国冷战史研究的新动向。按照原定计划,我与暨大历史系师生的学术交流将在2020年夏天继续进行下去,但不承想新冠肺炎疫情的全球大流行使这个计划落了空。祸不单行,当中美两国学术交流已经因疫情而举步维艰时,特朗普总统极富攻击性的对华政策又让它雪上加霜。一时间,自1979年中美正式建交以来持续发展的两国之间文化、教育、经济以及科技的交流与互动受到了重创。当然,像以往所有的危机一样,这一切终究会过去。但是,当我们现在所经历的一切变成历史时,我们又会怎样描述它和说明它的前因后果呢?

我离退休还有几年,所以还有时间在美国讲这段历史。同时我也相信,随着中美关系的逐步改善,我也还会得到重返中国讲历史的机会的。无论在哪里,教历史都如同探路于人类过去的雾海之中,是没有终点的。

教史三记

姚平(Yao Ping, 1990 年出国留学, pyao@calstatela.edu)：华东师范大学历史学学士, 复旦大学历史学硕士(先秦史), 伊利诺伊大学人类学硕士(文化人类学)、历史学博士(中国史)。现为美国加州州立大学洛杉矶校区历史系终身教授。编著及合作编著书籍包括：*Women, Gender, and Sexuality in China: A Brief History*、*Gendering Chinese Religion: Subject, Identity, and Body*、*Chinese Funerary Biographies: An Anthology of Remembered Lives*、《唐代妇女的生命历程》《在美国发现历史——留美历史学人反思录》《当代西方汉学集萃》《开拓者：著名历史学家访谈录》《唐代社会与性别文化》《追怀生命：中国历史上的墓志铭》等。曾获全美人文基金会(NEH)研究奖、加州州立大学洛杉矶分校杰出教授奖、富布莱特资深学者奖。曾任中国留美历史学会第十四任会长(2007—2009)。

1997年9月，我受聘为加州州立大学洛杉矶校区（California State University Los Angeles，亦称洛杉矶加州大）历史系长聘制轨道助理教授（tenure-track assistant professor），开始我在美国教历史的历程。当时我兴致勃勃，觉得来日方长，可以有很多作为，不想一晃已近四分之一世纪，与我差不多时间进校的同事都已经在讨论退休计划了！十年前，我曾在《在美国发现历史》中写过《求史三记》的回忆文章，回想起来，我在美国教书也有三段进程，不妨借此机会作一篇《教史三记》，但限于篇幅，主要介绍我在第三阶段的心路历程。

起步——在上海教院和美国伊利诺伊大学

我与历史结缘是由于"文革"时期的书法热，临帖时间长了，便对古人和古文产生了兴趣。1977年参加"文革"后首次高考，有幸被华东师范大学历史系录取，似乎预示着我将会有一个做历史老师的生涯。我第一次走上讲台是大三时在上海格致中学实习，只记得自己当时慌张得不行，但又非常喜欢站在讲台上的感觉。我平时很怕出头露面，至今在学术会议上发言还经常发怵，但不知为什么特别喜欢上课。大学毕业后，我考入复旦大学历史系读研究生，师从杨宽教授，主攻西周史，1985年毕业后去上海教育学院当老师。当时教育学院的学生大多是工农兵学员毕业后在中学执教的老师，他们既要教书，又有家小，在学业上未必精益求精，但他们非常有思想，有见地，所以课堂气氛总是很活跃，这也为我以后上课喜欢并力求学生参与打下了基础。1988年起，教育学院开始招收高考本科生，我有幸给中文系第一届本科生上过中国史课。那个班的学生对文化人类学很感兴趣，所以我在讲授古代史时加入了神话、婚姻和家庭等内容。久而久之，我自己也爱上了这一学科，我后来在美国大学教中古史时，神话、婚姻和家庭依然是讲课的重点。1989年5月，我在校门口被一辆警车撞倒，正好被学生们看到，他们立即拦住警车，要求司机送我去医院，好几个学生一路陪着，直到最后送我回家。这个班就此与我结下不解之缘,有的学生至今还与我有联系。

1990年8月,我如愿以偿到美国伊利诺伊大学人类学系读博,第二年顺利找到了在东亚系独立教三年级中文的职位。因为我以前听过戴家祥教授的古文字课,所以常常在教生字时讲解它们的古字形体和演变过程,这对从未接触过象形文字的美国学生来说非常新奇。记得戴教授讲过,象形字"自"的读音本应是 bízi,即口语中的"鼻子",后来写成"鼻"以强调它的复辅音,文字规范化后,"鼻"字只留下了 bí 的读音。"自"字的演变过程让学生们觉得很惊讶。此外,在讲解汉语的四声和同音字时,我会用赵元任的同音文《石室施士食狮史》为例,①学生们也非常喜欢。教中文的经历使我了解到,美国学生对汉语有兴趣绝不仅仅是为了学会一种语言,他们很想知道这一与西语截然不同的体系是如何产生和演变的,哪些因素导致了拼音未能取代汉字。我在以后的中国史课中总会安排一节课专门讲汉字、汉语和方言。当我告诉学生我听不懂广东话时,学生们觉得难以想象。我便告诉他们一个让我非常尴尬的故事:多年前,我女儿在波士顿上学时坐了华人公司的波士顿—纽约大巴去纽约,结果把手机忘在了车上。女儿的中文停留在四岁的水平,不敢打电话去询问,恳求老妈上场。可是接电话的工作人员只会讲广东话,不会讲普通话,最后我们不得不用英语交流,找回了女儿的手机。

由于我在伊大中文课的学生评估还不错,因而得以续聘五年。但为了博士毕业后找历史学教授的职位,我不得不放弃独立教中文的工作,而决定去做历史课助教。1996—1997学年,我分别担当了世界史课和亚洲史课的助教。所幸的是,这两门课正是我现在就职的洛杉矶加州大所需要的,所以顺利地拿到了聘书。当时洛杉矶加州大历史系有著名的中国近现代史专家梁元生教授坐镇东亚史,但梁教授经常因外聘或学术休假而不在学校,系里希望有一个可以真正扎根驻系的东亚史教授,还一定要有教世界

---

① 全文为:"石室诗士施氏,嗜狮,誓食十狮。施氏时时适市视狮。十时,适十狮适市。是时,适施氏适市。施氏视是十狮,恃矢势,使是十狮逝世。氏拾是十狮尸,适石室。石室湿,氏使侍拭石室。石室拭,施氏始试食是十狮尸。食时,始识是十狮尸,实十石狮尸。试释是事。"

史这门通识课的经历。这样,梁教授不在学校时,新教授可以保证中国史和日本史不空缺;梁教授在校时,两位教授可以分别承担东亚史的古代和现代部分。不过,我进校后不久,梁教授就正式离职,赴香港中文大学执教,2004年起任崇基学院院长。虽然我与梁教授只共事一年,但他对我非常扶持,在多种场合把我引荐给校内的亚裔教授。他在亚洲史教学上对我的指点也非常到位,他特别关照:美国学生很容易对中文名字发怵,在讲历史事件时尽量多描述过程并着重介绍一两个关键人物,"小人物"就只能"牺牲"了。当时我并不能领会其意,教了两三年中国史后才知道,一堂课上如果有三个以上的中文名字,就会把学生置于云里雾里。

入门——在洛杉矶加州大的磨炼和收获

洛杉矶加州大地处东洛杉矶,紧邻华人居住区蒙特利公园市(Monterey Park)和阿罕布拉市(Alhambra),是全美国规模最大的州立大学系统——加州州立大学(California State University)的23个校区中的一个。学校的本科生有2.2万余人,研究生在3700人以上。学生以走读为主,大部分学生半工半读,有不少学生还是双全职,白天上班,晚上和周末上课。有的学生会因为经济和家庭负担而休学一两年,所以学生从入学到毕业大多要花六年以上的时间。我校2019年的四年毕业率是11%,六年毕业率是52%。就族裔和学生来源而言,拉美裔学生占绝对多数(67%),其次是亚裔(13%)、白人(6%)和非裔美国人(3.3%),绝大部分学生(90%左右)是洛杉矶本地居民。

自梁教授离校后,我一人承担了所有与亚洲有关的课程,教过"中国古代史"(Premodern China)、"中国近代史"(Modern China)、"中华人民共和国史"(People's Republic of China)、"中国史中的宗教与社会"(Religion and Society in Chinese History)、"日本古代史"(Premodern Japan)、"日本近代史"(Modern Japan)、"中国妇女史研讨课"(Research Seminar on Women in

Chinese History)、"中国宗教研讨课"(Research Seminar on Chinese Religions)、"亚洲文化中的社会性别与性研讨课"(Research Seminar on Gender and Sexuality in Asian Cultures),以及"当代亚洲史研究生研讨课"(Graduate Seminar on Recent Asian History)。此外,我还教过各种世界史和史学方法论方面的课,如"世界古代史"(World History I, Ancient Period)、"世界中世纪史"(World History II, Medieval Period)、"世界性别史"(Gender in World History)、"全球背景中的环境正义"(Environmental Justice: A Global Context)、"史学史"(Historiography)、"历史研究与写作"(Historical Research and Writing)和"研究生课程入门"(Introduction to Graduate Studies)等。

在《求史三记》一文中我曾提到,洛杉矶加州大的教课负担之重在全美四年制大学中很少见。当时我校采用学季制(quarter system),每学年三学期,每学期教三门不同的课,每星期十二课时。2015年后,学校转为学期制(semester system),一学年两学期,每学期教四门不同的课。研讨课一般有15—20个学生,其他的课有30—40个学生,不配助教,讨论课、改作业、批考卷都要自己上。此外,每学期也总要承担一些本科生和研究生的专题研究项目(即所谓"Independent Studies"),再加上硕士生的论文指导、每周四小时答疑时间(office hours),所以,从学期开始到结束一直是绷着神经在工作。不过,我在这二十多年的教课经历中所收获的远远超过了自己的付出。收获之一是,我不得不去读许多自己研究领域以外的研究成果,这使我对美国的历史学有一个比较概括的了解。以"史学史"课为例。因为我在国内已有历史本科和硕士学位,所以在伊大读博时,所有基础课都免修了。然而,我在国内修的史学理论和史学史并没有详细介绍西方史学,有"短板"。教课时,我先学后教、边学边教、教而再学,反而印象深刻。我用的教材是布赖萨赫的《西方史学史:古代、中世纪和近代》①和豪威尔、普瑞

---

① Ernst Breisach, *Historiography: Ancient, Medieval, & Modern*, 3rd Edition (Chicago: University of Chicago Press, 2007).

凡尼尔的《来自可靠资料：历史研究方法入门》[1]。前者从哲学和理论的角度全面介绍了西方的史学传统，后者则注重讲述过去几百年里历史学家是如何收集、分析、阐释和利用各类史料的。这两本书既精简又周到，对我来说，是最好的补课。"史学史"是历史专业本科生的必修课，因此，我选择了一组中国史研究的文章，配合史学方法和史料性质，让学生了解历史研究的具体实践，同时也希望学生会对中国史产生兴趣。

为了逼自己多读一些新著，我每学期都会换教材，尽量用新出的研究成果，研讨课尤其如此。比如，"研究生课程入门"的主旨是向刚入学的硕士生选择性地介绍当代史学界的重要著作和研究方法。在2020年秋季上这门课时，我强调了大历史（big history）、全球史（global history）、修正主义历史学（revisionist history）以及史料的使用。全班19名研究生一起精读尤瓦尔·赫拉利（Yuval Noah Harari）的《人类简史》[2]、斯文·贝克特（Sven Beckert）的《棉花帝国：一部资本主义全球史》[3]和乔汉·艾尔佛斯克格（Johan Elverskog）的《佛的脚印：亚洲环境史》[4]等。《人类简史》虽然在史料和叙述上有疏漏之处，但作者对人类历史的梳理和对人类社会未来的思考极为宏阔，极有新意，可以给新入学的研究生在今后选择研究领域方面提供一个思考的框架。《棉花帝国》从两条线来探讨全球史，一是棉花的全球史——古代的棉花种植、欧洲的工业革命带来的三个棉花帝国、棉花产业重返亚洲；二是资本主义的全球化。此外，作者还对当代史学界的一些新课题，如战争资本主义（war capitalism）、大分流（great divergence）、全球南部（the global south）等，做了非常有说服力的探讨。西方学界的全球史

---

[1] Martha C. Howell and Walter Prevenier, *From Reliable Sources: An Introduction to Historical Methods* (Ithaca: Cornell University Press, 2001).

[2] Yuval Noah Harari, *Sapiens: A Brief History of Humankind* (New York: Harper, 2015).

[3] Sven Beckert, *Empire of Cotton: A Global History* (New York: Vintage 2014).

[4] Johan Elverskog, *The Buddha's Footprint: An Environmental History of Asia* (Philadelphia: University of Pennsylvania Press, 2020).

研究成果累累,但我觉得至今没有一本能超越《棉花帝国》。那时正值美国大选,资本主义经济的利弊正是学生们非常关心的问题,我们花了两星期的时间一章一章地消化、讨论。有意思的是,班上不少学生是桑德斯的支持者,虽然他们承认贝克特对资本主义经济(尤其是国家在资本主义经济全球化中的角色)在总体上是持批评态度的,但还是认为他对棉花帝国给美洲带来的创伤过于轻描淡写。《佛的脚印》当时刚出版,正文只有120页,但却提出了一个令人深思的观点。虽然佛教提倡无欲和爱惜生灵,但它并不是西方普遍认为的"环保的宗教"(eco-friendly religion)。佛教寺院在亚洲的发展史证明,佛教对人力资源和土地的掠夺以及对自然环境的损耗不亚于基督教。此书行文简明易读,观点振聋发聩,班上大部分学生认为是他们这辈子读到的最喜欢的历史书之一。

这门课的另一个重点是史料的价值和运用。我选了两本中国史方面的专著——我的导师伊沛霞教授的《宋徽宗》[①]和柯克兰(Sherman Cochran)、谢正光(Andrew Hsieh)合著的《上海刘家》[②]。伊师的书已有中文本,大家对她在搜集和鉴别各类宋代史料上的功力一定很熟悉。《上海刘家》通过火柴大王刘鸿生一家的两千多份家书重构或补缺刘氏家族在20世纪上半叶的经历以及当时的工商业发展、中西文化冲突、二战以及新中国成立初期的政治经济运动。此外,我还指定了三本课外阅读书:萨义德(Edward Said)的《东方主义》、江旷(Brian DeMare)的《土地战争:中国农业革命的故事》和贝林特(Benjamin Balint)的《卡夫卡的最终审判——一个文学遗产的案例》[③],分别配合这学期的主题。

[①] Patricia Buckley Ebrey, *Emperor Huizong* (Cambridge: Harvard University Press, 2014).

[②] Sherman Cochran and Andrew Hsieh, *The Lius of Shanghai: A Chinese Family in Business, War and Revolution* (Cambridge: Harvard University Press, 2013).

[③] Edward Said, *Orientalism* (Vintage, 2014); Brian DeMare, *Land Wars: The Story of China's Agrarian Revolution* (Stanford: Stanford University Press, 2019); Benjamin Balint, *Kafka's Last Trial: The Case of a Literary Legacy* (New York: W. W. Norton, 2018).

学生每读一本书，都要递交读书报告，此外，期末还要交两篇文章。一篇讲述自己选择读历史硕士的原因以及今后的专攻方向（5页），这篇文章可以说是他们将来申请博士课程时需要递交的"个人陈述"（personal statement）的底稿。另一篇是介绍自己研究领域中的一本经典著作及其相关书评，并评介此书在学术界的影响（10页），这也是学生了解自己的领域的一个起点。常有学生问我，如何得知一本书是经典？我说：一、出自有信誉的大学出版社；二、在专业领域获奖；三、在《美国历史评论》（American Historical Review）上有书评。其实这些标准并不是绝对的，不过我还是希望学生们会因此对这些出版社、学术团体和《美国历史评论》有所了解。这门课的最后一项考量是"史料"选择：每个学生向全班介绍一份与自己将来的研究课题相关的史料，讲述它的性质、来源、意义和作用。

我在洛杉矶加州大教学中的收获之二是与学生的频繁接触。如果你问我校教授们最喜欢学校的哪方面，可以听到一个相同的回答："Our students！"（我们的学生。）这既是因为我们的学生的特殊性，也是因为我们与学生接触频繁。我们没有助教，也很少有超过40人的大班，所以每堂课都是教授与学生直接交流。教授亲自批改学生的作业，对他们又有进一步的了解。我们的学生大多来自移民家庭，他们对我这样一位带着口音、语法混乱的教授用英语讲课非常宽容。他们也往往是家族中的第一个大学生，大多很诚恳、接地气，也很珍惜读书的机会。如果考试或论文得分低于他们的期望，往往也就认了，最多要求做一个额外加分（extra credit）作业。绝对不会像名校的大学生那样挑战教授，要求教授解释扣分原因。

在我教过的学生中，拉美裔的赫伯特（Herbert）可以说是一个典型。我第一次注意到赫伯特是在我的"世界古代史"通识课上，因为他的教科书是"彩色"的！赫伯特不仅仔细阅读了指定章节，而且还把名词、事件、重点、疑点等分门别类，用不同颜色的荧光笔划线标明。可以说，他是我教过的学生中最认真读教科书的学生。学期中，他常在答疑时间来找我交谈，一来想知道他对一些历史事件的理解是否准确,二来想问我对一些他很纠结的问题的看法。有一次他问我,你如何看待宗教,我脱口而出说:"宗教是一种社会控制(social control)的工具。"他听后很沮丧,我想他一定是个虔诚的天主教徒,于是我暗暗告诫自己以后回答问题不应如此莽撞。不过,赫伯特并没有因此而对我疏远,他继续修我的课,而且经常告诉我,他真的爱上了历史这个学科。

赫伯特家境贫困,每学期买教科书时,他不会一次买齐,而是一本一本地去买。因为学校书店有教科书减价回收的服务,赫伯特会像不少学生那样,先买第一本指定的教科书,用完后,卖回给书店,然后再加点钱买必读书的第二本、第三本。了解他的困境后,在赫伯特准备申请博士课程时,我和系里的两位同事为他买了 GRE 备考资料,并帮他申请到加州大的博士前项目(The Sally Casanova Pre-Doctoral Scholars Program)奖学金,①这笔奖学金支付了他 GRE 补习班和申请博士课程的全部费用。不久,赫伯特就被密歇根大学录取为美国史专业博士生,并给予五年的全奖。2013 年,他顺利通过了博士答辩,随后在加州大学洛杉矶校区做博士后。虽然赫伯特与我的联系减少,但他的经历使我对学生们的家庭背景和潜在能力有了切实的了解。这些年来,我在选择教科书时会尽可能避免高价书籍,并尽量选用我校图书馆拥有的电子书。此外,我也注意观察有潜力的学生,鼓励他们报考研究生。我系毕业生历史博士录取率在加州大系统中一直名列前茅,2020 年有 7 位硕士毕业生被耶鲁、斯坦福等名校历史博士录取了。

回想起来,我教过的学生中,最让我自豪和欣慰的是一位姓邱的台湾学生。他十岁时随母亲从台湾移民到加拿大,三年后定居洛杉矶。高中毕业时,因为母亲被诊断出患乳腺癌而选择来我校走读,一则可以照顾单身的母亲和年幼的弟弟,二则可以节省学费。邱同学从本科一直读到硕士毕

---

① 有关这个项目,可参见 https://www2.calstate.edu/csu-system/faculty-staff/predoc。

业,不仅担当了照料全家的责任,而且还兼职辅导中小学生,以补贴家里的支出。更难能可贵的是,他对每一门课都很认真,是全系教授公认的优秀生。我印象最深的是,有一次他在课上告诉我,我指定的教科书中有关义和团运动的年份写错了!可喜的是,多年后,他妈妈的病已完全治愈,弟弟也已工作,他自己在硕士毕业后马上找到了在社区大学兼职教美国史的职位,现在是我校亚洲-亚美研究系的兼职教授(adjunct professor),并同时在我校教育学系读博士。

当然,教书二十多年,也总会有不快之事发生。对我来说,最伤心的莫过于学生偷懒抄袭。抄袭的事几乎每学期都有,几年前,有一位上俄国史课的学生抄袭了教课老师的论文,成为系里的笑谈。抄袭一旦被查出,大多数学生会表示接受惩罚,但死不认账的也时有耳闻。我教过一个来自中国大陆的中年学生,在我校艺术系读硕士课程。可能因为觉得他对中国历史很熟悉,所以来修我的课,可以轻轻松松地拿个 A。我的中国古代史课要求学生每周交读书笔记,对本周指定的教科书章节和史料做总结、评论、存疑。这位学生的读书笔记总是三言两语,敷衍了事,因此得分很低。他便跑到系主任那里去告状,说姚教授根本不懂中国史,讲的内容与国内的历史电视剧不一样。更令人哭笑不得的是,他指责我在课上不讲帝王将相、朝代更替,而是关注古代中国的女性角色和衣食住行,认为这些内容不是历史。我当然并不在意他的指控,但他的期末论文真把我气昏了!他从网上下载了一篇有关中国史的论文,一字不差地交给了我!我给他 0 分,他又告了我一状。

探索——提升教学质量和 AAAS 的再造

在洛杉矶加州大教书不久,我开始感觉到历史教科书选择范围的局限。2002 年,我受米夫林出版社(Houghton-Mifflin)邀请参与编写世界史教材,从此便走上了"不归之路"。虽然编教材要比写研究性文章和专著花更多的时间,但我觉得,如果对改进美国大学历史教学有贡献的话,那还是值得的。为米夫林出版社编写的教科书题为《共享世界舞台》①,上册从上古至16世纪,下册从17世纪到当代社会,每册约15章,每章以一男一女的人生故事来描写他们所处时代的政治、经济、文化、宗教、日常生活等历史背景和重大历史事件。我撰写了亚洲史方面的九章,其中中国史方面的章节是"上古中国的构造——商代的武丁和妇好""汉代的历史学家和帝制——班固和班昭""宗教、政治与社会性别——武宗和鱼玄机"和"中国革命——陈独秀和秋瑾"。

用《共享世界舞台》上"世界古代史"和"世界性别史"课时,我发现,美国学生对以人物故事为中心的历史叙述特别能接受。受此启发,我在为考格奈拉(Cognella)学术出版社编写《中国古代史》②中的中古史三章时,特别注意穿插人物故事。我在教三国两晋南北朝史时,感受最深的是学生们对这一时期的朝代更替和社会变迁感到非常迷茫,在一两周之内要把这段精彩的历史讲好很不容易。因此,写这一章时,我选择用四个人物传记来陈述。第一个人物是曹操,在讲他的身世时,我介绍了九品中正制、屯田制及其影响,还顺便讲到曹操儿子的冥婚和因为他禁厚葬而导致墓志铭兴起等史实。第二个是苻坚,他的身世反映了北方各族的兴衰、更替、冲突、融合以及他们与汉族的关系,而且,这还是介绍古代战争史(以及人口流失)的好机会。第三个人物是冯太后,她的故事既能凸显北魏拓跋鲜卑在中古史上的重要作用,而且还能介绍均田制、孝文汉化、作为《唐律》前身的《北魏律》、女性的社会和家庭地位(以及子贵母死)等课题。最后一位人物是梁武帝萧衍,他的经历可以串起整个南朝史,更是介绍佛教的传播和南朝

---

① Melissa Bokovoy, Patricia Romero, Patricia Prisso, Jane Slaughter, and Ping Yao, *Sharing the World Stage: Biography and Gender in World History*, 2 vols. (Boston: Houghton and Mifflin, 2007).

② Lucille Chia, Ina Asim, Gregory Ruf, and Ping Yao, *A History of Premodern China* (Cognella Academic Publishing. Forthcoming).

的文学成就的好机会。我在教中国史或中国宗教史时,不少学生对佛教徒素食始于梁武帝而且只在中国盛行表示惊讶,我想读了这一章后,美国的大学生应该会牢记这一史实了。

我个人的研究方向是唐代妇女,在加州大开课最频繁的是"中国妇女史",我上这门课的指定读物多半是这一领域里的经典文章,再加上一两本专著(如伊沛霞的《内闱:宋代的婚姻和妇女生活》、曼素恩的《缀珍录:十八世纪及其前后的中国妇女》)。我常常感叹,虽然中国妇女史在美国很热门,但至今没有一本通史性的教材。2015 年春,劳特利奇(Routledge)出版社联系我,问我是否愿意写一本这一课题的教科书,让我受宠若惊,也觉得这是我最想写的一本英文书。不过,因为诸事缠身,又病了一场,直到最近才交稿。若能顺利出版,也是对我在美国教历史的一个最好的交待。此书共分七章,每章配四篇至六篇史料,分别介绍中国历史上的男女生命历程与性别角色、婚姻与家庭、性观念与医学、女性与宗教、文学、艺术、教育以及女性职业和日常生活等,最后一章介绍了中国历史上的杰出女性。2020 年春我教"世界性别史"时曾用此书的初稿做试点,让我既吃惊又庆幸的是,学生讨论最激烈的题目是:为什么佛教文献会讨论到堕胎?佛教对堕胎的态度与天主教和基督教有什么区别?我在此书的前言中讲到,此书的目的之一是为比较史学的写作提供一个思路。我想,上过这门课的学生中说不定会有一两个学生将来以此作为自己的研究课题。

在美国教中国史和亚洲史的难题之一是如何选择合适的原始资料让美国学生对所学的历史有更为直接的感受。美国早年出版的与教科书配套的史料集以文学和哲学居重,直至 1981 年伊沛霞师编译出版了《中国文明和社会资料集》(*Chinese Civilization and Society: A Sourcebook*)后,学生们才逐渐接触到与中国史有关的各类史料和题材。此书在 1993 年出了第二版,改名为《中国文明资料集》,又增添了许多内容,是至今最受欢迎的中国通史课的辅助教材。①此后，作为中国史辅助教材的史料集层出不穷，有专题性的，如曼素恩、程玉瑛合编的明清至近代的中国妇女史史料集以及王蓉蓉编的上古至宋的妇女史史料集；②有断代性的，如田菱（Wendy Swartz）、康儒博（Robert Ford Campany）、陆扬和朱隽琪编译的魏晋南北朝史料集；③有专一体裁的史料翻译，如柯鹤立（Constance A. Cook）和金鹏程（Paul R. Goldin）合编的青铜器铭文选译，④还有小说笔记的选译，如张聪编译的《夷坚志》⑤等。然而，近年来在美国大学热门起来的亚洲通史的史料集教材却起步很晚。十年前，我受同行邀请，参与编译《东亚：记录的历史》，我负责选择、介绍、翻译上古至明代的史料。根据我自己的教学经验，我在各章中穿插了一些美国学生会感兴趣但很少接触的文献，如嫁入北魏皇室的于阗国公主的墓志、敦煌文稿中的契约、明代的族规等。大多数美国学生对近代以前的中国的印象是，这是一个古板落后的农业社会。故此，我花了九牛二虎之力翻译了《东京梦华录》中的"元宵"狂欢篇章和《宛署杂记》中的"铺行"篇章（在明代与饮食有关的行会有针篦杂粮行、碾子行、炒锅行、蒸作行、土碱行、豆粉行、杂菜行、豆腐行！）。此书几经周折终于在2017年问世。⑥ 不过，虽然此书在试用时期的反映很不错，但出版社定价很高，

---

① Patricia Buckley Ebrey, *Chinese Civilization and Society: A Sourcebook* (Free Press, 1981); Ebrey, *Chinese Civilization: A Sourcebook* (Washington DC: Free Press, 1993).

② Susan Mann, Yu-yin Cheng, *Under Confucian Eyes: Texts on Gender in Chinese History* (Berkeley, CA: University of California Press, 2001); Robin Wang, *Images of Women in Chinese Thought and Culture* (Hackett Publishing, 2003).

③ Wendy Swartz, Robert Ford Campany, Yang Lu, and Jessey J. C. Choo, *Early Medieval China: A Sourcebook* (New York: Columbia University Press, 2014).

④ Constance A. Cook, Paul R. Goldin, *A Source Book of Ancient Chinese Bronze Inscriptions* (The Society for the Study of Early China, Berkeley, California, 2016).

⑤ Hong Mai, Cong Ellen Zhang, *Record of the Listener: Selected Stories from Hong Mai's Yijian Zhi* (Indianapolis: Hackett Publishing, 2018).

⑥ Mark Caprio, John Sagers, Steve Udry, Ping Yao, *East Asia: A Documentary History* (Cognella Academic Publishing, 2017).

所以我实在不好意思把它作为指定教科书。我新近参与的史料编译是与伊沛霞和张聪合作的《追怀生命：中国历史上的墓志铭》①，此书包括了从汉代到清代的三十篇墓志，希望美国学生能对中国社会的人生故事和各时代的社会道德准则有一个直观的了解。

改进美国大学教学的另一个途径是参与课程设置的构建和改善，本书其他作者在他们的文章中有很多经验之谈，而我的参与却是非常偶然的。2010年春，系里的同事向我校的杰出教授奖评选会发去一份长长的提名信，我因而侥幸被评为2010年度杰出教授(Outstanding Professor)。当时已经退休的老系主任(他是1993年度的获奖者)对我说："祝贺、祝贺！不过，你要有准备，这个奖带给你的会是行政上的任命。"我当时一笑了之，因为我平时很少参与校内活动，院系领导根本不认识我。没想到，2011年春季刚开学，院长就找我了。当时的亚洲-亚美研究课程(Asian and Asian American Studies Program，简称AAAS，或译成"亚洲-亚裔美籍人研究学科项目")办得不景气，学生少，开课少，他希望我能接手出任主任(program director)，重整旗鼓。我深知，一旦挑起这副担子，就不可能有时间做自己的研究了。但我也非常希望这个课程能够生存和发展下去——我校邻接诸多亚裔集聚区，校内还有不少亚裔教授，我们应该也一定能翻身。考虑再三之后，我接受了任命。当时这个课程没有全职教授，授课的任务全由兼职教授担着，我的编制也是三分之二在AAAS，三分之一在历史系(每学期要教一门至两门历史课)，所以我其实是一个光杆司令。而且，院长只给拉美研究系的秘书加了百分之五的工资，让她兼任AAAS秘书，我不好意思多让她接手，所以，基本上是自己给自己做秘书。

就课程开设和学术研究而言，我们学校的亚洲研究和亚美研究根本无法与地处洛杉矶的加利福尼亚大学和南加州大学(University of Southern

---

① Patricia Buckley Ebrey, Ping Yao, Cong Ellen Zhang, *Chinese Funerary Biographies: An Anthology of Remembered Lives*. Co-editor (Seattle: University of Washington Press, 2019).

California，USC）媲美。但我们学校的地理位置是个优势，如果与周围的亚裔社团和机构紧密配合、互动，我们就可以用自己的特色来吸引学生。所以，我着手做的第一件事就是开设与亚裔社团机构挂钩的课程，这样也给学生提供了在这些社团机构实习的机会，为他们将来选择职业提供一个线索。当时，社区参与（community engagement）和服务学习（service learning）在高校方兴未艾，我们学校对此也非常鼓励。因此，我设计的有关新课被全盘接受，如"亚裔美国：文化、历史、社区"（Asian America：Culture，History，and Community，与华美博物馆［Chinese American Museum Los Angeles］配合）、"身体、卫生、食品正义与亚洲和太平洋诸岛后裔社区"（Body，Health，Food Justice，and API Communities，与亚洲和太平洋诸岛后裔防肥胖联盟［Asian and Pacific Islander Obesity Prevention Alliance］配合）、"社区参与研讨班"（Advanced Seminar in AAAS-Community Engagement，与以保护家暴和性侵受害者的亚太家庭中心［Center for the Pacific Asian Family］配合）等。这些课开设后，注册 AAAS 课的学生一下子多了起来。

学校规定，非研讨班课至少要有 15 个学生注册才能开课（财政困难时这个数据还会上调），为此，不少院系会联合起来开课，这样两三个系的学生一起注册，就能保证课程不被取消。作为历史系的教授，我当然首先想到的是与历史系联合开课。为此，我设计了三门 AAAS-History 交叉课程："亚洲史"（History of Asia）、"亚裔口述史"（Oral History of Asian America）、"泛亚主义"（Pan-Asianism）。此外，通识课是向全校学生开放的，通识课开得越多，学生课程注册数就越高，这是学校评估各系优劣的标准。因此，我先后设计了十二门通识课。在所有这些新设计的课程中，让我最有成就感的是"亚裔口述史"课，这是当时美国高校中的最早几个亚裔口述史课之一。它是 AAAS 本科生的必修课和历史学本科生的选修课，也是面向全校的通识课，因此吸引了很多外系的亚裔学生。我们还与洛杉矶华美博物馆和南加州华人历史学会（Chinese Historical Society of Southern California）合作，建立了华裔口述史项目（Chinese American Oral History Project）。学生在学期中与这两个组织推荐的采访对象互动，所收集的录音、录像以及学生记录和报告会上传到学校图书馆的数据库中，①这是至今为止美国唯一的一个华裔口述史数据库。

担任 AAAS 主任六年半，我总共设计了二十多门亚洲研究和亚美研究的课程。每一门课都要详细陈述课程整体及每周上课的选题方向、教学目标、考核学生的方式、指定教材。此外，还要列出参考书目以证明提议者对这一领域的了解。这些课程设计提案先要经过院系课程委员会的审查，然后上报到校一级的课程委员会审查，最后再由本科生院办公室通过。其间经常会遇到种种疑问甚至阻挠，比如，英文系会提出，"亚裔美籍文学"（Asian American Literature）课应该是他们的领域；"亚裔口述史"课要经过机构审查委员会（Institutional Review Board）审批，以确保不会对采访者造成人身侵害。此外，我还对本科学位的课程要求做了全面调整，放宽选修课的限制，允许学生集中选择与自己将来工作有关联的课程。

六年半很快就过去了，虽然我的学术研究被耽搁了下来，但我对能够改进学校亚洲-亚裔研究的课程设置还是很感欣慰的。2017 年春季是我担任主任的最后一个学期，5 月底，校长邀请了洛杉矶的亚裔领袖们来我校庆祝美国亚裔和太平洋诸岛后裔传统月。他在会上赞扬了 AAAS 的翻身仗，并宣布，AAAS 将从学科项目（program）升级为系（department）！虽然我已在四年前回到了历史系，但让我倍感欣慰的是，"我们"（AAAS）现在已经有三个全职教授，2021 年春，教务长又给了 AAAS 一个亚洲研究全职教授的名额；AAAS 本科毕业生艾比（Abi）还被耶鲁大学直接录取为博士生，主攻美国移民史！

结　语

自 1977 年考入华东师大，一晃四十多年过去了。当时在中学实习时

---

① 网址是 https://www.calstatela.edu/caohp。

的慌张我还记忆犹新,但是回想起来,我大概真的是当老师的命,因为我不仅喜欢教书,而且想不出除此之外自己还能干什么。我非常感激洛杉矶加州大学,它让我有幸遇到那么多优秀的学生,让我有机会为改进大学教育有所贡献,让我度过了一生中最美好的四分之一世纪。

在牛仔王国教中国历史

王笛（Wang Di，1991年出国留学，diwang@um.edu.mo）：美国约翰斯·霍普金斯大学历史学博士，现任澳门大学讲座教授。曾任美国得克萨斯A&M大学历史系教授，澳门大学历史系主任。英文著作 Street Culture in Chengdu: Public Space, Urban Commoners, and Local Politics, 1870-1930 荣获美国城市史研究学会最佳著作奖。其中译本《街头文化》获《中华读书报》2006年十佳图书。另一本英文著作 The Teahouse: Small Business, Everyday Culture, and Public Politics in Chengdu, 1900-1950 的中译本《茶馆》被《南方都市报》评为2010年年鉴之书。英文新著 The Teahouse under Socialism: The Decline and Renewal of Public Life in Chengdu, 1950-2000 和 Violence and Order on the Chengdu Plain: The Story of a Secret Brotherhood in Rural China, 1939-1949 分别由康奈尔大学出版社和斯坦福大学出版社于2018年出版，前者获美国城市史研究学会最佳著作奖，后者的中文译本《袍哥》获吕梁文学奖、中国会党史学会最佳著作奖等。其他著作包括《跨出封闭的世界：长江上游区域社会研究，1644—1911》《消失的古城》《从计量、叙事到文本解读：社会史实证研究的方法转向》。曾任中国留美历史学会第十二任会长（2003—2005）。

我1998年从约翰斯·霍普金斯大学获得博士学位以后,便去了得克萨斯A&M大学(Texas A&M University,简称TAMU)历史系讲授东亚史,2015年离开该校,到澳门大学任教。在TAMU的17年中,有3年因为得到了研究基金或者学术休假的机会,没有任教,所以在该校实际任教的时间是14年。

作为一个研究型的大学,TAMU总是鼓励教员申请校外的研究基金,然后学校给予相应的附加补贴,让他们从教学中解放出来,专心致意地进行学术研究。此外,TAMU的授课任务不重,每学期两门课,这样让我可以有相当多的时间从事研究和写作工作。首先要说明的是,我称不上是一个全心全意投入教学的老师。教学的投入是一个无底洞,一节课,你可以用几个小时准备,也可以用几天的时间来准备。人的精力是有限的,如果我在教学上花的时间太多,那么在研究和写作上的时间就相应减少,而TAMU对教员的要求是出版第一。对于怎样有效地使用自己的时间,我是按照研究第一、教学第二、行政服务第三的顺序安排的。这种排序与TAMU历史系对教员晋升的评估顺序也是一致的。

温馨小城中的保守大学

TAMU应该说是全美国最大的校园之一,我入职的时候大概有5万名学生。学校所在的城市叫"大学城"(College Station),这是一个名副其实的大学城,大学的学生、老师及其家属占了这个城市人口的主体。夏天的时候,因为学生多离开校园,整个城市非常安静,几乎没有交通堵塞的问题。学校的华裔教授数量不少,但主要集中在理工科院系,文科教授的数量少一些。台湾"中研院"前院长翁启慧、香港城市大学校长郭位、澳门大学前校长赵伟等,都是理工科的教授,曾经在这个学校长期任教。

得克萨斯州是一个牛仔的王国,TAMU的学生很多穿着长皮靴,戴着牛仔帽,开着皮卡,是典型的牛仔形象。和美国东部和西部的学校相比较,这个学校的学生是比较保守的,因为得州毕竟是共和党的天下,学生的政治倾向大多数偏向共和党。不过在人文学科院系中,几乎看不到支持共和党的教授。我系大约有50名教员,没有一人自称是共和党人。有位同事是教美国历史的,上课上得好,也受学生欢迎。他告诉我,学生在学期结束后给他的课程评语中写道:虽然喜欢听他上课,但受不了他整天骂布什。这个学校可是布什家族的老巢,老布什卸任总统以后,把他的总统图书馆设在了这个学校。小布什的国防部长罗伯特·盖茨(Robert Gates)也担任过这个学校的校长,那也正是我在那里任教期间的事。

这个学校还有一个特点,就是有许多穿着军服的学生,应该说是军队预备队(Corps of Cadets)成员,学校的军乐团(Fightin' Texas Aggie Band)全部由这些预备队员组成,也是非常有名的。每次打橄榄球赛的时候他们都要表演一番,四五百人的队伍,变换各种队形,训练有素,令人难忘。可惜他们的表演我一次也没有亲临现场观看过。但是在 YouTube 上,有许多他们表演的精彩视频。在课堂上,有不少学生是穿着军服的,他们都是非常遵守纪律的,尊敬老师。这个学校有自己独特的校园文化,毕业生都称为 Aggie(农夫),校园称为 Aggieland(农国),校歌是 Spirit of Aggieland(农国之魂),见面打招呼说 Howdy(非正式的、下里巴人似的 Hello 表达)。给人的感觉就是土得掉渣,但是学生很为他们的传统骄傲。

可见,这个学校的历史和农业有关。说到这里多说几句关于这个学校的校名翻译。所谓 A&M,在1876年成立的时候代表农业(Agriculture)和机械(Mechanics)。虽然后来发展成为一个综合性的大学,这个名称还是保留下来了。不过也会引起很多误解,比如中文世界对其标准的翻译,称"得克萨斯农工大学",应该最早来自中国台湾。2002年江泽民访问 TAMU,并在布什总统图书馆进行中美关系的重要演讲(当时我也在现场)。国内媒体报道这则新闻的时候,学校的翻译可以说是五花八门,有"得州农工大学",有"得州农业机械大学",甚至还有"得州农机学院"。中国有名校情节,可能国内许多朋友会觉得很奇怪,为什么总书记选了这样一个破学校去做演讲？那个时候 TAMU 的国际中心主任是华裔，知道这个翻译会引起许多误解，还专门敦促学校有关方面去函中国教育部，要求统一翻译成"得克萨斯 A&M 大学"，但是现在国内官方的称呼仍然是"得克萨斯农工大学"。不过我在这 20 多年来，始终使用"得克萨斯 A&M 大学"。

这个学校和得州大学奥斯汀校区（University of Texas Austin，简称 UT）是竞争对手，特别表现在体育运动上。每年感恩节前的那一场与 UT 的橄榄球比赛，格外受这个小城的关注。在那场足球比赛之前，学校的预备队的队员要修建一座木头搭建的高塔，估计有六七层楼高，都是由预备队员课余到森林里采伐的木材搭建而成。大赛的前一晚点燃，实际上就是一个巨型的篝火，万众欢腾，鼓舞士气。每年这个活动都会吸引 3 万人到 7 万人来观看。1998 年我刚到该校的那一年，同事们都说要了解校园文化，一定要去看这个篝火活动。不想这个持续了近百年的传统（从 1907 年开始），那一年竟然是最后一次，我算是赶上了末班车。因为 1999 年在搭建高塔的时候出了大事故，塔在搭建的时候垮掉了，12 名学生死亡，当时成为全美的一个重大新闻。出事的时候，我正在华盛顿参加学术会议，听到这个新闻的那种震惊，现在仍然记忆犹新。活动因为这个事故暂停以后，学生和家属都强烈要求保留这个传统，争论了几年，学校最后还是决定取消。后来在事故发生的现场修建了纪念碑，我去学校停车的时候会经过这个地方，都会回想起最后一次观看这个盛大活动的情景。

我很喜欢这种小城，而不喜欢住在大城市，交通太麻烦。大学城很有文化氛围，而且交通方便，我从家开车到校园也就 10 分钟左右。房子也不贵，我在 1998 年刚入职的时候，作为助理教授，工资不高，但是在第一学期就买了一幢花园洋房。我从来没有住过这么大的房子，以至于在以后几年的时间里，夜里经常梦见自己住在一个大城堡里，与各种入侵者进行殊死搏斗。可见当时住房条件的剧变，带给我内心的震荡是多么的大！那幢洋房有前后花园，有游泳池，还有一间温室。我是一个比较草根的人，平时就喜欢种种菜，弄弄花园，钓钓鱼，非常享受这种生活状态。我对高大上的东西似乎不感兴趣,学校一进门就是个巨大漂亮的高尔夫球场,在那里工作了17年,竟然一次都没有去打过。有朋友揶揄我是"洋土豆"。

后来我儿子从同事那里收养了一只小猫,这只猫成了我们非常好的伴侣。在小城中的生活温情让人心里很平静,生活很安定。2015年离开得州,到了澳门大学,留在家里的猫在2019年去世,我养了它11年,这件事让我陷入了悲伤,于是我写了一篇关于它的文章——《它是我的猫,我是它的整个世界》,当时还引起很大的反响,看哭了许多读者,有无数的留言。可惜刊登的平台被关闭了,那篇关于猫的文章和我的其他几十篇文章,以及平台其他上百名作者的文章,也随之消失在了云端。

我的历史系同事们

其实,本来我是不该来得克萨斯A&M大学的。回想1998年春天,来这个校园面试之前,我已经在佛罗里达大学(University of Florida)进行了校园面试,自我感觉非常好,认为那个职位是非我莫属了,而且我也很喜欢那个大学。来TAMU面试,精神上便有所放松。由于从加州过来,有三个小时的时差,前一天晚上又没有睡好,面试持续三天,疲劳轰炸,所以效果并不令人满意。记得面试期间有这样一个环节,让我在系里的会议室休息,如果系里有人想了解我,可以到这里来找我聊天。我在空空荡荡的会议室坐了一阵,见没有人来,实在是太困了,便擅自离开,溜到对面的图书馆大楼的一个角落里,打了一个盹儿才回来。招聘委员会的人到处找我,见面劈头就问:"你到哪里去了?"我知道这件事情搞砸了。不过还好,佛罗里达那边没有成功,最终阴错阳差地来到了这个我以为搞砸了的学校。

这所大学的历史系在美国来说还算是规模比较大的,一般学校的历史系就只有几个、十几个或者二十几个教授,这个系却有50人上下,不过重心都在美国史和欧洲史。长期以来,研究非洲史的一人,亚洲史也只有我一个人。后来在我不断的推动之下,又招了一位研究东南亚史的,外加一位做德国和日本的比较研究的，总共算是增加了一个半人。历史系的这种配置，与美国西部和东部的那些著名大学相比较，是非常不合理的。我一直都在批评这种不合理的现象，也就是所谓的西方中心。但是这个学校是非常保守的，要改变这种课程的配置非常难。

虽然这个系也难免有派系和小集团，但总的来说系里的同事关系还是很融洽的，同事之间经常开派对，互相邀请做客。每学年的开始，也会在系主任或者某位同事家里开派对。系里除了我是华裔，还有一名韩国裔，另外有两名非裔，一名拉丁裔，其余都是白人。其实在涉及系和学校教学科研工作的时候，关于族裔的问题几乎可以忽略不计，我并没有感觉到教授之间的分歧是以族裔来划分的。

就职的第一学期

我的英语底子是比较差的，在高中的时候学的是俄语，进了大学以后才从 ABCD 开始学英语，加上我没有什么语言天赋，所以到美国之前基本上就是哑巴英语。到了美国之后，特别是在读研究生时，才算是有了训练口语的机会。但是毕竟年纪已经大了，英语口音是没有办法改变的。所以我觉得 TAMU 最后选中了我，还是非常大胆的投资。当然现在可以趁机自吹一句：他们还是非常有眼力的。

好在我在霍普金斯大学读博的时候，有机会在巴尔的摩的洛约拉学院（Loyola College）教过一个学期的中国近代史，那是我在美国的第一次课堂实践。记得在 TAMU 的第一学期，我负责上两门课，一门是中国近代史，一门是近代东亚史。中国近代史在洛约拉学院已经上过，所以相对轻松一点，但是近代东亚史却完全是新课，需要花大量时间来准备。这门课，我主要讲中国和日本。我在霍普金斯大学时，给导师罗威廉（William Rowe）教授的近代东亚史课做过助教，他讲东亚史也是这样的讲法，我自己觉得不应该花更多的时间去准备和讲授自己知之甚少的朝鲜历史。然而，虽然我在霍普金斯大学的时候修读了比较政治学,主要关注德国和日本,但是日本方面的知识还是有限。所以,我基本上是边备课,边讲课。对日本史的了解,我觉得非常重要,对我们理解和研究中国近代史都是必不可少的。所以在日本历史上,我还是下了很大的功夫。

我在任教之初,头脑是非常清楚的。我知道,到学校的第一学期,授课的第一印象是非常重要的,影响到以后我在历史系的声誉。因为我猜想同事虽然嘴上不说,但是心里在怀疑,你作为一个母语不是英文的中国人,口语也不灵光,是否能上好课?如果第一学期教学的反响不是很好,讲不好课的第一印象形成了,以后要改观就困难了。所以我决定孤注一掷,先放下研究,全身心地投入第一学期的教学工作。应该说当时没有多少上课的技巧,但是有一腔热情,几乎都是从头到尾地讲,每次上课下来是很累的。但是我上课准备得很充分,对内容熟悉得可以完全不看讲稿,口若悬河,出口成章。这两门课都得到了学生很好的评价。从学生对课程的综合评价来看,满分是 5 分,我的两门课都在 4.4—4.6 之间,也就是说达到了系里讲课比较好的平均分数。

应该说我的这个策略还是不错的,我向我的同事证明了,自己在美国的课堂上能够把课上得很好。这样,我以后的课虽然没有达到这么高的分数,但同事们都相信,我讲课的总体水平是不错的。后来,在相当长的一段时间里,我的学生评价分数都低于第一学期,因为从第二学期开始,我对教学花的时间大大降低,主要精力转移到把博士论文修改成书。而且我当时的目标非常明确,不是在一般的大学出版社,而必须是顶尖的大学出版社出版。所以我对于书稿是按照最高要求来完成,而教学能够达到一般的水准就满足了。

授课内容、教材和考试

我在去 TAMU 之前,中国近代史、20 世纪日本史、近代东亚史和古代东亚史的课程,都已经列在课程目录上面,我不需要做什么改动。但是20世纪日本史的讲授,我实际上是从江户时期开始讲,刚好与我的中国近代史的起点——清初——是一致的。我可以自主安排课程的内容,完全不受外力的干涉。按道理说,近代东亚史和古代东亚史都应该把朝鲜包括在内,但是实际上我自己也不愿花更多的时间去准备这个部分,所以一直都是只讲中国和日本。其实在一学期内要讲完古代东亚史,另一学期讲完近代东亚史,哪怕只讲中国和日本也是非常紧张的,因为这两个国家都有非常丰富的历史,需要讲到的重大事件非常之多。

课程中使用的教材也在不断地变化,我不喜欢一个教材用很多年不变。美国形成了非常好的教材选择系统,加上由于版权保护,学生都必须购买教材。我在选择教材的时候,首先是考虑适合于这门课的内容,其次是考虑价钱和可读性等等问题。每个学期几乎都有出版社到系里来做书展,主要是展示各种教科书,如果我对哪本书感兴趣,有可能把它用作教材的话,可以得到出版社的免费赠送。

以中国近代史的课程为例,我换过好几种教科书。开始用过费正清的《美国与中国》和《中国:一部新历史》,①后来使用得最频繁的是史景迁的《追寻现代中国》。②徐中约的《现代中国的兴起》虽然很详细,但是我觉得正是因为太过详细,所以不适合做教科书,但是一直在教学大纲上将其列为参考书,如果学生想了解一些人和事件的具体情况,可以查这本书。③

我还开过一门中国文化史的课程,很受学生欢迎。中国文化史没有相

---

① John King Fairbank, *The United States and China*, 4th Revised and Enlarged Edition (Cambridge: Harvard University Press, 1983); John King Fairbank, Merle Goldman, *China: A New History* (Cambridge: Harvard University Press, 2006). 这些书以及下页所列的书目都有若干种版本,这里列的是我使用的版本。

② Jonathan D. Spence, *The Search for Modern China*, 2nd Edition (New York: W. W. Norton, 1999).

③ Immanuel C. Y. Hsu, *The Rise of Modern China*, 6th Edition (New York: Oxford University Press, 1999).

应的教材,不过牛津大学出版社出的《中国:帝国和文明》那本书倒是非常有用。① 我也使用过中国出版的英文中国文化史的教材《中国文化读本》。② 这个课程主要介绍一些关于中国文化的基本内容,包括地理环境、语言、宗教信仰、美食、武术、医药、建筑和城市规划、茶文化、鬼怪、节日庆祝、仪式、表演艺术等。在修了这门课以后,学生对中国文化应该有一个大致的概念。

过去我在中国教书的时候,一学期实际上只有期末考试,一锤子买卖,不利于学生从课堂上学到更多的知识,全面发展。在那种体制下,有的学生由于善于考试,也能考出很好的成绩,所以根本不去听课。美国的课堂要求测验学生的方式多元化,让学生更主动地去多读书和多思考,而不是到了期末集中时间去准备考试。关于考试的形式,我在美国任教的早些年一般要求期中考试、期末考试和论文三大块,后来我逐渐增加了每周的小测验,这样的小测验主要是检验学生的阅读成果。这样检验学生学习效果的方式更多一些,一个学生如果在某方面没做好,还可以在另一方面进行弥补。有一段时间我比较忙,期中考试就采用多项选择题的办法,试卷通过机器判分,自动就得出成绩来了,这样节省了很多改卷的时间。我的课程选课名额最多限定在 45 人,没有提供助教,一切都要亲自动手。有时候,我要求学生写一篇书评代替期中考试。

期末考试的形式一般是两大部分,一是名词解释,一般占整个考试的 40%。主要是一些重要的人物和事件,以中国近代史为例,包括:李自成、乾隆皇帝、郑成功、马戛尔尼使华、洪秀全、曾国藩、洋务运动、百日维新、辛丑条约、五四运动、第一次国共合作、鲁迅、北伐战争、九一八事变、七七事变、南京大屠杀等。二是论述题,学生要综合学到的知识去分析思考,一般

---

① Edward L. Shaughnessy, ed., *China: Empire and Civilization*, 1st Edition (New York: Oxford University Press, 2005).

② Ye Lang and Zhu Liangzhi, *Insights into Chinese Culture* (Beijing: Foreign Language Teaching and Research Press, 2008).

占整个考试的60%。下面是我使用过的一道论述题：

> 19世纪末至20世纪初,许多中国精英为拯救中国进行了不懈的努力。他们具有不同的政治态度、意识形态和阶级背景,提出并采用了不同的道路和策略来实现其目标。请使用课程材料(包括授课内容、课程阅读材料、课堂讨论等)来讨论下面的问题:百日维新的主要推动力是什么？改良者拯救中国的计划是什么？改革失败的原因是什么？引起辛亥革命的最重要因素是什么？谁是这场革命的推动者？辛亥革命是成功还是失败？新文化运动的领导人提倡的是什么思想？新文化运动的意义何在？请比较以上三个运动,并解释它们是如何在不同的程度和方向上影响中国历史的。

期末考试论述题一般就是一道题,但是这样一道题,实际上是检测学生对课程主要内容的把握,如果要很好地回答这样一个问题,必须对课堂讲授的内容、教材和课堂讨论有充分的了解和思考。学生可能对这个问题的回答各有不同,但是他们有非常大的思考空间,这也使我对学生在这学期对课程的理解到底到什么程度有所了解。对于论述题,我倾向于不要出得太小、太具体,这样学生不会因为错过了一些细节而影响到其考试成绩,也不用死记硬背,我主要想看学生对整体历史的把握情况。

不像历史系的美国史和欧洲史课程(特别是给低年级的必修课),我上的课规模都比较小。有的老师不喜欢课上的人太多,其实从我个人来说,比较喜欢上大课,哪怕上百人。大课讲起来有激情一些,但更重要的是,大课有助教改卷、组织课堂讨论以及处理许多事情,比上每堂课事无巨细都要亲自动手好得多。2009年的春季学期,我在加州伯克利大学讲授过一学期的课,是中国通史的后半截,从元朝到现代。虽然学生很多,但是有两个助教,我觉得那是我最轻松的一学期课。讲完课就不用再关心其他事情,助教会处理课程的其他各种杂务。我每周只上两小时的课,另外一个小时由助教组织学生讨论,这样给自己留下更多的写作和研究的时间,在上课之余,我把伯克利东亚图书馆中凡是关于四川的地方文史资料——从省一级到最低县区级——全部通翻了一遍,为我长期进行的袍哥研究找到许多有用的资料。另外我还给伯克利历史系的博士生开设了一门档案阅读课,只有四五个学生。这门课是魏斐德(Frederic Wakeman Jr.)教授退休之前讲授的。

探索上课的技巧

虽然我在四川大学教过六年书,但是在 TAMU 正式任教之前,在美国的课堂教学还是没有多少经验。我在美国读研究生的时候,给一些教授做过助教。做助教的经历对我后来上课有很大的帮助,比如课程怎么设计、怎么组织讨论等等。在入职以后,除了前面讲的,在第一学期尽了最大的努力,我在教学上所花的时间和功夫不是很大。不过,在长期的教学实践中我也摸索出了一些经验,而且也有意去阅读或者参加相关培训,学习一些教学的技巧。

在任教之初,我的老师和朋友,密歇根州立大学的韦思谛(Stephen Averill)教授把他的全部课程资料提供给我参考,包括教学大纲、阅读材料、课堂要求、考试题等,这些资料为我以后的教学奠定了基础。在霍普金斯大学,我给导师罗威廉教授做助教,他的教学法对我的影响也非常大。我先是按照罗威廉所一贯做的,在上课之前把最主要的一些关键词写到黑板上,然后就根据这些关键词展开这一堂课的教学。后来学生提出黑板上的关键词还不够系统,我又用投影机把纲要和关键词都投射到黑板上,这算是一种改进,学生也方便多了。

上历史课经常要用地图,所以我每次上课的时候都带着一卷地图。我们历史系备有各种地图可供使用。记得罗威廉在上课的时候,都带着一幅巨型地图,上课之前我先到他办公室去帮他拿这个地图。所以我上课的时候,地图也是必要的工具。把授课纲要投影到黑板上,需要做透明胶片,修改一次,就得重新制作一次。后来我发现还是 PPT 使用起来比较方便,无论是修改文字还是插进地图和图像都很容易,便采用了 PPT。但我使用 PPT 的时候,主要放纲要和关键词,不主张在上面放太多的信息,否则学生过多的注意力放在 PPT 上,会忽视我所讲的东西。我还自愿报名参加过一次学校关于教学的培训,学到了不少的技巧,比如怎样组织课堂上的讨论,其中还是有许多奥妙需要探索的。我每个学期总是要安排三四次课堂讨论,开始的时候,一般是学生作为一方,我作为另一方的讨论。虽然学生很勇于发言,但是更多的是我与学生的对话,这还没有达到最佳的效果。后来我改为在每次课堂讨论的时候,把学生分成若干小组,根据班级的大小,小组可大可小。讨论题我一般提前发给学生,比如在上中国古代史课的时候,我提出过这样的讨论题:"儒家、法家、道家在中国历史上都曾经影响过统治者及其政策,想象你作为一位国君,你会采用儒家的什么国策?法家的什么国策?道家的什么国策?它们各自的优点和缺陷在哪里?"我先把学生分为儒家、法家、道家三个组,先组内进行讨论,然后三个组互相之间进行讨论和辩驳。课堂的气氛非常热烈,我也就是在关键问题上进行一些评论和点拨,让学生在互相之间的讨论中,加深认识和得到启发。

期末的时候,我要求学生分成小组做课题项目(project),然后在课堂上进行报告。报告的形式完全由他们自己选,可以是 PPT,可以是表演,可以拍摄录像,等等。记得在中国古代史课上,学生排演过《赵氏孤儿》片段;在中国近代史课上,学生拍摄了"粉碎四人帮"录像;在中国文化史课上,学生现场包饺子……这样活跃了课堂的气氛,增加了学生之间的互动。我一直认为,孔夫子所说的"三人行,必有我师"是非常有道理的,学生经常互动,可能学到的东西并不比老师教他们的东西少。这些手段的使用,其实就打破了老师讲、学生听这样一种被动的学习模式。

根据一些课堂教学的研究,学生在课堂上的注意力一般到 15 分钟左右就开始分散,因此需要一个停顿。对此我也采用了相应的应对方法,比如在 15 分钟左右,就开始问一两个问题,通过问问题,让学生轻松一下,为讲下一段进行铺垫。要不就进行一个口头上的小测验,比如,让学生解读教科书上的某句话，在课堂上口头报告，这个过程大概花几分钟的时间。为了检查学生是不是认真完成了所规定的阅读材料，我在每次讨论课之前或之后进行小测验。所测验的其实都是一些非常简单的问题，如果学生读过材料，回答它们并不难。我甚至允许学生使用笔记，也就是鼓励学生在阅读时记笔记。

我每学年都要给低年级的学生上一门历史写作的必修课，叫"历史学家的技艺"(Historian's Craft)，主要是给新入学的大学生提供一些历史写作的基本知识和训练，让他们知道一些基本的历史写作规则。我使用的教科书是拉姆珀拉(Mary Lynn Rampolla)的《历史写作简明手册》(*A Pocket Guide to Writing in History*)，目前这本书已经出到第九版。我也给高年级的学生开论文写作课(Senior Writing Seminar in History)，主要是讲怎样利用原始资料来进行历史研究，写出历史论文。我目前正在写的一本美国与民国初年的书，就是源于多年前为这个写作课所收集的资料。因为学生不懂中文，我就使用美国的主流报刊，还有传教士的记录、海关报告等等，这些都是学生可以用来写论文的非常有用的原始资料。我收集的那些资料已经放了十多年了，2015年到澳门大学以后我才开始了这本书的写作，已经接近完成。[①]

作为一名母语非英语的教授，在美国的大学给美国学生上英文历史论文的写作课，这是需要勇气和自信心的，我非常乐于接受这样的挑战，对我来说这也是非常有意思的经历。对这两门课的讲授，我都是尽心尽责的，从来没有学生抱怨过我这个母语不是英语的老师教他们写作课有哪里不够格，可以说，我得到了学生和同事的认可。

课堂上的"政治正确"

在美国的课堂上，学术是自由的，政治观点的表达是开放的，并没有人

[①] 这个项目目前已经完成，实际上写成了两本书，即《中国记事，1912—1919》和《中国记事，1919—1928》，将于2023年由人民文学出版社出版。

来限制你什么可以讲,什么不可以讲,完全由老师自己决定。当然,课堂上还是有忌讳的话题,要讲政治正确,而且对这个问题不能掉以轻心。特别是关于种族这样的问题,虽然可以阐发自己的观点,但是在阐发自己的观点的时候,要有批判精神,避免任何可能造成误导或者种族歧视的嫌疑。

当然,作为少数族裔,在讨论种族问题时,我可能比我的美国同事特别是白人同事要稍微自由一些,因为华人无论是在近代的中国还是美国,都是受压迫的民族,属于弱势群体。我在17年的教学经历中,还从来没有被学生投诉过,或者遇到过类似的麻烦。即使如此,我还是非常小心,如果不是课堂内容需要,或者是学生问到某一个种族问题,尽量避免陷入种族问题的讨论。有的时候一言不慎,就难免擦枪走火。

还有,在课堂上不要轻易去表扬某个学生,因为在美国的课堂谁学习得好,谁学习得不好,在一定程度上是一种隐私,老师最好不要有所提示。如果在课堂上表扬某一个学生,有可能会使其他学生感到不舒服,甚至那位被表扬的学生也可能因为觉得老师把他(或者她)和其他同学分离开来,而感到不适应。当然,如果在课堂讨论中学生的某个表述或者观点我很赞赏,是可以表达的。

成绩也是不能公开发布的,也不会在班上宣布,每个人知道自己的成绩,而不知道别人的成绩。在下发论文时,如果封面上有成绩和评语,我都是把它反过来递给学生,其他人看不到。当然学生自己如果愿意互相了解成绩的话,这是他们自己的选择。刚任教时,我发现有些老师根据学号公布成绩,将其贴在自己办公室的门口,学生可以根据学号去找自己的成绩。后来学校做出了明确的规定,这样做也是不行的。学生要知道自己的成绩只能通过学校的网上系统去查,也可以直接找老师,或者通过电邮询问。

我和我的学生们

TAMU 的学生成分是多元的,大部分都来自得克萨斯州,本州的高中生如果成绩在本校前10%以内，一般都保证录取。学生以白人为大多数，然后是拉丁裔，再然后是亚裔和非裔。我查了一下，2019年的这个比例依次是55%、22%、8%、4%。另外还有大约2%的其他血统和9%的国际学生。至于那些穿军装的预备役学生，他们很有组织纪律性，很守规矩。有专门的管理团队管理他们，定期会向任课老师发调查表，了解预备役学生的课堂表现。如果有任何预备役学生不正常上课或者成绩不达标，就会被上级过问，有严格的纪律进行规范。

我和学生的关系，谈不上很密切，也不算疏远。学生有时候到办公室来问问题，或者聊天，特别是那些对中国感兴趣的学生，来得比较勤。有的学生打算毕业后到中国去教英文、去旅行或者是做其他事情，总是喜欢找我聊一些中国的问题。如果中美之间发生一些冲突或者其他一些重要新闻，他们希望了解更多的情况，也会来找我讨论。如果学生不是主动跟我讲，我一般不会问他们私人的问题。如果他们因为个人问题和家庭问题影响了学习，有时也会来找我谈，我通常都非常注意保护他们的隐私。记得在过去的教学生涯中，有学生因为忧郁症、失恋、心理疾病等等影响，不能正常上课或者不能参加考试，我的出发点都是尽我的所能，在不违反学校规定的情况下，帮助他们渡过难关。

我课上的学生来源很广，历史专业的学生实际上只占很小一部分。按照学校的规定，全部本科生——包括工科、理科，都必须修美国历史的课，同时还必须选其他社会科学或人文学的课，因此对东亚感兴趣的人会选修我的课。除了写作课，我的其他课是三年级以上才能选修。班上理工科学生一般有一半以上，也有文科的各个专业，历史专业的学生占比例很小。但是我发现在课堂上成绩好的，并不见得是历史专业的学生，有的理工科的学生在课堂的表现也非常优秀。

我的学生有各种背景。例如，有一个学生是影视演员，他修我的近代东亚史课。一次上课期间，他说他要请假，因为要拍剧，我问他在拍什么剧，他告诉我是《兄弟连》，当时大家还不知道这个剧。后来这个剧大火了之后，我仔细看了，还真的发现了他。我校毕业生的出路也是很广的，可以从事各种工作。我现在还记得有一天下午，一个中年女人来到我的办公室，告诉我她是联邦调查局的。我从来没有和这个机构打过交道，只是在新闻报道、电影和小说里知道他们无处不在。对于我们这些良民来说，应该是敬而远之的。所以当她突然出现在我的办公室，我心里还咯噔了一下，心想是什么事情惊动了这个强大而神秘的组织。她接着解释，我的一个前学生申请调查局的职位，她来进行背景调查，了解该生在学校里的表现。

除了美国学生外，还有来自各个国家的留学生。在我刚到学校的时候，上中国史或者日本史、东亚史的课，总会有两三个日本学生，后来不知道什么原因就很少再见到日本学生了，我在想是不是因为我在讲近代史的时候，经常涉及日本对中国的罪行，张纯如的《南京暴行》也是课堂讨论的必读书，让他们感到了尴尬或者不舒服？每年我的班上也总是有两三个华裔本科生，他们大多都在美国长大，在课堂上的表现都比较好。过去我很少见到从中国大陆来的本科生，但是在我离开TAMU之前，已经有日渐增多的趋势。有时也会有从大陆来的学理工科的研究生，因对中国历史感兴趣来旁听。

TAMU的研究生的水平还是不错的。除了自己带研究生之外，我还经常被邀请参加其他院系的博士答辩委员会。有一个人类学系的日本博士生，专业是水下考古。他从读硕士开始就喜欢来找我聊天，在读博士期间，他的硕士论文就在日本出版了，还送了我一本。他根据水下考古资料提出，元明时期中国的船并没有所记载的那么大。这位仁兄在博士资格考试通过以后，便回日本边工作，边写论文，又结婚生子，结果2019年他的读博时间已经达到了学校能够允许的最长时间，如果再不毕业，便不再允许答辩。虽然我已经离开TAMU多年，但仍然在他的博士委员会成员名单之上。最后委员会经过仔细商量，认为他的博士论文虽然还欠点火候，但还是可以接受的。特别是他的导师认为，他已经出版的硕士论文，已经达到了博士论文的水平，所以委员会的全体成员都同意放他一马，让他通过了博士论文答辩。

另外我还在历史系、人类学系和政治学系作为几个博士委员会的成员，一位人类学系博士生研究海南三亚的水产市场，一位读政治学的博士生研究中国政府的决策模式，历史系的德国史专业博士生研究殖民时期的青岛，读美国外交史的博士生研究尼克松时代的中美关系，等等。学生完成学业以后，经常还会和我保持联系，主要是因为他们修过我的课或者受到过我的指导，在申请工作或者继续深造的时候，需要找我写推荐信，我对我的学生们总是尽力地推荐和扶持，希望他们在事业上有所成就。

在我任教期间，也有过若干特别的学生。例如有一位上校，大学没有上完就从军了，退伍之后又回到学校学习。他对历史特别感兴趣，几乎修了我讲授的全部本科课程。他每天背着双肩包，风尘仆仆地赶着上课，看他总是把自己搞得很疲惫的样子，我经常劝他悠着点。有一次他腿上的皮肤病犯了，一瘸一拐地在校园里走，我看着都替他着急，但是他还那么执着地学习。他对美国外交史特别是美苏关系史感兴趣，甚至还开始学习俄语。他又是一个完美主义者，经常是要交作业了，因为还不满意，不断在改，错过了最后交作业的期限。虽然我尽量对他网开一面，但是这也难免影响到他的成绩。

美国大学对残疾人的照顾还是很多的。学校有明确的规定，如果学生有医生的诊断证明有学习障碍或者其他问题，可以得到特殊的对待。如课堂考试，这些学生可以到专门的地点考试，还可以加时。由任课老师把卷子封起来提前交给专门的部门，然后由这个部门监管，最后把完成的卷子交还给任课老师。其目的就是给这些弱势的学生特别的关照，让他们能在学习中表现得更好。

在伯克利授课的那一学期，有一件事情让我很有感触。有一位华裔女生失聪，学校给她配了一名专门的速记员，她们同时来上课。速记员把我讲的每一句话都用电脑打出来，那个学生即时通过电脑的文字，了解我所讲的内容。整整一个学期,这名速记员都为这个女生服务,可见成本非常之高。所以我始终认为,评估一个国家的文明程度,就看它怎样对待自己的弱势群体。在课程结束以后,我还向这位速记员要了全部的文本,一个学期授课的每一句话都被记录下来,读起来还是蛮有意思的。我在想,万一以后想写教科书,这个整理的文本倒是非常有用的。

不是多余话

回想起来,在我的一生中,还没有在任何 TAMU 之外的其他地方待上整整 17 年,我估计以后也不会有了,TAMU 和它温馨的小城是值得留恋的。这 17 年在我的学术生涯中,也是一个重要的阶段。在这期间,除了承担日常的教学工作,我的精力都花在了学术研究和写作上,分别在 2003 年出版了 *Street Culture in Chengdu: Public Space, Urban Commoners, and Local Politics, 1870-1930*(《街头文化》),在 2008 年出版了 *The Teahouse: Small Business, Everyday Culture, and Public Politics in Chengdu, 1900-1950*(《茶馆》)两部英文学术专著,都是由斯坦福大学出版社出版的,前者还获得了美国城市史学会两年一度的最佳著作奖。回想这样一段学术经历,无论是在教学还是在研究方面,自己还是满意的,它也可能是我人生和事业的最重要的一个阶段。

我经常在想,我在美国保守的南部任教 17 年,不知道教了多少学生,让他们更多地懂得中国,熟悉中国的历史,了解东亚和东亚文化,实际上扮演了东西方交流中非常积极的角色。不少的学生正是因为修了我的课,对中国文化和历史感兴趣,不是到中国进行旅游,就是到中国做进一步的考察研究,有的还到中国去教英文,或是代表美国公司到中国工作,更有一些进入研究生院开始专门学习和研究中国。像我这样的华裔中国历史教授在美国数量不少,仅是留美历史学会中就有上百人。我们来往于中美之间,为两国人民的相互了解和学者间的相互交流尽心尽力。

通过对美国几十年的研究和观察,特别是现在正在撰写的关于美国人对民国初年的观察,我对美国对华态度和政策有了更进一步的理解。我坚定地认为,即便中美两国在许多问题上有矛盾有冲突,但是无论是历史上还是今天,美国人民都是希望中国繁荣发展、人民幸福,保持与中国的友好关系的。中美关系的恶化,是中美两国人民都不愿意看到的,是令人痛心的。

比较与共情:在美国大学里教中国历史

丛小平(Cong Xiaoping,1992年出国留学,xcong@ Central. UH. EDU):美国得克萨斯州休斯敦大学历史系教授。陕西师范大学历史学士(1982),华东师范大学哲学系哲学硕士(1988),美国加州大学洛杉矶校区(UCLA)历史学硕士(1995)、博士(2001)。2001年起在休斯敦大学任教至今。研究领域为中国近现代教育史、妇女史、思想史、革命史,并涉及社会史、法律史、文化史。主要专著有:*Teachers' Schools and the Making of Modern Chinese Nation-State, 1897-1937*;*Marriage, Law and Gender in Revolutionary China, 1940-1960*;《师范学校与中国的现代化:民族国家的形成与社会转型,1897—1937》《自主:中国革命中的婚姻、法律与女性身份,1940—1960》,同时发表中英文学术论文二十多篇。曾获中国留美历史学会杰出学术研究奖(2008)、优秀服务奖(2018)以及其他美国国家级研究奖项等。曾任中国留美历史学会第十六任会长(2011—2013)。

1999—2000年,我在加州大学洛杉矶校区获得了一笔助教奖学金。奖学金是用来资助那些通过了资格考试并且正在撰写论文的博士生的,要求获得者在一年内先做两个学季的助教(UCLA是学季制,即一年有三个学期,称为学季),协助教授们上课,然后在第三学季自己独立开一门课,题目不限。这个奖学金项目的设计的确用心良苦,一方面试图帮助即将毕业的博士生取得教学经验,有利于他们未来找工作,另一方面则借助博士生在各自领域中的专门研究,扩大本科生的视野。我做助教的那门课叫作"近代思想史"(History of Modern Thoughts),整整两个学季的教学内容,从启蒙运动到当代社会,全部都是讲欧洲和美国知识分子的思想与理论,没有涉及任何其他地区和民族的思想。我感觉有点奇怪,因为课程设计和标题听上去很"普世",会让学生以为"近代思想史"的全部就是西方思想。可是实际上,当欧美思想家们在"思想"的时候,世界上其他地区和民族的人也在"思想",中国学者们也在"思想",为什么这些思想内容不能包括在"近代思想史"中呢?于是我就在第三个学季开了一门"中国近现代思想史"(History of Chinese Modern Thoughts),把中国思想也加入"近代思想史"中去。从那个时候开始,我就一直在思考,作为来自中国的中国史研究者,我要告诉美国学生一个什么样的中国?中国文明在世界历史发展进程中处于什么样的位置?中国近代以来的社会变革对世界有什么影响?中国人是如何看待和实现"现代化"的?在教学中,面对学生在大众媒体和意识形态引导下所形成的中国观,面对西方叙事的强大话语,我应该如何提出不同的问题让学生思考?如何从历史的角度去帮助学生学会审视意识形态偏见,引导他们树立共情观,防止他们将其他民族和国家的历史"他者化"?这些都成为我教授与研究中国历史不可避免的问题。

跨文化教授中国历史

2001年夏我从UCLA获得历史学博士学位后,就来到得克萨斯州的休斯敦大学（University of Houston）历史系就职，至今已经在休大从事教学科研工作20年了。2007年我的第一本书出版，从助理教授晋升为副教授并拿到终身教职，2016年我的第二本书出版后晋升为正教授。由于休大是研究型大学，教学工作量相对较轻，每学期只需教两门课，每年共教四门课，除了例行学术休假，每隔三五年还可以申请减免一门课以便集中精力做研究。我在休大虽以教中国史为主，但也会设计一些东亚史课程和研究生课程。系里将我的本科中国史课程设为选修课，主要面对历史专业的大三大四学生，也会有少数其他专业大三大四的学生来修这门课。一般选修课每班以35人为限，讲课与讨论相结合；高级选修课以大四学生为主，每班以15人为限，以讨论课的形式为主。大三的课程内容主要是中国通史，分为两个学期，分别为古代史和近现代史。高级选修课以课题为主，不定期开设，题目包括"西方眼中的中国""中国近现代思想史""儒学与中国近代""晚期帝国及20世纪中国妇女史""中国妇女与20世纪的革命与改革"以及"跨历史与跨文化视野下的东亚妇女"等。

系里虽然没有要求我教世界史，但是我们系有不少硕士生、博士生有这个需求。我系的研究生以美国史、欧洲史、中东史、拉丁美洲史方向为主，出路是美国的一些州立大学和社区大学。近十年来，美国就业市场上美国史和欧洲史的博士毕业生有过剩的现象，而另一方面，美国社会过去十多年倡导全球化与多元文化，也催生了许多州立大学开设世界史课程，因此对世界史博士生的需求也有所增加，提供了一部分就业机会。为了扩大就业机会，我们系相当一部分硕博生会辅修世界史，因此我为硕士博士研究生提供的中国史课程就成为他们辅修世界史的必要组成部分。我所开的研究生课如"中华晚期帝国的教育与科举""世界历史中的中国""中国革命与世界""中国的文化与艺术"等，主要面向这部分研究生。实际上，的确有些博士毕业生因为修过中国史的课程，在寻找大学教职时被优先录取。尽管这些课程以中国史为主，但我要求研究生在自己的专业背景和中国历史的某些议题之间做出联系和比较，并且从中国问题和视角来思考欧洲、美国以及拉丁美洲的历史。譬如,欧洲近代经历了长时间战争,为什么却未能形成统一的帝国?秦汉帝国和唐帝国与罗马帝国以及查理曼帝国的相似与不同之处在哪里?为什么中国从中世纪开始就逐渐抛弃了贵族统治,产生了科举制和官僚体系,但欧洲却始终未能发展出类似的机制?为什么美国的中国史学者为突破西方中心论所做的研究却总是以1500年为开端书写中国历史?当我的课程内容涉及中国革命时,一位来自中东做巴勒斯坦运动研究的博士生告诉我,他们的前辈都对中国革命心怀崇敬,曾把毛主席的著作当《圣经》一样来读。我就让他思考,为什么毛主席领导的中国革命成功了,而巴勒斯坦精英却不成功?以上这些问题不仅可以让他们从一个新的视角来反思西方的历史和西方中心观,在未来的世界史教学中避免用欧洲史的框架去评判其他国家与民族,同时,也让他们认识到中国的经验不应该被教条化,任何社会革命都不应脱离自己国家的社会实践。

在开始教授本科生时,选择教材是一桩非常困难的事。虽然西方中心论从 80 年代开始就受到了亚洲研究学者和人文学者的广泛批判,但是各种理论模式、思维方式与概念依然保留着浓厚的西方中心色彩,而且本科生的教科书对中国历史最新研究成果的吸纳有一定的滞后期,以致观点陈旧的教科书依然大量存在。在教学的前几年我不断地更换古代史和近现代史的教科书,因为总不满意西方作者在书中表现出来的盲目性与优越感。直到 2005 年前后开始使用耶鲁大学韩森(Valerie Hansen)教授的《开放的帝国:1600 年以前的中国历史》,①教科书的问题才得以解决。从书名上看,韩森教授的书就与众不同。长期以来,在西方学者所撰述的教科书中,中国古代社会被认为一直陷于王朝循环的静止状态,固守于长城以内

---

① Valerie Hansen, *The Open Empire: A History of China to 1600* (New York: W. W. Norton & Company, 2000). 2015 年以后,韩森教授修订了此书,并将涉及年代延伸到了 1800 年。见 Valerie Hansen, *The Open Empire: A History of China to 1800* (New York: W. W. Norton & Company, 2015)。

的核心地区,长期封闭保守。但是韩森教授的课本展示了一个开放的帝国,她试图跳出原有的王朝更替的叙事框架,将中国视为在不同时期向着不同方向和区域开放的社会,并以开放作为论述中国古史的基本框架。例如,从秦汉以来中国不得不面对北方民族的入侵,但也以开放的姿态与北方民族融合;唐代的强盛与其在西域的活动以及与阿拉伯世界的交往分不开,这是中国面向西方的开放;而宋代海上丝绸之路的发达直到明代郑和的大航海则是中国对南方海洋世界的开放。有批评者认为韩森的书以这种框架划分中国古史有些勉强,但我认为此书试图探索新的方式来叙述中国古史,值得肯定。《开放的帝国》可读性也很强,常常以一些小故事来串联社会的变化,让历史变得生动有趣,比较适合美国学生。十几年来,我的各届学生都很喜欢它。而在众多的近现代史教科书中,我选中的是萧邦奇教授的《革命及其往昔:近现代中国历史中的身份与变迁》①。萧邦奇教授是一位非常严肃的左翼学者,他的近代史叙事有对帝国主义和殖民主义的严厉批判,对中国革命的起源与发展、改革时代中国社会的变化都有较为客观公允的论述。

  我对本科生的教学内容与方式都以我在 UCLA 当助教的经历为基础。实际上,UCLA 的中国史课程提供了一个比较好的模式,即要求本科生在学习中国史时,一开始就从阅读原始文献入手,拉近学生和经典古籍的距离。同时教授不仅要讲课,还要组织学生进行讨论,鼓励学生勇敢地发表自己对阅读材料的见解。我非常认同这个理念,所以在休大教书时,我要求修古代史的学生阅读《尚书》《诗经》《左传》《道德经》《论语》《孟子》《墨子》《荀子》《韩非子》《史记》《女诫》《盐铁论》《莲华经》《四十二章经》等典籍的节选,同时配合一些由欧美学者所著的较为通俗的必读学术书籍和文章。在近现代史方面的必读书籍主要有史景迁的《王氏之死》②、巴金的

---

① Keith Schoppa, *Revolution and Its Past: Identities and Change in Modern Chinese History* (Upper Saddle River, N.J.: Pearson Prentice Hall, 2006).

② Jonathan Spencer, *The Death of Woman Wang*, (New York: Viking Press, 1978).

《家》、鲁迅的《狂人日记》、斯诺的《西行漫记》①等,同时配以其他必读资料,如林则徐给英国女王的信、洪秀全颁布的《天朝田亩制度》、章炳麟的《驳康有为论革命书》、孙中山的《三民主义》、蒋介石的《中国之命运》、毛泽东的《湖南农民运动考察报告》《新民主主义论》等的节选。

在每周两次的课上,一次是我来讲课,给学生讲解一些基本的概念、社会背景以及一些关键事件和问题的难点,另一次则组织学生进行讨论。针对每个星期的阅读,我给出大约两页纸的思考题,要求学生在阅读时思考这些问题,然后在讨论课上争取让每个人对这些问题发表自己的见解并提出新的问题。而且每一门课我都会组织辩论,以加强阅读理解。例如在讲春秋时代的百家争鸣时,我会让学生分组扮演孔子、老子、墨子三位哲学家,以"什么是好的政府和好的社会"为题进行辩论,要求引经据典,以春秋战国时代为背景,各自推崇自己的理念,批评对方观点的缺失,从而达到对中国古代政治制度形成过程的理解。在教近现代史时,我让学生分为"自强派(洋务派)""改良派"和"革命党"三方进行辩论,讨论中国现代化从渐进到革命的路径,让学生们对中国近代社会变革的过程有了更为深刻的理解。学生们都很喜欢这种辩论,往往入戏很深,下课之后还欲罢不能。

我对学生们也很好奇,常常想知道他们为什么会修中国史,所以每个学期开始的第一节课,我总会花一点时间让学生谈谈为什么修这门课。当然得到的回答各式各样,不少学生要么说其他课人满了进不去,要么说这门课正好合他的时间,要么是只需要这一门世界史的课就可以毕业了。但是也有很多学生选课是因为兴趣,有的因为看了李小龙、成龙的功夫电影,有的玩儿了游戏《三国杀》,有的看了中国古代故事题材的网剧、读了网文(这是最近几年的现象),也有因为看了迪士尼电影《花木兰》或《功夫熊猫》而来的,或因为想要当中小学历史老师而需要学习亚洲历史的,也有正在学中文的,想去中国旅游的,甚至因为姚明而想了解中国,还有的交了中

---

① Edgar Snow, *Red Star over China* (New York: Grove Press, 1968).

国男/女朋友。一位身为海军陆战队士兵的学生向我展示了他们的课本《毛泽东论游击战》，说他想知道更多有关中国的事。也有一位学生说，她在小学和中学都学了美国史，老师总是说美国有很光荣很伟大的历史，可是到了大学再学美国史，教授们却告诉她美国人杀过印第安人，奴役过黑人，让她很丧气，于是决定修一门中国史，看看历史悠久的中国人干过什么。

所以在美国教中国历史的另一个困难在于，教授面对的是带有各种动机的学生，且学生们面对的是一种完全陌生的文化和悠久的历史，这种生疏感以及奇怪的想象与期待让他们比较难以理解中国历史中各种事件人物背后的逻辑。因为学生们缺乏亚洲历史的知识，他们提出的问题往往都是从美国/西方历史的逻辑出发，这也是在美国教中国历史的一个困境。例如学中国古代史的时候，有的学生很难理解为什么中国各种势力都要追求建立统一王朝和国家，一些学生对小脚、宦官和清代人的辫子有更多的好奇，不断追问。当我教到鸦片战争时期英国向中国走私鸦片时，有个学生就说，英国人卖鸦片给中国是因为中国民众有吸食鸦片的需求，可以看成是一种商业上的供需关系。学完了近现代史，有的学生才说原来他们以为中国共产党和苏联共产党是一模一样的，这些都给我的教学提出了挑战。更有意思的是，有个学生深受美国"毛派"思想的影响，对中国革命和人民共和国心向往之，但是当我讲到"文革"后期毛泽东主席重新启用邓小平出任副总理主持国务院工作时，他打断了我，说我说得不对，因为邓小平是"走资派"，毛主席是肯定不会让他恢复职务的。我告诉他这是事实，学历史要先承认事实然后再做评价和解释，并且在PPT上展示了"文革"后期毛主席和邓小平的合照以及邓小平出席联大会议的照片。他从座位上跳起来，大喊了一声"这不是真的"，便怒气冲冲地冲出了课堂，再不来上课了，事后他还和别的教授说我是个修正主义者。即便这个学生对中国有着很大的善意，他的倔强和对信念的坚持也很可爱，但是他想要看到的是他心中的那个中国，而不是现实中的中国。

我在每个学期开始时都告诉学生,学习他国历史文化一方面有从本国历史出发对其他文化的想象,这让我们看到自己与其他民族的不同。但是另一方面也应有"共情"(empathy)的观念,用美国人的话说就是学会"站在别人的靴子里"思考,用中国话说就是"将心比心"。这样才能在其他民族历史和文化的差异中找到共性,理解别人而不是以己度人,强行想象对方,把对方"客体化",作为"他者"来对待,或者把其他民族的文化仅仅当成异国风情,不去了解背后的思想与生活方式。因此,在讲中国史的事件和文化时,我常常用欧洲史或美国史上的例子以及学生所熟悉的美国大众文化来做对比,让学生们注意到历史的相同与不同,将"共情""比较"与"比喻"交互使用,使他们更容易理解但又不至于"他者化"中国。譬如,讲古代史时分析周代的分封制与欧洲中世纪封建制的相似与不同,以及隋唐大一统与同时代的查理曼帝国在各方面的异同点。在讲佛教文化时我用电影《黑客帝国》(The Matrix)来比喻,让他们理解佛教中的"空"与"色"的概念与关系;在讲解大众文化中的死亡观念时,学生会对"鬼"的观念比较好奇,我就得讲清楚中国"鬼"的概念和西方的"鬼"有什么不同。同时我还提醒学生,文化的交流往往是在无意识中进行的,譬如中国关于"鬼"的观念其实对当代美国的大众文化有很大影响,像电视连续剧《神奇三姐妹》(Charmed)和《鬼语者》(Ghost Whisperer)中都有很明显地对亚洲文化的吸收和利用,说明人类文化是可以互借互通的。在讲近现代史时,学生往往会把中国共产主义运动与苏联共产主义等同起来,我就加强了这方面的讨论,并要求学生在阅读《西行漫记》时着重思考中国革命与俄国苏维埃革命的不同点。有个学生看了《西行漫记》后说,他明白了为什么中共和苏共不一样,他要是生在那个时代,也一定会参加共产党。这说明他对中国的历史产生了共鸣。

在古代史课上,当学生表现出对小脚和宦官的兴趣时,我向他们展示欧洲上流社会女子束腰裙的照片,并且向他们介绍早期意大利歌剧院曾通过阉割男童来保持其清亮的高音的事实。我告诉他们,人类总是在对自己的身体进行塑形改造,每个民族都是如此,只是因社会文化不同而塑造的部位不同,希望以此打消他们对中国"异域风情"式的想象。在评论那位学生认为英国贩卖鸦片是一种商业行为的言论时,我让他想一想,为什么美国耗费人力物力进行了数十年的缉毒反毒战争,甚至不顾法理地冲进洪都拉斯逮捕毒枭,冲进巴拿马逮捕总统?美国为什么不把毒品交易视为商业行为而是犯罪呢?当我讲到郑和下西洋时,我让学生与哥伦布的活动做个比较,讨论这样的问题:在哥伦布到达美洲之前,在欧洲人到达非洲之前,郑和的船队已经有能力征服非洲,建立殖民地,为什么郑和没有做?近代化的过程是否一定要通过殖民来进行?如果没有殖民,一个民族国家是否能完成现代化?现代化是否只有一种模式?

我最为头痛的事是为他们批改学期论文。美国学生的优点是说起来头头是道,但是要写下来就难了。虽然在20年的教学中,我也见到不少好文章,但还是有很多美国学生不仅英语很差,而且写文章常常言不及义,一篇7—9页的文章洋洋洒洒写到三四页,还没说到重点。更大的问题是抄袭,有一段时间,几乎每个学期都会抓到"一把"抄袭的学生,让我也十分痛心。究其根源还在于学生们对中国历史缺乏广泛深入的了解,很多学生都是只上了一门课而已,让他们对中国历史的议题进行有条理的分析讨论的确有困难。而一旦他们上网去查询,就很难抵御那些网上文章对他们的诱惑。于是我只能在出题上想办法,将一部分题目改头换面,让他们在网上找不到同样的文章来抄袭。我设计了一些脑洞大开的"穿越"题目,例如,为了让他们对儒学的基本观念有一个了解,我让学生想象自己是南宋的一位博学儒生,却因醉酒误上了阿拉伯商人的船只,醒来后发现自己身处在1204年陷落于十字军之手的君士坦丁堡。面对一位十字军骑士的杀意,我要求学生以儒学道理向那位骑士解释,儒学是什么,以说服那位骑士放他一条生路重返故乡。这个题目要求整个文章以对话方式进行,当然以介绍儒学要旨为主。大部分学生都学过欧洲史,也对基督教历史有一定的了解,因此能够设计出那位骑士的问题,使得这个题目更像是一场中西文化的对话。当然,我也设定那位骑士是一位有好奇心、有教养、有理解力的文雅之人,文章一问一答,等于让学生通过自问自答来理解儒学。另外一些"穿越"题目包括"如果能够穿越,你希望生活在中国的哪一个朝代?"要求学生说明为什么以及如何生存等等,这样就迫使学生用阅读过程中的点滴历史细节来构建自己个人和家族的故事。在近代史方面,我让学生设想自己出生在1900—1920年代的中国,基于《家》《狂人日记》《西行漫记》等阅读资料所提供的细节,设定自己的家庭和早期生活,及其如何投入社会运动,经历了什么事件,具体会做什么。学生们要么加入国民党,要么加入共产党,但是要解释原因与方式等等。这种题目试图将学生带入历史语境,让他们在深入历史的具体情景中去想象个人,同时又将他们限定在资料给定的范围之内,考察他们对历史细节的熟知程度。当然,作为历史专业的论文,我要求他们要有脚注,有引文,有出处。学生只有熟读资料,才能将想象和历史糅合在一起。这种题目的效果还不错,有的学生文章写得相当精彩,当然也有的文章是"车祸现场",但是毕竟抄袭大大减少了。

参与"教授治校"——校园"枪战"的现实

美国大学教授的职责包括三部分内容,除了做研究、教书以外,第三个职责就是我们称之为"服务"(service)的部分。每年各个系的教授都必须就科研、教学和服务这三项工作撰写报告,作为加薪晋升的依据。一般来说,研究型大学注重研究成果,晋升主要看研究成果;教学其次,服务最轻。我最初进入休大时和系里的资深教授聊天,他们告诉我,在我们系,评定工作成绩的权重比是:研究成果占80%,教学占15%,而服务只占5%。当然这没有写在章程里,只是用于操作参考。而实际上,教授们为5%的权重所付出的时间比例却绝不止这些。

美国的公立大学有一套"民主自治"的文化和运作机制,从某种程度上讲,一个学校就包含了美国国家体制的基本结构——学校的行政系统(administration）及各级管理人员，负责执行校长的决策；教授代表大会（Faculty Senate），代表广大教学系统的成员。从理论上讲，从学校到系，每个层级有相应的扁平自治体系，很多事都要投票，因此每个（正式）教授都是学校的学术共同体的一分子，有权利也有责任参加学校的治理与管理，这些"服务"就构成了所谓"学术独立"以及"教授治校"的主要内容。这也是国内学界一部分同行因"不明觉厉"而崇仰羡慕的一种体系。但是从实际操作上来说，事情可能要复杂得多。

教授们服务的范围非常繁杂，有学术方面的，也有管理和行政方面的，其范围包括校内及校外的学术界。校外服务包括担任学术团体职务、当学术杂志编辑、写书评、评审出版社的书稿和学刊文章稿、做学术会议的评论人、组织学术会议等等。譬如，我在2011年到2013年担任中国留美历史学会的会长；2014—2018年任美国二十世纪中国史研究学会（HSTCC）的秘书长，2018—2020年任副会长，2020—2022年任会长。后来我还兼任中国法律与历史国际学会（ISCLH）的执委会委员（2020—2022）等。在学术评审方面，我曾两度担任美国富布莱特基金大中华区研究学者奖金评审委员会委员（2010、2015）、加拿大国家社会科学与人文研究委员会（Social Science and Humanities Research Council of Canada）特邀外方评审员（2018、2020）。至于为北美和欧洲的出版社评审书稿，为美国、澳大利亚、欧洲、亚洲等国家和地区的各种杂志评审文章稿件、撰写书评，为校外的同行晋升做评审等等，几乎成为经常性的工作。

在学校和学院的层面上，每位教授都可能会被选到教授代表大会作代表（senator），也可能会被选到学术委员会、学生事务委员会、教授事务委员会、教授申诉委员会、社区交流委员会、教授福利委员会、促进校园多元化委员会等等各种不同的委员会里。譬如，2020—2021年我担任我们人文社科学院的学术研究委员会成员，负责评审全院教授研究基金、职务晋升以及学术休假的申请。而系一级的服务则是最接地气的，范围很广却又极为琐碎。事务可大可小，大可到招聘遴选新教授、招收录取研究生、发放研究生奖学金、评定研究生助教、负责学生论文比赛评选、评审教授的晋升、评定每年各位教授的工作成果、处理系里日常事务；小到管理研究生本科生的课程安排、评定本科生奖学金、当研究生论文委员会的委员、为研究生和本科生写推荐信、帮助学生修改申请奖学金的计划书、指导优秀本科生的毕业论文、参加优秀论文的评审等等。这些与教学科研和学术评审相关的事务永远都有，而且每个学年都要参加系里、院里和学校层面的各种不同的委员会。这种服务的好处是让我能够了解院系和学校的运作，也了解同事的研究，并在校外的学术团体中发展出学者联系的网络。但是这些服务经常要开各种会议，具体实施也占据了很多做研究和写书的时间。所以国内有些同行以为我们的研究"十年磨一剑"，专著出得会比较精致，殊不知，我们的很多时间贡献给了这些"服务"，所以书才写得比较慢。

在这些服务中，教授们常常陷于琐碎的事务，但是一旦上升到决策层面，教授们的实际权力是非常有限的。2014年年初我被选为教授代表，代表我们历史系和人文社科学院参加全校教授代表大会，任期3年，到2016年年底结束。美国公立大学的教授代表大会(也可以翻译成教授参议会，类似美国国会的参议院)成员由各个院系根据全职教授的人数比例选出，代表全体教授监督校长团队的管理工作。尽管教授大会的运作看似类比美国国会和白宫的关系，每年校长和学校各个主要部门的领导要到大会上做"述职报告"，接受教授代表们的提问，但其实本质不同。"述职报告"更像是一场仪式，并不表示教授大会能改变什么。因为影响学校运作的关键是钱，但是钱并非来自教授大会，而是来自州政府，所以教授大会对于校长并无约束力，无法参与经费的分配和使用，也就无法实际影响学校的运作。

但是在我担任教授代表期间的2015年也有大事发生，我称之为"校园'枪战'"，是由得州立法机关州议会通过了允许枪支进入校园的法令引起的。这个法令立即遭到了得州公立大学(包括休大)大多数教授的反对，于是开始了一场反对"枪入校园"的运动。众所周知，得州是一个拥枪州，但是长期以来，法律只允许在公共场合以隐藏的方式持枪，譬如放在包里或用衣服遮盖。但是在2014年前后，州议会为了取悦拥枪者，立法通过了可在公共场合以公开暴露的方式持枪的法律，当时考虑到大学普遍反对，尚未允许枪支进入校园。然而在2015年年初，州议会为了某种政治利益的交换，扩大了拥枪者的权利，通过了允许以隐藏方式在校园内持枪的法律。

此消息一出，大学管理层很无奈，教授们很愤怒，因为传统上大学被视为一个自治的团体，此前各大学曾以此为由有效地将枪支拒之校园门外。但是这次州议会并未咨询州内各大学的意见就通过了枪支可以进校园的法令，于是休大的教授大会决定发起反对州议会决定的运动，并督促大学高层一起反对。但是学校高层认为他们能做的有限，因为法令已经生效，而且州议会威胁说，如果哪所公立大学不肯执行"枪支进校园"的法令，就停止拨款，这一招就把公立大学吓得不敢轻举妄动。得州主要的公立大学都展开了抗议活动，如得州大学奥斯丁校区(University of Texas at Austin)、得州A&M大学(Texas A&M University)和休斯敦大学。当然像莱斯大学(Rice University)以及一众教会大学则属于另一个世界，因为那些学校是私立的，财政独立，校园是私有财产，学校董事会有权决定是否允许枪支进入校园。

休大教授大会群情激昂，要求校方召开听证会，表达广大教授的意见，向州议会提出抗议。但校方回答说，听证会可以开，但是只能在接受法令的前提下，仅就具体实施方案提出质询，否则校方不会出席。在大会上，要求发言的教授们排成长龙，对枪支进校园的危险、规则、范围、补救方法等提出了一连串问题。学校安排了一个应对小组来回答教授们的问题。应对小组说，他们已经着手对这些问题作出回应，按照法令要求，持枪人不得暴露所携带枪支。枪支可以进入课堂，但是像图书馆、学生食堂、宿舍这种地方，他们将研究是否安排在建筑物外设置储物柜，让持枪人进入这些人群密集场所前，把枪支锁在储物柜中。对于有人发表反对枪支进校园的言论，应对小组完全不作答复。我发言时提的问题是，设置储物柜的资金由谁来出？校方代表说，学校没有这笔钱，所以有可能要增加学费来解决。

直到听证会结束,教授们关心的问题一个都没结果,最后连设储物柜保存枪支的方案也被束之高阁。

随后的一个月里,更多的细节传来,也更让大家人心惶惶。在枪支进教室的规定中,州议会以及学校要求,教授们不论个人意见如何,绝对不允许在课堂上发表反对州法律的言论,诸如"我的课堂不接受枪支""你们不能带枪来上我的课""我反对任何形式的枪支进课堂的行为"等等。因为教室是州政府财产,课堂属于公共空间,在这种场合发表反对州法律的言论是一种违法行为,一旦被学生举报,当事人就会面临至少1万美元的罚款。教授们在课堂上唯一能做的事就是告诫学生把枪支藏好,不许暴露。而教授们更为担心的是枪支进入办公室,因为每个教授每周都有答疑时间,万一有学生带枪来办公室要分数或因对教授的观点不满,最后发展成枪击案怎么办?

这不是想象,我就遇到过类似的潜在暴力威胁。有一年,一个学生来到我的办公室,要求给他的期中考试加分。他得了D,但却认为自己应该得A。我又仔细看了一遍他的卷子,确认是他对题目的理解有很大的问题,才导致错得离谱。但是他坚持所有的答案都是对的,还大声嚷嚷起来。我试图安抚他并解释道,如果他对成绩不满,可以向系里投诉。但是他不肯听,一直在吼叫说他是对的。我告诉他应该离开办公室,等他冷静了再谈。于是他猛地站起来,面色发红,咬牙切齿,两眼冒火,似乎头发都竖了起来,两只钵盂大的拳头攥得紧紧的,不停地颤动,仿佛要从办公桌对面向我扑过来。面对此种情形,我的身体僵住了,脑筋却急速地转动,思考脱身之法。正在僵持之中,我的一位访问学者来到门外,我赶快邀请她进来坐下,向学生介绍了这位访问学者,没话找话地开始"尬聊"。这个插曲打破了凝固的对峙,也转移了他的念头,于是他转身离去。后来我向系里和学校报告了这种危险情况,得到的答复是我可以报警,让我哭笑不得。后来那个学生不再来上课,事情就这样不了了之了。我只能庆幸当时还没有允许枪支进校园,如果他身上带枪,我也许就当场血溅办公室了。

鉴于这种危险,反对枪支进办公室成了教授们的最后一道防线。教授大会将此要求提交给学校,校方说得州大学奥斯丁校区的法律团队正在研究方案,准备提出法律诉讼,制止枪支进入办公室。理由是,虽然办公室属于州政府财产,但实际的使用权已经给了教授们,因此办公室具有双重管辖性质,教授有权禁止枪支进入。休大将会跟随奥斯丁校区,看得州法院如何判决。如果奥斯丁校区胜诉,休大就可援引其例。但是这个计划失败了,因为奥斯丁校区的法律团队估算后觉得没有赢面,就放弃了诉讼,于是学校高层建议教授们买枪自卫。且不说大多数教授坚定地反对拥枪,根据州法律,首次持枪者必须接受NRA(美国步枪协会)持枪俱乐部一定时间的安全培训,收费200—500美元不等。教授们反对拥枪的结果是要自己花钱买枪,再花钱接受培训,反而壮大了NRA,让这些反对拥枪者情何以堪?

休大的"校园'枪战'"甚至还惊动了媒体,上了《休斯敦纪事报》(*Houston Chronicle*)。起因是为了缓解教授们对于枪支进课堂和办公室的愤怒与焦虑,学校派事务小组来向教授大会答疑,给了教授们几项建议,譬如,在课堂上尽量不讲或少讲争议性的话题,组织学生讨论时要及时制止争论走向激烈化和极端化。同时他们建议教授们将办公室答疑时间改为线上答疑,尽量减少与学生们的直接接触。结果不知谁将这个讲演的PPT拍了照,发给了媒体,于是第二天就上了报纸,据说连CNN都打来电话采访。媒体追问为什么学校会做出如此建议,因为这是在干涉学术和言论自由!学校高层赶快出面平息舆论,解释说那是个误会,保证绝无干预学术自由的意图,这才度过了一场政治危机。一场抗争运动上升到了政治的高度,触及了意识形态的敏感议题,所有的教授都沉默了。

最后一道防线没守住,又被媒体打了一闷棍,教授们败得一塌糊涂,从此后把对抗州议会决定,反对枪支进校园的心思抛到了九霄云外。我在2016年年底卸任后,继任一届的教授代表大会也再没人谈起关于校园枪支的问题,很多当时的积极分子憋屈到只能在自己的书桌或办公室门上贴一块邮票大小的"反枪支"贴,然后任由风雨剥蚀,以表达不服与无奈。据说在州法案通过之前休大学生中就有大约20%的人暗自携带枪支,法案通过以后携带枪支的比例上升到了60%以上。我们休大真是做到了"与枪同在""与枪同堂",这也促使我们对每个学生都特别地和蔼可亲,校园显现出一派"其乐融融"的平和景象。

结　语

20多年的校园生涯,我的生活不仅限于教学和服务,还有非常重要的研究与写作以及出版专著,从助理教授到正教授的晋升过程。由于篇幅原因不能包括在这篇文章中,待以后有机会再写出来。20年的校园生活中有很多让人非常高兴的时刻,尤其是我的学生上了研究生院,拿到了奖学金,找到了工作。还有的学生进入了优等生项目(honors college),我曾指导他们写作论文,为他们组织论文答辩。我记得有一位特别优秀的学生,从大一开始就跟着我上课,大三时她申请本校本科生的研究课题奖学金,我帮她把申请陈述改了六遍,终于拿到了奖学金;本科直接申请博士,我写了很好的推荐信,最后她成功拿到了UCLA历史系的五年全额奖学金,学习中国近现代史,现在已经顺利拿到博士学位,找到了工作。每当听到、看到学生们的这种消息,我都有一种满足感,感到自己至少在他们的知识构成中,提供了一些不同的课程、知识和眼界。而且我希望他们在今后的人生中和职业生涯中(尤其是成为中小学教师者),每当涉及中国和中国历史的话题,他们会停下来,不是听政客和媒体说什么,不是盲目地从众,而是想想当时上丛教授的历史课时他们学到了什么。

教材遴选：美国历史教学中的"四书五经"

单富良（Patrick Fuliang Shan，1992年出国留学，shanp@gvsu.edu）：现任美国格兰谷州立大学历史系教授。1992年来美，曾任教于美国北卡罗来纳州立大学、圣奥古斯丁大学。2003年获加拿大麦克马斯特大学（McMaster University）历史博士学位。2002年至今在格兰谷州立大学讲授中国历史，东亚历史，以及世界历史，任该校东亚研究项目主任（2013—2016）。英文专著包括 Taming China's Wilderness: Immigration, Settlement, and the Shaping of the Heilongjiang Frontier, 1900-1931 和 Yuan Shikai: A Reappraisal，并发表中英文论文数十篇。曾任中国留美历史学会第十五任会长（2009—2011）、美国二十世纪中国历史学会理事（2011—2014）。

引 言

人们常用"光阴似箭"一词来形容快速流逝的岁月。然而,青年时代的我对此成语的理解不免过于浅薄,加之为事业奔忙,又有社会活动,那似箭的光阴在不知不觉中倏然而去。直到知天命之时,方才悟出一生的匆忙,感叹人生的苦短,唏嘘自己的渺小,长叹雄心的天真。诚然,有限的人生也会产生有限的成绩。到了耳顺之年,回首沉思,做个小结,颇有感想。我此生只有一个职业,那便是从事教学、服务于教育事业。出国留学之前我在国内教书多年,后来,祖国的改革开放大潮把我带到了太平洋对岸,在北美再执教鞭,直至今日。我虽然称不上是教育家,所取得的成绩也谈不上斐然,但在教学领域里,自己却也不辱使命,辛勤耕耘,算得上是一名富有责任感的教师。

1992年,我远渡重洋,踏上征程,落脚北美。弹指之间,二十九载瞬息即过。屈指一算,在这里与在国内生活的时光几乎各占一半。从表面上看,我似乎穿越了两种不同的文化,体验了两种相异的文明。事实上,自己的生活圈子极小,甚至小到不能再小的程度。多少年来,我从家到办公室,再到教室,形成了周而复始的生活模式。二十九年中,除了攻读博士学位的五年,绝大多数时间和精力倾注在教学之中。每个学期,备课、讲课、批改作业、考试,并无太多时间与精力料理他事,有的时候,我甚至认为自己只是一台有思想的教书机器而已。

我一生治史,对历史的爱好、思考与研究,已深深地融入了血液之中,成了人生不可分割的组成部分。初到美国,带着祖国拥有五千年文明的心态,去看仅有二百来年历史的美国,不妨油然而生一种文化自豪感;常住之后的亲身经历,加之与同行的学术交流,亦发现美国历史教学与研究颇有众多的优点。在这一大环境中,不可避免地深受其熏陶,受益匪浅。过去近三十年间自己在教学上的亲身体会,真可写出一本厚厚的回忆录。限于篇幅，我这里将重点讲述自己在美国的教书经历，尤其讨论讲授历史过程中如何遴选教材以及运用教材的一些体会。

北美教学亲历记

我的北美教学生涯始于1992年的夏天。当年，应北卡罗来纳州立大学（North Carolina State University）的欧中坦（Jonathan Ocko）和卡尔顿（Charles Carlton）教授之邀，我越洋过海来到北卡。这所大学位于美国东部的罗利市（Raleigh），是一所综合性大学。第一学期，我与两位教授合作，见习了欧中坦的中国史教学，也与卡尔顿合教了一门世界历史。第二学期，我便独立授课。我在那里总共教书两年，之后应约翰·里特尔（John Little）教授的聘请，到圣奥古斯丁大学（Saint Augustine's University）讲授世界历史。这所位于罗利市的黑人大学建立于美国内战之后的重建时代（1867），属于最早建立的黑人大学之一，在美国传统黑人教育中颇有声誉。学生中只有少数白人，但教授有不少是白人，比如里特尔博士。北卡州立大学和圣奥古斯丁大学让我熟知了美国的教育制度和教学环境，并从同事那里学到了宝贵的教学经验。可以说，那五年为我日后在北美的教学奠定了基础。

1997年，我北上到了加拿大的麦克马斯特大学（McMaster University）攻读博士；之后的五年中，我既是博士生，又是助教。每学期必须协助一位教授教学。[①]助教位置并不是虚职，我必须每周独立上一小时的课，还要批改学生的作业和考卷。我除了给自己的导师巴雷特（David Barrett）教授的中国历史课当助教外，还给其他几位教授的美国历史课当过助教。这五年使我见习了不同教授的讲课方式，受益匪浅，同时自己也得到了教学训练。

---

① 单富良：《游学北美十八年》，收于王希、姚平主编《在美国发现历史——留美历史学人反思录》，第447—463页。

为了上好自己负责的那一节课,我必须认真备课,学会组织课堂讨论,与学生互动,并帮助他们提高写作水平。

2002年是我人生的一个重大转折点。博士论文即将完成之际,我接受了格兰谷州立大学(Grand Valley State University)的聘请。该校位于美国密歇根州第二大城市大溪城(Grand Rapids),在校学生有两万多人,也算是美国学生人数较多的大学之一。该校曾有多个汉译名:大河谷州立大学、大峡谷州立大学、格兰威利州立大学等。后来,经本校东亚研究项目的教授们合议,决定译为现名。本校地处五大湖区,这里环境优美,资源丰富,多年被评为美国最宜居的地区之一。就是在这里,我一路走来,从助理教授做起,后晋升为副教授,尔后又荣升为正教授,也是人们常说的终身教授。

在格兰谷州立大学入职之后,我的主要职责是讲授中国与东亚历史。这十九年中,我每个学期须教一门与中国或东亚有关的课程。除了常开的"中国近现代史"以及"东亚史"之外,我还讲授过"东亚宗教史""中国基督教史""中西关系史"等课,还为研究生开过一次有关中国近代政治与社会的课。为了这些课程,我阅读了大量有关资料、备课、写教案、讲课,倾听学生的反馈。格兰谷州立大学以本科教育为主,多数教授并没有助教。这就意味着,从备课讲课,再到改作业、批考卷,教授里里外外都要一手承担。由于每学期必须讲授三个班的课,所以教学以外,很少有精力顾及他事。

每位教授必须在自己的学术领域开课,也必须讲授通史。美国史教授必须讲美国文明史,欧洲史教授必须讲西方文明史,其他领域的教授则必须讲世界历史。这就要求我每学期必开一门世界史的课。我校总共有三门世界通史课:"世界文明史""世界古代史""世界近现代史"。这三门课便成了我每学年必教之课,只是安排上略有不同。"世界文明史"涵盖最广,从古到今;"世界古代史"从远古到哥伦布发现新大陆为止;而"世界近现代史"则是1500年之后的全球历史。换言之,除了美国史之外,我什么都讲。这样,我们不仅是专业教授,而且也成了"杂家"。

课程安排好后,教学活动就有条不紊地运作起来。教授如同大型机器上的部件,推动着整个机体运动。格兰谷州立大学要求教授每年讲两个学期的课,从1月初到4月底为冬季学期,8月下旬到12月中旬为秋季学期。"冬季"是根据当地气候来说的,因为这里冬天颇长。由此可见,教授们一年大约有八个月要把精力投入教学。美国大学在分配任务上推行平均主义,除非担任行政职务,几乎每个教授的教学量都是一样的。这里不像中国那样有尊老的传统,资深教授即使年过六十,依然承担着三个班的课。

从得知授课安排的那天起,我实际上就已经开始准备了。首先要精选一套与课程相适应的教材,认真阅读,做笔记,安排每堂课的内容,写出教学大纲,并在开学之前用电子邮件寄给学生。我每节课都会做一个图文并茂的演示文稿(PPT),用来分析历史。每学期大约有1/4的时间安排为课堂讨论,我也会提前把问题寄给学生,让他们思考。开学后,一切便按部就班地进行。不过,讲课之前我还要认真地读一遍有关资料。这样,教学内容系统化,重点突出,加上学生随时可以提问,每节课下来,学生有收获感,我有成就感。

美国州立大学极其重视教学,求职者在申请工作时,或者教授申请晋升职称时,必须阐述自己的"教学理念"(teaching philosophy),以表明如何看待教学,如何进行教学,如何与学生互动。我始终认为,教学是一种高级的脑力劳动,要求教师具有极高的专业技能和崇高的职业奉献精神,能将知识与信息通过合理的方式传送出去。教授应是教师、学者、服务者三位一体的结合,必须在传道、授业、解惑中起到示范作用。每学期和学生第一次见面,必须把自己的教学理念摆出来,让他们明了我之所教与他之所学。我强调知识的传递、兴趣的培养和技能的训练。通过一门课,学生要摄取知识,培养组织资料的能力,提高写作技能。我的任务是要通过各种方式,把复杂的历史讲清楚,便于学生理解和掌握。训练学生独立思考的能力也同等重要,我告诉学生,虽然史实有标准答案,但是观点要日益创新。我不断地鼓励他们锤炼思维能力,在掌握史实的基础上能够重构历史、解释历史。美国课堂绝对不欢迎满堂灌,而是注重启发式的教学与各种教学模式混合使用。上课前要求学生阅读课本及有关资料,教师事先提出问题令其思考。要发挥其主观能动性,主动地学习。讲课与讨论充分结合,鼓励学生积极参与,表述自己的观点。我回答问题时,也要提出新的问题。由此,历史课就活了。历史往往被人误解为死板的史实,包含久远的年代、早逝的先人、冰冷的古迹、枯燥的史料。但是,人们对历史的认识可以是鲜活的,从史实中得出的观点可以是新颖的。

在美国教学,势必要入乡随俗,尊重其教学形式,并紧跟时尚,采用最新的科学技术。但是,我毕竟是中国人,注定要把中国元素注入教学之中。中国教育中重视知识摄取的传统不可放弃,一门课修毕,学生必须掌握基础知识。如果仅有一套理论,忽略了知识,学生并不能长期受益。必须史论结合,不可仅仅以论代史。我还会尽量多安排有关中国的内容,让学生能有机会了解东方文明。备课过程中,挑选课本上未涉及的史实,借以充实课堂教学。比如讲世界文明史,凡涉及中国部分,我会介绍《史记》及其他典籍中的史观,以拓宽学生的视野。中国古代四大发明及其对全球的巨大影响也必须提及。不是所有的中国观点都会被接受;然而,只要摆事实讲道理,并客观地评价,还是会令人信服的。

表面上看,几十年周而复始的教学活动似乎是平淡的、单调的,加之自己活动范围狭小,教学活动好像是机械般地进行。但这只是表面现象,深入反思,会发现自己实际上经历了巨大的教学"革命",每一堂课就好像是一个战场。诚然,这里没有枪林弹雨,没有弥漫的硝烟。但是,在这战场上,有精心设计的蓝图,有殚精竭虑的拼搏,有吐故纳新的经历,也有帮助学生摄取知识与技能的目标。在奋斗中,历史教学逐步从平淡与单调走向趣味与多彩,从机械的运作走向多向互动。教学经历复杂,反思必定繁多,以下将专门谈论我如何遴选、利用教材,又如何借以促进自己的学术研究的体会。

精读教材的选用

在美国大学里,挑选教材是教授自己的事情。在极少数情况下由系主任做主选定,这主要是为了帮助刚来任教的兼职教授或博士候选人。乍看起来,教授们拥有了权力,其实这反而使教授的压力更大。选择并非儿戏,教授必须认真对待,谨慎行事,才能挑出一套合适的教材。而且,必须在开课前半年左右,就与大学书店订好,最迟也要提前几个月,否则会耽误教学。

一般说来,本科生的每一门课应该使用三本书,另加若干篇学术论文,才算一套完整教材。这其中最主要的一本是精读教材,它包罗万象,覆盖全面,系统地介绍这门课应该掌握的基本知识。该书分若干章节,附有供学生思考的问题以及参考书目。这本精读教材将影响学生摄取知识,也影响学生对学术动态的了解。近年来,西方学者出版了不少相关教材,为教授们遴选教材提供了多项选择。尽管多数内容上大同小异,但是在组织上、分析上则各具千秋。这本精读教材,一般很厚,有时可达近千页,多为精装,内有插图、表格、文献摘要。

我在格兰谷州立大学总共教过十门不同的课,每门课都有一本精读教材;一旦选定,至少使用几年,遇到新书出版,再考虑更换。这里,我先谈谈"中国近现代史"和"东亚史"课程教材。"中国近现代史"课,我首先采用的是费正清的教材。①费正清是哈佛大学教授,美国中国学的开山祖师,著述丰富,成就斐然。他的"西洋冲击—中国回应"理论在西方广为流传。但是,他的教材颇为老化。因为他1991年就已经谢世,有不少章节无法与时俱进。我也用过耶鲁大学史景迁的教材,该书20世纪90年代初出版,到今日都很受欢迎。② 史景迁的风格是文笔流畅,史实细腻,结构合理,但有些地方过于事无巨细。我还用过萧邦齐的教材。③这本书从身份变迁的角

---

① John King Fairbank, *China: Tradition and Transformation* (Boston: Houghton Mifflin Company, 1989).

② Jonathan D. Spence, *The Search for Modern China*, 2nd Edition (New York: W. W. W. Norton, 1999).

③ R. Keith Schoppa, *Revolution and Its Past: Identities and Change in Modern Chinese History*, 4th Edition (New York and London: Routledge, 2020).

度分析中国近现代史;但是,书中有些章节与他的理论衔接得并不紧凑。当然,最近又有几本新教材出现,我正在阅读,以期采用。关于东亚历史的教材,我也使用过不少种类。希罗卡沃和克拉克的东亚史教材,从刚刚出版我就使用,内容尚可,叙述清晰。① 但是,最初的那一版,有不少年代等史实错误,文字也不太通畅。这几年,我采用了伊沛霞的东亚历史教材。② 伊沛霞是华盛顿大学的教授,学问扎实,几十年如一日地研究中国历史。她的教材资料详尽,覆盖面广,可是书中的众多人物有时也令学生眼花缭乱。

  世界历史精读教材名目繁多。我校所开三门世界通史课,我每学期必教其中一门。至于教材,我用过不少,但有两本精读教材必须提及。一是威廉·杜以克和他的同事所写的世界历史教材,分为两册,以适应古代及近现代史课的需要。③ 杜以克是宾夕法尼亚州立大学的教授,早在 20 世纪 90 年代就出版此教材,现在已经是第九版了。该书结构合理,叙述清楚,可读性强。第二本是杰里·本特利和他的同事所著的世界史。④ 本特利原为夏威夷大学教授,才华横溢,热衷于世界历史。他本来研究文艺复兴,后专攻世界历史。他所创办的《世界历史学刊》(Journal of World History)在学界很有影响,可惜他英年早逝。尽管如此,他的教材依然广为流传,目前已经出了四版。我本人多次与他相会,聆听过他的演讲。他还在学术会议上当过我的论文评论员,他对我的鼓励我至今记忆犹新。

  一旦选好精读教材,我便成为它的精读者,力求吃透其内容,把握其思

---

① Conrad Schirokauer, Donald N. Clark, *Modern East Asia: A Brief History* (Thomson Wadworth, 2004).

② Patricia Ebrey and Anne Walthrall, *East Asia: A Cultural, Social and Political History*, 3rd Edition (Boston: Cengage Learning, 2013).

③ William J. Duiker and Jackson J. Spielvogel, *World History*, 9th Edition (Boston: Cengage, 2019).

④ Jerry H. Bentley, Herbert F. Ziegler, and Heather E. Streets-Salter, *Tradition and Encounters: A Brief Global History*, 4th Edition (New York: McGraw Hill Education, 2016).

想。然后,我为每一章做一个演示文稿,突出重点,图文并茂,并插入历史地图。自然,自己还要准备笔记,详细写下史实、史学动态,以备讲课之用。所幸现在网络上爆炸式的信息,使我们在这个大千世界里,能够及时地找到有关的学术资讯。针对该章的内容,还可到图书馆去借用录像之类的影视资料,插入课中,丰富课堂。在以后重复教授此课时,我依然要精读,修改演示文稿,增加新内容,删除不必要的信息,不使之过于臃肿。

我们这一代人亲历过中国的改革开放,最熟悉的一句话莫过于"实践是检验真理的唯一标准"。把它用到教学上,更准确地说,用到精读教材的选用上,便是实践式的使用。学生的评论最重要,有时教授认为一部教材富有理论性,但学生认为它晦涩难懂;有时教授认为一部教材撰写得非常典雅,但学生却认为它不够通俗。学生不喜欢的原因是多样的,总会有与教授观点不同的时候。精读教材或因时过境迁而不再受青睐,或因缺乏新颖观点而不能与时俱进,甚至篇幅的长短也是一个问题。这些都给教授带来挑战,势必要求我们经常关注新近出版的教材。不同的教材各具特色,但是也有不尽人意之处。不是史实叙述不够得当,便是观点不够公允。这就要求教授必须认真判断,不可因题目诱人或作者名望而随便采用,不可因他人吹捧而随波逐流。

在选择教材的过程中,教授会碰上不可逾越的一群人,这就是出版商。和他们的联络并不是面对面的,不会有深交和友谊,大多是通过电话、电子邮件或者其他方式进行。然而这种通信是常态化的,为了订书,每个学期都要和他们打交道。为了盈利,出版社也乐于与教授联络。美国是一个典型的商业社会,教育不可避免地成为其中一个组成部分。教授虽然不是中间商,但是在某种程度上却促成了销售。在订书的过程中,学生最终成了消费者。应当声明的是,教授无利可获,其目的只有一个:选出适合自己课程的教材。就这样,几十年间,我不知与出版社打过多少电话,发出过多少电子邮件,进行过多少次网络联系。一旦采用哪本教材,出版社也恪守信誉,很快地寄来一本免费的教授用书(desk copy)。若不知是否采用,只是读读再做决定,则可花上几美元向出版社索取一本预览本(examination copy)。

  遴选教材的过程绝非一帆风顺,往往会遭遇种种变故,面临迷茫。最大的困境莫过于想要的教材根本就不存在,这是我们教高级课时最头痛的事。不是所有的课题都被研究过。有时教材不会再版,也会造成麻烦。目前网购成风,大学书店为防积压,进货不多,常造成教材迟迟不到的现象。出版商为了盈利,每过几年要更新教材的内容。这要求我们必须相应地调整演示文稿,修改教学大纲,更改教学思路。在遴选教材中的另一个特殊的困境,是汉字的拉丁化。原先,西方一直使用的是威妥玛式拼音体系(Wade-Giles System)。别看它旧,却便利西方人的拼读。但是,目前西方图书基本采用了汉语拼音。作为中国人,汉语拼音确实方便了我们,可它却是西方读者一道不可逾越的障碍,让他们无法发音,变成了哑巴。为此,学生常常抱怨。希望有关学者能在汉语拼音的基础上,发明一套更能适合全人类学习汉语的新型注音。

  俗话说:万事开头难。对于教授,这个开头难便是精读教材的筛选。倘若这一问题顺利解决,就等于有了良好的起点。待课程完毕,期末回首,必有事半功倍之感。从某种意义上讲,精读教材若选不妥,则犹如沙滩上筑建高楼,根基不牢,势必坍塌;至少教学效果不佳,达不到理想的目标。只有选好了精读教材,教学方可旗开得胜,处处顺利。

同等重要的辅助资料

  仅仅挑选一本精读教材来讲授四个月的课程,是远远不够的。如果这样,学生们也会抗议。为了达到教学的目的,教授还必须选择辅助资料并将之列为必读书目。这些资料必须有可读性、有较高的史学价值。什么样的资料可用作辅助资料呢?我的首选是专著。它凝结着作者几年甚至十几年的心血,是对一个专题的深入探讨,其中必有新资料、新视角、新观点。其次是学术论文,源自各种学术刊物。这些论文是作者潜心研究之后写出的,必有其独特的学术价值。再次则是原始文献(或回忆录)。

为什么要遴选辅助资料呢？简单的答案是要达到理想的教学目标。如果只有一本精读教材,学生会感到单调、枯燥无味。辅助资料可使学生深入历史的场合之中,进入壮阔的历史长河,令学生兴趣盎然。专著与论文反映最新学术信息,让学生欣赏历史研究的方法,换个角度去看待问题。原始资料以及回忆录,可引导学生亲临历史,接触历史情景,会对历史的解释有独到的看法;而不是人云亦云,或轻信一方之言,或盲目跟随权威。挑选辅助资料,还有一个最直接的目标,那就是要求学生读后写出两篇论文。当然,教授必须引导他们组织材料、分析史实、批评式地借鉴作者的观点。

选择专著及原始资料集,要求教授关注最新的出版信息,阅读书评,翻阅最新书目。仔细阅读新书之后,再做决定。可供利用的专著及资料集颇多,更换概率不低。只要自己读后认为尚可,能与教程吻合,便可采用。期末反思,若学生反感,下次避免。学术论文作为辅助资料的选择余地更大。西方史学杂志众多,在图书馆书架上可信手拈来。近年图书馆的数据库也非常发达,输入一个关键词,即可搜罗无数文章。当然,必须首先阅读,视其质量而定。

有关中国近现代史以及东亚历史的辅助资料,我曾选过不少书籍。比如,海因斯和沙奈罗的《鸦片战争》一书,仅用了一学期,感到此书过于侧重叙述,缺少深层分析。①史景迁的《太平天国》一书,史实翔实,文笔优美,但是篇幅过长,也只得更换。②欧立德的《乾隆皇帝》一书,篇幅不长,文笔流畅,但并无脚注,令学生迷茫。③文安立的《决定性碰撞》一书,史料翔实,反

---

① W. Travis Hanes, Frank Sanello, *The Opium Wars: The Addiction of One Empire and the Corruption of Another* (Naperville, IL: Sourcebooks, 2002).

② Jonathan D. Spence, *God's Chinese Son: the Taiping Heavenly Kingdom* (New York: W. W. W. Norton, 1996).

③ Mark C. Elliott, *Emperor Qianlong: Son of Heaven, Man of the World* (New York: Longman and Pearson Education Inc., 2009).

映了作者多年的潜心研究,但有些篇幅显得枯燥。①周锡瑞的《义和团运动的起源》,史论结合,有深层分析,虽篇幅较长,但学生还是爱不释手。②原始资料集,诸如郑培凯及其同事的中国近现代史资料集很是有用。③至于东亚历史,我选过陶特曼的《德川家康》④、豪珀的《福泽谕吉》⑤和史景迁的《毛泽东》⑥等书。原始资料也用过不少,甚至斯诺的《西行漫记》也曾被采纳过。⑦除了上述诸书,我还曾选用过其他大量书籍。

  关于世界历史的辅助资料,每一门课至少要采用两本书。就古代史而言,我用过罗汉的《武则天》⑧、吴芳思的《秦始皇》⑨、罗沙比的《忽必烈》⑩、雷德尔的《郑和》⑪等书。我也用过其他著作,如鲁惟一的《汉代中国》⑫、

---

① Odd Arne Westad, *Decisive Encounters: The Chinese Civil War, 1945-1950* (Stanford, CA: Stanford University Press, 2003).
② Joseph Esherick, *The Origins of the Boxer Uprising* (Berkeley, CA: University of California Press, 1987).
③ Pei-kai Cheng, Michael Lestz, and Jonathan Spence, *The Search for Modern China: A Documentary Collection* (New York: W. W. W. Norton, 1999).
④ Conrad Totman, *Tokugawa Ieyasu: Shogun* (Torrance, CA: Heian Intl Pub Co, 1983).
⑤ Helen M. Hopper, *Fukuzawa Yukichi: From Samurai to Capitalist* (New York: Pearson Longman, 2005).
⑥ Jonathan Spence, *Mao Zedong: A Life* (Penguin Books, 2006).
⑦ Edgar Snow, *Red Star over China* (New York: Grove Press, 1994).
⑧ N. Harry Rothschild, *Wu Zhao: China's Only Woman Emperor* (New York: Pearson Longman, 2008).
⑨ Frances Wood, *China's First Emperor and his Terracotta Warriors* (New York: St. Martin's, 2007).
⑩ Morris Rossabi, *Khubilai Khan: His Life and Times* (Berkeley, CA: University of California Press, 2009).
⑪ Edward L. Dreyer, *Zheng He: China and the Oceans in the Early Ming Dynasty, 1405-1433* (New York: Pearson & Longman, 2007).
⑫ Michael Lowe, *Everyday Life in Early Imperial China during the Han Period* (New York: Dorset Press, 1988).

窦德士的《明代中国》①等。这样,修过这门课的学生,对中国古代文明就有较深的理解。当然,所选书中也有不受欢迎的。比如,我曾用过《马可波罗游记》这本举世闻名的著作,书中古怪的地名人名太多,加之13世纪迥然不同的叙述方法,令学生感到困惑,所以使用一次之后就不再采用。至于西方史的专著,我也用过不少。诸如沃星顿的《亚历山大》一书②,虽内容翔实,但读起来比较枯燥。卡根的《伯里克利与古希腊民主政治》一书③,颇受欢迎。在众多的资料集中,瑞利的《世界历史》较好。④该集分为两册,涵盖古代与近现代两部分。每册内有几十篇学术论文,另有几十篇原始资料。

如何在课堂使用辅助资料呢?不论是专著还是资料集,既然选用,必首先付诸课堂讨论。为此,我事先列出一套问题,让学生思考,并鼓励他们积极参与讨论。至于资料集,也是先列出问题,要求学生事先阅读,做充分的准备。为了每次讨论,学生需要花上几个小时阅读大约30—50页的资料。我提出的问题是针对性的,比如,关于巴比伦史中的《汉谟拉比法典》,我曾提出如下问题:该法典是如何维护王国的统治的?它在商业领域有何规定?在婚姻妇女问题上又是如何立法?宗教对法典的影响有多大?当然还有其他具体问题。通过课堂讨论,学生对巴比伦历史的理解更深,也从其他学生的不同观点中受益。

作为辅助资料的学术论文,随学期更替而改变,利用起来更加灵活。一般每门课要选10—20篇论文,甚至更多。事先还是要把针对论文的问题交给学生,让他们思考。学生要找出作者的新观点和新视野。由于事先

---

① John W. Dardess, *Ming China, 1368-1644: A Concise History of a Resilient Empire* (Lanham, MD: Rowman & Littlefield Publishers, 2012).
② Ian Worthington, *Alexander the Great: Man and God* (Routledge, 2004).
③ Donald Kagan, *Pericles of Athens and the Birth of Democracy* (New York: The Free Press, 1991).
④ Kevin Reilly, *Worlds of History: A Comparative Reader*, 6th edition (Boston & New York: Bedford/St. Martin's, 2020).

阅读，多数学生会踊跃参与课堂讨论。通过讨论，历史的来龙去脉自然展现出来，作者的历史分析也令学生感叹不已。当然，论文越是新近发表，就越能引起学生的兴趣。比如，2016年，西北大学的麦柯丽教授刚刚发表了一篇关于方大人清乡的文章，①被我一眼看中。经过讨论，学生对于太平天国之后广东潮州地区方耀清乡及其与东南亚的复杂关系，就有了更清楚的认识。

　　挑选辅助资料的另一个重要目的是训练学生撰写长篇论文。我的学生每门课至少要撰写两篇长文，每篇十页左右，另外还有伴随期中、期末考试的两篇短文。这样，学生的负荷合理，始终肩负任务，但又不至于被重荷压垮。那两篇长文要求学生吃透专著或原始资料的内容，梳理史实，亮出观点，并用流畅的语言表述。段落长度均匀，每个段落的首句必须展示观点，接着要用史实来证实；一个段落要阐述一个观点，不可多种观点混杂在一起；每个段落至少要有一个脚注，注明出处。我常常敦促学生修改论文，尽量达到语言流畅，上下文连接合理，语法无误。自然，重中之重是要有独特的思路，做到言之有理，持之有据。

教材的选用与学术的进步

　　"教学相长"一词常被用来阐述教书与治学的关系。这适用于所有教师，因为大家都在教学的过程中增长知识，在学问上获取进步。具体而言，在选择教材的过程中，由于大量接触书籍、论文和其他资料，自己在学术上也有巨大收益。通过阅读，学会了作者分析问题的思路，领略了作者的择料之方，悟出了作者的治史模式。每读一书，似乎都在和作者遥相沟通，心犀相通地进行学术对话。每一本专著都是一个平台，在此之上与作者做一场不会面的交流，有时意犹未尽。由此认识自己的不足，顿生自知之明。同时，

---

① Melissa Macauley, "Entangled States: The Translocal Repercussions of Rural Pacification in China, 1869-1873", *The American Historical Review* 121, no. 3 (June 2016): 755-779.

深化了对历史理论的理解,受到新成就的激励,自己的信心也随之树立。

在遴选教材的过程中,我曾目睹不少学者几十年如一日潜心治学、披荆斩棘,独创出一块天地,竖起了一面旗帜。而我自己在学术上的重点在于 20 世纪初中国历史的变迁及其他相关课题。中国历史上有两大转型,一是从王国走向帝国,即春秋战国到秦汉的转变。二是从帝国走向共和,即晚清到民国的转变。这两次转型都是巨大的,影响是深远的,变革是无与伦比的。当然,我面对第二次的巨大转型,也只能拥抱大视野,采取小动作。我对 20 世纪初的探究,可用三个军事术语来描述。第一是大型战役。耗时长,投资多,难度大,需要投入大量时间与精力,这便是写书。常说,十年磨一剑。的确,一部专著从研究到出书,就是一场大型战役。第二是中型战场,也需要几个月,甚至更久。它需要收罗有关资料,吃透文献,把握学术信息,从而形成自己的观点,这便是撰写学术论文。第三是小型游击战。它机动灵活,即在短时间内,写作百科全书类的文章、书评或者短篇文章。

在选择教材的过程中,必定会发现学术界内仍有大片空白,有不少长期无人问津的处女地。在这种新拓领地,若有著述出现,便深受学界欢迎。一来开拓了新的空间,令人大开眼界;二来弥补了学术界的不足。我在这方面也有尝试。多年来,我潜心于黑龙江边疆史的研究,也曾到哈尔滨、北京等地调研,阅读档案,收集原始资料。黑龙江在清代是闻名遐迩的"北大荒",由于长期封禁,人烟稀少,到了 19 世纪末,仍为不毛之地。1904 年,日俄战争惊醒了清廷。随之而来的全面开放和移民大潮,使黑龙江变成一个边疆社会。我对该地区的变迁进行了长期的研究,并在 2014 年出版一书。① 后来,就有讲授边疆史的学者使用了该书,这对我来说是极大的安慰。

当然,历史学更重要的任务是修正偏见或不客观的评价,以还原历史的真实面目。十余年来,我一直对袁世凯这个有争议的历史人物兴趣盎

---

① Patrick Fuliang Shan, *Taming China's Wilderness: Immigration, Settlement and the Shaping of the Heilongjiang Frontier Society, 1900-1931* (Burlington, VT: Ashgate Publishing, 2014; Milton Park, UK: Routledge Press, 2016).

然。袁长期以反面形象出现于史书,被认为是戊戌变法的叛徒、封建势力的代表、辛亥革命成果的窃取者、开历史倒车的复辟狂。我在研究中,忽然得到骆宝善、刘路生两位学者编辑出版三十六卷《袁世凯全集》的消息。① 喜出望外之余,购买一套,潜心阅读,并于 2018 年出版了一书。② 这里我没有为袁世凯翻案的意图,并认为这个百年前的历史人物不需要翻案。但是史实需要矫枉,史论也须纠正。袁世凯犯了不少错误,诸如镇压革命、贸然称帝等等。但是,他也曾是著名的改革家,在经济、教育、新政、司法、外交等领域有过巨大的积极作用。此书一出版,就被人采用为教材。比如宾夕法尼亚大学的林蔚(Arthur Waldron)教授就是其中之一。他是美国著名的历史学家,我的书能被他采用为教材,自然是我的荣幸。为了让我和他的学生共同讨论袁世凯以及中国近现代史问题,他还专门邀请我前往宾大与他的本科生、硕士生、博士生进行了学术交流。他的学生告诉我,他们喜欢这本书。一个极聪明、名叫 Vito 的意大利裔美国学生,还特地把他对该书的十页左右书评交给我一份,令我感动不已。

除著书以外,近几十年来,我也进行了多种学术研究,发表过几十篇文章。虽然可谓打一枪换一个地方,但是对每篇文章还是倾注了心血。这种研究需要阅读大量原始资料,了解近年学术成就,以提出有别他人的见解。文章写好后,经过匿名评审,方可被刊物接受。几经修改,才能发表。我在不少文章中都提出了自己的观点。比如,在一文中,我对河南竹沟抗日根据地进行了探讨,提出了抗战时期中共领导的抗日根据地(延安除外)基本上可称之为"地方革命"的说法。③ 每个根据地依靠地方资源、仰赖地方人

---

① 骆宝善、刘路生编:《袁世凯全集》,河南大学出版社,2013 年。
② Patrick Fuliang Shan, *Yuan Shikai: A Reappraisal* (Vancouver: The University of British Columbia Press, 2018).
③ Patrick Fuliang Shan, "Local Revolution, Grassroots Mobilization and Wartime Power Shift to the Rise of Communism", in Xiaobing Li and Xiansheng Tian (eds.), *Evolution of Power: China's Struggle, Survival, and Success* (Lexington and Rowman & Littlefield, 2013), 3-25.

民支持、在地方环境中发展壮大,之后又在邻近地区建立新的自力更生的根据地。各根据地极少需要外来援助,只是到了解放战争时,各个根据地方才连成一片,从而形成了全国性的革命。这一"地方革命说"颇受关注,有些学者选择我的这篇文章为辅助资料。

回首往事,无数次的遴选教材使我深深体会到,没有很好的学问,很难成为优秀教授。可是每年两个学期,多数时间已投入了教学,其间无法过多顾及科研。好在美国暑期较长,有近四个月的假期,提供了全力以赴钻研学问的黄金时段。即使是圣诞节期间的三个星期,我也从不放过,而是趁机写作。这样算来,一年还是能挤出四个多月的时间。虽然不算很长,但是如果充分利用,只争朝夕,还是能做些学问。每年的5月1日一放下教鞭,我便躲进自设的"囚室"(书房),钻研历史上喧嚣热闹的人物事件、汹涌澎湃的社会风潮、势如破竹的革命运动、顶天立地的历史人物。这种与世隔绝的寒窗生活,看来颇为无味,而一旦进入,却又废寝忘食,其乐无穷。

结　语

回顾在北美近三十年的学海泛舟,颇有浮想联翩、言之不尽之感。事实上,我不仅在学海、更是在"教海"中乘风破浪,为此付出了精力、奉献了学识,并以更高的要求,促使自己尽力成为具有良知的教育工作者。以上只是在遴选教材方面的点滴经历。尽管其覆盖面不大,但它牵涉教学的方方面面。总结一下,教材问题,可以借用大家熟知的"四书五经"一词来表述,只是它与传统的含义毫不沾边。"四书"指:读书、评书、谈书、著书。读书是为了挑选教材,评书是为了从中选出更好的教材,谈书是与学生一起讨论教材,著书意在提供可资利用的教材。"五经"则指不同类型的教材:精读、专著、原始资料、学术论文、网络资讯。"五经"势必要适当地选择、有效地使用。倘若选好一套"五经",教学成功概率便会提高。一套良好的教材,就像一条粗壮、牢固的绳索,把教学的各个组成部分捆绑在一起,有助于教学的顺利进行。

漫长的人生中有诸多红线不可逾越,越过法律的红线,将给他人以终生的痛苦;越过道德的红线,损人利己,被人唾骂。教学同样也有一条不可跨过的红线。越过教学的红线,将误人子弟。一位教授,只要认真地选择教材,精心备课,谨慎批改作业,悉心帮助学生获取知识,并培养其能力,就不会越过那道令人生畏的红线。西方人常常引用帕特利克·怀特(Patrick White)的一句话来强调学生自我能动性培养的重要性。这句话是这样说的:"我遗忘了师之所教,仅记得己之所学。"(I forgot what I was taught. I only remember what I have learned.)这句话确实是调动学生积极性的一句箴言。但是,从另一个角度来看,如果学生修毕一门功课,却一无所获,这只能证明教师在教学上的惨败。也许,他早已过了红线,致使学生空手而归。相反,一位教授精心遴选教材,备课周到,悉心授课,教学就一定会有效果。倘若那句话改成"我没有遗忘师之所教,亦记得己之所学",则证明教学没有失败,学生也终身受益,这便是我一直以来所追求的结果。

从密苏里到得克萨斯
——在美国从教二十年漫忆

李怀印(Li Huaiyin, 1993 年出国留学, hli@utexas.edu):美国加州大学洛杉矶校区(UCLA)历史学博士,得克萨斯大学奥斯汀校区历史系和东亚研究系教授,东亚研究中心主任(2013—2020)。主要中英文论著有:*The Making of the Modern Chinese State:* 1600-1950(中文版《现代中国的形成》);*Reinventing Modern China: Imagination and Authenticity in Chinese Historical Writing*(中文版《重构近代中国:中国历史写作中的想象与真实》);*Village China under Socialism and Reform: A Micro-History, 1948-2008*(中文版《乡村中国纪事:集体化和改革的微观历程》);*Village Governance in North China, 1875-1936*(中文版《华北村治:晚清和民国时期的国家与乡村》)等。主编英文丛书:"Rethinking Socialism and Reform in China"和"Studies in Contemporary Chinese History"(Brill 出版)。2000 年以来,在《中国社会科学》《历史研究》《近代史研究》以及 *History and Theory*、*China Quarterly*、*Modern China*、*The China Journal* 等期刊发表论文 30 余篇,并担任 *Twentieth-Century China*、*Rural China: An International Journal of History and Social Sciences*、*Chinese Historical Review*、《开放时代》等期刊编委。

我在美国大学的教学体会，大体上可以分为两个方面来谈。一是本科生教学，二是带博士生。先讲本科生教学的经历。

我对美国大学历史系本科生课堂的最初体验，是从在加州大学洛杉矶校区做教学助理开始的。自1993年赴该校就读博士学位起，我的经济来源主要靠为指导老师做研究助理（RA），其实除了暑假期间回国查找研究资料之外，平时没什么任务，大部分时间归自己使用。大概在1997年4月的某一天，我突然收到导师黄宗智（Philip C. C. Huang）先生的电话，说他的"现代中国史"（Modern China）课程注册学生过多，需临时增加一名教学助理。从此，我开始跟美国本科生教学打上了交道。不过做教学助理的任务也有限，除了和学生一起听课之外，最主要的是每周组织三次讨论，以及批改期中、期末试卷和论文。黄先生讲课时，预先备有一份简单的提纲。讲课开始前，会用粉笔把所讲的要点一一写在黑板上，然后条理分明地侃侃而谈，偶尔也看看讲稿，最后留下时间让学生提问。他的这套风格，乃至讲课内容，对我影响很大。只不过我后来走上教学岗位之后，较早地使用PPT，取代了老式的粉笔板书。

真正开始自己的教学生涯，是在1999年8月。当时我的博士论文还没有写完，但7月份我收到密苏里大学（University of Missouri）历史系主任汀布莱克（Charles Timberlake）教授的电话，让我去做客座讲师（visiting instructor）。从此，我在密苏里州的哥伦比亚这座大学城，一待就是七年。2000年写完博士论文后，我通过竞聘获得该校正式教职，即长聘制助理教授，2006年晋升副教授。我跟汀布莱克和其他几位年长或年龄相仿的同事都处得很好，经常在周末获邀携家人去串门，也时常请他们来家里做客。密苏里大学哥伦比亚校区，是该大学系统的旗舰校园，号称美国密西西比河以西第一所公立大学。我的"师祖"萧公权先生（也就是黄宗智先生的导师）曾在这里就读，获得政治学硕士学位。和其他所有的研究型大学一样，该校历史系只要求每位教师每学期讲授两门课程。我教过的课程有"20世纪中国史"（Twentieth Century China）、"帝制中国"（Imperial China）、

"中国妇女史"(Chinese Women's History)、"儒家中国的国家与社会"(State and Society in Confucian China)等等,此外还有"日本近代史"(Modern Japan)和"近代东亚史"(Modern East Asian History)。有一位在美国出生长大的叫岗村的日裔同事,专长古罗马史,后来又开设丝绸之路专题课,在此基础上,倡议在历史系开设一门世界史公共课。系主任不知如何应对,只好发信给几十所同类研究型大学历史系做调查,看人家有没有开设这样的课程。获得的反馈几乎都是没这门课,所以这个倡议也就此作罢。其实,如果真有世界史这门课,我很乐意参与讲授,这样可以让自己有一个深入了解各国历史的机会。有时候读黄仁宇的书,看他讲起西洋史来头头是道,我想主要是他常年讲授世界史或者西方文明史的缘故吧。

2006年跳槽到得克萨斯大学奥斯汀校区(简称UT Austin)历史系之后,我的讲课内容进一步从东亚史和中国史,缩小到以中国近现代史为主。教学量还是每学期两门课。(最近这些年,因为担任该校东亚研究中心主任一职,教学量减半,每学期只剩一门课。)课程设计,按照系里的要求,必须分布均匀。标准做法是,正常情况下每学年两学期,计四门课,其中必须有一门针对低年级本科生的基础课(对我来说,就是"近代中国"[Modern China]或"中国导论"[Introduction to China]),学生人数限制在80人以下;一门针对高年级本科生的专业课,40人以内(诸如"后毛泽东时代的中国"[Post-Mao China]);一门针对高年级本科生的研讨班,15人以内,通常每周上一次课,连续3小时(我的课程是"中国的女性与性别"[Women and Gender in China]);最后一门是研究生研讨班。我开设两门——"中国近代史新论"(New Perspectives in Modern Chinese History)和"当代中国史"(Contemporary Chinese History),也是每周3小时,一次上完。①

---

① 值得一提的是授课日程安排。通常给本科生授课,有两种日程安排可选,一种是每周一、三、五,每次授课50分钟;另一种是每周二、四,每次授课75分钟。虽然总课时一样,但大多数教授还是偏爱每周二、四上课,因为教75分钟跟教50分钟其实差别不大,但少授一次课,感觉大不一样。我也不例外,多年来一直偏爱在周二、周四上课。结果学生们(转下页)

这几门课，我都很喜欢。40人以上的基础课配有教学助理。讲完课，剩下的事全部由教学助理完成，工作量大为减轻。专业课人数适中，我可以在教室里来回走动，跟学生密切互动。本科生研讨班，除了少数课时由我讲授之外，大部分时间让学生做课堂展示（presentation）、自由讨论。研究生的研讨班，通常只有七八个学生，这是真正切磋学问的地方。大部分时间也是让学生发言，我只是起到引导、点评、总结的作用。

总的来说，我对本科生历史教学，有这样几点体会。

首先是知识的积累。中国数千年历史，如果没有丰富的知识积累，仅凭书本上学到的一点知识，不仅老师教得累，学生也听得无聊。我曾作为职称晋升委员会成员听过一些同事的授课。有的人讲课不离讲稿，或者不离PPT，甚至干脆直接大段大段地念稿。我在密苏里大学讲授日本近代史，因为这不是我的专长，上课之前要做大量的功课，还生怕到时讲不出什么名堂来，或者怕碰到学生提问回答不了。但轮到讲授中国史方面的课程时，我就信心满满，从没有这样的担忧。这主要归功于几十年来我在中国史领域的长期训练和大量阅读。丰富的知识储备，让我讲课时可以无拘无束，畅所欲言。有时讲着讲着，跑题万里，把课堂变成了个人的脱口秀。这

（接上页）发现，可在每周一、三、五上的历史课越来越少。为此，两年前系里出台了一项土政策，每位教授，不分职称高低，每四个学期至少须有一门课放在每周一、三、五授课，并以此作为每位教授的年度考核项目之一。但这项政策的强制性并不够。今年我作为系里的执委会成员，负责给部分同事进行考评，决定其上年的教学、研究和服务是否"达到要求""超过要求"还是"达不到要求"。有位同事是作为"得克萨斯首席历史学家"招聘来的，在个人年度总结中说自己有很多杂事，每周一、三、五授课会占用过多的时间。碰到这样的情况，我也只好睁一只眼闭一只眼。还有一个现象也值得一提。尽管按要求每位常聘或常聘轨教授必须完成每学期两门课的教学量，但实际上系里同事会有各种各样的机会每学期只教一门课或完全不承担教学任务。首先，担任行政职务（如系主任、研究中心主任、学会会长之类）可以每学期少教一门课。其次，如果拿到校内或校外五花八门的研究奖助，也可以脱离教学岗位一个学期或整个学年。再者，如果是某个学术期刊的主编，也可以根据期刊的重要性，每学期或每学年少教一门课。我所在的历史系一共有60余位正式编制的教师，去年竟然有58%的人用这样那样的名目减少教学量或完全摆脱教学任务。

当然不是很可取，但好的方面是，可以把枯燥的题目讲得丰满生动，也可以应付学生所提出的任何问题。

其次是个人的视角。大学授课跟中学不同。美国的高中生都要学习美国史和西洋史，但严格按教科书授课。我女儿上高中时，最痛恨的一门课就是美国史，要死记硬背很多内容。但大学不一样，不管开设什么课程、使用何种教材完全由教授自己来定，而且讲什么内容，用什么教材，持什么观点，也看个人。这里面最难以处理的，是高度意识形态化的一些内容。例如对中国共产党革命的解读，对毛泽东、蒋介石等历史人物的认知，对1949年以后一系列重大政治事件的理解，等等。至于近几十年来的中美关系、海峡两岸关系，更是棘手的议题。如何在肤色各异、来源不同的学生面前，讲清楚这些问题，确属不易。例如"后毛泽东时代的中国"这门课，课堂上除了美国本土的学生外，还有来自海峡两岸的学生，还有个别来自日本、韩国、越南、印度、马来西亚等亚洲国家的学生。碰上有争议的问题，我的策略是尽量摆明事实，少谈个人观点。其实在把相关的事实都讲明白之后，观点往往也就不期而至。

最后是对教学的责任心。美国的大学，不管是教学型还是研究型，聘用教师、支付薪酬的最基本动机，是为了给学生开课。但是在研究型大学，教学量的多少，教学质量的高低，跟教师的职称和工资完全脱钩。无论从助理教授升副教授，还是从副教授升正教授，都完全只看学术研究。标准的流程是，升副教授并拿到终身教职，需要出版一本专著；从副教授升正教授，需要出版第二本专著。再以年薪的涨幅为例，我们系的土政策是，出一本专著，年薪涨5000美元；发一篇匿名评审的学术论文，涨800美元；写一则书评或者在学术会议上做一次学术报告，涨200美元，如此等等。这样造成的结果，就是完全以学术论英雄。教学任务，只要能应付过去即可。尤其是像得州大学这样的超大型公立大学，教师与学生之间的互动甚少，特别是基础课教学，由于有教学助理的协助，教授上完课基本就成了甩手掌柜。不过平心而论，教学这一块，我还是十分上心的。备课、讲课也算投入。自从1999年开始执教，迄今也有21个年头，讲授的课程，加起来恐怕也有三十几门。但是从来没有因为个人原因而耽误一节课，也没有任何学生因为教学问题而找我麻烦。这是让我觉得心安的地方。

下面讲讲关于研究生的培养。

UT Austin 历史系只招博士生，并不招收以硕士学位为目标的研究生。当然，博士生可以在中途申请获得一个硕士学位，但这往往是多此一举。我系的研究生培养分为四大块：美国史、欧洲史、拉丁美洲史、亚洲非洲中东（AAME）史。这四大块，在招生名额和奖学金的分配上，大致上是均等的。我在2006年加入历史系之后，基本上维持在每块每年招收6名博士生的规模，加起来就是24名。但在发录取通知时，一般要放大一倍，即录取48名，最终拒绝和接受的各占一半。近些年来，受经济衰退和就业市场的影响，招生人数大幅减少，只有过去的一半。除了个别人愿意自费或者另有奖学金渠道（如退伍军人）之外，绝大多数新招的研究生都会获得连续五年的全额奖学金。标准配备是第一年给助学金（fellowship），只拿钱不干活。第二、三年要当教学助理。第四年再给一年或半年的助学金，以便专心到国外查资料。第五年继续做教学助理。到了第六、七年，基本上人人均有机会继续做教学助理，甚至享受助学金。我的一位博士生，今年已经是第七年，由于中国护照过期，无法做教学助理，系里只好让她拿助学金。总之，在养学生这一块，系里每年的开支多达数百万美元。其中大头靠学校拨款，但也靠历史系向校外各方募捐。系里为了吸引外界捐助，专门设立了一个来访者委员会，负责联络既有的或潜在的捐助人，并且每年请到系里来聚会一次，听一场专题学术报告，有宴会招待，吃喝完毕写张支票，塞进预先准备好的信封。2016年的专题报告，是我组织的关于"文化大革命"发动50周年的圆桌会议，也算为系里做了一次贡献。

博士生的招生，是一件相当微妙的事。这涉及同事之间的名额分配问题。以我所熟悉的AAME这一块为例，由于近年来每年只有6个名额，如何在东亚、南亚、非洲和中东史的同事之间分配，一直是头疼的问题。我刚来工作时,名额相对宽松,报考的学生源源不断,所以每年至少都能招到一名博士生,最多的时候手下同时有七位博士生。但像我这样的情况,在系里属于少数。系里有三分之一的同事从未做过博士生导师,也没有学生报考。其他同事大多只同时带一两位,但是也有多达十几位的。我做过几年 AAME 这一块的负责人(chair),任务之一就是协调博士生招生。办法是开会协调。如果互不相让,就会多报几个名额,把球踢给系里的招生委员会。但系里还是会在私下征求我的个人意见。我的基本原则是,招生应该首先看学生的质量,尊重学生对导师的选择,同时注重同事之间的机会均等,但不应该是结果均等,即让已经有多名博士生的同事把机会让给从未带过博士生的同事。近年来每年招生时,总有人把每位同事的现有博士生人数列表发给大家,含有让带博士生较多的同事给博士生较少甚至没有带博士生的同事让路的意思,是在追求结果均等。结果,那些更为优秀的生源,因为同事间的招生平衡问题,在录取时不得不被放弃,甚为可惜。当然,那些极优秀的生源,即使我们给了全额奖学金,甚至更优厚的条件,人家也不一定会来,我们毕竟竞争不过哈佛、耶鲁这样的学校,这也是在招生时需考虑的实际问题。

话说回来,我们的博士生在毕业后竞争教职时,却不输于任何其他大学。前些年,UT Austin 历史系曾经在全国所有研究型大学的历史学博士就业率上拔得头筹。究其原因,除了因为 UT 历史系各分支领域整齐全面、各领域均有颇具影响力的教授之外,也跟 UT 自身的定位有关。UT 号称自己是世界级的研究型大学,每年的各种世界大学排名均在前 30 名上下。学生就业时,学校品牌效应并不输于一般的研究型大学。而那些少数几个顶尖的大学,其博士生虽然在竞争一流大学教职的机会时,有天然优势,但每年新增的历史学方面的教职,90% 以上来自普通的二三流大学。这些学校的历史系在招人时,不光考虑申请人毕业自何校、学术潜力如何,更要考虑将来能不能留得住,招进来之后与其共事是否觉得舒服。这些都是大家不便说出口的潜规则。种种因素综合考虑下来,我们的毕业生在竞争各类大学的教职时有自己的优势，每年在一流研究型大学获得教职的，也不乏其人。

这里再说几句有关招生的情况。每年年初，系里负责研究生管理的秘书都会把收到的申请材料按不同的研究方向，分门别类放在系里的内网上，指定不同领域的教授审阅本领域的申请材料。我们在看材料时，首重申请人的习作，也就是写作范文（writing sample）。虽然申请人有可能请人润色英文，但一般情况下不可能由别人代笔。因此它最能反映申请人的研究潜力和写作水平。其次看申请人的意愿。这在目的陈述（statement of purpose）里面要表达清楚，受过哪些方面的训练，将来愿意朝什么方向做研究，愿意跟哪位教授做博士生，等等。TOEFL 和 GRE 成绩也要看，它们某种程度上也能反映申请人的英文能力和聪明、勤奋程度。对于国内的申请者，最不重要的是国内大学教授的推荐信。我们只是扫一眼而已。

至于给博士生开设研讨班，UT 的做法不同于我以前就读的 UCLA。后者对这类课没有最低学生人数的要求，哪怕只有一名学生选课，这门课也可以照开。黄先生给我们开设的中国近代史研讨班，有时选课的只有一两位学生。UT 要求至少有五名学生选课才可开课。好在中国问题研究越来越热，基本上不愁达不到最低学生数。开设这样的课程，有三个基本意图。一是让学生全面系统地了解本学科的学术研究状况，为此需要大量地阅读前人的研究。二是培养学生的思考批判能力，评析一本书、一篇文章的优劣之处及贡献所在。三是训练学生的写作能力，除每周一篇读书报告之外，学期结束还要上交一篇有分量的论文。所有这些，都是为了日后博士论文的研究和撰写打下良好的基础。需要指出的是，由于一个班的学生往往来自各个不同的系或专业，已经无法像以前一样，以研读专著为中心——每堂课 3 小时只研读一本专著。为了适应多样化生源的需要，近年来我的研讨课改成了以议题为中心，每个议题一般选取几篇相关的代表性论文或某部专著的若干重要章节加以研讨。但对于中国史专业的博士生，我还是要求以读专著为主。这是因为在第二、三年修完各门课程之后，他们必须通过博士资格综合考试。基本要求是读完本领域的100本专著,否则无法应付口试和笔试。笔试主要是让应试的博士生写几篇综合性、评论性的专题读书报告。口试则以这些读书报告为主,结合博士论文的研究课题,回答博士论文委员会中来自不同领域的诸位教授的提问。

研究生培养的重点,当然是写博士论文。在博士论文的选题方面,导师们的做法和要求往往各不相同。有的坚持学生的选题必须在自己的研究领域之内,甚至方法、论点也要跟自己一致。长此以往,带出来的学生多了,自然形成了自己的门派。另一些导师,则采取放任的态度。对学生写什么、说什么不予干预。只在资料、方法和写作上给予指导。我大概属于后一类。在学生提出选题后,会跟学生仔细商讨选题的利弊、可行性及其前景。但从来不指定一个题目让学生去做。所以,这些年下来,他们的博士论文,可谓五花八门。有做日据时代台湾的棒球运动的,有做太平天国以来长沙城市布局变化的,有做近代山西铁矿的,有做毛泽东时代广东地方外贸生产的,等等。这些学生都已经顺利通过答辩,获得学位,并走上了正式的教学岗位。眼下在读的,还有做关于近代东北大豆生产和内外贸易的,有关于20世纪50年代河南某县镇反运动的,有关于毛泽东时期集体制下的农村妇女生活的,以及中华人民共和国成立初期的知识分子改造运动的。可见大部分学生都把研究兴趣从近代转到了1949年以后。这也跟美国当下的中国近现代史研究趋势吻合。

至于博士生的来源,中国与欧美国家大体上各占一半。两种生源各有自己的优势和弱项。中国学生的优势,如同我自己当年一样,在于已经在国内各高校受过多年的史学训练,获得了硕士学位,具备一定的研究能力,查找、阅读中文原始资料是其强项。弱项当然是英文写作能力。但据我观察,中国学生入学之后,经过三四年的训练,到第五、六年,其英文写作水平往往飞速进步,基本具备用学术语言进行英文写作的能力。美国本土学生正好相反。语言能力不是问题。但是在博士资格考试通过之后,博士论文的研究正式提上日程。这时,查找、阅读、理解中文原始资料,成为他们最大的挑战。不过,最后一般也能克服,各自找到所需的材料,只是多寡不同。无论中国或者美国本土的学生,在入学后第二年或第三年,都需要通过中文阅读能力的测试。系里主管研究生工作的秘书通常让我提供一页中文文字,让应试学生在规定时间内译成英文,交我过目,译文大体正确即可通过。

博士论文的研究和写作分几个步骤。首先是选题。前面说过,我的学生主要凭个人的兴趣。我可以引导,但不包办。一般是让学生在为博士生研讨课所写的研究论文基础上,继续探索,看能否沿着论文的兴趣走下去。很多博士生在入学之前,即已决定了自己的研究方向,入学之后一心一意朝此方向用功,当然最省事。一旦决定了论文选题,下一步便要认真考虑搜集相关资料。通常搜集原始资料会在第二、三年着手。第四年获得系里的助学金之后,花半年乃至一年的时间,到中国国内各地专门查找历史档案。到第四年底,即应该把已经搜集到手的档案加以消化整理,初步完成较详细的写作大纲。第五年全力写作。第六年继续写作,同时准备投入就业市场。但现在越来越多的学生会再增加一年。第五、六年专心写作,第七年才找工作,准备毕业。写作过程中,我喜欢让学生每过一段时间,写完一章,就给我阅读。这样我会有充分的时间仔细批阅,提供具体修改意见。

判断一篇博士论文的质量高低,有几个起码的标准。首先是原始材料的使用,也就是史料的挖掘有没有做到位。写历史学博士论文,原始资料是第一位的。近现代史研究,特别是当代中国史方面的题材,原始档案在所有原始资料中又是第一位的,是重中之重。其次是整理出版的文献资料、报纸杂志。所有这些资料,就语种而论,中文是第一位的,英文或其他语种是第二位的。某种意义上,写中国近现代史的博士论文,首先是要学生证明,他/她已经具有了查找、阅读、使用中文原始资料的能力。因此,第二个标准,便是看该博士生所使用的资料,能否或者是否足以支撑其所要说明的问题和所要阐述的观点。

这方面容易发生两种倾向。一种倾向是,资料单薄,资料来源单一。

这种情况下,只好走务虚路线。也就是整段整页的长篇大论,却不见分量足够的史料加以支撑。也就是写得很"单薄"(thin)。这种情况,常见于中文非母语的研究者。有的英文为母语的同事在书稿外审时,最怕的就是遭受这样的指责,缺少自己对第一手资料的充分挖掘,靠长篇累牍地引述他人的二手著书连缀成篇。其中比较聪明的,善于搭个花架子,打出一个耸人听闻的概念,乃至惊世骇俗的论点。其实仔细辨析一下,只不过是把旧有的说法,甚至很旧很旧的说法,翻炒一下,换一个包装而已。还有一种投机取巧的做法,由于自己看原始的中文资料太吃力,靠从中国招博士生,当自己的下手,把收集整理史料的任务交给学生来完成,然后坐享其成,把学生整理好的资料用到自己的著述中,却在书稿里对学生的贡献只字不提。再一种聪明的做法,就是把自己的研究课题界定在一个极小的范围内,只研究某一件影响范围不大,却能在新的视角下说明问题的事件,或只研究某个小物品。这样不必在史料上旁征博引,只要把特定时期、特定范围内的相关资料找得差不多,就可以通过新的方法和概念加以包装,产生一个精致而时髦的作品。这当然也无可厚非,甚至值得称道,引起同行间的艳羡,但结果往往是推动历史研究进一步走向碎片化。

另一种倾向正好相反。整篇博士论文都淹没在大量的资料之中,却不见作者的分析阐述,大有古人"述而不作"之风,或者虽然观点明确,层次分明,但由于大段大段地引述原始资料而让读者喘不过气来,无法把注意力集中于理解、思考作者的观点。这种过分堆砌资料,缺少自己的论述、分析、发挥的风格,常被人批评为写得"太密集"(too dense)。母语为中文的研究者,往往一不小心就会犯这样的毛病。有时人家说你写得很dense,说你史料功夫厉害,既可以理解为一种恭维,也是一种贬损。总之不是最理想的状态。

理想的写作方式,应该是史与论的完美结合。既有史料的挖掘和充分利用,又有在证据充分的基础上所展开的论述、提炼。这就牵扯到判断学术研究水准高低的第三个尺度,也就是在充分阐明自己论点的基础上,提炼出恰当的概念、补充、修正甚至挑战前人的概念或理论，从而推动相关研究领域的范式的成长、更新。但这已经超出了对博士论文的要求。一般情况下，一篇博士论文能够达到上述第一、二这两个标准，就已经很不错了。第三条标准，通常要等完成了博士论文，进一步修改成书的时候，才加以考虑。但很多人写书，也仅仅完成第一、二步，很少触碰第三步。

至于博士论文的答辩，各校风格不一。我在2000年完成博士论文最后一稿之后，就送给自己的博士论文委员会的各位教授。教授们看完之后，一一签字同意通过，就算顺利完成，并没有口头答辩这一环节。但是在UT Austin，口头答辩是必要的最后一环。往年都需要至少有本系的三位教授，加上外系的一位教授到场。现在因为疫情原因，全部改为网上答辩。不管人是否在城里，皆可以通过Zoom参加答辩。基本上，每位委员如果同意参加答辩，实即已认可了博士论文的整体质量，不会在答辩现场为难学生。但答辩时，每位委员会提出这样那样的批评建议。其中有些意见，答辩人可在正式向校方提交论文之前加以采纳，对论文做小幅修改。但绝大部分意见，只能在日后将论文修改成书时加以考虑。

带博士生往往是一件吃力不讨好的事。带博士生的多寡，与教授们升职和涨薪毫不相关。所以有些同事宁愿多花时间做自己的研究，不愿将精力放在带学生上面。但是无论如何，看到自己培养的学生在经过六七年的训练之后，从语言或文字方面举步维艰的新手，成长为自信满满的学界后生，一个个顺利走上教学岗位，还是有几分欣慰的。

在美国长岛大学教世界历史

夏亚峰(Xia Yafeng,1998年出国留学,yafeng.xia@liu.edu):现任美国纽约长岛大学东亚史和外交史资深教授,主要从事冷战史、美国对外关系史、中华人民共和国外交史研究。曾先后担任美国威尔逊国际学者中心高级研究员(2011—2012)和公共政策学者(2016)。著有英文学术专著:*Negotiating with the Enemy: U. S. -China Talks During the Cold War*, *1949-1972*;合著英文著作有:*Mao and the Sino-Soviet Partnership*, *1945-1959: A New History* (with Zhihua Shen);*Mao and the Sino-Soviet Split*, *1959-1973: A New History* (with Danhui Li);*A Misunderstood Friendship: Mao Zedong*, *Kim Il-sung and Sino-North Korean Relations*, *1949-1976* (with Zhihua Shen)。在 *Asian Perspective*, *Cold War History*, *Diplomatic History*, *International History Review*, *The Journal of Cold War Studies* 以及《历史研究》《世界历史》等中英文学术期刊和论文集发表论文40余篇。曾任中国驻美国大使馆教育处二等秘书、连续担任中国留美历史学会理事会理事(2007—2011)。

在美国教历史

1998年9月,我师从美国马里兰大学(University of Maryland at College Park)历史系张曙光教授,攻读现代外交史博士学位。2003年4月,顺利通过论文答辩获历史学博士学位。5月初,我接到位于纽约的长岛大学布鲁克林校区(Long Island University, Brooklyn)的聘书,任该校历史系东亚史和外交史助理教授。时任历史系主任约兰·瓦蒙(Joram Warmund)教授来函告知,已经为我安排了秋季的教学工作:三个班的核心基础课(core courses,即通识课),内容为1500年之前的世界史(世界古代史),其中为优等生项目①学生开两个班,为全校普通学生开一个班。在过去的19年中,我除了每年必须讲授的世界史外,还经常讲授与自己研究方向相关的现代东亚史、美国外交史、美国与东亚关系史等课程。

美国大学的人文通识教育

20世纪20年代,美国的一些大学开始开设西方文明史课程,这方面的先驱是1895—1919年间在哥伦比亚大学任教的詹姆斯·罗宾逊(James Harvey Robinson)教授。这门课程兴起的背景是,美国在一战之后跃居为世界强国,公众对欧洲和世界事务更加关注。二战结束后,出现了世界一体化的趋势,各国联系更加紧密,美国则成为西方世界的"领袖",美国人更需要了解世界,美国大学因而更多地开设西方文明史课程。这门课程是特定时代的产物,带有浓厚的意识形态和政治色彩,美国被放在近现代人类

---

① 优等生项目(Honors Program)也可翻译为荣誉课程项目。美国很多大学有优等生项目,有的还设有优等生学院(Honors College),目的是为全校的优秀学生(不分专业)提供一个特殊的学习环境和经历。长岛大学优等生项目要求学生在第一年完成18个学分的人文核心课程(文学、历史、哲学),选修9个学分的高年级人文课程(包括自然科学、人文、艺术、新闻和社会科学等)。教学形式灵活多样,除了课堂授课外,参观博物馆、植物园以及海外研修也是学习的一部分。该项目学生本科毕业证书上印有"荣誉毕业生"(Graduate with Honors)的字样。

历史发展的核心位置,直到今天还有不少美国大学将西方文明史作为核心基础课,而这门课的理论基础是欧洲中心论。

同时,区域研究项目在二战之后崛起,带来了知识界的非殖民化和民主化——人文社科研究致力于将世界其他地区与西方(欧洲和美国)同等看待。由此,原先在西方文明史课程中被忽略的"非西方"的历史开始得到重视。20世纪80年代以来,美国二年制社区学院和四年制本科教育普遍开设了世界历史课程。美国大学开设的"世界史"是世界通史,中国历史是其中的重要部分。世界史有其特别的研究对象,主要关注超越民族国家和地区的现象和运动,例如帝国的形成、宗教的传播、跨国贸易、战争、疾病的传播等。因此,它并不是国别史的简单叠加。

美国许多大学起源于文理学院(liberal arts college),其办学理念是培养学生的理性思维。通过对人文学科(包括文学、历史、哲学、宗教研究)、社会科学、自然科学、数学等基础课程的学习,培养学生批判性思维能力以及提出和分析人类所面临的复杂问题的能力。[①]人文教育与应用以及职业教育最大的区别是不以获取就业机会、经济收益、意识形态影响为直接目的。人文教育特别重视人文课程,包括历史(特别是世界史)、文学(主要是英国文学以及文学名著)、宗教研究(以宗教史为主)。这也是长岛大学的办学宗旨。

长岛大学建校于1926年,地处纽约市布鲁克林区。1951年学校得到扩展,增建了位于纽约长岛上的波斯特(C. W. Post)校区。学校坚持人文教育理念,世界历史是布鲁克林校区通识课的一部分,本科生必须修完一学年6个学分的世界通史才能毕业。历史系的主要工作是为全校八千多名本科生讲授世界史。我们认为,世界史最适合通识课,因为这是关于人类过去的伟大思想的结晶。世界史侧重解释历史发展的连接,提倡比较研

---

① 美国大学的通识教育本身有一个漫长的发展和演变过程。各校都有通识教育,尽管名称不同,但内容都包含人文学科、社会科学、自然科学和数学等基础课程,它们是全校本科生的必修课。

究法,是分析、解释世界及其发展的最好的课程。当今世界,亚洲、非洲、拉丁美洲所发生的事件,与在欧洲和北美洲发生的事件一样,都与美国有关。因此,教授世界史是一个美国大学能充分发挥其作用、为学生的成长提供重要服务的课程。

我刚入职时,长岛大学已有优等生项目,2016 年升级为优等生学院,隶属人文与基础科学学院。入选优等生项目的学生需要在大学一年级研修一个学年的人文课程,包括文学、历史和哲学,作为一个序列(Honors Sequence)同时进行。来自英文系、历史系、哲学系的六位教授通常在一个学期快结束时,开会商讨下个学期课程如何进行:确定一个主题;确定三个学科共同的阅读材料;安排两次六位教授共同主持、所有学生都参加的讨论会。为优等生项目教授世界史的教员必须与来自英文系和哲学系的教授协调,商讨如何进行学科之间的对话以及知识和技能的贯通。此外,每个班的学生最多不超过 16 人,授课方式是研讨班的形式,由教授主持,每堂课确定一个话题,学生进行汇报,然后进入提问和讨论环节。优等生项目极为注重学生写作能力的培养和训练。每门课每位学生要完成两篇三千字的小论文,先提交初稿,经教授批改并提出意见后进行修改,最后提交定稿。

2003 年 9 月,我开始在长岛大学优等生项目讲授世界古代史。该学年优等生项目人文序列课程的共同主题是"转变:大自然与人类的发明创造"(Transformations: Nature and Human Invention),从文学的角度看,这要学习从远古到公元 500 年的主要文学作品,分若干主题。有关人类起源和大洪水的故事有两河流域美索不达米亚人的史诗《吉尔伽美什史诗》(Epic of Gilgamesh)、《圣经》故事《创世纪》(Genesis)、古罗马诗人奥维德(Ovid)笔下的罗马神话等经典著作。死亡是人类面临的另一个重大问题,《吉尔伽美什史诗》、希腊史诗《奥德赛》(Odyssey)、希腊悲剧诗人欧里庇得斯(Euripides)和罗马哲学家塞涅卡(Seneca)有关希腊神话中科尔喀斯国王之女美狄亚(Medea)个人悲剧的两个不同说法,都记载着人类面对死亡或试图逃避死亡的态度。有关超自然力量对人类变革的影响的读物有印度神话

《罗摩衍那》(*The Ramayana*)和迦梨陀娑(Kalidasa)的戏剧《沙恭达罗》(*Shakuntala*)。从哲学的角度看,哲学本身就是对大自然和人类经验的独出心裁、变革性的认识。哲学课是通过伟大的哲学家的人生经历和他们的作品来展示的,我们选择的哲学家有古希腊的苏格拉底(Socrates)、中国的孔子、印度的释迦牟尼、古希腊的伊壁鸠鲁(Epicurus)、古罗马的卢克莱修(Lucretius)和奥古斯汀(Augustine)等。学习远古和古典世界的哲人们对世界的认知,以及他们富有挑战性的观点和思想体系能够帮助学生实现自我提高,了解新的变革性思维模式。世界历史课则关注人类如何从原始的自然状态发展到文明阶段,以及在这一过程中人类的思维和价值观的发展和变化。人类的进步常常是以他们是如何适应和改造自然世界来界定的,在此过程中,各个社会逐渐设立了规章制度和道德行为规范。世界历史课考察人类从远古的发展到古典世界的文明,包括创世神话、有世界性影响的宗教起源与发展、最早的四大文明发源以及希腊、罗马文明的兴衰。大约在第五周时,人文序列课程会举行三个学科的第一次讨论会,学生分为五组,分别代表古埃及、中国、古希腊、古罗马、印度五大文明,围绕创世神话故事来讨论和辩论。之后的第二次讨论会,我们先安排学生去纽约大都会博物馆实地考察古埃及、中国、古希腊、古罗马、印度等地的手工艺展品,从艺术的角度来体会古人是如何认识和试图改变大自然的。而后在校内组织学生分五组代表五大文明进行汇报和讨论。我们坚持美国人文教育的传统——让学生通过研读经典著作与伟大思想家"对话",从而使他们对人类面临的"重大问题"以及应对的不同方法有深刻的认识和理解。

人文教育的空前危机

进入 21 世纪以来,诸多原因导致了美国人文教育的空前危机。美国国内政治的极端化破坏了对高等教育价值的共识,削弱了政府对高等教育的经费支持。按照定值美元计算,美国国家人文基金会 1979 年预算为

4.03亿美元,而2016年只有1.5亿美元,37年间减少将近63%。①高等教育还受到保守势力的攻击,美国州政府对高等教育的经费支持急剧减少。从2008年到2016年,全美50个州高等教育经费减少了57亿美元,而同期州立大学的招生人数每年却增加了80万。亚利桑那州、路易斯安那州带了个坏头,州立大学经费分别减少41%和43%。② 2015年,威斯康星州州长斯科特·沃克(Scott Walker)试图将本州大学系统教育章程中有关大学教育的目标由原来的"追求真理""改善人类的生活条件"修改为"满足本州的劳动力需求"。尽管这一企图没有得逞,但威斯康星州立大学斯蒂文斯波因特校区(Stevens Point)在2018年取消了包括历史学在内的13个人文专业,而消防科学、商业管理等专业的地位则大大提升。③在2016年美国总统初选期间,共和党总统候选人、佛罗里达州参议员马尔科·鲁比奥(Marco Rubio)声称,"焊接工比哲学家挣钱多。我们需要多一些焊接工、少一些哲学家"。④

  大学生沉重的学费贷款以及2008年以来的经济大衰退迫使很多学生(不少是在家长的压力之下)选择学习商贸、科技、工程、数学以及药学等在毕业之后比较容易就业的专业。由于学费昂贵、就业市场紧缩,不少人认为传统的人文教育与市场脱节,要求削减人文课程的学分,增设应用以及职业教育专业和课程,让学生们早点儿毕业,顺利找到理想的工作。在这种思想的影响下,不少高校迅速做出反应,调整招生和录取政策,接受高中生在入学前通过的大学课程考试(例如美国教育考试服务中心[Education Testing Service]为高中生设计的大学预修课程考试[Advanced Placement

---

① American Academy of the Arts & Sciences, "National Endowment for the Humanities Funding Levels", https:/www. humanitiesindicators. org/content/indicatordoc. aspx? i = 75
② Peter L. Hahn, "The Authority of Academics in a Time of Turbulence", *Diplomatic History*, vol. 43, no. 1 (2019), 15.
③ Valerie Strauss, "A University of Wisconsin Campus Pushes Plan to Drop 13 Majors", *Washington Post*, March 21, 2018.
④ 参见 Alan Rappeport, "Philosophers (and Welders) React to Marco Rubio's Debate Comments", *New York Times*, November 11, 2015。

Test])的学分,减少大学期间需要完成的通识课的学分,以便学生在进入大学之后能在三年甚至两年时间内完成大学四年的学习,这样可以节省学费,尽快毕业。

美国人文教育危机对我所在的人文及基础科学学院的冲击十分严重。2017年初,长岛大学校方宣布了两项决定:第一,停止布鲁克林校区和波斯特校区50个学术项目(专业)招收本科生的权限。也就是说,凡是本科生在校生人数在15人以下的专业(学术项目)停止招生,原因是经济效益太低。我所在的历史系多年来本科生人数一直在这个数字之下。此外,人类学与社会学系、经济学系也有同样的问题。2018年初,他们与历史系合并成社会科学系,只有心理学系和政治学系保住了独立系级编制。第二,削减本科生毕业所需核心基础课的学分,由原来的53—57学分减到33—36学分(本科毕业一般共需要120个学分)。这一决定对历史系的打击是巨大的,世界史由原来的6个学分减少到3个学分(也就是说,全系教师可以分配的工作量减少了一半)。于是,三位75岁以上的老教授选择退休,历史系停止雇用兼职历史教员,到2019年下半年,社会科学系全职历史教授只剩下4名。

探索人文教育的出路

那么,人文学科的教师应该如何应对这一危机呢?美国国家科学院(National Academy of Science)强烈主张将人文学科的内容注入理工科总课程设计中,认为"书面及口头表达能力、团队合作能力、诚信尽责的决策能力、批判性思维能力、深度学习能力以及能将知识运用到真实世界中的能力等人文教育的元素对理工科学生走入实际工作岗位很有帮助,将使他们的生活更丰富多彩,使他们成为现代民主社会活跃的、见多识广的一员"。[1]

---

[1] David Skorton and Ashley Bear, eds., *The Integration of the Humanities and Arts with Sciences, Engineering, and Medicine in Higher Education: Branches from the Same Three* (Washington, DC.: The National Academies Press, 2018), 170-171.

在过去几年中,我和同事们对历史教学工作进行了深刻的自我反思。大家意识到,人文学科的教员必须面对现实,为理工科学生的需要服务,开设既能满足他们学分要求又能对他们今后专业和职业发展有益的历史课程。我在长岛大学主要讲授世界历史、东亚史和外交史,但我对疾病史也有兴趣。2019年春季,我首次开设"世界历史上的全球性流行病"(Global Epidemics in World History)的课程,讨论过去六百年主要流行病如黑死病、梅毒、肺结核、霍乱、斑疹伤寒、艾滋病等对人类历史发展进程的影响。这个课的关注点是流行病如何导致了各个社会在种族、财富、宗教等领域的撕裂,帮助学生从流行病的视角来了解和认识世界历史。这门选修课吸引了来自药学、护理、健康科学专业的不少学生,受到校方的关注,在校内产生了积极影响。随着新冠肺炎疫情的出现,这门课更加受到重视,凸显了历史教育的作用。

21世纪初,著名冷战史学者约翰·加迪斯(John Gaddis)教授和著名国际史学者保罗·肯尼迪(Paul Kennedy)教授在耶鲁大学建立了"大战略研究项目"。他们为本科生、研究生开设大战略研究班,至今已有20年了。这门课的宗旨是通过对经典著作的研读来剖析历史个案,使学生对人类历史的发展有一个清晰的理解,对历史上和当今的全球性挑战有正确认识,培养学生的战略思维能力和符合常识的解决问题的能力。同是耶鲁大学大战略研讨班教员的退休外交官查尔斯·希尔(Charles Hill)认为,"教育的目的应该是为培养人们去思考人类所面临的最大的、最复杂的问题做准备。这种教育必须通过文学、哲学以及对经典著作的研读来获得,而不是通过政治学和心理学"。[①]耶鲁大学的大战略研讨班受到亨利·基辛格等美国前政要和社会名流的推崇及媒体的关注。耶鲁大学校长彼得·沙洛维(Peter Salovey)十分赞许大战略研讨班的教学理念与思路。他曾经说

[①] 参见 Charles Hill, *Grand Strategies: Literature, Statecraft, and World Order* (New Heaven: Yale University Press, 2010)。

过,"当你与那些为银行、政府、非政府组织甚至高科技公司招募人才的招聘人员谈话时,他们会告诉你'我们要招募的是思路清晰、思考问题缜密,并且有创造性,语言表达和写作能力强,有团队精神,能与他人合作的学生'。……一些具体技能可以在工作中边干边学,但是我前面讲的这些基本素质很难在工作中去积累。人的这些基本素质必须通过一流的人文教育来慢慢地培养。大战略研讨班的教学内容、方法及其跨学科的特质可以很好地培养学生的这些基本素质"。①在过去十多年中,美国不少学校仿效耶鲁模式,从大战略的角度来对学生进行人文教育。

最近几年,我也十分重视大战略课题的学习和研究,特别是冷战时期中、美两国的大战略。2019年秋季,我首次在长岛大学开设社会科学核心主干课"历史上的领导人与他们的大战略"(World Leaders and Their Grand Strategies Through the Ages),学生来自社会科学系、政治学系和心理学系。这门课主要考察历史上的领导人是如何制定和实施大战略的,研讨对象是以下几位历史人物:波斯帝国皇帝薛西斯(Xerxes),罗马帝国皇帝恺撒·奥古斯都(Caesar Augustus),16世纪的西班牙国王菲利普二世(Philip II),英国女王伊丽莎白一世(Elizabeth I),美国开国元勋华盛顿、杰斐逊、汉密尔顿、麦迪逊,内战时期的美国总统林肯,二战时期的美国总统罗斯福,冷战初期的美国总统杜鲁门,冷战转型时期的美国总统尼克松,冷战后期的美国总统里根,冷战结束时期的美国总统老布什,反恐时代的美国总统小布什和奥巴马。讨论的问题包括:如何区分成功与失败的大战略?21世纪的美国大战略是什么?每位学生需选择一位领导人的大战略进行深度阅读和研究,并在此基础上写成一篇3000字左右的小论文,在课上用演示文档形式就自己的研究课题进行20分钟的发言。我很高兴地发现,学生们对从大战略的角度来学习历史兴趣浓厚,课堂气氛热烈,师生互动频繁。

---

① Linda Kulman, *Teaching Common Sense: The Grand Strategy Program at Yale University* (Westport and New York: Prospecta Press, 2016), 11.

2019年12月初,在一次优等生学院教授会议上,我向在座的五位教授文学、历史和哲学优等生核心基础课序列的老师以及优等生学院负责人介绍了大战略课程的来龙去脉,表示希望将大战略的概念引入优等生核心基础课序列,特别是世界历史课的教学之中。2019/2020年度的优等生基础课序列主题是"界线/边界"(Boundaries/Borders)。界线/边界原是地理概念,指看得见摸得着的东西。但在文学作品中,常常指行程、(心路)历程。例如莎士比亚的名剧《暴风雨》(The Tempest),讲的是17世纪初欧洲的对外殖民与扩张活动,形象化地讨论了权力与空间的地理边界。从哲学的角度看,界线/边界往往是概念性的,比如真理与谎言的界线、大脑与身体的边界、社会与自然的边界等。如何将大战略与界线/边界这一主题挂钩?我在发言中借用耶鲁大学肯尼迪教授的定义说,"不管是在战争还是和平时期,大战略就是要在目的与手段之间取得平衡。大战略的关键在于制定政策,也就是国家领导人能够利用一切军事和非军事的手段来达到保护和提升国家长远利益的目的"。①换言之,大战略就是建立和检视权力的边界。因此,可以从权力边界的视角来考察1500年以来有关领导人的大战略。我的这一想法得到同事们的认可,他们还建议我在课程教学安排上做一定的调整:第一,16—19世纪的内容需占五分之三,20世纪的内容占五分之二。第二,增加几个非欧美国家或地区的案例,避免欧洲中心论的教学思路。

经过一番研究和思考之后,我决定将2020年春季学期优等生核心基础课序列中的世界近现代史分成三个部分:第一,"文艺复兴与近代早期的大战略"(The Renaissance and Grand Strategies in Early Modern World):要求学生首先阅读马基雅维利的《君主论》(The Prince),了解他对权力的解释和君主应该如何使用权力的观点。随后考察两个历史案例:糟糕的战略家

---

① Paul Kennedy, ed., *Grand Strategies in War and Peace* (New Haven and London: Yale University Press, 1991), 4-5.

西班牙国王菲利普二世和成功的大战略家英国女王伊丽莎白一世。第二，"革命时代与民族国家的巩固"（The Revolutionary Era and the Consolidation of National States，1750s-1914）：学生首先阅读克劳塞维茨的《战争论》（On War）中关于战略的相关论述。这一部分考察的个案包括美国开国元勋建立共和政体的大战略；林肯总统维护国家统一的大战略；拿破仑战争之后一百年维持欧洲和平秩序的大战略（包括梅特涅与维持欧洲均势的大战略、"铁血宰相"俾斯麦与德国统一的大战略、大英帝国推行经济全球化的大战略）。第三，"20世纪的领导人与他们的大战略"（World Leaders and Their Grand Strategies in the 20th Century）：这部分的案例除保留罗斯福与美国赢得二战的大战略、杜鲁门与冷战初期的美国大战略、里根与冷战后期的美国大战略外，增加美国民权运动的大战略、从列宁到勃列日涅夫时期苏联的大战略、从毛泽东到邓小平时期中国的大战略。对学生的要求是：每人选择两位领导人（一位生活在16—19世纪，另一位生活在20世纪）的大战略进行深度阅读和研究，并在此基础上写成两篇3000字左右的小论文，在课上就个人的研究课题用演示文档形式进行两次40分钟的展示。

2020年1月春季学期开始之后，课程进展顺利，学生热情很高。后受新冠肺炎疫情的影响，学校临时关闭，3月中旬后改为网络授课，效果仍是令人满意的。每次上课都有两位同学就自己选择研究的领导人的大战略做口头汇报，其他同学积极参与讨论，课堂气氛热烈。尽管是在云中相会，但同学们都表示这样学习世界史有意义，了解了历史上的领导人是如何思考问题，如何做出影响众生的重大决定的。有的学生甚至表示，从大战略的角度来学习世界史，领会了国家层面在目的与手段之间取得平衡的重要性。这个道理同样适合一个人生道路刚刚开始的大学生，让他们思考如何利用有限的资源实现人生的最大价值。2020年秋季学期，我第一次从大战略的视角为优等生学院的学生教授世界古代史。鉴于美国处于新冠肺炎疫情之中的现实状况，我对课程安排做了一些调整，将这门课的主题定为"大战略、领导能力与健康社会"（Grand Strategy, Leadership and the Health of Society)。研讨的案例包括古代波斯帝国、古代中国、古希腊城邦国家雅典、罗马帝国的大战略;基督教、伊斯兰教、欧洲中世纪意大利城邦国家关于领导能力与健康社会的思考。

哥伦比亚大学巴纳德学院(Barnard College)的历史学教授马克·卡恩斯(Mark Carnes)从20世纪90年代起就在课堂上尝试一种新的历史教学方法——"回应过去"(Reacting to the Past)。通过精心设计的历史素材模拟游戏,让学生们在课堂上表演历史人物或展示历史场景。要达到满意的效果,学生事先必须认真阅读相关材料,对历史事件本身进行深度分析和思考,这也非常有助于训练学生的语言表达、思维和写作能力。如今这一教学方法已经为五百多所高校的历史教授认可并运用到自己的课堂上。巴纳德学院为这一教学法建立了一个全国性的机构(Reacting Consortium),①介绍现有的和正在编写中的模拟游戏。此外,巴纳德学院每年6月还举办一次为期4天的训练营,对有兴趣的教师进行培训。与传统历史教学以教师授课为主不同,这种教学方法要求教授在课前制定好充分的规划,在课堂上主要由学生发言和表演。②根据巴纳德学院网站介绍,现在已经有二十几个成功的模拟游戏。最近几年我和同事在世界史教学中也尝试使用过以下几种模拟游戏:《民主的极限:公元前403年的雅典》(*The Threshold of Democracy: Athens in 403 B. C. E.*)、《康斯坦丁大帝与尼西亚理事会:界定基督教正统与异端,公元325年》(*Constantine and the Council of Nicaea: Defining Orthodoxy and Heresy in Christianity, 325 C. E.*)、《儒家思想与1587年万历皇帝的继位危机》(*Confucianism and the Succession Crisis of the Wanli Emperor, 1587*)、《欧洲处于战争边缘:1914》(*Europe on the Brink,*

---

① 其网站是:reacting. barnard. edu。
② 参见 Mark C. Carnes, *Minds on Fire: How Role-Immersion Games Transform College* (Cambridge Massachusetts: Harvard University Press, 2014); Christine Gross-Loh, "A Better Way to Teach History", *The Atlantic*, February 8, 2016; James M. Lang, "How Students Learn from Games", *Chronicle of Higher Education*, August 25, 2014。

1914)、《安全与帝国:雅尔塔会议》(Security and Empire at Yalta)、《界定国家:独立前夜的印度,1945》(Defining a Nation: India on the Eve of Independence, 1945)、《修复世界,1945》(Restoring the World, 1945)。每个模拟游戏大致要花费3—6周课堂时间来运作,一个学期最多可以安排两个模拟游戏。

传统的历史教学法强调知识和史实的传授,学生往往被动地学习和记忆历史时间和历史事件,这也常常遭到诟病。"回应过去"这一教学法在一定程度上解决了历史教学中的一个困境——如何在传授历史知识与培养学生的能力(包括思维能力、演讲能力、写作能力等)之间取得平衡。以《界定国家:独立前夜的印度,1945》这个历史游戏为例:在游戏正式开场之前,每个学生要阅读大致60页的背景资料,了解主要历史人物尼赫鲁(Jawaharlal Nehru)等印度国大党领导人、真纳(Muhammad Ali Jinnah)等穆斯林联盟领导人以及两位英国驻印度总督的有关情况。游戏开始之后,尼赫鲁(学生1)首先发言,力陈一个统一的印度对大家都有利,既能保护占人口多数的印度教教徒的利益,又能保障人口相对少一些的穆斯林教徒的权益。否则,国家将会分裂并出现大规模暴力冲突。国大党几位领导人(学生2—5)纷纷发言,支持尼赫鲁的方案。随后,穆斯林联盟领导人先后发言(学生6—10),反对尼赫鲁有关建立一个统一国家的方案。第一天的历史游戏在无果中结束。第二天,英国总督(学生11—12)提出一个组建印度邦联的妥协方案,国大党领导人和穆斯林联盟领导人纷纷表示反对。然后,尼赫鲁试图与真纳单独谈判,力劝对方同意建立一个统一的印度。但尼赫鲁的努力是徒劳的,因为真纳的目标是建立一个独立的伊斯兰国家(也就是1947年印度分裂之后的巴基斯坦)。

游戏开始之后,学生们成为课堂的主角,发表讲话、与同党开会商讨对策、与对手谈判讨价还价、做记录、写文件等等。教授退居二线,观察学生的表演,保证游戏按计划有序进行。要在游戏中表现出色,学生们必须充分把握有关材料,并在发言和最后提交的书面作业中灵活使用这些材料。

这就促使不少同学一改过去被动学习的习惯,主动寻找有关20世纪印度历史的书籍阅读,了解印巴分治的历史。这种游戏还可以激发学生们的竞争意识,他们事先做好充分准备,个个力争在课堂上有出色的表现。同时,也可以让学生们较为真实地体验现代社会十分棘手的一个问题——宗教认同与民族国家构建之间的复杂关系。

结　语

我从2003年9月起在长岛大学担任助理教授,2008年9月晋升副教授(终身教授),2014年9月升任正教授,2019年升任资深教授(senior professor,目前布鲁克林校区只有三位资深教授)。在布鲁克林校区,我是晋升最快的教授。尽管我是半路出家走上学术道路的,[1]又是亚裔,但在美国的学术经历中,我没有受到歧视和不公正待遇。

从19世纪末起,美国名校越来越重视教授的科学研究成果,教学在教授的评估和晋升中的作用越来越弱。到了21世纪,甚至在像长岛大学这样以教学为主的学校,科研成果在教师的职称晋升过程中的分量也日益加重。当然,要得到晋升,你首先必须是一个称职的教师。如果学生对你的教学评估很差,那是没有可能取得终身教授职位的,这是一条底线。然而,即使你是一位十分出色的教师,如果没有一定数量的研究成果,那也无法取得终身教授职位。即使有了终身教职也不可能晋升正教授。问题是,要做一位出色的教师,你必须精心设计课程、准备具有挑战性的问题在课堂上激发学生思考、课堂内外经常与学生一对一交谈、悉心批改学生作业,这都要花费很多时间。教学上花的时间多了,就难于在学术研究方面取得好的成果。令人遗憾的是,如今的美国高校,对科研成果看得太重,即使是以

---

[1] 我于1987年获得南京师范大学外文系英国语言文学学士学位、1990年获国际共产主义运动史硕士学位之后,没有去从事教学研究工作,而是先后在南京师范大学外事办公室、国家教育委员会外事司、中华人民共和国驻美国大使馆教育处从事教育外事工作,时间长达八年。

教学为主的大学,对教课好的教员在职位晋升方面也没有优惠政策。中国大学应该尽力避免这一陷阱,建立相关制度,让潜心教学的优秀教师有晋升的机会。

按照长岛大学校方的要求,终身教授应该将40%的工作时间用在教学上,40%的时间用在研究和发表论文著作上,20%的时间用于为学校和学生服务的事务性工作上。如何在有限的时间内做好教学工作?我比较关注两个方面的问题:第一,注重做学生的思想工作,每学期最初几节课都要反复跟学生讲解学习世界史的重要性,告诉他们一个人如果不了解人类过去的历史,就不能认识当今世界,甚至不能认清自己;世界史是最直接研究人类所取得的全部成就的学科;学好世界史有利于同学们更好地服务于一个相互联系的、多元的、全球化的新时代;中国、印度这样的新兴经济强国已经看到人文教育对理工科学生的重要性,美国学生也绝不能落后。第二,我关注新的、有效的教学方法的应用,例如将大战略的概念以及"回应过去"教学法引入我的历史教学之中,不断提高教学能力、改进教学方法。

作为一个以教学为主的大学的历史教授,首先要练好基本功,热爱教学、热爱你的学生。好的教授不仅仅要教课,而要"教书育人",成为学生的人生导师。然而,大学教授与中学老师又不一样,除了教课之外,还肩负创造知识的职责。不管实际情况多么不理想(如教课多、学校没有科研经费支持等),我们都要把握好教学与科研的关系,在做好教学工作的基础上,坚持学术研究,为自己所从事的研究领域不断做出贡献。只有这样,才能得到学校领导和同事的认可和尊重。这是我过去19年在长岛大学教书一直坚持的理念。

在实践中摸索当代人文教学的精神和方法:在北美教中国史小结

陈利(Chen Li, 1998年出国留学, lc.chen@utoronto.ca):美国伊利诺伊大学法律博士、美国哥伦比亚大学历史学博士,现任加拿大多伦多大学历史系副教授暨法学院兼任副教授,曾任该校历史与文化研究系主任(2016—2019)。主要研究明清以来中国和全球史中的法律、文化及政治间互动。2016年出版的英文专著 Chinese Law in Imperial Eyes: Sovereignty, Justice, and Transcultural Politics 获美国法律史学会2017年度 Peter Stein 著作奖荣誉提名,并获亚洲研究协会2018年列文森(Levenson)著作奖(该书中译本《帝国眼中的中国法律:主权、正义和跨文化政治》将由浙江大学出版社出版)。合编英文论文集 Chinese Law: Knowledge, Practice, and Transformation, 1530s-1950s 并著有系列英文论文。曾任中国法律与历史国际学会会长(2014—2017),现任美国 Law and History Review, Journal of World History 编委,并担任以分享中外人文社科学术为宗旨的"云里阅天下"公众号主编。目前正在撰写一部中文学术论文集和一部研究清代法律专家和法律文化的英文书稿。

在实践中摸索当代人文教学的精神和方法:在北美教中国史小结

我从 2008 年入职加拿大多伦多大学开始教学生涯,转眼已经十余年了。应本书编者邀请,谈谈自己在北美高校教历史的体会,也算是对从教生涯的一个阶段性回顾和反思。同时,也希望借机总结一下自己所感悟到的北美高等教育所秉持的一些核心理念和教学方法。其中关于教学上的摸索和教训,对一些年轻学者或许有所帮助,而关于北美高校在课程开发和教师自主性方面的观察,则或许可以对中国国内正进行的"新人文"教育改革的讨论提供一些参考信息。

高校教师是如何炼成的?

当我们回顾教学生涯时,可能才会注意到一个有趣但却少有人讨论的现象,那就是绝大多数在高校授课的老师似乎在教学方面都属于"自学成才"。我们做学术研究,包括写论文和出版专著,在读博士期间都多多少少接受过导师和其他学界前辈的指导和针对性培训。但是,在从事对我们同样重要的教学工作之前,却很少接受过系统性培训。和不少同行一样,我授课的方式和理念,也不是通过教学培训,而是通过多年观察、琢磨和亲身实践,逐渐总结出来的,而且现在仍然处于一个不断反省和继续学习的过程中。所以,在介绍教学感想之前,有必要先回顾一下我的教育背景,以及我如何从众多老师那儿学习教学方法的。或许下面这些小结,有助于提醒年轻学者们未雨绸缪,提前意识到,在读研究生期间,从老师那儿不只学习专业知识,还要学习教书育人的技巧。

说来可能有点令人难以置信,当年在国内高考后填报大学志愿时,我唯一没填报的学校类别就是师范类院校。我当时尚未出过县城,觉得自己性格太内向,很难想象将来会站在讲台上对着大批学生侃侃而谈。但就像美国著名演员汤姆·汉克斯扮演的主角在《阿甘正传》中所说的,"人生就像一盒巧克力,你永远不知道下一颗是什么味道。"("Life is like a box of chocolates. You never know what you're gonna get.")只有等到打开巧克力盒子或者包装纸之后，才知道我们人生下一阶段的底色是什么。我从英语系毕业后出国赴美留学，攻读比较政治学博士项目和法律博士双学位；从法学院毕业后转投哥伦比亚大学历史系读博士，毕业前幸运地找到了教职。结果绕了一大圈之后，当初高考时几乎无法想象的教学工作，竟然成了自己的终生职业。虽然没有系统学过教学技巧，但在三个国家的四个学校和四个不同专业的十多年学习期间，有机会观摩了很多教授的不同教学风格和方法，在潜移默化中学到了不少。另外，上述跨文化和跨学科学习的知识体系和经历，对我后来设计课程也有极大的帮助和影响，下文会进一步介绍。

为方便起见，有必要先介绍一下北美人文和社科类大学课程的三种主要类型。第一类是讨论型课程（seminar 或者 colloquium），一般是为研究生或者高年级本科生开设的；每堂课布置的阅读量较大，而且内容专业性较高，要求学生积极参与课堂讨论，下文简称为讨论课。第二类是讲座型课程（lecture），一般是为低年级本科生开设的基础知识课；以教师讲授为主，课前布置的阅读量会少很多，班上学生人数可以多至成百上千，故而学生参与课堂讨论的机会也不多，下文简称为讲座课。第三类是辅导课（tutorial），经常和第二类的讲座型课程配套，由老师或助教在大班讲座课外另行安排时间，带领学生对特定问题或者主题进行更深入细致的讨论。

我就读哥伦比亚大学期间，历史系给的奖学金（Richard Hofstadter Fellowship）不要求在博士项目前几年做助教，这虽然省了我很多时间，但却减少了我获取教学经验的机会。我仅在毕业前才做了两三次助教。一次是为中国通史课当助教，观摩了如何给几百个学生上讲座课；课后主持每班有二十来个学生的辅导课，帮助学生更好地理解大班讲座课上提及的一些重要问题和概念，并根据学生的反馈和参与程度，及时调整自己辅导课的形式和内容。还有一次是给当时尚在哥大巴纳德（Barnard）学院任职（现在宾大工作）的杨国斌教授做助教，除了观察高年级讨论课的教学方式外，自己还辅导了一个十多人的本科毕业班，指导学生如何选择本科毕业论文题目、发展出可行的论文研究计划和大纲。那个班上的学生来自多种人文和社科专业背景,而自己的跨学科研究兴趣和教育背景,为指导那些涉及不同专业领域的论文题目提供了极大便利。当助教期间收到的学生们积极的教学评估和反馈意见,也为自己后来的教学工作奠定了基础,增强了信心。

在中美四个高校读书期间,我先后上过估计至少有六七十位教授的课。除了学习课上的专业知识和从其中不少教授身上体会到知识渊博、诲人不倦的学者风范之外,对不少课程的内容设置和教学方法也印象深刻,有的课甚至在近二十年后都还记忆犹新。限于篇幅,只举两个例子,也算是借花献佛,给读者间接地介绍一些我所遇到的名师的教学方法。一个是在美国读法学院时大卫·恩格尔(David Engel)教授上的关于侵权法的课,另一个是在美国读历史博士期间林郁沁(Eugenia Lean)教授所教的中国史理论方法课。前者本是一门枯燥的法学院必修课,恩格尔教授却在全年级二百多名学生面前讲得极其清晰透彻,并把重要的侵权法概念融合在生动的案件故事当中,同时还给了学生很多参与讨论和回答问题的机会。他的课是把传授知识和培养学生"积极学习"(active learning)完美结合起来的例子。当时作为刚到美国不久的一名中国留学生,我也能在这种法学院大课上踊跃回答问题,甚至成了班上发言最多的几个学生之一。在法学院竞争激烈的氛围下,能参与发言需要学生很大的积极性和课前认真的准备。而认真预习和积极参与课堂讨论与发言,正体现了北美教育中极为重视的 active learning 的理念。恩格尔教授在课堂内外都是谦谦君子,而且待人真诚,他的教学方式和人品也影响了很多学生。

而林郁沁教授在哥伦比亚大学历史系和东亚系所开的中国史理论方法课,不仅在选择题目和阅读材料上下足了功夫,在课堂中也能做到收发自如,对师生互动的节奏和时间把握得近乎完美。林教授将介绍重点史学知识和学生参与讨论巧妙结合起来,能在两个小时内高效地把要点问题都讨论完,整堂课组织得井井有条。这种课往往会因为每周讨论学术理论问题而流于枯燥沉闷,但在她的课上,学生参与度很高,而且都感觉收获颇丰。她要求学生在每周上课前就本周的阅读文献提交一个综述性读后感（critical reflection essay），虽然给学生造成了不小的压力，但却是保证学生认真去读完和尽量读懂那些史学书目的最有效方式。这门课对于我能在短时间内熟悉那些最前沿的史学理论和研究方法，并从一个历史门外汉很快适应北美的历史博士训练，起到了关键的作用，也极大地影响了我后来的研究路径以及所开设的中国史学方法论课程。

我的博士生导师曾小萍（Madeleine Zelin）教授以及狄百瑞（William de Bary）教授、高彦颐（Dorothy Ko）教授等其他不少知名学者的教学方法和对教书育人使命感的践行，也都潜移默化地影响了我的教学理念。当然，这些年也遇到过一些研究能力极强，但教学却显得杂乱无章，让学生上课后都感觉云里雾里的知名学者，自己从教后也不时引后面这些例子为戒。总而言之，十多年的高校学习和观察，从知识积累到跨学科思维方式，再从课程设计和教学理念到个人修养等方面，都给我后来的教学生涯打下了比较深的烙印和重要的基础。

发挥教员专长和能动性是优质教学的前提

接下来介绍一下自己在加拿大多伦多大学的教学工作。先谈课程设置和主题，再总结自己的教学方式和心得，然后联系北美历史教学谈点个人的初浅感想。

北美高校的正式教员（一般指可获得终身教职[tenure-track]或已有终身教职[tenured]的教员或者有其他相对长期的聘用合同的正式教员）在课程设计和内容选择上，一般具有非常大的自主性和灵活度。虽然有的院系可能会要求部分（尤其是新入职）正式教员负责一两门基础课，但总体趋向是给教员很大的权限，以便能更好地利用其专业知识和研究兴趣，提高教学质量和创新水平。

前几年因为当系主任再加上研休假，我在任教十余年中，前后共有五年没上课,但到目前为止也已经开设了两门研究生新课和六门本科生新课。这八门不同的课程几乎全部是我自己决定的题目、阅读内容以及教学方式。如果不是因为准备新课需要大量时间的话,我们每年都可以开设几门新的课程。多数院系对新课程的审批过程也较宽松,只要符合专业大致方向且无须太多额外资源的新课提议,一般都会被批准。

当年申请教职时,我在面试过程还特意问过是否必须教一些指定课程,得到的答案几乎都是否定的。这种开课的自由度和自主性,在北美人文和社科学术界中是一个普遍的现象。比如,根据我最近在北美历史学界朋友圈内做的一个小调查:一位历史系副教授任教前6年开设了7门新课;另一位任教7年开设了8门历史新课程;还有一位在7年内开了10门新课;有两位在11年间都各自开设了10门新课;第六位在7年内开设了14门新课;剩余两位10年期间开了8门课。平均每人每年开设了1.1门新课。而且,这些历史系教授开设的新课除了一到两门外,其他都是自己选定题目和设计课程内容。当然,教员自行设计课程并不能保证教学效果就一定是最好的,但这种结合了教员专业和研究兴趣的课程,往往更可能让授课者保持热情并及时更新内容,从而有助于提升教学效果。

现在不少教职招聘广告会让申请人描述希望开设的一两门"梦想课程"(dream courses),主要是想看后者的专业研究可以怎样丰富招聘院系的课程设置。在介绍这些课程时,如果申请人能将自己研究中令人感兴趣的那部分,同招聘院系的教学需要有机结合起来,产生的效果可能会最好。我当年在申请教职时也没有什么教学经验,所以在研究了一些求职论坛(尤其是 Chronicle of Higher Education 的 job forum)上的经验分享之后,根据自己的兴趣准备了两份完整的课程教学大纲,把每周的具体阅读内容以及相关参考书目都列得清清楚楚。我在给学生谈求职经验时曾提到,这两份仔细准备的教学大纲,在面试过程中起了很大作用。当招聘方询问教学训练或未来打算时,我不会因为经验少而显得无话可说,也不是空洞地泛泛而谈,而是顺势拿出两份打印得干净整齐的课程大纲,再介绍这些课程如何结合了自己的研究兴趣并且能增强招聘院系在比较史和全球史领域的课程内容。这对于我作为尚未毕业的博士候选人（ABD）在第一年申请工作便从最先面试的两个研究大学都拿到聘书起了不小的作用。设计这些新课程的经验和心得，也为我次年正式开始的教学生涯提前做了准备。

开设的课程以及教学方式

每一门课的设计，包括对整门课和每堂课的选题方向、教学目标、考核学生的方式以及阅读材料（和参考阅读书目）的挑选，都有意无意地反映了教课者在一些核心教学理念和方法上的思考和探索。下面我以自己过去十余年间独立设计和教过的课程为例，来具体谈谈这些理念和方法在实践中的尝试和挑战。我先介绍课程内容，然后谈教学方式和目标。

1. "亚洲研究入门"（Introduction to Global Asia）

这是为本科一、二年级学生为主设计的一门必修课，在我校的课程制度下称为 A 类（A-level）课程。这是我十余年前参与创建的"全球亚洲研究"（Global Asia Studies）专业的入门必修课，由本专业内教员轮流教授，不同教员会相互分享和借鉴经验，但往往由教员独立设计教学内容。每次修课的学生人数一般为二百人左右，除了全球亚洲研究和历史专业的学生外，还经常吸引包括语言学、心理系、管理系、政治系、经济系等专业的学生。这门课以教师讲解为主，即上文所说的讲座型课程，但鼓励学生更积极地参与到课程中来。我开设这门课时，内容以南亚和东亚历史为主，兼及东南亚和西亚，几乎从上古讲到当代，目的是让学生能在一个全球史和比较史的大框架下，重新认识和理解这些众多亚洲国家和地区的文化与社会的历史演变，以及不同地区或大陆之间的相互交流及影响。这也是我目前教过的唯一一门通史课。

2. "近现代中国史"（Modern Chinese History）

这是我们中国史的入门课，一年级到三年级的本科学生都可以选，偶尔也有其他专业的四年级学生选修,算我们的 B 类(B-level)课。以老师讲授为主,课上有比上述 A 类大课稍多一些的学生互动机会。选课人数不限,不过一般是五十人到一百人之间。我过去所选的教科书是史景迁那本《追寻现代中国》。虽然对该书的一些史学假设和局部内容有所保留,但该书对明末以来中国社会和历史的发展变化的综述性介绍,还是可以基本满足国外中国史本科生入门课的需要。在布置学生阅读时,我也会对该书的内容有所取舍,并不时添加其他学术文章作为补充阅读材料,而且上课时准备的 PPT 和讲解的内容也并非都按教科书上的顺序和观点来讲。我对这门课设定的教学目标包括:让学生对 16 世纪以后的中国历史和社会发展过程与趋势有个整体初步认识,对其中最关键的历史事件和人物有个最基本的了解,并能对过去一些失之偏颇或者经不起推敲的传统历史论述和观点进行质疑和反思等。

3. "世界中的中国"(China in the World)

这是给本科二年级及以上的学生开设的、兼顾阅读分析和课堂讨论的 C 类选修课(colloquium)。这门课主要讲述中国在近现代史上同其他国家和地区间的互动,挑选了一系列重要主题来讨论,如中西科技交流、宗教关系、华人全球移民史、中外关系和纠纷、海内外的华人饮食文化、西方对中国崛起的反应、中美贸易和科技战等。阅读内容以相关专著章节和学术文章为主。上课方式是由老师介绍著作背景以及相互关系,然后几名负责讨论的学生(discussion leaders)通过 PPT 简短地介绍和总结文章要点并提出问题供讨论,再由老师领导全班择要分析讨论。有时也会将学生分成两三个小组先分头讨论,然后集合全班听小组代表总结本组观点后再进行讨论。这个模式要求选课人数不能过多,我一般限定在 40 人左右。这种模式让学生在课前预习和课堂讨论中都有很多机会积极参与到学习过程中。

4. "东亚法律文化比较研究"(Comparative Study of East Asian Legal Cultures)

这是我当年求职时设计好的一门梦想课程,面向二年级以上的学生,也属于 C 类讨论课。该课也是多伦多大学现在唯一的（在北美大学中也是少有的）比较东亚法律文化史的课程。因为不可能面面俱到，所以选取了一些重要的专题，来探讨东亚（主要是中、日、韩三国）法律文化在各自历史变迁轨迹中所体现出来的异同。每周的阅读尽量兼顾和三国相关的学术研究成果，从相关专著章节和期刊文章中抽取组合而成；偶尔也添加关于其他地区的法律传统的文章来提供比较研究的视角。课堂内外同样兼顾了师生和教学的互动，并鼓励学生积极参与讨论以及在班上做读后感报告。

5. "中国历史上的法律与社会"（Law and Society in Chinese History）

这是为本科四年级学生开设的 D 类研讨课（research seminar）。这种本科高年级研讨课的学生人数，在我校一般自动限定为 15 人以下，教员可以要求从候选人名单中挑选出几个额外的符合条件（prerequisites）的学生；选课条件除了要足够的学分（即是高年级学生）外，还经常要求修过相关基础课程。我这门课的条件除了学分数量，还要求至少修过前述三门课中的一到两门。该课程对中国法律史早期阶段有简单介绍，但重心在讨论明清及以后的中国法律与社会的发展演变。除了前三周外，其他十周的内容也是按照不同专题来组织课程内容和阅读材料。

一般情况下，我要求学生每人交一篇关于某周阅读材料的读后感（critical reflection essay），负责为一周的课堂讨论提前两天准备好讨论的问题，并在课堂上协助老师带领讨论。另外，学生还需要在课程的不同时间点，提交研究论文的问题陈述（thesis statement）、相关文献的摘要（annotated bibliography）、论文分析的提纲（outline），以及最后完成一篇研究论文。学生在最后一两堂课中有机会在同学面前介绍自己完成的论文以及心得体会。这种研讨课对培养和提高学生的研究和写作能力非常重要。每年都有数篇论文达到了相当不错的分析和写作水平。更有意思的是，在那些写得最好的论文中，经常有一两篇是此前并没上过中国史的课，经破例批准才进来的学生写的。态度认真和知道如何学习的学生，往往可以克服很多障碍，即便进入全新的领域也照样很快能脱颖而出。

6. "明清时期的文化、政治和社会"（Culture, Politics, and Society in Late Imperial China）

这是另一门我开设了多次的 D 类高年级研讨课。该课主要是给希望进一步了解中国历史或者计划申请中国史研究生项目的学生开设的。覆盖的内容包括了明清中国的一系列主题，比如明代郑和下西洋在早期全球史中的意义、晚明的思想和社会、明清时期的书籍史和印刷文化、清初社会转型、明清的教育和科举、明清政治统治、清代宗教和民间信仰、明清文学中的现实和想象等。选用的教材包括孔飞力的《叫魂》、史景迁的《王氏之死》以及一系列文章和专著的章节。选课人数同样限定在 15 人左右，而选课资格和要求，以及对学生的评估方式和培养目标，也基本同上。

7. "罪与罚的全球史"（Global History of Crime and Punishment）

这是我当初求职时准备的另一门梦想课程，十多年前这种课程应该还相对较少。课程设计的初衷，是希望通过学习全球主要国家的刑事法律制度的变迁和相互影响，来帮助学生更好地理解近现代思想潮流和社会制度变革同全球化运动的关系。该课的教学模式和目标同上面的高年级研讨课类似，但更强调培养学生全球史和比较史分析的视野和能力。

除了上述本科课程外，我还在多伦多大学历史系开设了两门已经多次教授的研究生课。① "明清以降中国史学理论"（Critical Historiography of Late Imperial and Modern China）是为历史系研究生开设的史学理论和方法的研讨课，但选课的学生经常还有来自东亚系、政治系或者其他专业的学生。我从中国史研究领域抽选了十余个最近二三十年的重要议题来组织课程内容和讨论，每年会在题目和阅读材料上有所更新。先后讨论过的议题包括：历史研究与理论、后殖民主义与东方主义批判、微观史研究、妇女

---

① 此外，我在北京大学和康奈尔大学做访问教授期间，以及在多伦多大学法学院开设过研究生课，比如"中外关系史新视角"（New Perspectives on the History of Sino-Western Relations）、"当代中国法律与社会"（Contemporary Chinese Law and Society）。此处限于篇幅，就不赘述了。

史和性别研究、历史与档案转向、书籍史和印刷文化史、市民社会和公共领域、经济史与"大分流"争论、反思中国的现代性、情感史研究的应用等不同专题。学生除了要负责协助组织一到两周的课堂讨论外，还要提交对三到五周阅读材料的批判性读后感，或者提交三四篇经老师批准的自选新英文学术专著的书评，或者完成一篇较高水平的研究论文。这些要求是为了达到两个最重要的目的：一是让学生熟悉中国史领域中最重要的一批学术著作和争论，并能基本把握其总体发展趋势和不同学术理论方法的知识谱系；二是让学生对知名学者的著作进行较深入的理解和分析，提高自己批判性吸收和运用史学理论的水平，并同时提升自己的学术写作以及研究和分析能力。"全球史中的中国"（China in Global History）是另一门研究生研讨课，主要是通过中国史角度来看全球史，又通过全球史回看中国史。按不同专题划分，内容包括了丝绸之路与早期国际贸易和文化交往、文化翻译和跨语际政治（translingual politics）、中国人／中国性（Chineseness）的构建、中西19世纪的纷争、近现代中国与国际法演变、中国重返经济大国的全球影响，以及中美经贸摩擦的文化史解读等一系列主题。主要探讨和中国有关的跨国人物、货物、资金、技术、信息和观念的流动是如何塑造了中国以及世界其他地区的历史的。基本要求和教学目标和上面的研究生研讨课类似。

教书育人先要做个教学理念的思考者

上面介绍了结合学校需要和自己研究兴趣而开设的一系列课程以及教学方式，下面谈谈从多年学习和工作中体会到的一些核心教育理念和教学目标。据笔者的观察（包括基于创建和管理学术项目的经验，以及当系主任期间对几十个同事的课程内容的审核和了解），这些教学理念和目标在北美高校中，尤其是在人文社科专业领域中，也是被广泛认可的，其内容可以大致分为四个方面：

（1）积极学习和互动式教学（interactive teaching）：积极学习简单地说就是强调发挥学生主观能动性，让学生对学习采取主动和负责任的态度；互动式教学则是指借助各种教学手段和新技术、多媒体内容等方式，使学生更有效地参与到学习过程当中。

（2）核心技能培养（skill building）：强调加强学生研究、写作、公共场合表达、分析以及实干的能力。

（3）批判性和创造性思维（critical and creative thinking）：强调培养学生独立思考和判断能力以及创造性解决问题的能力，这也是现代高等教育的核心。而在中国历史课程中，这意味着让学生学会更客观地理解和看待中国历史和文化，不轻易被大众或者主流观点和传统看法所控制。

（4）多元文化素养、社会责任感和全球公民意识（multiculturalism, social responsibility, and global literacy）：引导学生尽力摈弃各种偏见和狭隘立场，学会容忍和理解不同文化、种族、宗教传统以及其他社会和性取向的差异，并能认识到维护社会正义和具有全球意识的重要性。

上面的课程介绍已经或多或少地提到了这些概念和目标，国外授课的同行应该也对它们都很熟悉了。但是因为我们面对的是中文读者，所以还有必要对其中一些概念加以解释，并谈谈它们在教学实践中的体现。

如上所述，"积极学习"提倡要调动学生的学习主动性。学生不应该作为知识的被动受众，而应该对自己求知的过程和结果有英文中所说的 ownership（或可译为"主人翁意识"）。只有学生对学习采取了负责任的积极态度，才可能把自己的潜能最大限度地调动起来，产生最佳的学习效果。我教学十多年来，不时就会遇到一两个学生，不是彻底忘了或者搞错了期末考试时间，就是以为自己早已退掉了课，结果整学期既没上课也没参加考试，这两种情况都必然导致挂科。只要一门课出现这种状况（得了 F），学生的平均学习成绩（GPA）就会直线下降，即使再发奋学习一两年都不一定能把平均成绩的损失弥补回来,这自然会极大影响学生就业和申请研究生项目的前景。出现这种情况的学生,往往不会只是偶尔犯糊涂,而是对学习持有非常消极或者说不负责任的态度。

为了鼓励学生积极参与,我在课上尽量多采用"互动式教学",通过使用PPT、影视片段和其他新媒体及技术手段,让学生对课程内容和课堂参与更有兴趣。不仅是在本科高年级(即上文提到的C类和D类)课程和研究生讨论课上,即便在本科入门课中,也是如此。比如在"亚洲研究入门"这种一年级讲座型大课上,在用PPT讲解知识要点的同时,还通过增加小知识点考察(quizzes)、简单问答、图片解释或者小辩论,以及课后鼓励学生在课程网上自发制作相关知识图文进行分享或者有奖竞猜等各种方式,让学生对课堂内容有更多了解和热情。我在课堂上一般比其他老师提更多的问题,在讲解知识要点的同时,不时通过提问的方式来让学生更多地参与和思考。

培养学生的重要技能,尤其是英语的口头和书面表达能力和研究分析能力,也是北美高校很重视的目标。不少北美高校老师这些年都在感叹大学生学术英语写作经常差得令人意外,这里所说的还包括英语是母语的学生。我们系专门给本科生开设了如何提高研究和学术写作(research and writing)技能的必修课。我在低年级的课上会通过要求学生每周在校内课程网上书面回答和课堂内容有关的问题和写学期小论文来一点一点地提高他们的学术写作能力。高年级(C类和D类)的课则要求学生自己选定一个感兴趣的题目,提出有价值的研究问题,搜集和分析资料,最后完成一篇20来页的研究论文。这整个过程是要让学生领悟如何从一个模糊的、感兴趣的想法,逐渐通过研究和反复思考,形成一个具体可行而且有研究价值的题目。而后再根据老师的指导,发展出一个研究计划和大纲,再阅读收集到的文献,并将其相关要点总结成相关文献的摘要,经老师批准后,写成一篇论文。

我遇到的一个最普遍的问题,是那些学术写作经验不足的学生最初所提出的论文题目都过于庞大或者空泛。所以，对绝大部分本科和硕士生的论文题目，我最初的建议都是让学生回去进一步把题目细化到比较具体可行的研究问题上去。很多学生都没有意识到，通过研究和反复思考而找到一个可行的题目，是写研究论文的第一步，又经常是完成整个研究项目中最艰难和最重要的阶段之一。所以，这个过程需要在自己的想法/兴趣和材料以及现有学术研究之间来回反复思索和修改（going back and forth and back and forth），这是很正常的，也往往是很有必要的。经过指导和反复修改后，不少学生都能完成像模像样的论文。

在这所有的教学理念和目标中，我个人和不少同行最看重的，莫过于培养学生的批判性和创造性思维及能力。学生通过认真学习和思考、抵制偏见和成见，才可能对历史或当前的社会现象形成独立的认识，并提出创造性观点或者解决办法，这也是现代高等教育的重要使命。要达到这些目标，就需要引导学生在阅读、课堂讨论以及论文写作过程中，不断培养和加强这些能力。在本科高年级和研究生课上，在介绍了当天的主题和阅读内容之后，我经常是用从阅读材料提炼出来的一系列问题来组织课堂讨论，通过由浅入深地分析问题来启发学生进行深入思考。目的不只是让学生了解阅读材料的观点，还在于鼓励学生对既有观点进行批判性分析，并敢于当众表达自己的看法。学生们从不同的角度进行意见交流和思想碰撞，有助于提高思维和认识水平并产生创新的观点。这些做法也得到了北美同行的呼应。一位北美中国史学者写道："历史学习可以培养分析力、创造力和想象力；东亚史和其他国家历史一样也是能培养这些能力的。"（ZY）[1]另一位历史学者也认为自己教中国史的目标是要"培养学生分析和思辨能力，拓宽视野，去除西方中心观"（CS）。

另外，我在教学中也重视让学生去理解和支持多元文化、培养社会责

---

[1] 此处和下文几处引用了学界朋友们私下的意见分享。为保护隐私，不标出姓名，但用了名字缩写，以示来自不同来源。

任感、积累全球史知识。我所开设的包括"亚洲研究入门"和"世界中的中国"等在内的一系列课程，都有这方面的内容。学生通过跨文化比较和学习，意识到文化多元性和一个相互关联（interconnected）的世界对自己和所处的社区都非常重要。在这种背景下来学习中国历史和文化，可以减少学生因为文化或制度差异而产生的偏见和歧视。同时，我还鼓励学生批判并抵制包括种族主义和性别歧视等在内的各种丑恶现象和社会不公。这些目标听起来虽然有点抽象，但却是现代高等教育应有之义。要培养这种多元文化意识和全球意识，根据一位北美中国史学者的总结，具体操作起来，在中国史教学中就体现为："让从未接触中国和东亚历史的学生了解这些地区的大概历史，高年级学生则需要了解更多历史细节；让接触过中国和东亚历史的学生（多半是来自中国大陆的留学生）破除既往所学的历史框架，重新建立历史叙事；而且还要让学生具有世界史的眼光，破除国界、地域、民族、文化等隔阂；让学生能够用所学到的历史学眼光去解释当代的问题。"（WY）另外一位在北美教中国史的朋友表达了类似的看法："让对东亚毫无了解的学生有初步了解，让有初步了解的学生勇于挑战和反思一些固化概念（比如中国闭关锁国论），同时让学生们认识到历史视角是同其他社会科学门类很不一样的分析和看待世界的视角。"（SN）

在北美/国外教中国史的挑战和收获

上文提到的这些方法和目标，不只适用于北美中国史教学，可能也适用于历史之外的很多其他领域的教学。我最后简单谈谈在北美教中国史的一些挑战和收获以及几位同行分享的经验。

据笔者了解，北美学界朋友普遍面临的一个很大的挑战，就是如何让受偏见影响较深的外国学生重新认识中国和中国历史，上面也提到了这是个重要教学目标。要克服或者减轻这种偏见，需要授课者有相当多的耐心和技巧，包括上面提到的互动式教学以及培养学生的批判性思维和多元文化及全球意识。

　　努力克服挑战的过程中也有不小的收获,包括授课者学会去理解学生的文化背景和其观点的由来,并提醒自己对中国历史和社会保持一种研究者的适度距离,维持客观和理性的立场。当然,在海外教中国史的最大的收获之一,应该是看着不少学生能在课堂发言和论文中显示出对中国的历史和文化有了更深入的了解和分析,部分学生受到激励而读上了硕士和博士,有的已经毕业成了专家或者知名大学的教授。

　　对于在北美大学中教授中国相关课程所遇到的挑战和收获这个问题,一位史学界朋友写道:"最大的挑战是语言。因为包括高年级本科生和硕士生在内的大多数学生都缺乏使用原始资料的能力。需要老师在有限的英文材料以及非文字性材料上下功夫,帮助学生尽可能多地通过一手材料接触历史。另外,美国本科生的写作能力日益下降,很多时候需要我们帮助学生去理解和掌握基本的学术写作要求。最大的收获是教学相长。在教学中得到很多反馈,了解学生们看问题的思路并获得更有针对性的想法,这些想法反过来也影响老师自己的研究和写作。一门课有时能促发老师写一篇论文甚至一本书。"(SN)一位在北美教中国文化的学者有类似的体会,她认为:"最大的收获是和挑战相辅相成的,即从学生交上来的作业里看到了自己此前没看到的新奇东西;学生的一些问题好像来自异域的挑战;有助于熟悉本领域的我保持清醒和距离。对我来说,这样的学生是最好的学生,而在北美教学恰好给了我这种机会。"(XP)另一位北美中国史教授则认为:"最大的挑战便是如何能够使从来没有接触过中国历史的学生,较为有效地掌握和理解中国历史的大概模样。收获便是彼此之间的交流和差异,这与在国内教授相同课程的体验有很大差别。"(WY)还有一位历史教授也认为最大的挑战是"如何让习惯西方思维的学生能够从中国及亚洲的视角看东亚历史进程,尤其是在一个充满了偏见的社交媒体年代。未来因为中美关系的原因,这个挑战的难度应该会更大一些。工作几年有很多收获,这个工作非常有意义,感觉自己像一个搭建桥梁的人,如果一种建筑材料不行,那么我就要想办法找到新的建筑材料……人类的很多深层哲学与历史的思考是有共通之处的"(ZD)。

结语:不要因缺乏信心而画地为牢

前文提及,当年我在高考报志愿时唯一没选的就是师范类院校,因为觉得自己不可能在众目睽睽之下讲课。岂料十多年下来,在不少国际会议和研究机构做了上百场学术报告,在国外大学也用英文教课十多年了,而且获得的教学评估都还差强人意。这种状况是自己上大学前无法想象的。我得到的一个经验就是:有时候我们可能需要适度地推着自己克服心中的恐惧和自卑,去尝试新事物,迎接新挑战;否则,那个缺乏信心的自己就变成了自我发展的天花板。总之,千万不要因信心不足而画地为牢。

在北美大学工作或者教中国历史也是同样的道理。只要我们始终抱着一个愿意学习的心态、扬长避短、不断吸收新理论方法和新技术,热爱自己的研究并将之和教学有机结合,即便是在非母语国家教关于中国的课,也能很好地胜任自己的工作,充当跨国传播知识和文化的使者。虽然在这期间,可能会面临各种困难,包括因中外关系紧张带来的困惑,或者因不被少数学生理解和肯定而倍感沮丧,但这些都往往意味着需要更多人来构筑这种文化桥梁,而在海外教中国课的学界同人们就更应有信心和使命感来做好这项工作。

仓促之下草就的教学工作小结,贻笑方家,在所难免,权当给希望管窥北美高校教学的读者们一个肤浅的介绍。

"扬长避短":在美国大学教历史

方强(Fang, Qiang,2000 年出国留学,qfang@d.umn.edu):美国明尼苏达大学德鲁斯校区历史系教授。主要中英文代表著作有:《中国上访制度史话:公元前 11 世纪—1949 年》;*The Communist Judicial System in China, 1927-1976*;*Power versus Law in Modern China*;*Chinese Complaint Systems: Natural Resistance*。另外发表十余篇学术论文或章节,分别刊于 *Journal of Asian Studies*,*Stanford Journal of International Law*,德国慕尼黑大学的 *Journal of Asian History* 以及吉林大学的《史学集刊》。现任美国华人社会科学教授学会会长(2021—   ),曾任中国留美历史学会第十九任会长(2017—2019)。

在美国教历史

自从 2000 年 8 月到美国留学以来，不觉已经过了 20 年了。想起宋太祖的话，人生不过是白驹过隙，更何况 20 年！这 20 年的时光我是在几所美国大学里度过的，先是学习历史，之后是教学和研究历史，生活过得非常稳定和平凡。这与我来美国以前多年四处奔波、跌宕起伏而又丰富多彩的人生相比无疑形成了鲜明对比。

我进入的第一所美国大学是纽约州立大学布法罗校区（以下简称UB），原因是该校给了我助教奖学金。我当时觉得自己去美国留学深造的希望并不大，加上美国大学申请费用比较高，所以仅申请了几所申请费较低的美国公立大学，不料 UB 竟然给了我全额奖学金。我在上海师范大学读硕士时的专业方向是美国一战时期的外交史，所以申请的方向也是美国史。记得美国上海领事馆签证官问我为何到美国学历史时，我告诉他，没有任何地方比美国更适合学习美国历史了。就这样，签证非常顺利。

在 UB 的第一年，我的助教工作是评分员（Grader），负责帮助教授批改和评判学生考卷。第二年"升任"正式助教工作，帮助教授带本科生的讨论课（Recitation）。由于我学的是美国史，系主任把我安排到美国历史课中当助教。讨论课虽然不用自己独立授课，但压力比单纯的评分员要大多了。我需要认真阅读教授布置给学生的几本指定阅读书，通过与学生讨论加强学生对相关知识的掌握。我起初的英语阅读和听说能力较差，常常在讨论课上因听不懂学生提问而出现难堪的情况。2005 年我开始独立开课。上的第一门课是"20 世纪中国政治"（20th Century China Politics）。为了避免出现尴尬的状况，我每次上课都如临大敌，花费大量的时间备课。

2006 年博士毕业后，我的第一份教职在南密苏里州立大学（Missouri Southern State University）。那是一个教学型大学，教学量大，教师的课时比较多，每个学期要上 3 门不同的课。鉴于我的辅修专业是美国史，系里安排我同时教美国史和东亚史的课。次年，我又开了一门"20 世纪世界史"（20th Century World History）。2008 年，我转到明尼苏达大学德鲁斯校区（University of Minnesota Duluth，以下简称 UMD），并在此一直从事教学和研究至今。UMD 是明尼苏达州第二大研究型大学，注重研究，教学不是教师最主要的任务，历史系的教师每个学期上2门课。我在 UMD 先后开过7门课："中美外交史"（Sino-US Diplomatic History）、"20世纪中国政治"（20th Century China Politics）、"中国文化史"（History of Chinese Culture）、"东亚史"（Modern East Asia）、"日本史"（History of Japan）、"中国近代史，1368—1911"（Modern Chinese History，1368—1911）和"世界近现代史"（Modern World History）。除了"日本史"比较耗时外，其他的课程上了几次以后就比较容易了，尤其是中美外交和中国历史，更是游刃有余、得心应手。随着学术研究的深入，可以寓"研"于教。如果说刚开始上课的内容比较空乏单调，经常不得不借用演示文稿（PowerPoint）和历史纪录片的话，几年以后，我上课的内容就丰富得多，经常是多到讲不完。比如说，"世界近代史"要求教师讲完20世纪，但是我经常只能讲到冷战。有一年竟然只讲到二战结束。主要原因就是自己掌握的内容太多，无法在规定的时间内讲完。

在美国大学从事历史教学20年以后，我对如何教好历史，成为一个既认真负责同时又获得多数学生喜欢的教师也有了一些个人的体会，在此希望与读者分享。有些经历和体会与中国大学的历史教学相类似，有些则是美国大学特有的。此外，我还想就美国大学历史系的课程设置、教材选择、课堂文化、"政治正确"、师生关系、教授招聘、终身教职的评定等从自身的观察来简单介绍一下。

历史教学中的"扬长避短"

对于我和很多母语不是英语的学人来说，语言总是在美国大学教书要面临的第一个难关。即使我已经在美国生活了很多年，但是用英语教学时还是会遇到不少"瓶颈"。大部分美国学生说话时语速很快，而且带有不少地方俚语，这对像我这样的外国人来说很是头疼。上课时最怕的就是学生提问，怕听不清楚或听不懂学生的有些俚语。2006年我在南密苏里州立大学讲授"美国历史学"的时候,碰到过一个学生上课时当面指责我为何不像其他老师一样给学生提供一份考试复习的指南。我现在还记得,我当时一下子就蒙了,头脑顿时一片空白。限于语言能力的拙劣,在长达一分钟的时间里我竟然说不上话来。我担心学生评语写差评,影响我终身教职的考评,下课后便立即跑到系主任办公室。系主任是一位温和诙谐的老教授。他宽慰我说,没有关系,我没有做错什么。系主任还告诉我,在课堂上教师就是"King"(君主),一切由我处理,如果有学生投诉,他会帮我的。有了这个"保证",我后来上课时心里就踏实许多。事实上,多数美国大学生还是比较有礼貌的,能够尊重老师,至少懂得照顾老师的面子,不在上课时当面质问老师。碰到有个别学生发难或刁难时,我也会理直气壮地警告他们,或者让他们下课后到我办公室去谈话。

在美国大学,上课上得好、学生普遍欢迎的多数是尚未获得终身教职的助理教授(tenure-track assistant professor)或者签短期合同的教员(adjunct/visiting assistant professor)。因为他们与获得终身教职的教授(tenured professor)不同,需要面临学生考评的压力。如果学生给的评语不好,就会影响升职,甚至有被终止工作合同的危险。2010年美国经济衰退,各大学普遍经费不足以致被迫裁减教员。当时我在UMD,系里要裁汰一位已经在本系教了20多年课的兼职教授。当人文学院院长的裁员通知发出后,很多学生纷纷来函要求学院留下这位老师,理由是他课上得非常好,很受学生欢迎。但是学院没有办法,还是坚持辞退了这位教师。相反,对于很多研究性大学的终身教授,学生的考评不再影响他们的教职,所以上课单调枯燥,不太顾及学生的感受。我在UB当助教的时候,就发现学生给历史系不少老教授的评语非常差,但后者对学生评语基本不予理睬,照样"我行我素",系里和学校拿他们也没有办法。

为了改变自己因为语言较差影响教学的被动局面,我采取了几个措施,如在讲课时增加趣味历史故事、加强师生互动,同时穿插放一些历史纪录片或历史题材的电影。但我最注重采用的,也是实践证明有效的方式是力争"扬长避短",充分发挥自己拥有的特殊经历、文化和知识背景多元化的优势。

在这方面,我采用的第一个方法是在讲课时突出自己是"时代的亲历人"的经历。我出生于"文革"期间,成长于改革开放的中国,亲身经历而且见证了中国在过去40年的变化历程和关键时刻,包括从闭门搞政治运动到开放与世界接轨,从20世纪60—70年代的计划经济到80—90年代建设市场经济,从"文革"的政治挂帅和法制缺失到1999年将建设社会主义法治国家写入宪法,从70年代末高等教育精英化到90年代末高等教育大众化等。至今记忆犹新的是1976年打倒"四人帮"后我在上海大街上看到的情形。1980年,我进入上海玉石雕刻厂自办的四年制工业中学学习。作为计划经济体制内的全民所有单位,上海玉石雕刻厂还是颇有吸引力的。当时正处于改革开放初期,很少人见过金发碧眼、穿着鲜艳的外国游客,而玉雕厂每天几乎都有外国游客参观。就读4年后,我在1984年16岁时正式进入上海玉石雕刻厂当"童工"(学徒工),本以为能够端上"铁饭碗",结果发现自己成了改革开放第一批改制的"合同制工人",每3年要签一次合同,那时内心还曾一度非常失望。由于对同龄人大学生活的羡慕,我决定辞职参加高考,并于1988年考进西安邮电学院经济管理专业。正因为是80年代读的大学,所以我对当时处于改革开放前沿而且如饥似渴了解外来文化、充满理想的大学生活有比较深刻的体会和感受。

我在美国大学讲到20世纪80年代中国历史时,经常用自己的切身体会让学生感受当时生动而又真实的大学生情况。那时的大学生对外来的新思想孜孜以求,对国家发展的理想以及改革开放热情拥抱。1992年离开大学后,我南下广州,"下海"在一家香港汽车杂志《腾飞的中国汽车工业》当记者。当时临近香港的广州和深圳是中国的改革前沿和标兵,现代化城市发展和市场经济活跃程度都超过上海、北京等传统大城市。1992年年初到达广州火车站时,我第一次看到了立交桥。当时中国最大城市上海仅在徐家汇有一条简易的高架桥,没有如此纵横交错的立交桥。广州人的穿着也比上海要更加开放,夜市更加繁华。我在香港汽车杂志社工作一段时间后,返回上海与香港经贸出版社和中国汽车销售总公司华东分公司合作创办《中国汽车工业集锦》专刊,该刊为1993年上海汽车工业展览会主要会刊之一。这一切都发生在改革开放的初级阶段。所以当我到美国大学教授中国、东亚和世界现代史的时候,可以通过讲述自己的亲身经历、所见所闻对中国改革开放、社会巨变及其存在的问题进行生动、真实而直观的介绍。对美国的大学生来说,这比其他从未"下海"的学者单纯照本宣科要更贴近当时真实的社会状况。

我的第二个优势是"丰富的游历"。1992年至1994年我当汽车杂志记者和主编时跑遍了中国大江南北100多个城市(除了西北和西南),其中很多城市去了不止一次,待了不止一天。只要是生产汽车或汽车配件的企业,我就基本上都采访过。尤其是1993年创办自己的专刊编辑部以后,我采访了将近100家汽车和汽车配件的生产和销售企业的领导,其中包括中国汽车工业总公司和主管汽车工业的物资部。几年的采访游历让我不仅深度了解了中国的汽车工业现状,而且对中国许多地方的风土人情、经济发展、政商关系和社会阶层有了直接和广泛的接触及认识。这也促使我以后的历史研究较为偏重全局性的社会历史问题,而非仅仅关注某一区域或时段的历史研究。在日后的历史教学中,我发现这些丰富的游历经历使我上课时对中国的地理、人情和文化可以娓娓道来,学生也听得津津有味,既增添了上课的气氛,又加强了学生对中国文化的兴趣。甚至促使有些美国学生决心转换专业到中国学习中国历史和文化。

1994年至1995年间,我在新加坡逗留了半年,对新加坡华人占多数的社会也有了深刻的认识。在美国教授世界文明史时,我有意多谈了新加坡以及其他海外华人的移民历史和现状。美国学生对新加坡很少了解,通过介绍我个人的游历,明显增加了他们对新加坡和海外华人的认知。认识到华人不仅生活在中国,还生活在新加坡这样一个美丽又炎热的城市国家。新加坡虽然面积很小,仅相当于美国一个小城,但高楼林立,经济技术发达,不仅保留着英国殖民地的影响(如英语和司法体系),而且还有美国的军事基地。

除了对中国和新加坡比较了解外,我在美国也去过大部分的州,对美国各地的差异也颇有心得。这在上课时可以拉近与美国学生的关系。比如,美国虽然不像中国有很多方言,但是不少地方有独特的口音。如在密苏里,本地(尤其是密州迈阿密市)发音与其他州有很大的不同。没有离开过自己州的美国学生都是第一次从我这里知道美国有些州的发音与自己有很大的不同。再举一例,我在纽约州和其他几个州居住的时候,亲眼见过美国黑人和白人种族隔离的严重情况。虽说20世纪60年代的黑人民权运动大大提升了黑人的社会政治和法律地位,但是在很多城市,黑人居住区和白人居住区都有显而易见的界限。而且小城市里面绝大多数都是白人,黑人则主要集中在大城市某些相对贫穷、混乱和落后的地区。所以我在上课时常常对美国学生感叹,这种心理上和空间上的种族隔离绝非短时间内能够消除。我从事教学的几个城市都是中小城市,90%以上居民为白人,而且大学里的学生几乎很少有少数族裔。黑人学生几乎没有。我在UMD的12年中,教过的黑人学生加起来不超过10人。从前不久美国明尼苏达州因白人警察暴力导致黑人死亡所引发的种族骚乱事件来看,美国社会的种族问题是个痼疾,短期内还是难以解决。

我最后的一个优势是"专业背景复杂"。前面已经提到过,与大多数科班出身的历史学人不同,我12岁就到了上海玉石雕刻厂学习美术、雕刻和篆刻。当我在美国大学教"中国文化史"时,可以详细介绍各种玉石的特点、长处以及现代玉雕的工具和工艺。玉石雕刻在中国和东亚至少有几千年的历史,各个朝代都将玉石作为名贵的礼物送人。各地贡献皇室的礼品中就有精美的玉雕作品。美国学生大部分只知道玉石是"Jade",但不了解玉石的品种多样而且五颜六色。其中翡翠的"翠"和红珊瑚是最贵重的。当美国学生听说花生米大小的翠绿玉石可以价值上万甚至几万美元时都很惊讶。当有的学生随身佩戴玉石时,我就"免费"为他们评估玉石的质材和价值,非常有助于活跃课堂的气氛。

我在大学里学的是经济管理,尽管现在很多专业知识都忘了,但是微观和宏观经济学中的一些基本概念依旧记得。在美国课堂上讲到亚当·斯密的《国富论》时,经常能用上微观经济学中的"看不见的手"或市场供需影响生产理论。讲到凯恩斯主义时又能用上一些知识,如政府干预救助和利率政策等。此外,20世纪90年代汽车杂志编辑和记者的经历让我能够对世界汽车工业如数家珍。研究生时期对美国外交史和中国法律史的研究对教授美国史、世界史和中国历史非常有用。谈到美国参加第一次世界大战时,我充分利用了硕士论文对威尔逊的外交政策的研究给学生提供详尽的历史背景以及剖析美国理想主义和现实主义外交理念的交替融合。这对于很多不太了解威尔逊的美国学生来说非常有意义,让他们进一步了解当下美国外交的历史渊源和影响。我在写作博士论文《天理抗争:中国上访制度》("Chinese Complaint Systems: Natural Resistance")时采访了几十个访民。其中有我与访民拍的合影。上课时我得以用真实的采访经历阐述中国上访制度的历史和困局。翔实的采访记录和照片有助于加强学生对中国上访制度的了解及其与美国上访制度的比较对照。

正因为有了上述三点与多数历史同道不同的个人"长处",我得以扬长避短把历史教学变得更生动、真实和有趣。这也是为何我的课受大部分学生的喜爱并在学生教学评估中始终保持较高分的缘由。有一个学生写道,我是学校少有的用激情(passion)上课的老师;另一些学生对我比较宽泛的知识面表示赞赏。当然,我也非常了解自己语言上的不足。正是有效发挥了自己的"长处",才得以较好地弥补自己的短处。

美国大学的历史教学和大学生

与其他国家一样,美国多数大学的历史教学还是以本国(西方)历史为中心,对东方历史虽然逐年愈发重视,但不少大学依然侧重美国历史和欧洲历史的教学。一些大学几年前甚至还没有世界史,只有西方文明史,亚洲历史的地位甚至还不如非洲历史。2001 年,仅有 59% 的美国大学开设世界历史课程,而设有世界历史博士点的只有 3 所大学。[①]除了比较大的大学有东亚、南亚和伊斯兰的历史课程外,很多中小型大学只有个别历史教师教授亚洲或拉美历史。举个例子,我在南密苏里州立大学教书时,大学的主要历史课集中于美国史和欧洲史。我自己就教了两年的美国史,直到 2008 年,我才开了"20 世纪世界史"。如果说很多大学世界史的教科书都持西方中心论,美国高中历史教科书中的西方以外的历史就更稀见了。其结果是美国大学生普遍对中国史甚至东亚史了解很少。有一个真实的笑话,一次上东亚史时,我问学生们知道哪几个中国的城市,他们回答北京和香港,很多人连上海都不知道。当我再问他们了解哪些中国人,他们只提到孔子和毛泽东。估计是因为孔子学院以及美国几乎所有中学历史教科书都对毛泽东有所介绍的缘故。除了这两个中国人,第三个就是我了,所以我对学生开玩笑说,从某种意义上来说,我与毛泽东和孔子齐名了,真有点"不胜荣幸"。虽然美国很多学生对中国历史不太了解,但是现在美国几乎所有的大学都有固定或临时教授中国历史的教授,而且他们中很多都来自中国。从这点来看,美国的大学还是比较开放的。而在中国,只有少数大学专门聘请了外国教授教外国历史,更不用说用中文授课了。

我所教过的大部分高年级美国大学生对外籍老师比较友好和尊重。但是低年级尤其是公共课的美国学生有不少对老师不太尊重。如我在南密苏里州立大学第一次上美国史时有一个学生问我"为何大学要找一个外国人来教美国史?"言下之意,美国史只能美国教师教,一个外国人如何能教美国史? 由于美国大学推重"人文教育"(liberal education),每个学生必须要修世界史或美国史。当我教世界史时,班上大部分学生是理、工、商、

[①] Ane Lintvedt, "The Demography of World History in the United States", in *World History Connected* vol. 1, no. 1 (Nov, 2003) https://worldhistoryconnected. press. uillinois. edu/1. 1/lintvedt. html

医科的学生。这些学生非但对历史了解很少,而且很多人觉得历史索然无趣,所以考试的时候往往有三分之一的学生不及格。而成绩不好又更加打击了他们学习历史的积极性。有一个学期,我的美国史班上的两个学生既不来上课,也不参加任何考试,但却又始终不退课。等到期末考试以后,我不得不给他们打 0 分。不久,一个学生给我来信说:"教授,如果你有[良]心的话,请让我及格吧!"我回信告诉这个学生,大意是:"我不仅有心,而且是红心[不是黑心]。但是不能随便给及格,因为你没有参加任何考试,也没来上课。"后来有个学生告诉我,这种学生修课是为了保持学生身份以便拿到政府资助。成绩不好并不影响他们的学生身份。在美国尤其是公立大学里,大部分学生都要自己付学费。不像中国或东亚其他国家的学生有父母支付学费。我曾做过一次专门调查,班上 90% 以上的学生每周打工至少 20 个小时,主要在餐馆或加油站打工。从这个角度看,美国大学生的自立能力比中国学生要强得多。一个学生曾羞愧地告诉我,他的学费由他父亲支付。我想美国学生普遍视打工挣生活费和学费为正常。但是打工时间长了,必然会影响学习,确实不少美国学生因为打工而影响到他们的成绩。

在美国上东亚历史课有时会涉及文化的差异。比如吃狗肉在东亚可能比较正常,中国广西玉林据说每年还有狗肉节。但是吃狗肉在美国和其他西方国家属于违法行为。每次上课讲到民国"狗肉将军"张宗昌时,美国学生都露出惊讶的表情。我对他们解释说,狗在中国文化中有时是贬义的,如"狼心狗肺""狗腿子"等。虽说狗对主人忠实,但对其他人就不一样了。我以前一个室友的妻子曾在美国街头被狗咬了,最后也没有得到补偿。而美国人吃的一些动物如熊、鹿、美洲狮等在中国也极少被当作食物。文化的不同导致对狗的认知不同。这样解释以后,可以帮助美国学生更了解和尊重其他国家的文化。

与其他国家的大学一样,美国的大学生有时为了提高分数会讨好老师,甚至恳求老师加分。我就遇到过几个这样的学生,他们的成绩有的并非不好,如B,属于中等。但是学期结束以后,有个学生来到我的办公室磨了十几分钟,希望我能提高他的分数。另一个学生在期中考试不及格后,也专门跑来恳求我是否能让她再考一次或者另外写一篇文章弥补她的成绩。因为,如果成绩太差,她将无法申请好的大学研究生。孔子说过,"君子成人之美,不成人之恶",对我和其他教师来说,学生都拿A也没有问题,只要他们的学习好。但是,我不能随便给分数,这是一种有关职业道德的原则问题。所以,在美国大学,我通常告诉学生:他们的成绩必须自己"earn it"(挣得),而非老师随便赐予。这样才对学习努力、成绩好的学生公平。

美国大学历史教材遴选和论文指导

美国大学历史教材的遴选与中国大学的统一规定教材有所不同,所有教材都由教授自己决定,即使是像美国历史和世界历史这样几乎每个大学生都要必修的课程也没有全国统一的教材。我前面已经谈到,美国大学普遍开设世界历史课程的历史并不长。随着世界历史课程的逐步普及,1994年加州大学洛杉矶校区和全国学校历史学科中心(National Center for History in the Schools)制定了一个全国世界历史标准以规范世界历史的教学和侧重点。①不过,作为标准的主要撰稿人之一的罗斯·邓恩(Ross Dunn)明确声明这个标准并非强制性的。大、中学校历史教师可以自主决定采纳与否。②

我第一次选择世界历史教科书时比较艰难,因为出版世界历史教科书

---

① National History Standards Task Force, Charlotte Crabtree, and Gary B. Nash, *National Standards for World History: Exploring Paths to the Present* (National Center for History in Schools, 1994); Gary Nash, "Reflections on the National History Standards", *National Forum* vol. 77, no. 3 (1997): 14.

② Ross Dunn, "Attack on National World History Standards", November 15, 1994, World History Archives, http://www.hartford-hwp.com/archives/10/006.html

的机构有不少,每本教科书都有自己的优劣势。比如有的世界历史教材依然偏重欧美中心史观,主要章节和内容都是有关欧洲和美国历史的,对于"次要"的国家和地区尤其是南亚、东南亚和拉丁美洲的历史几乎一带而过。①而其他一些教科书却走向另一个极端。为了避免欧洲中心主义,它们试图面面俱到,几乎所有国家和地区的历史都有表述。这样就给教师带来了不少麻烦。② 正如纽约大学教授拉维奇所说,没有人会了解一切世界历史,③如果教科书对每个国家都面面俱到,那么对教师的挑战则很大,而且没有必要。对我来说,理想的世界历史教科书对历史上的主要国家可以讲解比较详细,对一些不太重要的国家和地区简单提一下即可。

我最早采用的教科书是艾德勒与博威尔斯的《1500年以后的世界文明史》,④主要原因在于该书出版社提供了比较完备的教学资料如演示文稿和题库。但我很快就发现此书极其偏重欧洲历史。之后我将教科书换成了已故夏威夷大学历史系教授本特利等编写的《简明新全球史》。⑤ 该书有关日本二战时期慰安妇的内容曾经在2015年遭到日本首相安倍的抗议。⑥但是这本书内容太详细,力图兼容并包,对大部分地区和国家一视同仁,这就让教师和学生倍感负担。不久以后,我又重新采用艾德勒的教科

---

① 具有代表性的是 Philip Adler, Randall Pouwels, *World Civilization*, vol. 2 (Belmont CA: Thomson Wadsworth, 2008, 2012, 2017)。

② 具有代表性的是 Jerry H. Bentley, Herbert F. Ziegler, Heather E. Streets-Salter, *Traditions and Encounters: A Brief Global History*, Vol 2, 4th edition (New York: McGraw Hill Education, 2014)。

③ Diane Ravitch, *High School History Textbooks* (Washington D.C.: Thomas B. Fordham, 2004): 1-6.

④ Philip J. Adler and Randall L. Pouwels, *World Civilizations*, *Vol II*, *Since 1500* (Boston: Cengare Learning, 2018)。

⑤ Jerry H. Bentley, Herbert f. Ziegler, and Heather E. Streets-Salter, *Traditions & Encounters: A Brief Global History* (New York: McGraw Hill, 2016)。

⑥ Martin Fackler, "U.S. Textbook Skews History, prime Minister of Japan Says", in *The New York Times*, Jan 29, 2015.

书,并对书中一些重要国家如中国、印度、日本等加上了额外的内容。

除了教科书以外,我还给学生增加课外阅读量。由于世界历史内容比较多,而且大多数学生不是来自历史专业,所以我仅要求学生阅读一些原始文献和学术论著,并提交阅读报告(book report)或读后感。原始文献有马丁·路德1517年的《九十五条论纲》、马克思的《共产党宣言》、孙中山有关三民主义的论述等,有时也包括节选的 E. P. 汤普森的《英国工人阶级的形成》等。

在 UMD,我主要负责东亚史教学。其中中国史的教科书采用的是史景迁的《追寻近代中国》,这本书最大的优势是通俗易懂,而且价格便宜。① 当然,我上课绝非严格按照教科书,其中穿插了很多其他历史内容,包括我自己所研究的中国法律史和中美外交史等。中国历史属于高年级历史专业课程,除了让学生阅读原始文献如毛泽东的《中国社会各阶级的分析》《湖南农民运动考察报告》以及《关于正确处理人民内部矛盾的问题》外,我还添加了几本课外读物,如:史景迁的《王氏之死》和《太平天国》、张纯如的《南京暴行:被遗忘的二战大屠杀》和司桂福的《宋氏王朝》等。② 我上的高年级历史课还有"中美外交史",这门课没有固定的教科书,而是几乎每周让学生阅读一本专著或一些学术论文。我选用的主要论著有:阿库什等编译的《没有鬼的土地:19 世纪中期至今中国人对美国的印象》、亨特的《一种特殊关系的形成:1914 年以前的中国和美国》、邹镋的《美国在中国的失败》、陈兼的《中国走向朝鲜战争之路》、基辛格的《大外交》、图达的

---

① Jonathan D. Spence, *The Search for Modern China* (New York: W. W. Norton & Company, 1990).

② 这里提及的相关书籍的英文信息为:Jonathan D. Spence, *God's Chinese Son: The Taiping Heavenly Kingdom of Hong Xiuquan* (New York: W. W. Norton & Company, 1996); Jonathan D. Spence, *The Death of Woman Wang* (London: Weidenfield and Nicolson, 2008); Iris Chang, *The Rape of Nanking: The Forgotten Holocaust of World War II* (New York: Basic Books, 2014); Sterling Seagrave, *The Soong Dynasty* (New York: HarperCollins Publishers, 1985).

《冷战转折点:尼克松和中国,1969—1972》、沈大伟的《中国走向全球》、科恩的《美国对中国的反应:中美关系史》等。①

对于高年级的历史课,我要求每个学生写一篇比较专业的历史论文,必须采用至少 1—2 种原始文献和 3—5 种其他学者的论著或学术论文。只有阅读原始文献才能使论文站在比较坚实的基础上,二手材料或其他学者的论著仅是别人的观点。原始材料除了档案材料外,还有政府文件、自传和信件等。此外,每个学生必须做一个演讲(presentation),做完后,班上其他学生和我都可以自由提问,然后由这个学生回答。如果回答不出,这个学生必须在论文写作中进行修改,这样有助于提高学生的独立历史研究和写作的能力。我要求的论文长度在 7000—10000 字之间。有些学生的论文写得比较好的话,我就鼓励他们投稿到相关的学术期刊。我经常告诉我的学生,学期结束后几个月或者几年,我上课所讲的具体内容他们估计都会忘得差不多了,但是他们自己进行研究和写作的论文内容一辈子都忘不了。这点认识来自于我个人的历史研究和写作经验。写作时,我要求学生严格按照注释标准。不仅要"言出有据",而且必须"注释规范"。虽然美国历史写作中比较常用的是《芝加哥注释标准手册》(*Chicago Manual of Style*),但是不同的学报和出版社都有自己不同的注释和格式要求,所以我并不严格要求学生必须遵守哪一个标准,只要求学生必须始终坚持一种注

---

① 此处提到书籍的具体英文信息如下: R. David Arkush and Leo O. Lee, *Land Without Ghosts: Chinese Impressions of America from the Mid-Nineteenth Century to the Present* (Berkeley: University of California Press, 1993); Michael H. Hunt, *The Making of A Special Relationship: The United States and China to 1914* (Columbia: Columbia University Press, 1983); Tang Tsou, *America's Failure in China, 1941-1950* (Chicago: University of Chicago Press, 1963); Chen Jian, *China's Road to the Korean War* (Columbia: Columbia University Press, 1994); Chris Tudda, *Cold War Turning Point, Nixon and China, 1969-1972* (Baton Rouge: Louisiana State University Press, 2012); Henry Kissinger, *Diplomacy* (New York: Simon & Schuster, 2012); David Shambaugh, *China Goes Global: The Partial Partner* (Oxford: Oxford University Press, 2013); Warren J. Cohen, *America's Response to China* (New York: Columbia University Press, 2019)。

释标准,其中应该包括作者、论著名称、出版社或期刊名称,出版年份和页码。我本人 2007 年的一篇法律史文章被《斯坦福国际法杂志》(*Stanford Journal of International Law*)认可并同意发表,不过前提条件是修改注释。原本以为非常简单的事情却让我花费了几乎一年的时间才最终符合该学报的注释要求。其主要难点在于,法律论文注释要求与历史论文出入很大,每个格式甚至每个单词的要求都不一样。通过要求独立研究和注释规范,我相信学生在日后的历史或其他写作和研究中都会受益匪浅。

历史教学与职称考核

在美国的教学型或私立大学,教学任务占职称评定的比重往往高达 80%—90%,其余部分是参与大学内部和社区服务。而在一般研究型大学教学所占的比重就只有 20%—30% 左右,研究占 60%—70% 左右,剩余的是校内和社区服务。我在南密苏里州立大学教书时,教学好坏几乎成为教师升职的唯一标准,而对教学质量高低的认定主要通过学生对老师的课后评语。这迫使教授在课堂上百般讨好学生,课后对学生的关照也"无微不至"。毕竟学生的学费是学校的主要财政来源,加之美国高校数量众多、竞争激烈,学生的选择很多。如果学生不满意,就可以马上转校,这对学校和教师的压力很大。据一位在私立大学历史系任教的学友说,他的大学要求教授每周至少要有 10 个小时接待学生的时间(office hours)。而我原来所在的南密苏里大学也要求教授每周接待学生时间不少于 10 个小时。为了保证每年春季的考核顺利通过,我上课前必须勤奋备课,上课时经常穿插些风趣的历史典故和提问以提高学生的兴趣和参与度,课后则对学生来访态度热情,慎重批改作业和考卷,尽量避免不及格。如果遇到成绩不好的学生,就要将其叫到办公室"循循善诱",努力帮助其提高成绩。通过与学生的"亲密"接触,可以逐步了解到学生的个人痛苦(如打工和家庭困难等)。与学生交流多了,就会得到学生的信赖和支持。其结果是"双赢":

一方面学生的成绩得以提高,顺利通过考试;另一方面我的学生评语也比较正面,助我顺利通过教学年审。

这种职称压力在研究型大学则影响不大。教授接待学生的时间可以自己掌握,院系都没有特别的要求,一般从1.5—3个小时不等,也不需要特别讨好学生,学生评语在职称考核时也仅作为参考,主要看研究成果。因为我有在密苏里的经历,所以还是本着做一个对学生负责的教师的态度,尽力从学生角度理解学生的困难。上课时也基本保持以前的幽默和问答方式以提高学生的积极性。虽然无法博得每个学生的好评,还是能够得到多数学生的认可。从多年学生的评语看,绝大多数学生还是比较中肯公正的。当然一般而言,对我的授课方式比较赞赏的学生大多是成绩比较好的学生,而评语打分低的基本都是成绩刚刚及格或不及格的学生。虽然我并不知道哪些学生对我评价好或者差,但是我可以从一些连续修我历史课的学生基本都是成绩较好的这一点上找到规律。因为在我的课上成绩一般甚至不及格的同学几乎没有再次修我的其他课。

美国大学的"政治正确"

这几年愈演愈烈的"政治正确"在美国高校也时有所闻。有一年我到中国的一所大学讲学,有学生问美国大学是不是有言论自由。这个问题不易回答。确实,在美国大学,教师可以对上自总统(现任和前任)下到校长进行批评而不用担心有什么麻烦。我有一个同事是民主党的支持者,他上课时就经常严厉批评共和党总统的政策。导致支持共和党的学生到学校领导那里投诉,但是结果还是不了了之,没有任何麻烦。但是这并非说美国的大学教师可以有绝对的言论自由,可以对任何人或事嬉笑怒骂,极尽调侃之能。美国社会流行的"政治正确"(political correctness),也即政治上不可逾越的所谓"正确"的言论界限,常常让大学教师包括历史教师进行"自我审查"而不敢越雷池一步,否则轻则受到学生投诉、学校训诫,重则被学校开除,哪怕有终身教职的护身符也不行。尤其是有关性别和种族的言论更是要慎而又慎。有老教授曾告诫我说,谈到黑人,最好用"African American"(非裔美国人)而不要用"Black"(黑人),这样就不会有麻烦。虽然,我看到很多报纸和电台还是用"Black"。此外,还有一些其他言论也可能会给教师带来意想不到的后果。

2013年,堪萨斯大学的一位名叫古施(David Guth)的新闻系副教授(终身教授)被学校强制暂停教学一年,原因是他在推特上写希望美国步枪协会成员的孩子们都死去。这可能是他对其无视枪杀事件的气话。[①] 2014年,一位叫萨莱塔(Steven G. Salaita)的英语教授刚庆幸自己拿到了伊利诺伊大学英语系的教职不久,该校主管学术的副校长就泼了他一盆冷水,告诉他这个教职已经被取消,但没有给出任何理由。萨莱塔教授后来才发现,他对以色列的批评曾招致一个亲以色列的保守派组织的抨击,这成为他失去新教职的主要原因。[②] 如果说前一位教授因为诅咒别人的孩子死亡而遭到停职还可以理解的话,萨莱塔因为批评以色列而失去教职就有些不可思议了。这两个真实的案例说明了美国大学言论自由的有限性。

近几年美国社会上对女性的性骚扰事件层出不穷,不少议员因为被指控几年甚至几十年前的性骚扰而被迫道歉和辞职。前副总统拜登也被几个妇女指控拥抱时太紧。这些反性骚扰活动很快波及大学,有些女学生控告教授对她们性骚扰,有的教授因此而离职或受到学校训诫。事情一旦传出去,在学校顿时感到灰头土脸,无颜见同事和学生,家里也会产生矛盾。与中国大学不一样,美国大学禁止师生恋,除非学生已毕业或来自其他系,没有上过自己的课。正因如此,以前师生之间的正常友谊现在被蒙上了一层阴影。我校历史系主任告诉我,他现在已经不敢与女学生握手了,更别

[①] Charles Huckabee, "Kansas Board Says Universities Can Fire Employees for 'Improper' Tweets", in *The Chronicle High Education*, December 19, 2013.

[②] Peter Schmidt, "Denial of Job to Harsh Critic of Israel Divides Advocates of Academic Freedom", in *The Chronicle High Education*, August 7, 2014.

提拥抱了。

结　语

　　以上是我对在美国大学 20 年的教学生涯所做的简单回顾，主要涵盖了我个人对历史教学的体会和经验以及对美国大学历史教学、教材筛选、论文指导的一些看法。我在文中力图强调的是像我这样语言和学术经历与科班出身的同仁相比颇为逊色的人在美国大学教学的策略，即如何通过发挥个人的"长处"来遮掩自己的"短处"，以便让课堂教学更有趣味，使学生从我的真实经历和多种专业训练中更好地了解中国、东亚乃至美国的历史及文化。至少从我的学生评语中，我看到了这种策略的有效性。

在塔夫茨大学教中国通史

许曼(Xu Man,2002年出国留学,Man.Xu
@tufts.edu):美国塔夫茨大学历史系副教授。
北京大学历史系本科及硕士,美国哥伦比亚大
学东亚系博士。致力于中国中古史研究,尤其
关注女性与地方精英的历史。其研究涉及知识
史、艺术史、文学史、考古学、文化史和性别研究
等多个领域,发表了多篇中英文论文。专著
*Crossing the Gate: Women's Everyday Lives in Song
Fujian (960-1279)* 于2016年在美出版,中译本《跨越门间:宋代福建女性的日常生活》由上海古籍出版社于2019年出版。哈佛大学费正清中国研究中心性别研究年度工作坊的四位召集人之一,负责组织了性别与物质文化工作坊以及性别、家庭与法律工作坊。目前正参与剑桥大学出版社《剑桥儒学史》的编撰工作。

在美国教历史

笔者1995年离家北上,入学北大。当时文科院系的新生都安排在昌平园区,学生和班主任们住在同一栋楼,授课老师们则由学校安排班车在燕园和昌平园之间往返接送。对于刚刚高中毕业,开始独立生活的一帮年轻人来说,大学的一切都让人觉得新鲜有趣。然而当时的昌平园农田环绕,交通不便,颇有与世隔绝,关门闭户做学问之感。班主任罗新老师和教中国通史的张帆老师和同学们打成一片,经常带我们走出校园,看别样风景。犹记初雪时,我们成群结队,步行前往十三陵探幽;大雪初晴时我们去慕田峪长城,爬上荒草白雪的烽火台,远眺览胜;长假时我们一路西行,去山西看云冈石窟,访五台山古寺。后来的几年里,我们九五级历史系浩浩荡荡的三十人队伍,又集体去了山东、甘肃和青海。两位博闻广识的老师给我们讲了好多所到之处的悠久历史和风土人情,读万卷书,行万里路,大约就是他们对我们这些历史系学生的期待和训练。

回到燕园后的日子热闹了起来,当时的历史系在静园草坪旁边的二院,而畅春园附近则新修了中古史研究中心。因为对中古史的兴趣,我上了一些相关的课,授课老师们多是中青年才俊,如阎步克老师、荣新江老师、王小甫老师、李孝聪老师、刘浦江老师,他们知识渊博,学者风骨,传道授业解惑,为学生们竖起了求学之路上的一个个标杆。大三那年,邓小南老师的女性史课程让我产生了浓厚的专业兴趣,后来也幸运地成为她的研究生。邓老师治学严谨,又勇于创新,令人高山仰止,对学生却是春风化雨,关怀无微不至,在她的悉心教导和鼓励下,我决定研究生毕业后出国深造。

2002年我赴美留学,有幸师从韩明士(Robert Hymes)和高彦颐(Dorothy Ko)老师,结合二者的学术专长,专攻宋代女性史。与此同时,哥伦比亚大学的学术训练也让我有机会拓展视野,从诸多不同学科中汲取知识和灵感。商伟老师的文学研究、李峰老师的考古学、韩文彬(Robert Harrist)老师的艺术史,都给了我方法论上的启迪和帮助,也让我体会到了历史研究和教学中多学科视角的魅力。

我在哥伦比亚大学读博士期间一直给"中国通史"课做助教。毕业后做博士后,开始独立授课,至今十年,先后在三所不同类型的学校教授中国/东亚史的相关课程。2012 年我正式入职塔夫茨大学(Tufts University),成为历史系唯一一位研究和教授中国历史的老师,除去一些专业课程,每年秋季还需要开"中国古代史"(History of Pre-modern China)的通识课,春季讲"中国现代史"(History of Modern China)。初来乍到之时得知,这两门课在系里已有多年的传统,在学校课程体系里也有固定的编号和简介。古代史和现代史的分界线在原本的教学里被定在 19 世纪中叶的鸦片战争。这一历史分期的依据是第二次世界大战之后美国学者费正清学派提出的"冲击回应说"(impact-response)。根据这一理论,中国一直以来都是传统社会,直到鸦片战争时期受到西方的直接冲击,作为回应,才发展出现代性。这一学说在 20 世纪五六十年代成为美国东亚学研究的主流,对美国高校的中国史教育产生了巨大而深远的影响。然而从 70 年代开始,欧美学界出现了越来越多不同的声音,质疑和反思"冲击回应说",学者们批判东方研究中的西方中心主义和文化帝国主义,从多个角度去分析中国人自己的经历和记述,试图重构以中国为中心的中国史。①

史学界的新动向也反映在中国史教科书上。从 20 世纪 90 年代开始,美国出版的中国现代史教科书也基本是从晚明时期谈起。②立足于此,我给学校的课程委员会提交申请报告,将"鸦片战争前/后"的提法从原有的通史课中删除,抛开西方中心论的偏见,重新撰写课程介绍,贴合最近二十年英语学界中国史研究的发展走势。美国学生在中学时代对历史的认知往往受西方中心史观的影响,学习欧美历史的机会远多于世界上其他的国家

---

① 对"冲击回应说"直接和集中的早期讨论,参见 Paul A. Cohen, *Discovering History in China: American Historical Writing on the Recent Chinese Past* (New York: Columbia University Press, 1984)。

② 最典型的是史景迁的《追寻现代中国》从 1991 年、1999 年到 2012 年,先后三版,开篇都是晚明。

和地区，对中国和中国历史的理解相对模糊和单一。而大学里的中国史课程为他们提供了一个新的批判性视角，用开放的眼光来看待世界的多样性，重新审视并调整他们的历史观。因此中国古代史和现代史通识课的分期断代其实就成了一个很好的切入点。我在上课时也刻意做一些史学史的回顾，给学生讲述中国通史课程在本校（塔夫茨大学）历史上的名称和分期变化。以此展开话题，告诉学生：历史是已经发生了的过去，不可能再有改变，然而现时的人，包括历史学家，会持续更新和调整自己对历史的解读和看法；现实社会中我们身处的政治环境、社会氛围、学术潮流，往往会触动我们对历史问题的再思考，所谓的权威性的史学观点可能只是昙花一现，而经典学术思想的活力也得益于后人的不断补充、修正和发展。历史观的变迁是一种常态。

我的中国古代史和现代史课程都是开放性的全校通选课，来上课的学生大多不是历史专业的。每学期的第一节课，我让大家做自我介绍时，常常会听到他们说这门课是他们在大学上的第一门历史课，他们完全没有接触过中国历史，大部分人也没有去过中国。来上这门课全凭一腔兴趣和热情，一切从零开始。设身处地地去考虑，走出舒适区，面对一门全新的学科，学习一个完全陌生的国家的历史和文化，是一个相当大的挑战。学生们在学习中表现出的热情、勇气和认真的态度，对我触动很大，而我在教学过程中也不断地鼓励他们：我们每个人虽然历史知识参差不齐，却都是历史的创造者，也是历史的产物。作为历史的亲历者和见证人，无论是作为专业历史学家的大学教授，还是没有任何专业素养的普通大学生都有话语权，都能建构自己的历史知识，表达对历史的看法。

学生中有相当数量的人是理工科背景，有他们习惯了的思维模式，在看待事物的态度上往往对错分明，非 A 即 B。而历史并不是一个旨在提供唯一正确答案的学科，每个人看待问题的角度不同，得出的结论可能千差万别。而这种对多视角的认可，和对多样性解读的包容，正是历史的复杂性和魅力所在。我们无法去百分之百地重构已经发生和消失了的历史，历史遗留至今的都是一些零散的碎片,而多角度的解读能让我们看到尽可能多的历史侧面,增强画面的完整性。我让学生们每周提交读书报告,课堂上鼓励他们多多参与课堂讨论。我把自己定位为他们学习历史的引导者,而不是灌输或者说教的人。在讲课的过程中,我会不断地给他们抛出问题,引发思考,他们也可以随时向我提问。

教学相长发生在频繁的互动中,学生思想的犀利和锐度让我感到欣喜,同时他们自身的意识形态背景和对时事的关注又让我意识到历史教育对这群年轻人的重要性。有些学生希望发挥历史的现实价值,会主动把历史事件联系到当今社会热点,站在21世纪的立场去批判数百甚至千年前的中国历史。比如在对中国古代社会性别问题的讨论中,有时候会出现对"男尊女卑"的批评和对"男女平等"的肯定与推崇。比如儒家经典中的"夫为妻纲"和女子的"三从四德"被视作荒谬的理念,而传统法典中对夫妻量刑的差异则被简单地理解为政府层面的性别歧视。然而这样去讨论历史本身就是危险的反历史的唯今主义(presentism),看到的只能是现代文明视角下的黑暗与野蛮。历史的课堂并不是要搞清是非对错,施加道德评判。我一方面充分理解学生对历史的感触和情绪,尊重他们的立场,另一方面强调现代的研究者需要有同理心去考虑历史人物的经历、处境和想法,把所有的历史事件放在具体的历史情景中去分析和理解,而不是发挥同情心,居高临下地把当下的价值和观点强加于历史人物。比如在研究传统社会的女性时,与其笼统地将她们看作时代的牺牲品和受害者,怒其不争,扼腕唏嘘,不如设身处地地去了解她们身份的多样性,理解她们的日常生活和行为动机,发掘她们自身的能动性。

选我课的大部分学生没有中国历史的背景,他们在中学阶段了解的多是西方历史。中国,尤其是古代中国,在他们的印象中是神秘而遥远的东方国度,和他们的世界并没有交集。为了扭转这一刻板印象,消解学生对中国历史的陌生感,我的通史课程都是从他们熟悉的西方文明开始讲起,一步步导向中国。古代史的开篇是回顾人类早期的几大文明,在其中探讨中国文明的特殊性和持续性,追根溯源。现代史的第一节课,会谈中世纪十字军东征、基督教与伊斯兰教的冲突、东方的奢侈品运往欧洲的交通路线、拜占庭帝国的消亡、航海大发现使亚欧之间的直接联系第一次得以建立、中西贸易繁盛等。在教材的选择上,古代史用的是韩森的《开放的帝国:1800年前的中国历史》[1],现代史用史景迁的《追寻现代中国》[2]。这两本书都有宏大的架构,把中国历史放在世界文明的框架中加以讨论。在课堂上,我一再强调中国不是遥远而封闭的异国,从上古开始,中国与世界上其他地区的联系就从未中断过。我给学生介绍近些年新史料的发掘、多学科研究方法的采用和全球史研究的成果,让他们认识到历史上不同地域之间人群的交流和互动比我们想象的还要深入和广泛。国家内部以及不同国家和区域之间的人员、物资和思想流动在官方和民间的层面上一直存在,持续不断地给中国文明注入活力。

  中国通史分成古代史和现代史两门课,不少学生会两门课都上,而更多的只选其中一门。为了不切断彼此之间的关联,我在现代史的课上会回顾古代史的一些重要概念,在古代史的课上也会经常提到现代史上的事件。古代史,尤其是早期历史的研究很大程度上是建立在现代考古学之上的。在讲授商代文明时,我会介绍甲骨文研究的历史——从清末的疑古学派到甲骨文的发现、南京国民政府黄金时期中研院的设置、在殷墟考古项目中成长起来的中国现代考古工作者在1937年抗日战争全面爆发后为保护运输甲骨文而颠沛流离、40年代末大量甲骨文运往台湾、80年代两岸学者在甲骨文研究上开始沟通,再到20世纪末的夏商周断代工程。

  现代中国学者对古代文明遗迹的搜寻贯穿整个20世纪,其中风云变幻,因缘际会,交织出跌宕起伏的中国现代史。后母戊大方鼎作为现存世

---

[1] Valerie Hansen, *The Open Empire: A History of China to 1800*, Second edition (New York: W. W. Norton & Company, 2015).

[2] Jonathan Spence, *The Search for Modern China*, Third edition (New York: W. W. Norton, 2012).

界上最大最重的青铜器,在抗日战争中出土,战争结束后运往南京博物院,拟运往台湾未果,50年代又落户北京的历史博物馆,作为国之重器的上古礼器目睹了现代国家的政权交迭。刻成于公元781年的《大秦景教流行中国碑》在晚唐的会昌灭佛中埋入地下,明末时出土,正值欧洲耶稣会士来华传教,影响力日盛,景教碑被他们用来佐证基督教传入中国的悠久历史,有清一代,真伪之争一直存在,清末时丹麦人买下此碑,因政府干涉,只能将仿制品运到美国,后又送至梵蒂冈。一块中古碑刻既串起了基督教东行入华的历史,也见证了20世纪复杂的中外关系。

我经常听到在其他高校执教的朋友说起,在美国本科生中中国现代史比起古代史更受欢迎。这一点我很能理解,随着近些年中国经济的崛起,越来越多的美国学生对中国产生了强烈的兴趣。学习中国现代史,看中国如何一步步发展成今天的模样,为他们了解当今中国提供了一个重要窗口。比起古代中国,现代中国与当下中国的联系似乎更为紧密和明显。然而眼下的中国是千百年悠长历史的产物。在现代史的课上,我会直截了当地告诉学生如果缺乏中国古代史的知识,我们对现代中国很多方面的了解都会是片面而无法深入的。为此,我在现代史的课上时常会讲解古代史的一些重要议题,让学生有机会在长时段的大框架下检视历史的延续性和变迁。让我欣喜的是,在塔夫茨大学,中国古代史的课程和现代史有着同样的人数规模,一直都是满员,很多学生会循序渐进,从古代走向现代,同时也有不少上过现代史的学生会出现在我的古代史课上,追根溯源。

在通史课,尤其是中国古代史的课上,我会一再强调历史是活的。发生在数百甚至数千年前的历史,影响力绵延不绝,至今仍构成中国文化的重要属性。例如,天圆地方的宇宙观在新石器时期的玉质礼器上已经表现出来,秦大一统确定的标准铜币样式延续两千多年,明清时期帝王重要节日祭祀的去处——北京的天坛和地坛(一圆一方),以及为2008年奥运会兴建的体育场馆——鸟巢和水立方,对称坐落于北京城南北中轴线两侧。天圆地方的主题,跨越六七千年的时空,以不同的形式影响着从古至今中国社会的诸多方面。可见在中国,遗留下来的历史并不只见于历史名胜古迹和博物馆,它在如今中国人的日常生活中处处有迹可循,这种切不断的历史延续性有些时候还会被刻意地强化和利用。当全世界的年轻人不可避免地被裹挟在全球化的洪流中,西方文化也对中国当代的年轻人产生了重大的影响,与此同时,本土文化的保存与弘扬也是他们关心的。比如,我给学生看一些制作精良的介绍中国传统建筑的小应用程序的宣传片,画面美观,节奏感强,中英文双语。中国年轻人对历史传统的理解和加工,融合了现代工业和科技,这些不仅能吸引美国学生,让他们对中国古文化有更直观的感受,同时也让他们找到了与当今中国新生代的共同语言。活的历史是沟通古今中外的一个重要媒介。

中国当代不少年轻的设计师在历史中寻求艺术灵感,对历史文物进行再创作,比如近几年的故宫文创热度一直在上升,这也是我在讲明清历史的时候经常会提到的。在课上讲到八旗制度的时候,我给大家看故宫八旗布偶娃娃的宣传照,在他们看得乐呵呵的时候,我会抛出一个问题:"这是历史吗?"学生观点各不相同,会给出很多有意思的解答。上课前我已经安排大家阅读了明清之际汉人眼中、笔下的身死、城破、国亡,这些文本中呈现的八旗印象是相当负面的,反映出的是战争的残酷,这些和我们看到的可爱的八旗娃娃在紫禁城大雪中笑眯眯的照片,似乎完全割裂。然而这些八旗娃娃的装束又相当生动形象地再现了历史上八旗兵士的盔甲服饰,而它们摆拍时依照的顺序和历史上八旗体制内的等级制度也是一致的。如果我们讨论的是清朝历史上的八旗,这些娃娃并不是真正的历史,但它们是当代人对历史的再呈现和再创造。发生过的历史会被后人有意识地利用和改造,服务于不同的政治、社会、经济、文化目的。

故宫的年轻设计师们对历史的利用以多彩的文创作品形式出现在公众视野中,这背后的动机是什么呢?学生们积极踊跃地表达自己的观点。在总结他们发言的基础上,我会做进一步的阐述,和他们分享我自己的想法。故宫文创作品在故宫博物院内的纪念品商店和淘宝网上都有售卖,销量不俗。设计师们多是年轻人，他们关注亚文化，重新打造历史主题，加以商业化，服务于当下中国高速发展的消费主义，为博物馆的创收和发展开辟了有效的途径。网络购物的主要消费者也是年轻人，可爱又独特的产品迎合了他们的"萌文化"审美品味，也巧妙地在历史与大众文化中间架起了沟通的桥梁，有助于传播和推广历史知识。2019年故宫博物院和美国"最会玩"的饼干品牌奥利奥联名，将明清宫廷的点心风味融入奥利奥，创新口味，中西合璧，在网络上收获了大量粉丝。讲到明清紫禁城时，我把包装既古风又新潮的故宫奥利奥饼干带入课堂，请同学们尝鲜，让他们充分调动各种感官来感受21世纪中美合作下历史的创新与价值。

我的课堂经常在历史与现实之间穿梭。我会用一些话题把它们串联起来，帮助学生梳理一些重要议题的古今之变。在选取话题时，我考虑到美国大学生对时事的关心，会推荐学生阅读一些近期美国主流媒体上和中国相关的新闻报道，在课堂讲授时将它们与历史挂钩。例如2014年11月奥巴马访华的瀛台夜话，我和学生分析清代政治史上和瀛台相关的一些重要片段；2017年秋天特朗普访华时，我的古代史课程正讲到唐代，我把特朗普在故宫的行程中的一些细节拿出来，比照我们学到的唐史知识；2018年中国政府与梵蒂冈关于主教任命达成临时性协议，我在课堂上借此帮助学生厘清清中期到民国以及共和国时期中国与梵蒂冈的关系，以及基督教在中国的发展。这样既照顾到学生的兴趣点，鼓励他们开阔眼界，也让他们认识到历史和现实的联系，很多当下的问题需要到历史中去寻找答案。

通史课上历史专业的学生不多，就算是历史系的本科生毕业后从事历史工作的也是凤毛麟角。我并不指望课上的学生以后能当历史学家，但我希望在历史系开设的课程上他们能接受基本的历史学科训练。在课程安排上，大量的阅读材料、每周的读书报告、频繁的课堂讨论，都是为了培养学生的批判思维和读写能力。我的每门课都要求学生做研究课题，期末口头发表并提交论文。在指导课题时，我给大家介绍历史学家的基本工作：搜寻和分析原始材料，在既有研究成果的基础上发展自己的论述和观点。

原始材料大致可以分为两种类型：文本材料和视觉/物质材料。传统史学主要依托于历史上流传下来的文献资料，然而历史上的社会精英阶层毕竟是少数。占人口绝大多数的普通人并没有识文断字的能力，也没有留给我们任何记载。近些年对物质图像资料的挖掘为我们重构边缘人群的历史发挥了突破性的作用。我希望学生在课上能有机会接触真正的原始材料。可是上课的美国学生中能阅读中文的人很少，更不用说古汉语了。我们平时的文献阅读只能依赖于一些学者的英文翻译，而很多古汉语的微言大义在翻译的过程中会有所缺失。为了弥补这一缺憾，我让学生近距离去接触和观察图像和物质材料。我要求所有学生在上课期间去一趟波士顿美术馆（Museum of Fine Arts）。古代史的学生需要在博物馆找到一件自己感兴趣的商周青铜器，仔细观察和倾听，把它还原到当时的历史情景中去，发掘它的历史和文化重要性，通过它去了解商周社会的一些方面。现代史的学生选择更宽泛，他们需要找寻一个清代的物件来写博物馆论文。而在哪些展馆能找到清代的物品是他们首先需要解决的问题。除了几个中国展馆的集中陈设，不同主题的展区也有一些零散的清代物品。比如18世纪欧洲贵族的家居装饰中点缀了中式家具，19世纪美国富豪定制的中国瓷器上有自己的家族徽记。学生很喜欢这种寻宝之旅，他们找到的物品以及博物馆呈现这些物品的场所和场景，也让它们看到了物品的流通性和生命力，因此加深了对历史上世界不同区域之间交流的认识。

在古代史的课上，由于时间限制，我们没法面面俱到。有些重要议题也只能匆匆带过，但我也希望学生在课后能自己多学习。比如儒释道都是中国文化的重要组成部分，三家里面，我在课上重点讲解的是儒家，佛道两家我交给学生通过做小组课题来自学。期中考试之后，我会把期末课题的要求发给学生，主题是佛教/道教与物质文化，学生根据自己的兴趣开始思考可能的课题。然后我会安排一节专门的课，给大家介绍历史学的研究对象、材料、方法、物质文化研究的取径与意义，并请专门的图书馆研究人员介绍如何充分运用图书馆的资源寻找原始材料和学者的研究著述。之后给同学们时间互相交流，让他们自己寻找小组成员。定好组员后，他们一起做"头脑风暴"（brainstorm），讨论课题方向，我和图书馆研究人员也会听他们的想法，给予必要的指导。接下来，他们会在课外有频繁的接触和互动。定好研究课题后，首先需要提交开题报告，接下来是参考书目，期末时在班上做口头报告，回答同学们的问题，最后提交书面的研究报告。每一阶段我都会给他们一些必要的反馈和建议。中间改换课题的事情也时有发生，我告诉他们这在研究中是很常见的。学生们这样一步步走下来，其实是经历了一遍人文学科最基本的学术训练。学生对此有很好的反馈意见，比起课堂上老师的讲述和讨论，他们自己主动去想问题，动手找资料来解决问题，更能集中地锻炼批判性阅读、思考和写作能力，正是应了"纸上得来终觉浅，绝知此事要躬行"。

每学期第一次上课的时候，我都会给学生做自我介绍。在古代史的课上，我会侧重讲自己的求学之路以及研究中的一些趣事。我从20世纪90年代入读北大历史系到之后留学哥伦比亚大学读博士，师从中美多位学者，受益良多。除了与学生分享自己在中美接受不同类型教育的感受，我还会谈到近些年我在中国做实地考察的经历。在国家图书馆特藏部朝九晚五打卡抄录墓志铭拓片；在人迹罕至的古寺瞻仰唐宋古建和雕塑；在幽深的古墓中借着手机的光亮凝视来自千年前的壁画，叹服于它们流畅的笔墨和鲜丽的色彩。比起课本上的知识，这些生动的经历更能让学生了解历史学家的工作，拉近与历史的距离。

在现代史的课上，我在第一节课自我介绍时，用自身的经历引出中国自20世纪70年代末至今的发展与变化，从"文革"结束、改革开放、计划生育，到高等教育、高铁交通、信息时代、留学潮的低龄化等。美国学生对这些话题往往有个大概的印象和判断，比如他们对中国计划生育的理解一般是站在人权的角度加以评判，然而计划生育本身是一个相当复杂的问题，单一的视角其实是对历史的简单化和片面化。我自己是计划生育政策开始后出生的第一批独生子女，在给学生讲述的时候，我会提到计划生育政策的历史演进、城乡差别、民族差异、对男性和女性不同的影响、涉及的社会性别问题，以及人口老龄化问题等等。阶层、族群、年龄、性别，这些历史学者关注的重要元素被还原到历史的具体情境中去，学生对历史问题的理解就会更加全面和深入。

在讲到20世纪的重要历史事件时，我会带入自己和家人的经历与感受，与学生分享一个普通中国家庭过去几十年的所见所闻所感。历史的主体是人，然而在历史课本上，有详细描述的人物多是在历史上发挥重要作用并且有充足的历史记录的个体，沉默的大多数则往往以群像的方式出现，面目模糊，意识不明。我的回忆与描述提供给学生更多的素材和角度来思考历史问题，而每年的期末课程评价中都会有学生提到和肯定这一点。在我的课上有少数的中国留学生和在美国长大的华裔学生，他们受课程启发，也会去和自己的长辈交流相关话题，询问父母和祖父母的经历，交流想法，这也为他们提供了与家人沟通和重新认识自己家庭历史的契机。每个家庭的过去都是不一样的，这些学生会主动在教师答疑时间（office hours）和我分享他们的见闻和感受，在对话与交流中，大家对历史多样性和复杂性的认知也在加深。

作为一所综合性的研究大学，塔夫茨对教员个人的学术研究有着很高的期望和要求，同时它拥有悠久的文理学院教育传统，对教学中的师生互动也相当重视。学生们背景各异，专业不同，却能同时出现在中国通史的课堂上。迄今为止我教过的近千名学生中，有些人选课是出于对中国的关注和现实的考虑，有些是为了专业的精进，有些是因为家庭的关系，而有些只是为了完成通识课的学分要求。尽管目的不同，基础不一，年级有差，对待课程的认真与投入以及时常迸发出的思想火花却让我倍受鼓舞。他们给了我很多的惊喜、感动、启发和鼓励，而他们在对历史的学习、了解和质疑中培养出的独立思考能力和批判性思维，以及在探究中国文化中发展出来的比较、反思与包容的全球性开阔视野，也将陪伴他们成长，砥砺前行。

从文理学院到州立大学
——在美国教学型大学教历史

陈丹丹(Chen Dandan,2003年出国留学,dandanchen2005@gmail.com):南京师范大学学士,北京大学硕士,哈佛大学博士。现为纽约州立大学法明代尔校区历史政治与地理系副教授(终身教职)。研究领域为现当代中国文学、文化与思想史,兼及明清史。在海内外中英文学术期刊发表论文二十余篇,小说创作发表于《青年文学》。曾为《上海壹周·小文艺》头版专栏长期作者,为《上海教育》杂志撰写"东西相鉴"专栏,也曾为《文化纵横》《书城》《东方早报·上海书评》《新民周刊》《南方都市报·阅读周刊》《时代周报》《澎湃》等报刊与新媒体撰写多篇文化评论与关于美国文化与教育的文章。现任中国法律与历史国际学会财务长(2014—),曾连续担任中国留美历史学会理事会理事(2014—2021),并获中国留美历史学会2016年度学术优秀奖和2020年度服务优秀奖。

在美国教历史

本文旨在回顾我在美国教书的 11 年中分别在文理学院与州立大学教历史的经验与感受。美国的文理学院历史悠久,传统深厚,在其中教书,体验别致,其开学与毕业的仪式感、下午茶、小班教学,还有学校乐团与戏剧团体的演出令人难忘。同时,目前这个时代也目睹了文理学院的式微,在 2008 年金融危机与 2020 年新冠肺炎疫情的冲击下尤甚。从文理学院到州立大学,两者位置的升降,正呈现了美国高等教育的某种现实维度。州立大学低廉的学费、与社区大学的密切联系、以就业为导向的教育模式,为大量一边读书一边兼职或全职工作的"普通人家的孩子"提供了接受高等教育的契机。时代的变迁也召唤着在线教育/网络教育的蓬勃兴起。

象牙塔之内的训练与成长

如今和一些朋友聊到他们/她们工作一段时间后读博士的经历,会感叹这样的经历其实并不是通常所说的浪费时间,因为走出校园之后再选择回来,会更知道自己要做什么,目标会更加明确,行动也会更加勇往直前。反思起来,如果以我现在的阅历去重新回到研究生院读博士,一定会更有效率。但在 2009 年开始在大学教书之前,我从未离开过校园,也从未进入社会工作过,可谓一直在象牙塔中成长。现在回想起来,可能"纯粹读书""读书至上"的理念压过了"以终为始""以结果为导向"的工作方法,于是一方面自己比较累,另一方面容易阻滞于"完美主义"的陷阱。

2000 年我有幸考入北京大学中文系攻读硕士研究生。2003 年我又有幸获得哈佛大学东亚系攻读博士研究生的机会。在北大或者哈佛这样的一流高校,硕士和博士研究生都是自己给自己加压,自己找课上。比如在北大中文系,我会听各个系的讲座,也去哲学系听过课,中文系各专业的好课,也是不分专业都不愿错过。在哈佛,我虽然在东亚系,但自己会找英文系、比较文学系、历史系的课来上,后来因为选择"西方政治哲学"作为博士资格考试的三领域之一,又开始跟政治学大家曼斯菲尔德教授上了不少西方政治哲学课程。除了自己找课上,还要自己找书读。在北大读研,就经常立下"今晚必须读完某本书"的宏愿。到了哈佛,进入新领域,要读的中英文书籍更多。大家都知道美国一流高校课程的阅读量,每周几百页是家常便饭,而除了课上阅读材料,还有相关的学术著作。哈佛借书不限量的优势,使得我经常一旅行箱一旅行箱地去图书馆拖书,还曾经被法学院的图书馆员惊呼"我永远不会忘了你!"相信这样的经历是在美国高校读博士的许多同仁共同拥有的。有一流的课要上,一流的书要读,于是整天处于许多书还没有读完、很多东西还没有研究透的焦虑之中。(当然,这种学术上的焦虑感现在仍然存在,也许永远不会消失,但在读博时可能尤为强烈。)此外,不论读硕士还是读博士,基本上读书是以"全集"为单位,即某个大家,一定要把他/她的全集读一遍。写论文查资料也是以"穷尽"为单位,有把所有相关研究资料都找到的强迫症。

在哈佛博士入学之前,有专门面向国际学生的英语特训营,其中包含一节试讲课。但追求更深学问的学生很有可能忽视这样的实用教学法训练。博士开学后醉心于各门高深专业课,也没有怎么关心教学中心有什么具体的教学培训。倒是在博士第四年开始做核心课程的助教时,教学中心会安排一节助教课录像,教学中心的专职教师可以在其后和你重看录像并进行分析,提一些建议,当时感觉还挺有收获。但总体而言,基于哈佛本身研究型大学的性质,很多博士候选人还是更多会在专业之"精"的层面下功夫。所以当时在为杜维明教授主讲的"儒家经典"核心课程做助教时,我准备的讨论课的内容也多偏于高深,会补充许多中文原文与相关诠释,但对不了解儒家思想的学生而言,这些可能过深了,这也是"完美主义"的陷阱吧。如今回想起来,如果当时拿读经典的时间去学习"教学法",多快好省地掌握一些关键教学法,还是很有作用的。当然这也是在开始教书后,基本上把所有时间都花在教学上之后才悟到的。所以在教书之后,我都会尽可能找时间参加美国历史学会年会(American Historical Association Annual Meeting)上的教学工作坊,也专门去参加过全国范围内的教学法培训和批判思维的教学培训。当然这是后话了。

走出象牙塔，开始教历史

如前所述，第一流研究型大学会给如我这样的博士研究生带来一种"迷思"，即读书时只想到追求自己喜欢的纯粹的学术，而没有想到如何与就业市场相关联。因为我自己喜欢中国近现代思想史，所以博士论文选择了从张君劢入手，探讨现代中国伦理与政治的互动。选择这个题目的另一个原因是，从张君劢入手，还可以探入我喜欢的德国哲学。当时选择这个题目纯粹是出于自己对思想史与哲学的偏爱，虽然我其时已经知道在北美东亚研究的历史领域，思想史研究似已式微，但好像就是有一种固执，没有去追逐所谓学界热点。哈佛作为研究型大学，好像导师们也很少会在你一进门就介绍怎么可以更好地找到工作，于是在我这儿，就出现了这样的状态：前五年就是单纯地找课上，找书读，准备资格考试，继续找书读，似乎要研究遍中国近现代思想史的所有问题。然后到了 2008 年，博士读到第五年，在多年的读书焦虑与重压下，突然想赶快写完论文毕业了。

众所周知，2008 年金融危机爆发，但作为埋头研究的象牙塔中的一员，我似乎并未对此有很深的感受，当时的强烈意愿就是尽快毕业，于是我就在秋季开始了误打误撞的找工作之旅。一面是毫无经验地准备求职材料，一面是因把握时间不当而错过了不少招聘的截止日期。懵懵懂懂之中，我最终还是拿到了 9 个不同学校历史系职位的第二轮面试邀请（第三轮就是最后的校园面试，候选人减为 3—4 人）。照惯例，这些临近年底通知的面试将在来年 1 月举办的历史学会年会上进行。当年（2009）的年会在纽约举行。因为时间很紧，我临近面试时还在做准备、改材料（比如准备课程设计等），原来预定的坐大巴去纽约的计划不得不临时变更为朋友帮忙驾车前往。现在想起当初乘坐朋友小车直入时代广场去找开会的酒店，仍然印象深刻——以一种奇异的方式瞬间突入大都会的心脏，同时带着无限茫然与不得不如此的忐忑。

若干年后,回想起来,当年的就业市场的确惨烈,我最终接受的工作是去纽约上州一家小型文理学院威尔斯学院(Wells College)教世界史。该学院的教学任务非常繁重,每学期要上3门课。当时的我还不会开车,又因为种种原因,原定在学校附近的租房计划泡汤,我不得不住在50分钟车程之外的绮色佳(Ithaca)小镇(也就是康奈尔大学所在地),每日步行10分钟到学校大巴载客处,搭乘大巴去往学校,上完课又要花一小时才能回到家。于是在大巴上的几十分钟也都是我备课的时间。回程有时会去康奈尔大学的图书馆借书(因为学生可以去康奈尔大学修课,所以康奈尔大学也是学校大巴的停靠站之一),再拖着一行李箱的书搭下一趟车回家。

第一学期要教的是世界史必修课,以及我自己设计的中国史和另一门选修课"古代中国的文化与日常生活"(Culture and Everyday Life in Ancient China)。美国大学的课程难度从易到难一般设有4个等级:100,200,300,400(各校的命名方式也许不同,但大同小异)。在我教的3门课中,世界文明属于100号序列,中国史属于200号序列,"古代中国的文化与日常生活"属于300号序列。基本来说,100号序列的课程需要进行考试,200号序列和300号序列的课程以写每周报告和学期论文为主。

作为一个在北大中文系读硕士、哈佛东亚系读博士的文艺青年,世界史并非我的专业领域,虽然在哈佛也听过历史系的课,但基本偏向于西方思想,所以最初能依靠的就是研究生院训练出的批判性思维和深度阅读的能力,待上手之后发现的确是够用的。当然最好的准备工作之一是向同事请教教课经验。当时的系主任给我的建议是找教材之外的另一本教材作为上课演讲稿的底子。现在想起来这真的是非常好的经验,但彼时只感觉一切兵荒马乱,天天缺时间,也就没有真正地实现。系主任还建议,每次课前让学生提一个具有批判性的问题。个人觉得这个建议虽然听上去很棒,但可能更适用于已经上过几轮课程的资深教授。对新手来说,其实最重要的是,按照自己的节奏准备自己要讲的东西,先把骨架有理有节地立起来。

与此相关的还有一个经验,按照课堂时间备课:比如一节课有75分钟,那么就按照75分钟的时间来准备。我自己觉得这是非常有效的。因为对于新教员来说,一切都是从零开始,要教课,要尽可能多地参加学校活动(用资深教授的话来说,开会都得坐到前面,要让所有人看到),要更精确地分配时间。而新教员的一个普遍倾向是,备课准备得太多。如果以涵盖章节之全部内容的方式来备课的话,是永远不可能备完的。

  与此相关的另外一个经验是,要为教学与学校行政服务(service)时间划出边界。众所周知,美国高校对教员的评判分为三方面:科研、教学、行政服务。有一篇流传甚广的文章说美国第一流高校最看重教学,其实就我在哈佛读书的经验来说,并不是这样。比如在哈佛,本科生课程中的讨论课都是博士生助教来上,批改作业、打分也都是助教承担。所以,美国大部分研究型大学最看重的还是教授的科研。晋升终身教授之类,基本是看著作、看出版合同。倒是对于教学型高校来说,教学、科研、服务这三方面都非常重要,而教学为重中之重。在研究型大学,教授每学期只教1—2门课;在教学型大学,教授每学期教3—4门课。因此,在教学型大学里为自己留出科研时间,就非常有难度。所以,现在回看我这11年的教学生涯,感觉重要的一点反思就是尽可能为科研争取时间。

  当然,说起来容易,做起来难。而这正是我自己做得不够好的地方。新兵上阵,难免热情与忐忑并存,生怕做得不好,就会付出所有时间去准备,再付出全部精力去参加学校活动。那么基本上教学/服务就会占据全部生活,没有办法为自己的科研留出任何时间。犹记得因为学校奉行小班与小规模教育宗旨,我的一举一动都在所有人眼光下,当时不仅会参加教员演讲、观摩学生球赛、观看学生与社区文艺演出,还会踊跃做日本交换学生的接待家庭,感恩节带她们到康奈尔美术馆参观,再回家为她们做感恩节大餐。我还自发成立中国俱乐部,每周免费教学生中文,每周举办不同专题的讲座与工作坊,比如武侠电影、中国戏曲、东亚流行文化(包括卡拉OK体验),还有包饺子培训、元宵节吃汤圆、放孔明灯(当时找了学校空旷之处,但这可能会有安全隐患,所以不做推荐)。到了中秋节,我又举办中秋工作坊:吃月饼、看月亮、读苏轼的词、听不同版本的《明月几时有》。中国新年时,我还举办过一个50多人参加的宴会,大厨是我自己,食材是家中所有倾囊而出。如此回想起来,最初跌跌撞撞拼搏出来的"教历史"的青椒岁月,也就是如杨千嬅歌中所唱,心口唯一个"勇"字。而之所以回忆这些,想说的其实是,在美国高校教历史,其实绝不可能只是"教历史"。"教历史"之外,还有许多相关或不相关的活动与事务。而既有"教历史"的本职工作,所组织的活动也大多会围绕"历史";再加上被视为亚洲/中国历史与文化的代表,所举办的都是与亚洲/中国之历史/文化相关的活动,也都无一例外地通向"全球文化"的传播。

当然还有意外的收获。已经获得许多大奖的藏族名导演万玛才旦,曾经也被我请去学校做了一个"中国西藏电影节",放映他的多部国际知名电影,包括《静静的嘛呢石》《寻找智美更登》《老狗》,反响热烈。此次展映也带来了社区效应。康奈尔大学有学者关注参加,万玛才旦导演第二天也去绮色佳参加当地活动。我还有幸请到在同济大学任教的黎小锋和贾恺导演做了一个"当代中国电影节"。他们充满质感的纪录片,如《夜行人》《我最后的秘密》《无定河》《遍地乌金》等,为并不了解中国的美国学生展现了活生生的当代中国画卷。随着我目前的工作重心转向学术研究,可能今后也不太有精力再做如此的活动,所以想起来还是非常难得与值得。

哈佛经验也会南橘北枳

因为在研究型大学读书多年,初到文理学院,最初在设计课程大纲时,忍不住就会遵循研究生院课程的惯例与自己做研究的习惯,每周每个话题,都会去做一下研究,列出一本或几本研究著作,选取其中一章或一节作为必读,列入课程大纲。因为研究生课都是不用教材而是读最前沿的学术著作。于是,我在100号序列的古代世界史课上,选了柏拉图《理想国》和亚里士多德《政治学》中的长篇章节。在课上讲古希腊，忍不住把自己在哈佛上的政治哲学课的内容搬来：讲猪的城邦，讲最高的幸福。在课堂讨论区分"幸福"与"快乐"时，我问一个爱打篮球的男生，什么是幸福？男生答：打篮球，喝可乐；我说，这个只是快乐，而不是幸福。男生自然一脸懵懂。所以第一学期的古代世界史教学超出了学生理解的范围。之后的课堂评估，有学生评：这是100号序列的课，但是上成了400号序列！

所以由研究型大学进入本科教学，必然要经历一个知识上的下沉与落地的过程。对于本科生来说，哪怕是强调小班教学的文理学院的本科生，尤其是100号序列的基础必修课，更需要的可能是研究者所不太看重的教材、章节概括与大纲、清晰的幻灯片讲义。200号序列的课程，如果是美国学生所不熟悉的亚洲史、中国史或日本史，最好也先配上基础教材；到了300号序列，可能可以移植研究生院的课程设计，以学术著作中的章节为阅读材料。虽然教学中都强调所谓"批判性思维"，但如果连最基本的知识都不知道，可能也谈不上怎样批判式地思考。所以，100号序列的课上，一本基础教材加一本第一手资料集，足矣。（或者有的教材里自带部分原始阅读材料。）章节概括与幻灯片讲义会上传到课程平台，关于每一章内容，学生都会在课程平台上做一些知识型与理解型并重的多项选择题，并撰写需运用批判性思维的阅读报告，网课则或者采用每周阅读报告，或者采用需要运用批判式思维的问答题（所谓 essay question，一般要求300—500字）。在第一手资料的基础上，在课上进行细读讨论，甚至考试也包括原始材料的理解与比较。

在文理学院工作了四年之后，我转到纽约州立大学法明代尔校区（Farmingdale State College, State University of New York）工作。与文理学院的课程相比，州立大学对教学的要求更朴实。作为一个面向大众的公立院校，大部分学生都需要兼职甚至全职打工，因此对课前阅读的要求可能会比文理学院有所降低。此外一些更需要花费课外准备时间的"创造性"项目，也可能在州立大学水土不服。比如在文理学院教世界史，我会让学生设计关于"全球相遇"的短戏剧,并在课上表演。对于一个拥有戏剧表演专业、学生经常去百老汇发展的文理学院来说,这个要求并不会让学生诧异。但对于州立大学的学生来说,这种表演性的东西就较为陌生。在文理学院的现代中国研讨班上,我还曾经选出20世纪中国几个重要作家的重要文本(比如鲁迅、张爱玲、丁玲等的短篇小说),让学生组成小组,创造性地改写为剧本,并在班上进行戏剧表演。这个创造性的项目文理学院的学生都挺喜欢。但鉴于州立大学学生的属性不同,我没有在州立大学尝试这个项目。

我的教学理念

美国大学的教职招聘常常要求应聘者写"教学理念"(teaching philosophy)。我的"教学理念"是:人文教育的宗旨不只是传授知识,更是培育"人",尤其在当今全球化的语境中,要培育的应当是"全球公民"。众所周知,美国普通民众对自己所处社区的兴趣远远大于对于别国与全球的兴趣,那么,如何在顶尖藤校之外的普通高校促进学生有意识地自我成长为"全球公民",就非常具有挑战性。当然,大学课程设置中的"通识教育",包括我所教的古代世界史、现代世界史、东亚文明,都旨在培养学生的全球视野,但如何能让这个全球意识内化到学生心中,其实任重道远。在文理学院教书的时候,我会自己组织学校包车,带有兴趣的学生去绮色佳的电影院观看大都会歌剧院的高清转播剧目,还一起看过韦伯的《歌剧魅影》的续集,也带学生去绮色佳参加过日本文化节。后来转到州立大学教书,"学生优先教学奖"的获奖课程可以安排学生的校外研究考察,我也安排学生集体坐长岛火车从纽约长岛(学校所在地)到位于纽约市区的MOMA(现代艺术博物馆)去参观。与此相配合,我会在课上不断推荐谷歌"艺术与文化"这样可以在云上浏览全球各大藏馆藏品的网上资源。

除了介绍全球文明与文化的宝藏,我也有意识地挑选与人类社会息息相关的议题,在班上组织学生辩论赛,并且分为初赛、半决赛与决赛。辩论题目包括"儒家论人性本善与人性本恶""历史的终结与中国模式""工业革命与法国大革命""帝国是否终结""全球化""美国化""麦当劳化""世界是平的吗？"（围绕弗里德曼［Thomas L. Friedman］写的《世界是平的：21世纪简史》［*The World is Flat: A Brief History of the Twenty-first Century*］）等等。要准备辩论赛，学生要读相关的书籍或文本，比如孟子与荀子的相关论述、福山（Francis Fukuyama）的《历史的终结及最后之人》（*The End of History and the Last Man*）、里茨尔（George Ritzer）的《社会的麦当劳化》（*The McDonaldization of Society*）、哈特（Michael Hardt）与奈格里（Antonio Negri）的《帝国》（*Empire*，书中论述了当代已经渗透到日常生活各个层面的"去地域化"的"帝国"），等等，还要写下自己的辩论发言，并且在实际的辩论中要即时对"对方辩友"的论辩做出批判性分析与反驳，堪称一套全面的训练内容。经过这么几轮读写说的训练，学生也可以站在一个更高的层面审视人类历史与当代社会。

此外，在教学上，不管是在小班教学的文理学院（威尔斯学院），还是在每班人数更多的州立大学（纽约州立大学法明代尔校区），我都尽可能地做到"个性化教学"。在每学期每个班的前面两节课，我都努力记住每个学生的名字。在美国文化中，记住他人的名字和尽可能准确读出他人的名字是非常加分的。犹记得在威尔斯学院时，教务长在毕业典礼前会努力练习外国毕业生名字的发音，在她看来，尽可能准确地念出学生的名字，是必须做到的。所以，虽然我每学期教4门课或3门课，但记住每个学生的名字，是我一定要做并且很快能做到的第一件事。在每门课的开始，我会让大家介绍自己，然后举行一个记名字比赛，这样让不同的学生自告奋勇，来回几轮，我自己可以把学生的名字都记住，学生们也会对自己的同学有所了解。因为每门课都会有课堂互动，所以我会按照学生们名字的首字母，将他们分为小组，这样既方便了其后课堂上的小组讨论，也方便他们之后进行小组的"创造性"项目，同时也更有助于我记住学生的名字。而这些用心学生也能看到。记得在不少课程的教学评估中，学生提到我记得他们的名字，感觉自己受到了重视。还有学生会跟熟人推荐我的课,说这是唯一让她交到朋友的课。有意思的是上个月去一个诊所,有一个医学助理竟然认出我,原来他正是几年前我世界史课上的学生。还有学生会制作手工贺卡送给我,让人感动。

除了记住学生名字,还要尽量做到有同理心,把每一个学生都当成个体,尊重并用心对待,理解他们的处境。州立大学的学生,许多都在校外兼职或打全工,还会有退伍军人、在职读书的母亲,所以我最常做的就是鼓励他们,为他们骄傲。有学生会压力过大,有学生会课后哭诉自己家人生病,我也会感同身受,给他们加油鼓劲,并给出许多建议,让他们不抛弃、不放弃。对那些为生活费奔波、为未来职业打拼的普通州立大学的普通学生来说,人文学科通识课能够传授多少知识,恐怕都不是最重要的,最关键的还是让学生在百忙之中能够领会到一点人类历史的得失教训,能够思考一点经典中的核心问题,能够至少对生活充满希望。在2020年疫情汹涌的环境下,我们许多学生还是要为生计出门工作的,于是我就会让大家分享一些关于纽约精神的歌曲,互相鼓劲。我还发了当时《纽约时报》所撰写的关于李子柒的文章,发了李子柒视频《蒜的一生》给他们看,不仅是作为"全球文化"的一部分,也是象征如何在日常生活中发现美、勇气与坚持。有不少学生都表示深受鼓舞。2021年春季学期,疫情仍未缓减。有学生写信问能否借一本教材给他,因他没有办法负担购买教材的钱。因为疫情形势严峻,我在网上购了一本教材,又根据他的要求寄到了学校(学校图书馆同事非常配合,也令人感动)。学期结束时,他特地写信再次感谢我,也让人感到心中极暖。

教学法之探索

1T 与 3C 法:主题性、比较视野、细读文本、批判性思维

美国大学主张训练学生的"批判性思维"。以此为核心,我总结出一个

教学上的 1T 与 3C 法:1T:Thematic(主题性的);3C:比较视野(Comparative)、细读文本(close reading)、批判性思维(critical thinking)。先说 1T。无论是古代世界史还是现代世界史,先拎出几条贯穿历史的主线与关键的主题。比如:从乡村到城市,帝国与民族国家,革命与改良,现代性与日常生活等。再说 3C。强调比较视野和细读文本都可以锻炼与培养"批判性思维"。以古代帝国的比较为例,汉帝国与罗马帝国之比较就可以做出很好的专题。此外,古代都城的比较,比如奈良和长安,也可以让学生扩展思路。而这些带着批判性思维的比较都可以与细读文本结合起来。比如,在做汉帝国与罗马帝国之对照时,用到的材料会有时间表之对比及城市之对比;文字书写、建筑、公共空间、制度规章等等方面,都可以做比较。在做古代都城之对照时,用到的材料会有地图、城市结构图、宗教场所、文字书写等等。有大的时间段的把握,又有具体材料与细节的结合,学生在阅读与思考时,就不仅是被动地接受、记忆史实,而是可以具有能动性地借助思考进入历史。

长时段、宏观史与微观史

如果主张主题性地把握历史,既把握大的时间段的脉络,又时刻准备进入具体制度/事件/历史之细节,我会比较强调"长时段"以及"宏观史"与"微观史"的互动。比如,我会介绍"漫长的 16 世纪""漫长的 18 世纪""漫长的 19 世纪""漫长的 20 世纪"或"短暂的 20 世纪"这些学界研究;并以至少一个世纪为单位,让学生思考每一个或每两个世纪的主线与关键词(这里也结合了关键词研究)。有意思的主题包括:白银的全球流动、糖与世界史、钟表与新的时间性、地图与全球史、拱廊街与现代性的空间、世博会与全球化。同时我也会以一幅画或几个物件让学生思考如何从中发现大的时代主题。可以采用的例子有卜正民(Timothy Brook)教授在《维米尔的帽子:17 世纪和全球化世界的黎明》(*Vermeer's Hat: The Seventeenth Century and the Dawn of the Global World*)中如何借分析画作揭示 17 世纪的全球性主题;《戴珍珠耳环的少女》如何反映了科学革命。在课堂上,先展示画作与小段文字描写,让学生从关注细节入手,进行批判性的读文与读图,并力图从中得出大结论,这既有趣味性,又有创造性,可以让课堂不沉闷,并让学生一步步思考,得出自己的结论,并与其他学者的结论相对照。从有意思的个案出发,还可以有趣味地融入各个领域的研究,比如物质文化、动物史、环境史、医疗史等。

"回应过去"、数字人文、"翻转课堂"、"混合型教学"与"应用型教学"

"回应过去"(Reacting to the Past)教学法既是一种理解/进入历史的方式,也已经成为容纳教材、实践、教员社区等一系列内容的教学法实践体系。这包括巴纳德学院每年一度的"回应过去"工作坊、一些核心教材、围绕这些核心教材展开的区域会议与工作坊、网上数字资源(https://reacting.regfox.com/digital-assets)、播客(https://anchor.fm/kelly-mcfall)等新型媒介,以及全球正在进行这一教学实践的教员讨论业务的网上平台(https://reacting.barnard.edu/reactingconsortium)。在我的中国史课上,我曾经借用这个模式,让学生设计关于新文化运动、五四运动、宋家三姐妹、现代中国所面临的不同道路的互动活动。学生需要设计场景、核心人物,为核心人物撰写台词等。除却"回应过去"这一教学实践,我也比较关注如何将这些年兴起的"数字人文"运用到教学中去。比如,现在已经有非常好的重建古代都城的数字人文的资源,这些都可以用到古代都市的教学中去。

"翻转课堂"(Flipped Class)也是近年来颇为热门的教学法。将课堂翻转也就是教授在课程网站上贴出教学内容,让学生在课外把相关知识先学习了,到课堂上就以运用知识的各种创造性活动为主。在拿到学校的一个教学奖后,我尝试了一学期"翻转课堂"。实践了一学期之后,我感觉这个方法可能更适用于专业课学生,或者没有兼职工作、课外学习时间更多的学生。

除了"翻转课堂",我校也在大力发展"混合型教学"与"应用型教学"。所谓"混合型教学"就是在一般的教室讲授模式之外,也发展"网上课程"(全部在校内网平台上完成)与"混合型课程"(一半在教室上课,一半在网上完成)。这样的"网上课程"与"混合型课程"不仅符合现在"慕课"(MOOC:Massive Open Online Courses,即"大规模开放在线课堂")高速发展的时代大趋势,也满足了年轻一代"手机化"获取知识的需求,同时又特别适用于州立大学兼职或全职工作多、需要更灵活上课方式的学生。我觉得,相应的课程平台可以大力发展手机应用。

"应用型教学",就是在课程中容纳让学生"应用知识"的内容与部分。我将自己的古代世界史与现代世界史都设计为了"应用型课程"。其"应用知识"的部分,除了"应用知识做相关研究"之外,还有让学生到大学附属幼儿园教授世界史的设计,主题包括古希腊城邦、苏格拉底、柏拉图、老子、孔子、世界奇观与发明、全球旅行与发现、文艺复兴、科学革命、历史与音乐、绘画、文学、全球化文化等。小朋友对此也接受得非常好。记得有一堂课是用各种游戏介绍太阳系的知识,让小朋友们扮演太阳与围着太阳转的行星。小朋友们从中学到了知识。同时,历史教学也尝试了如何为社区服务。不少学生对此都大感兴趣,还有学生表示以后也要去幼儿园义务工作。我在文理学院时也做过与这样模拟教学相关的项目,如让历史系毕业生设计面向中学的模拟教案与模拟考试题;以及鼓励学生去博物馆做讲解员等。

创造性作业/课堂活动的设计

在教学评估中,教学方法论与实践的创新是非常重要的一环。所以我基本上每门课都会在不同学期使用一些新的教学方法,设计一些新的让学生做的"创造性作业"或课堂活动。我设计过的创造性作业有:

1. "跨学科研究"。其中有这些主题:纪录片中的历史,电影中的历史,历史、文学、艺术,历史、政治、哲学,东西方相遇,殖民主义与民族主义,传统与现代性、战争与爱情、战争、国家与个人。

2. "学术阅读小组"。学生们分成小组,一起阅读霍布斯鲍姆的"年代四部曲"(《革命的年代》《资本的年代》《帝国的年代》《极端的年代》)并做读书笔记与课堂报告。

3. "同伴教学"与"模拟教学"。"同伴教学"可以分为大的同伴教学与小的同伴教学。小的同伴教学可以在课堂进程中随时围绕一个小的知识点进行,大约5—10分钟;大的同伴教学比如全班共同研讨一本学术著作,每个小组负责教其中一章;我一般会提出非常具体的要求。将每个人负责的一小部分进一步细化任务。而"模拟教学"也可以作为课堂报告的一个变形。每一次课所涵盖的阅读材料,由一到二位学生负责做一个批判性的导读介绍与模拟教学。我一般会提出"555原则":5分钟、5个知识点、5个幻灯片介绍。这个"555原则"学生能够很快记住。

4. "创造性编剧—表演与创意写作"。如前所述,在文理学院,我会让学生创作(或改编)并表演关于全球探索与旅行、东西方相遇、现代中国之变迁的故事。在州立大学的网课上,我也会设计以课程网页自带的博客为载体的"创意写作"。比如,让他们设想乘坐时间机器回到过去,构想老子与孔子的对话,或者回到不同的特定年代,写下依据历史史实所想象的见闻;或者以琴棋书画、茶道、昆曲、日本之能剧、歌舞伎为要素,写一个容纳这些要素的小故事。

5. "模拟学术会议"。在关于先秦哲学的专题中,有几大主题,比如:人性善恶、仁与礼的关系、儒学道家法家如何治理国家与社会等等。学生们各自作为老子、庄子、孔子、孟子、荀子、韩非子等发言,其后还有评议人对此进行点评。在其他需要学生选择研究主题写论文的课程上,我也会使用"模拟学术会议",将学生的单兵作战变得更有体系与主题性。学生分成小组,每个小组选一个主题,每个人也选择一个与小组主题相关的论文题。然后小组成员各自做研究,最后以"模拟学术会议"的形式在课堂上做报告。

结　语

　　随着"全球史"作为学科的兴起,以及美国高校"通识教育"设置中"世界文明"和"亚洲文明"课程的设立,有不少研究中国史的学者,如我自己,最后获得的是教授"世界史"或"全球史"的职位。我这里所写,只是这个队伍中一员的个人经验,也许在别的同行那里会获得共鸣,也许别的同行还会有自己的体验。这其实是一条很有意思的"教历史"的道路。一方面,我个人的研究基本还是聚焦于中国,向深拓展;另一方面,我又会在全球史的层面教育学生,向广铺展。当然只要强调"批判性思维",那么"教历史"所教的就绝不只是死板的知识,而是活生生的人的经验,是"中西相遇",是"古今之争",既有对"长时段"的历史的大把握,又有对细节的透视,通过细节折射大时代。我自己做研究是将中国作为主体,但通过教"全球史",又自然会把视野放大,会在某些问题上加上"全球史"的视角。如何将中国史与全球史有机结合,将是今后研究与教学互相促进、"教学相长"的一个重要议题。

"那个崇高的理想"
——欧美十年教师生涯反思

范鑫(Fan Xin,2006 年出国留学,Xin.Fan@fredonia.edu):美国印第安纳大学历史系博士、美国纽约州立大学历史系副教授。主攻中西思想交流史、史学史和全球史。曾任德国柏林自由大学讲师,德国哥廷根大学博士后访问研究员,复旦大学中华文明国际研究中心访问学者,兼任 China and Asia: A Journal in Historical Studies 书评编辑。出版英文专著 World History and National Identity in China: Twentieth Century,合编英文著作 Receptions of Greek and Roman Antiquity in East Asia,并在有国际影响力的学术刊物上发表论文多篇。

2010年春天,我通过了博士论文资格考试,正式开始毕业论文的写作。到了这个阶段,大家都在私下里说自己成了"ABD"(All But Dissertation),离毕业万事俱备,就差一篇博士论文啦。可是对大多数人来说,这只是漫长的博士论文写作阶段的开始。在我就读的印第安纳大学(Indiana University)历史系,经常有人花上七八年,甚至是十几年完成论文,也有人从此神秘"消失"永不再出现。我博士论文的题目锁定在中国的世界古代史研究,计划通过剖析古代与现代、中国与世界的关系在史学建构中所引发的张力与合力,探讨20世纪中国知识分子世界观的变迁。论文开题倒是过了,不过这个题目在定位上还有不少困难。比如,这既是中国史,也是世界史的话题,怎么在这两者间把握平衡,让人一头雾水。正巧不远处的匹兹堡大学(University of Pittsburgh)举办暑期世界史博士论文工作坊,由著名的世界历史学家帕特里克·曼宁(Patrick Manning)教授牵头。这样的机会颇为难得,也有系里的支持,我就报名参加了。

工作坊的学员来自世界各地,从欧洲的葡萄牙和荷兰、东亚的日本到美国的哥伦比亚大学,年轻学者共聚一堂,分享自己的研究计划,研读世界史领域的奠基性著作。指导教师阵容更为强大,除了后来当选美国世界历史学会主席的曼宁教授,还有哥伦比亚大学的亚当·麦克欧文(Adam McKeown)教授以及当时在华盛顿州立大学(Washington State University)执教的海瑟·斯特里斯(Heather Streets)教授。两个星期下来,大家收获颇丰,我对世界史领域的了解也更进了一步。临别之日的晚宴上,主办方为大家颁发荣誉证书。说是证书,也是一群历史学家在一起搞的噱头。比如,为曼宁颁发了"曼宁大奖",是为了突出他在世界史领域的杰出贡献。还有学员获得了"最佳南方口音奖",有的则拿到"辣椒大奖"——这位获奖的女孩来自欧洲,在一次集体聚餐中误点了辣椒热狗,结果这位从来不吃辣的欧洲人被搞得异常狼狈,从此成为大家的笑点。我听着看着,嬉笑之中颇带些忐忑,不知道他们要怎样"整"我。拖到最后,几位老师才端出了给我的奖状,上面写着"That Noble Dream"——"那个崇高的理想"奖。

一阵激动之情涌上心头。

  熟悉美国史学史的朋友可能知道,这句话来自一本书,彼得·诺瓦克的《那个崇高的理想:"客观性问题"与美国职业历史学界》。① 在这本书中,作者记录了一代代美国历史学家不懈追求史学客观性,然而又不断遭遇挫折的艰难历程。作者对史学客观性的反思,也成为美国历史学家集体关注的话题。该书在 1988 年出版上市之后,迅速成为各大学研究生史学方法论课上的必读参考书,是历史系博士案头必备的经典之作。在我看来,老师们颁给我的奖项与此书同名,寓意深远。一方面,我的研究隶属于史学史和史学理论范畴,而正如诺瓦克在书中所说,这样的研究好比要将滑溜溜的水母钉到墙上(nailing jelly fish to the wall),是一门难以把握的艰深学问,成功之路充满荆棘;另一方面,老师们也希望我们这些学员能坚持在史学的道路上走下去,牢记史学的崇高理想,不懈追求。

  转眼十年过去了。当年的几位老师,曼宁先生在担任美国历史学会的主席之后已经光荣退休;麦克欧文放弃了哥伦比亚大学的教授职位,浪迹天涯,不幸英年早逝;斯特里斯则调到东北大学(Northeastern University)成为历史系主任,现在是美国世界史研究领域的领军人物之一。我们这些学员也各奔东西,有的成为教授,有的继续从事研究,也有的失去了联络。尽管际遇变迁,但是老师们当年送给我的话仍牢记在心头,走在史学的路上,一切都是为了"那个崇高的理想"。

  每个人的梦想与追求未尽相同,对于我而言,"那个崇高的理想"既是我史学研究的预设前提,也是我作为历史工作者在教学科研实践中所追求的终极目标,说得大点,是个研究上的宏大问题,就是怎么样打通古今中外的隔阂,推动全球文化认同的发展;说得小点,是个教学上的实际问题,就是如何在西方的文化语境中教授中国(或者广义上的非西方)历史课程。

---

① Peter Novick, *That Noble Dream: The "Objectivity Question" and the American Historical Profession* (Cambridge: Cambridge University Press, 1988).

带着这样既理想又现实的目标,我在这十年里,辗转于欧美之间,先是带着ABD的身份,在印第安纳大学系统中的一个校区做了一年实习,又在德国柏林自由大学(Freie Universität Berlin)教了两年书。① 毕业之后,在纽约州立大学弗雷多尼亚校区(State University of New York at Fredonia)历史系找到了一个预聘教职(tenure track),在此期间又返回欧洲在哥廷根大学(Göttingen University)做了一年博士后研究。几年之后,终于在弗雷多尼亚校区拿到了终身教职(tenure),也顺利地晋升成为副教授。作为一名学者,吾生也有涯,而知也无涯,不过处在人生职业生涯的一个小小的转折点上,在展望未来发展的同时,反思这些年走过来的路,也算是一件于人于己小有意义的事情,下面的文字就算是本人在欧美之间从事历史教学的一点总结,写出来与学友们和后来人分享。

在许多国人看来,"西方"是一个笼统而模糊的概念,往往以"欧美"代而称之。当笔者在美国和德国高校分别工作了几年以后,发觉西方的高等教育体制还是有很大差异的,而这种差异也直接影响到教师与学生对待历史学科的态度。大家对美国的高等教育可能比较熟悉,一方面,它拥有像哈佛、耶鲁、普林斯顿这样世界上最知名的精英大学,吸引着来自全世界各个国家的优秀学子,即便是像弗雷多尼亚这样比较小的公立学校,也有不少国际学生,既有来自留学大国中日韩的,也有来自苏丹、瑞典、阿尔巴尼亚等国的。

另一方面,美国的大学也是高等教育私有化、市场化的极端代表。这几年,随着公共机构对高等教育投资的减少,美国高等教育的费用大幅度

---

① 美国的大学有公立、私立之分。与中国不同,美国没有"国立"的公立大学,所有的公立大学都是由各个州政府资助。而我们所熟悉的公立大学往往都是一个系统,有多个校区构成;有的公立系统设有旗舰校区,比如印第安纳大学的旗舰校区是布卢明顿(Bloomington),而有的没有特别明确的旗舰校区。我所执教的纽约州立大学,是个庞大的教学系统,下面设了六十四个校区。

增加。以坐落在首都的私立大学乔治·华盛顿大学（The George Washington University）为例，该校 2019 学年的学费为五万六千美金，再加上住宿费、餐饮费和书本费，学生一年的费用轻松超越八万美金，四年本科生活下来，单单是学费和日杂费用加起来，每个学生的花费在美国不少地方都可以轻松购买一栋独门独院的"别墅型豪宅"。① 与私立大学相比，美国的公立大学的费用相对比较低廉，对于本州居民也有特殊优惠。但是这种低廉也是相对的，比如我十年前就读的印第安纳大学，记得当时州外本科学生的学费大致在一年两万美金左右，这个价格去年已经涨到了三万六千多美金。弗雷多尼亚校区过去以"物美价廉"而知名，但今年的国际学生学费也涨到了两万美金以上。②

与之相比，德国的高等教育简直就是福利天堂。从资金来源上来讲，德国的高等教育体制以公立大学占主导，私立大学虽然存在，但是影响力并不大。上至联邦政府下到各州政府都是高等教育的投资者，公立学校不但不收取学费，大学生们还享有各种各样的社会福利。比如，柏林自由大学的学生，每年只要花上几百欧元的注册费，就可以享用免费的当地公共交通服务，住在廉价的学生公寓，在享受政府补贴的廉价食堂就餐。我 2004 年第一次来到德国，在巴伐利亚州（英文 Bavaria 或者德文 Bayern）的埃尔朗根（Erlangen）大学交流，当时州政府迫于财政压力，向大学生征收每个学期五百欧元的学费。这件事儿引发了大规模的抗议，记得在报纸上见到过这样一幅漫画：大学生的母亲高举着一块牌子，上面写着"因为大学征收学费，我女儿不得不去卖身"。2011 年我再次回到德国在柏林工作时，

---

① 根据美国房地产业权威网站 Zillow 统计，截至 2020 年 9 月 30 日，全美房地中值为约二十八万美金。https://www.zillow.com/home-values/（accessed September 30, 2020）

② 本文中所引用的高校学费及其他费用的估算根据网上信息搜集，具体数字请参见各个学校招生网站。另外，因为受州政府资助，州立大学有义务对本州居民提供相对比较低廉的"州内学费"（in-state tuition）。以我所在学校为例，与两万的州外学费比起来，刚刚超过七千的州内学费绝对是物美价廉的"良心价"。不过，这些州立学校几十年前往往是不收学费的。

这五百欧元学费早已无人提起。对德国人来讲,五百欧元是小事,但征收学费意味着高等教育性质的改变,这是大事。

因为德国大学不收学费,所以学生与教师的关系也与美国截然不同。在美国教过书的朋友都知道,在每个学期结束之后,每个学生都要对老师的教学进行评价(Student Evaluations),这份材料是教师们评定职称申请晋级的重要内容。因为希望得到学生的正面评价,所以许多没有拿到终身职位的老师对学生毕恭毕敬,有求必应。每到期末,在各个高校的走廊里,经常可以见到捧着一大盒甜甜圈的老师,赶着去给学生们上最后一课。这样的情况在德国是不存在的。因为学生不交学费,老师也不依靠学生的学费生活,教与学在很大意义上都是独立的。我工作过的柏林自由大学和哥廷根大学,都没有学生对老师的教学评估。而在美国比较流行的评师网(ratemyprofessors.com)这类网站,在德国更是违法的。更为有趣的是,我在柏林教书那两年柏林自由大学的学生会公开抗议某些老师课堂点名,认为这样的行为是违法的,几经交锋,最后学校居然屈服,承认教师上课没有点名查到的权力。这样的事情,在高等教育逐渐市场化的美国,是不可想象的。

免费的高等教育也影响到学生们对历史专业性质的理解。在美国由于学生往往需要交付高昂的费用,很多人不可避免地将大学的学习与未来的工作就业情况看作经济学中投入与产出的关系。因为历史人文类专业的直接就业机会狭窄,越来越多的学生转学未来看似更能赚钱的行业,所以历史学教育的发展遇到一场不小的危机。根据美国历史学会的权威统计,从 2008 年到 2017 年的十年间,美国高校选修历史专业的学生数量减少了一万多人,从 2008 年的 34642 人降至 2017 年的 24266 人。2016 年到 2017 年一年之间,历史学专业学生数量就减少了 1500 人。[①] 在这样的大

[①] Benjamin Schmidt, "The History BA since the Great Recession: The 2018 AHA Majors Report", *Perspectives on History* (November 26, 2018), https://www.historians.org/publications-and-directories/perspectives-on-history/december-2018/the-history-ba-since-the-great-recession-the-2018-aha-majors-report (accessed September 30, 2020).

气候下，美国历史专业的学生在选修课程时也变得越来越追求实用，尽量选择对毕业有帮助的课程。在弗雷多尼亚，因为师范类教育（Adolescent Education）的就业出路比较好，最好的学生往往都是师范专业的学生，而学生们选择与中国或者东亚相关的历史课，更多的是出于满足毕业要求的需要，只有少部分学生真是出于兴趣的选择。这样一来，我在弗雷多尼亚开设得最多的课程，除了"世界历史"这样的通选课以外，就是二年级的"东亚传统"（East Asian Traditions）与"现代东亚"（Modern East Asia）了。

德国的情况则不太一样，学生们不光没有学费的负担，在就学期间反而享受许多优惠的社会保障。所以很多人不太着急毕业，一个传统的Magister，也就是我们所的硕士学位，有些人要读上十来年。这些年随着欧盟教育改革，增加了本科学位，越来越多的人选择按期毕业，不过总有人不断拖着，自由地选课，散漫地探索人生的未来。带着这样的情绪读书，许多学生喜欢探讨艰深的话题，比如在美国历史系不太受欢迎的思想史，在德国的学校里往往很受学生的青睐。开学一屋子人，有的选课，有的旁听，最后到考试的时候却来不了几个。这种情况与当年的北京大学和西南联大很像，不过想想看，当年北大的教学理念，不正是建立在蔡元培先生对德国高等教育的理解和发扬的基础上吗？从这个层面上而言，在德国教授历史课，反倒加深了我对中国高等教育的理解。

体制上和学习态度上的差异直接影响到学生的特点。德国学生自主学习能力强，语言基础扎实，许多汉学系的学生往往熟练掌握英语、中文，甚至三外、四外，但是因为选课自由懒散，所以视角上往往走得有点窄，导致观点上失之偏颇，在培养体系的系统性上有些欠缺。相比而言，美国学生很勤奋，老师布置的任务多，阅读量大，批判能力强，但往往缺乏对世界其他文化的了解与学习热情。十年周游于欧美之间，学到很多东西，而教育体制的差异与其对学生造成的影响，直到今天仍然令我反复揣摩，不断回味。在全球化的今天，不同国家的文教体制既有个性，又有差异，对于一名历史教师来说，读万卷书，行万里路，且行且反思而已。

在美国教历史

回到前面提到的"崇高的理想",从大道理上讲的是追求史学的会通境界,超越古今的界限,反思中外的异同,但回到每日的工作上来讲,总归是个实践的问题,也就是在不同的国家,面对来自不同文化背景的学生,如何讲授"外国历史"或者"世界历史"。①

首先,作为一名历史教师,我坚信教学相长的道理。学生对于知识的渴求,是老师们不断进取的动力,所以多年来我一直在努力扩展研究的深度与广度,以夯实教学技能的根基,拓展课程设计的战略性知识储备。从自己的学术兴趣点来看,我的涉猎比较广泛,古今中外地涵盖了西方古典文明传统在东亚的接受、世界史教学研究的国际比较、对国际法体系中西方中心论因素的批判、20世纪知识体系建构中的职业化与专业化问题,以及从反殖民角度对帝国主义殖民史研究的反思,等等。不过这样"杂"的背景,对于我在教学上"因材施教"提供了不少的便利,也逐渐地理解了课程体制设置整体规划的重要性。

美国的本科生,除去少数人以外,大都对世界历史和中国文化缺乏基本的了解。记得我十年前刚刚在印第安纳大学当助教,讲课的老教授就曾经和我们分享过一个亲身经历的笑话。一次上课的时候,他请学生们随便举出一个东欧国家的名字,他说:"在经过了漫长的沉默之后,突然一个学生高喊,'日本'!"当时的我刚刚来到美国,也没觉得太在意,真就是把这个事儿当作笑话来听,可是当自己亲身教课以后才发现,这并不是笑话,而是我们这些教授世界历史的老师们每天所经历的现实。许多学生不光不知道东欧在哪里,就连非洲由很多国家构成都不知道,难怪由非洲历史专家肖恩·雅各布斯(Sean Jacobs)牵头建立的非洲研究网站给自己起名为"非洲是一个国家"(Africa is a country),也是对美国民众对世界知识普遍

---

① 在弗雷多尼亚历史系,教授大体上约定俗成地分划为美国史、欧洲史和世界史三个领域。而这个"世界史"涵盖了所有非欧美的地区的历史。这种规划,颇与中国的世界史学科的建制类似。

缺乏了解的反讽。①

有鉴于此，在美国教授历史，我们的工作就是要扎扎实实地从最基本的地理知识抓起。除去刻板的考试之外，我还设计了寓教于乐的视觉化训练。比如，在世界历史课上，我让学生们分组讨论来自世界历史上不同国家和地区的世界地图，分析异同，总结特点，从微观处入手分析历史观念的宏观变化。拿大家比较熟悉的西欧传教士利玛窦（Matteo Ricci）介绍到中国来的《坤舆万国全图》举例，细心的学生会发现，在这幅欧洲流行的世界地图的中国版本中，中国被安放到了世界的中心。通过这个发现，我进而分析中国这个概念在历史上的含义及其对世界观念所造成的影响。同样，我也会让另一组学生分析来自17世纪萨法维王朝的铜制世界地图，这是个带着棋盘纹路的圆盘，而在中心连着一只像钟表指针一样可以自由转动的刻尺。我会启发学生们，这个圆盘的核心，也就是刻尺的中心，代表着世界的什么地方？结合对伊斯兰文明的讲解，聪明的学生就把课堂的知识运用到实践中去，指出这个中心就是伊斯兰文明的圣地麦加。在这一点上许多文明都有共同之处，即，都以自己的文明视角锁定世界的中心，这是前现代社会普遍的文化现象。

从这样的基础知识抓起，我在课程设置上一步步地纵深递进，从一年级的"世界近现代通史"（World History since 1500）到二年级的"东亚传统"与"现代东亚"，再到三年级的诸如"20世纪中国"（Twentieth-Century China）和"现代日本"（Modern Japan）这样的国别史，最后到一些高年级的专业选修，比如"东亚的现代性"（East Asian Modernity）与"帝国主义专题研究"（Doing History: Imperialism），等等。我通过讲授以东亚与中国为核心的地区性知识，循序渐进地引导学生建立全球视野，培养人文关怀，领着学生们追求"那个崇高的理想"。

与美国相比，德国的情况刚好相反。因为我所在的研究所主要从事汉

---

① 关于这个网站的情况，请参阅 https://africasacountry.com/about。

学的研究和教学,学生们个个都能说中文,高年级的学生几乎都在中国学习交流过,面对这样的学生,课程设计上有很大的灵活性,也可以运用中文的阅读材料。从这个角度上来讲,挑战不在于如何帮助学生了解知识,而是如何针对他们感兴趣的话题,吸引那些求知欲强但却不太受学术体制束缚的学生们。每一堂讲座都是一次小测试,因为如果前一堂课学生们感觉不到收获,接下来的课堂上很多不在乎学分的"旁听生"就会消失,这对于老师产生的无形压力还是蛮大的。不过因为德国的课堂里,任课老师没有设计大量课堂练习的任务与义务,所以我养成了读一本书准备一堂课的习惯。比如,在准备"20世纪的中国知识分子"(Chinese Intellectuals in the Twentieth Century)这门课的时候,一个学期下来,我就通读了关于这个问题的一系列经典著作,受益匪浅。与此同时,也与旁听的一位老先生结下了深厚的友谊。这位老先生叫 Chris,退休前是某个跨国公司的副总裁,多年在海外生活的他,一口地道的美式英文,虽是旁听,却风雨无阻,积极参加每一次讨论。拥有这样亦师亦友的"学生"是我在德国教书的最大收获。

教学相长,这些年在欧美教授历史,也促进着我学术的发展。在国内我读了历史系的本科,以及世界史专业的硕士,在海外教书,我也不断思考过去在中国所受到的世界史教育,反思中国世界历史教学与科研传统的特点,写了几篇论文,沿着这条路继续钻研下去,题目为《二十世纪的中国认同与世界历史》(World History and National Identity in China: The Twentieth Century)的专著也于2021年2月在剑桥大学出版社出版。

在我看来,中国的世界史教学传统中一个优秀的特色就是团队合作。由吴于廑、齐世荣先生组织国内世界史各学科顶尖学者所撰写的六卷本《世界史》,无疑代表了20世纪中国世界史研究的总体性成果,今天看来,仍有不少借鉴意义。在教学上,老一辈的世界史学者筚路蓝缕、通力合作,开创了今天中国世界史研究不断壮大的局面。从学术的思考,引发教学的实践,我多年以来一直在追求与国内外优秀学者在教学与科研上的合作。

学者术业各有专攻,但学生的兴趣往往广泛,为弥补专业技能与教学需求间的隔阂,我与其他学者合作,开出对学生研究发展有裨益的课程。比如,在柏林自由大学期间,我曾经与阿奈特·蒂普纳(Anett Dippner)女士共同开设了关于都市中国的课程,也与余凯思(Klaus Mühlhahn)教授、何妍博士共同开设了研究生的讨论课。在资源允许的情况下,我更积极把校外的业内学者请到课堂中来,给学生们与一流学者对话的机会,展现历史研究的魅力。比如,王晴佳老师关于东亚的筷子文化的讲座就在弗雷多尼亚学生与当地居民中间引发了不小的轰动。[1] 高质量的学术讲座进一步促进了历史教学的发展。

在积极拓展研究领域的同时,我也"与时俱进",密切关注高科技、新媒体传播方式为历史教学带来的机遇与挑战。一方面,互联网和自媒体改变了学生的阅读习惯和书写模式。学生集中注意力的时间不断缩减,越来越多的人无法完成指定的阅读,表达上口语性与随意性增强。因此我在教学中大力端正学生的阅读态度,纠正学生的写作习惯。我在课程中特意增加了学术写作规范的辅导内容,告诉学生学术写作的严肃性和规范性,从什么是正规的引用格式,到如何归纳论文的中心论点,循序渐进地引导他们。我常常提醒学生,在历史学的学习和研究中我们都要思考如何超越"三座大山",即如何掌握原始材料,如何总结归纳现有研究成果,如何规范而有效地进行学术表达。

另一方面,随着互联网上良莠不齐的各种信息的涌现和泛滥,许多人失去了鉴别是非的能力,人云亦云,轻信谣言。在这样的情况下,史学洞察力的培养,更显得迫切与必要。在这方面,我吸收了史学中史源学的优秀传统来设计课程,引导学生们深度发掘信息的来源。比如在讲授"中国的兴起"(Global Pasts: The Rise of China)这门通识课(General Education)的

---

[1] 王晴佳老师关于东亚筷子文化的研究,参见 Q. Edward Wang, *Chopsticks: A Cultural and Culinary History* (Cambridge: Cambridge University Press, 2015)。

时候，我让学生们针对当代中国的一个话题，收集来自不同渠道的新闻报道，从美国的《纽约时报》和《华盛顿邮报》这样的主流媒体到中国的《环球时报》英文版，通过比较不同的媒体对相同题材的报道来分析信息的多元性与信息的客观性，进一步培养学生学习美国以外文化的能力与手段，从而提升世界公民素养。

在这些训练中阅读是根基，而阅读的内容，往往对学生的史观发展有极大的影响。着眼全球，我也在不断总结思考世界史学习过程中的阅读问题。当年曼宁教授与麦克欧文教授曾有一场讨论，关于世界史培养中的博与精，即，专业地区性基础知识和跨国际横向比较的关系。① 受他们影响，我也在思考同样的问题。我尝试从史学史的手段去解决，也就是说，在面对我们的专业知识无法涵盖的区域（比如受到语言和文化的限制）时，应当更加鼓励学生学习如何鉴别二手研究的优劣、掌握世界学术发展的动向。我在高年级的历史课程上，一直着重培养学生鉴别二手史料的能力。比如在"帝国主义研究"这样的方法论课上，我带领学生阅读从列宁到萨义德（Edward Said）百年以来关于帝国主义研究的经典著作，从学术史的角度上地位与把握每一本书的价值。在"东亚的现代性"这门课上，我们更批判性地鉴别来自于史料中的不同观点与立场，分析与把握作者在写作过程中所要表达的意图和从事写作的动机。

当然教育理念始终要和实践结合。2020 年新冠肺炎疫情来临，坐落在重灾区纽约州的弗里多尼亚校区受到很大冲击，学校不得不临时改成网络授课，这对历史系的学生和老师提出了极大的挑战。网络授课缺乏平时课堂上教师与学生的紧密互动，随着漫长学期的推进，学生们如何能保证学习的兴趣？对着电脑屏幕，老师们如何生动地讲述历史知识？针对网络教学的特殊性，结合这几年的教学实践经验，我设计出一套灵活多样而行之

---

① 关于这个问题参见 Patrick Manning, *Navigating World History: Historians Create a Global Past* (New York: Palgrave, 2003), 366。

有效的教学方案。我坚信,虽然在疫情期间历史教学的形式有所变化,但是作为一名历史教师,我们的本职工作是没有变的,就是以最大的敬意去追求历史的严肃性与客观性,带领着学生们共同去追求那个"崇高的理想"。在为大一学生设计的通识课"中国的革命"(Global Patterns: China in Revolution)上,我精心打磨每一堂课的讲稿,结合 PowerPoint 自带的功能,准备线上讲座,在开学之前已经写了几万字的讲稿,也录下了一系列的讲座,在动荡的疫情之下,确保课程的稳定性、系统性和连贯性。在教学实践中,我鼓励学生采用多媒体手段,结合对历史知识的掌握和了解,设计出有自身特色的文创计划。学生既可以结合学期论文选题,录制播客(podcast),也可以依据史实尝试艺术和文学创作。一个学期下来,虽然疫情依然持续,但是课程却取得了前所未有的成功,学生对期末作业表现出了极大的热情,怀着对中国历史理解的同情,他们完成了一批质量极高的文学、艺术和历史作品。比如,一位同学对中国近代史上的红军长征很感兴趣。依据阅读材料,他完成了一篇六页的学期论文,论述该事件在中国历史上的地位和作用。除此之外,他还绘制了一幅以长征为主题的水墨画(见图1)。征得该同学的授权,我在此附上他的作品。这位同学虽然还不是专业

图1 作者:梅森·普什(Manson Push)(此图片授权仅限于教学研究,请勿转引)

画家，但是这幅作品可以清楚地反映出他对中国历史的清晰理解；而选择这个题目本身，就表明他认识到革命在中国近代史上的重要作用。学生们收获很大，而这也是做老师最欣慰的事儿。

  21世纪的第二个十年开始之际，曾经如火如荼的全球化进程在世界各地遇到了不期的挑战，回顾在中国、美国、德国的顶级高校里学习与工作的经历，我意识到自己既是全球化的受益者，也是全球化的积极推动者。一方面，我在学术上不懈努力，追溯全球化的历史根源与文化动力；另一方面，也悉心比较各种高等教育系统的优缺点，总结出了一套有自身特色的世界史教学体系以及学生培养方案。展望未来，我坚信历史教学肩负的重大使命——超越中西的隔阂，打通古今的障碍，培养具有全球视野的新一代世界公民，这仍是我作为一名历史教师的"那个崇高的理想"。在这一点上，我们的工作才刚刚开始。

附录一 教材与教学用书书目

为方便有兴趣的读者,我们编制了这份"教材与教学用书"书目。这些书目在本书作者的文章中提及,并不代表作者在教学中使用的全部书目。

中国史教科书、参考书

Chang, Iris. *The Rape of Nanking: The Forgotten Holocaust of World War II*. New York: Basic Books, 1997.

Chen, Jian. *China's Road to the Korean War*. New York: Columbia University Press, 1994.

Cochran, Sherman, and Andrew Hsieh. *The Lius of Shanghai: A Chinese Family in Business, War and Revolution*. Cambridge: Harvard University Press, 2013.

Cohen, Paul A. *Discovering History in China: American Historical Writing on the Recent Chinese Past*. New York: Columbia University Press, 1984.

Dardess, John W. *Ming China, 1368-1644: A Concise History of a Resilient Empire*. Lanham, MD: Rowman & Littlefield Publishers, 2012.

DeMare, Brian. *Land Wars: The Story of China's Agrarian Revolution*. Stanford: Stanford University Press, 2019.

Dreyer, Edward L. *Zheng He: China and the Oceans in the Early Ming Dynasty, 1405-1433*. New York: Pearson & Longman, 2007.

Ebrey, Patricia Buckley. *Emperor Huizong*. Cambridge: Harvard University Press, 2014.

——. *Cambridge Illustrated History of China*. Cambridge: Cambridge University Press, 2010.

Elliott, Mark C. *Emperor Qianlong: Son of Heaven, Man of the World*. New York: Longman and Pearson Education Inc., 2009.

Esherick, Joseph. *The Origins of the Boxer Uprising*. Berkeley, CA: University of California Press, 1987.

Fairbank, John King. *China: Tradition and Transformation*. Boston: Houghton Mifflin Company, 1989.

Gao, Mobo. *Gao Village: Rural Life in Modern China*. Honolulu: University of Hawaii Press, 2007.

Gernet, Jacques. *Daily Life in China: On the Eve of the Mongol Invasion, 1250-1276*.

Hanes, W. Travis, and Frank Sanello. *The Opium Wars: The Addiction of One Empire and the Corruption of Another*. Naperville, IL: Sourcebooks, 2002.

Hansen, Valerie. *The Open Empire: A History of China to 1800*. New York: W. W. Norton & Company, 2015.

Hessler, Peter. *River Town: Two Years on the Yangtze*. New York: HarperCollins Publishers, 2001.

Hoff, Benjamin. *The Tao of Pooh and The Te of Piglet*. Copenhagen: Egmont, 2019.

Hsu, Immanuel C. Y. *The Rise of Modern China*, 6th Edition. New York: Oxford University Press, 1999.

Lowe, Michael. *Everyday Life in Early Imperial China during the Han Period*. New York: Dorset Press, 1988.

Loyalka, Michelle D. *Eating Bitterness: Stories from the Front Lines of China's Great Urban Migration*. Berkeley, CA: University of California Press, 2012.

Lu, Hanchao. *Beyond the Neon Lights: Everyday Shanghai in the Early Twentieth Century*. Berkeley: University of California Press, 1999/2004.

——. *Street Criers: A Cultural History of Chinese Beggars*. Stanford, CA: Stanford University Press, 2005.

——. *The Birth of A Republic: Francis Stafford's Photographs of China's 1911 Revolution and Beyond*. Seattle: University of Washington Press, 2010.

Mungello, D. E. *The Great Encounter of China and the West, 1500-1800*. Lanham, MD: Rowman &Littlefield, 2009.

Reid, T. R. *Confucius Lives Next Door: What Living in the East Teaches Us About Living in the West*. New York: Vintage Books, 2000.

Rossabi, Morris. *Khubilai Khan: His Life and Times*. Berkeley, CA: University of California Press, 2009.

Rothschild, N. Harry. *Wu Zhao: China's Only Woman Emperor*. New York: Pearson Longman, 2008.

Shaughnessy, Edward L. ed., *China: Empire and Civilization*, 1st Edition. New York: Oxford University Press, 2005.

Schoppa, R. Keith. *Revolution and Its Past: Identities and Change in Modern Chinese History*, 4th Edition. New York and London: Routledge, 2020.

Shan, Patrick Fuliang. *Yuan Shikai: A Reappraisal*. Vancouver: The University of British Columbia Press, 2018.

Shao, Qin. *Shanghai Gone: Domicide and Defiance in a Chinese Megacity*. Lanham, Maryland: Rowman & Littlefield, 2013.

Spence, D. Jonathan. *The Death of Woman Wang*. London: Weidenfield and Nicolson, 2008.

——. *Mao Zedong: A Life*. New York: Penguin Books, 2006.

——. *The Search for Modern China*, 2nd Edition. New York: W. W. W. Norton, 1999.

——. *God's Chinese Son: the Taiping Heavenly Kingdom*. New York: W. W. W. Norton, 1996.

Wang, Di. *The Teahouse: Small Business, Everyday Culture, and Public Politics in Chengdu, 1900-1950*. Stanford: Stanford University Press, 2008.

Westad, Odd Arne. *Decisive Encounters: The Chinese Civil War, 1945-1950*. Stanford, CA: Stanford University Press, 2003.

Wriggins, Sally. *Silk Road Journey with Xuanzang*. Nashville, Tennessee: Westview Press, 2004.

Wood, Frances. *China's First Emperor and his Terracotta Warriors*. New York: St. Martin's, 2007.

Yue, Daiyun and Carolyn Wakeman. *To the Storm: The Odyssey of a Revolutionary Chinese Woman*. Berkeley: University of California Press, 1985.

中国史史料辅助教材

Buck, Pearl S. *The Good Earth*. New York: Open Road Media, 2012.

Chang, Pang-Mei Natasha. *Bound Feet and Western Dresses*. New York: Anchor Books, 1997.

Cheng, Pei-kai, Michael Lestz, and Jonathan Spence, ed., *The Search for Modern China: A Documentary Collection*. New York: W. W. W. Norton, 1999.

Cook, Constance A., and Paul R. Goldin, ed., *A Source Book of Ancient Chinese Bronze Inscriptions*., Berkeley, California: The Society for the Study of Early China, 2016.

Ebrey, Patricia Buckley, ed., *Chinese Civilization: A Sourcebook*. Washington DC: Free Press, 1993.

——, Ping Yao, and Cong Ellen Zhang, ed., *Chinese Funerary Biographies: An Anthology of Remembered Lives*. Seattle: University of Washington Press, 2019.

Hong, Mai, Cong Ellen Zhang (trans). *Record of the Listener: Selected Stories from Hong Mai's Yijian Zhi*. Indianapolis: Hackett Publishing, 2018.

Hsia, Po-chia. *Matteo Ricci and the Catholic Mission to China, 1583-1610: A Short History with Documents*. Indianapolis: Hackett, 2016.

Lord, Bette Bao. *Spring Moon: A Novel of China*. New York: Harper Perennial, rpt. 1900 edition.

Mann, Susan, and Yu-yin Cheng, ed., *Under Confucian Eyes: Texts on Gender in Chinese History*. Berkeley, CA: University of California Press, 2001.

Pruitt, Ida. *Old Madam Yin: A Memoir of Peking Life*. Stanford: Stanford University Press, 1979.

Sima, Qian, K. E. Brashier (ed.), and Raymond Dawson (trans). *The First Emperor: Selections from the Historical Records*. Oxford: Oxford University Press, 2009.

Snow, Edgar. *Red Star over China*, New York: Grove Press, 1994.

Swartz, Wendy, Robert Ford Campany, Yang Lu, and Jessey J. C. Choo, ed., *Early Medieval 'China: A Sourcebook*. New York: Columbia University Press, 2014.

Wang, Q. Edward. *Chopsticks: A Cultural and Culinary History*. Cambridge: Cambridge University Press, 2015.

Wang, Robin, ed., *Images of Women in Chinese Thought and Culture*. Hackett Publishing, 2003.

Waley, Arthur, trans. *Secret History of the Mongols and Other Pieces*. London: George Allen & Unwin, Ltd., 1963.

Zhong, Xueping, Wang Zheng, and Di Bai, eds. *Some of Us: Chinese Women Growing Up in the Mao Era*. New Brunswick, NJ: Rutgers University Press, 2001.

亚洲史教科书、参考书、史料辅助教材

de Coningh, C. T. Assendelft. *A Pioneer in Yokohama: A Dutchman's Adventures in the New Treaty Port*. Indianapolis: Hackett, 2012.

Ebrey, Patricia Buckley, and Anne Walthall. *East Asia: A Cultural, Social, and Political History* 3rd Edition. Boston: Houghton Mifflin, 2013.

Elverskog, Johan. *The Buddha's Footprint: An Environmental History of Asia*. Philadelphia: University of Pennsylvania Press, 2020.

Fukuzawa, Yukichi, and Eiichi Kiyooka (trans). *The Autobiography of Yukichi Fukuzawa*. New York: Columbia University Press, 1980.

Gordon, Andrew. *A Modern History of Japan: from Tokugawa Times to the Present*, 4th Edition. New York: Oxford University Press, 2019.

Hopper, Helen M. *Fukuzawa Yukichi: From Samurai to Capitalist*. New York: Pearson Longman, 2005.

Milton, Giles. *Samurai William: The English who Opened Japan*. New York: Farrar, Straus and Giroux, 2003.

Nisbett, Richard E. *The Geography of Thought: How Asians and Westerners Think Differently, and Why*. New York: Free Press, 2004.

Schirokauer, Conrad and Donald N. Clark. *Modern East Asia: A Brief History*. Belmont, CA: Thomson Wadsworth, 2004.

Totman, Conrad. *Tokugawa Ieyasu: Shogun*. Torrance, CA: Heian Intl Pub Co, 1983.

Watson, James L. ed., *Golden Arches East: McDonald's in East Asia*. Stanford: Stanford

University Press, 1997.

世界史/全球史教科书

Adler, Philip, and Randall Pouwels. *World Civilization Vol II, Since 1500*. Boston: Cengage Learning, 2018.

Balint, Benjamin. *Kafka's Last Trial: The Case of a Literary Legacy*. New York: W. W. Norton, 2018.

Beckert, Sven. *Empire of Cotton: A Global History*. New York: Vintage 2014.

Bentley, Jerry H., Herbert F. Ziegler, and Heather E. Streets-Salter, *Tradition and Encounters: A Brief Global History*, 4th Edition. New York: McGraw Hill Education, 2016.

Bokovoy, Melissa, Patricia Romero, Patricia Prisso, Jane Slaughter, and Ping Yao. *Sharing the World Stage: Biography and Gender in World History*, 2 vols. Boston: Houghton and Mifflin, 2007.

Cantor, Norman F. *In the Wake of the Plague: The Black Death and the World It Made*, reissued edition. New York and London: Simon & Schuster, 2015.

Duiker, William J. and Jackson J. Spielvogel. *The Essential World History*. Boston: Cengage, 2016.

——. *World History*, 9th Edition. Boston: Cengage, 2019.

Harari, Yuval Noah. *Sapiens: A Brief History of Humankind*. New York: Harper, 2015.

Hill, Charles. *Grand Strategies: Literature, Statecraft, and World Order*. New Heaven: Yale University Press, 2010.

Kagan, Donald. *Pericles of Athens and the Birth of Democracy*. New York: The Free Press, 1991.

Marks, Robert B. *The Origins of the Modern World: A Global and Ecological Narrative from the Fifteenth to the Twenty-first century*, 3rd Edition. Lanham, MD: Rowman & Littlefield, 2015.

Rose, Sarah. *For all the Tea in China: How England Stole the World's Favorite Drink and Changed History*. New York: Penguin Books, 2010.

Spodek, Howard. *The World's History*, Vol. 1: Prehistory to 1500, 5th edition. Boston, MA: Prentice Hall, 2014.

Worthington, Ian. *Alexander the Great: Man and God*. Abingdon: Routledge, 2004.

世界史/全球史史料辅助教材

Aberth, John. *The Black Death: The Great Mortality of 1348-1350: A Brief History with Documents*. Boston and New York: Bedford/St. Martin's, 2005.

Andrea, Alfred J. & James H. Overfield, eds., *The Human Record*, Vol. 1: to 1500, 8th edition. Boston, MA: Cengage Learning, 2018.

Hamdun, Said and Noel King (trans). *Ibn Battuta in Black Africa*. Princeton: Markus Wiener Publishers, 1994.

Heidegger, Martin. *Plato's Sophist*. Bloomington, IN: Indiana University Press, 1992.

Hitti, Philip K trans., *An Arab-Syrian Gentleman in the Period of the Crusades: Memoirs of Usamah Ibn-Munqidh*. New York: Columbia University Press, 2000.

Marco Polo and Sharon Kinoshita (trans). *The Description of the World*. Indianapolis: Hackett Publishing Company, 2016.

Niane, D. T. and G. D. Pickett (trans). *Sundiata: an Epic of Old Mali*, revised edition. New York: Pearson & Longman, 2006.

Reilly, Kevin. *Worlds of History: A Comparative Reader*, 6th Edition. Boston: Bedford/St. Martin's, 2020.

Sanders, Thomas et al., *Encounters in World History: Sources and Themes from the Global Past*, Vol. 1: to 1500, 1st edition. New York: McGraw-Hill Education, 2005.

Smith, Bonnie G. et al., *Sources for World in the Making*, Vol. 1: To 1500, 1st edition. Oxford: Oxford University Press, 2018.

Tacitus, *Agricola and Germania*. London: Penguin Classic, 2009.

Van Buitenen, J. A. B. trans., *Tales of Ancient India*. Chicago: The University of Chicago Press, 1959.

历史学/史学史教科书、参考书

Benjamin, Jules. *A Student's Guide to History*. Boston: Bedford/St. Martin's, 2018.

Breisach, Ernst. *Historiography: Ancient, Medieval, & Modern*, 3rd Edition. Chicago: University of Chicago Press, 2007.

Carr, Edward H. *What Is History*? New York: Alfred A. Knopf, 1962.

Howell, Martha C., and Walter Prevenier. *From Reliable Sources: An Introduction to Historical Methods*, Ithaca: Cornell University Press, 2001.

Jenkins, Keith ed. *The Postmodern History Reader*. London: Routledge, 1997.

Novick, Peter. *That Noble Dream: The "Objectivity Question" and the American Historical Profession*. Cambridge: Cambridge University Press, 1988.

Rampolla, Mary Lynn. *A Pocket Guide to Writing in History*, Seventh Edition. Boston: Bedford/St. Martin's, 2012.

Edward Said, *Orientalism*. New York: Vintage, 2014.

美国史/中美关系史教科书、参考书

Aptheker, Herbert. *American Negro Slave Revolts*. New York: International Publishers, 1943.

Arkush, R. David, and Leo O. Lee, *Land Without Ghosts: Chinese Impressions of America from the Mid-Nineteenth Century to the Present*. Berkeley: University of California Press, 1993.

Carson, Clayborne, Emma J. Lapsansky-Werner, and Gary B. Nash. *The Struggle for Freedom: A History of African Americans*, Two Volumes. New York: Pearson, 2007.

Cohen, Warren J. *America's Response to China*. New York: Columbia University Press, 2019.

Fairbank, John King. *The United States and China*, 4th Revised and Enlarged Edition Cambridge: Harvard University Press, 1983.

Franklin, John Hope and Alfred A. Moss, Jr. *From Slavery to Freedom: A History of Negro Americans*, 7th edition. New York: McGraw-Hill, 1994.

Hine, Darlene Clark William C. Hine, and Stanley Harrold. *The African-American Odyssey*, Two Volumes. Upper Saddle River, NJ: Prentice Hall, 2000.

Hunt, Michael H. *The Making of A Special Relationship: The United States and China to 1914*. Columbia: Columbia University Press, 1983.

Loewen, James W. *Lies My Teachers Told Me: Everything Your American History Textbook Got Wrong*. New York: The New Press, 1995.

O'Reilly, Terence. *The Spiritual Exercises of Saint Ignatius of Loyola: Contexts, Sources, Reception*. Leiden: Boston, Brill, 2020.

Painter, Nell Irwin. *Creating Black Americans: African American History and Its Meanings, 1619 to the Present*. New York: Oxford University Press, 2007.

Palmer, Colin A. *Passagesways: An Interpretative History of Black America*, Two Volumes. San Diego: Harcourt Brace College Publishers, 1998.

Pfaelzer, Jean. *Driven Out: The Forgotten War Against Chinese Americans*. New York: Random House, 2007.

Shambaugh, David. *China Goes Global: The Partial Partner*. Oxford: Oxford University Press, 2013.

Trotter, Joe William Jr. *The African-American Experience*. Boston: Houghton Mifflin, 2001.

Tudda, Chris. *Cold War Turning Point, Nixon and China, 1969-1972*. Baton Rouge: Louisiana State University Press, 2012.

Wang, Dong. *The United States and China: A History from the Eighteenth Century to the Present*. New York: Rowman & Littlefield, 2013.

White, Deborah Gary, Mia Bay and Waldo E. Martin Jr. *Freedom on My Mind: A History of African Americans, with Documents*, Two Volumes. Boston: Bedford, 2013.

附录二　中国留美历史学会大事记
（1987—2022）

1986	高王凌（1950—2018）发起组织学会活动
	学会筹备委员会成立
1987	学会由李岩在马萨诸塞州政府登记注册，为非营利公益组织
	学会成立大会暨第一届年会在纽约哥伦比亚大学举行
	通过学会章程
	选举第一届理事会，高峥（1948—2021）担任学会第一任会长
	出版学会通讯第一期，取名为 Historian（历史学家）
1988	学会第二届年会在哥伦比亚大学和纽约上州乔治湖举行
	选举第二届理事会，王希担任学会第二任会长
	建立学会顾问委员会
	改学会通讯为学术期刊，以 Chinese Historians（《中国历史学家》）取代 Historian
	Chinese Historians 在国会图书馆注册登记（ISSN 1043—643X）
	出版学会会员通讯
	美国历史学会主席入江昭（Akira Iriye）在年会主席演讲中向美国历史学界介绍留美历史学会
1989	学会第三届年会在加州大学洛杉矶校区举行
	选举第三届理事会，满运龙担任学会第三任会长
	在俄亥俄大学举行"1945—1959 中美关系"研讨会
1990	学会第四届年会在巴尔的摩陶森大学举行
	选举第四届理事会，洪朝辉担任学会第四任会长
	在中国社科院世界历史所《世界历史》期刊出版会员论文专辑

续表

年份	事件
1991	在马里兰大学举行"海外华侨历史"研讨会
	出版由会员编辑和撰写的《当代欧美史学评析》论文集(人民出版社)
	创立并实施第一次"回国教学"项目(China Teaching Project)
	学会第五届年会在克拉克大学举行
	选举第五届理事会,梁侃担任学会第五任会长
1992	以分会组织(affiliated society)名义加入美国历史学会(American Historical Association)
	建立 Chinese Historians 顾问委员会
	出版由会员编辑和撰写的《中西历史论辩集:留美历史学者学术文汇》论文集(上海学林出版社)
	学会第六届年会在马里兰州大学举行
	选举第六届理事会,王晴佳担任学会第六任会长
1993	"中国知识分子与变化的世界研讨会"在芝加哥大学举行
	举行第一次通讯选举投票
1994	第一次以分会组织名义在美国历史学会年会上举行专题讨论会
	选举第七届理事会,张曙光担任学会第七任会长
	组织第一次代表团访问中国台湾
	在俄亥俄州肯特州立大学举行"美国大学的教学"研讨会
1995	选举第八届理事会,李小兵担任学会第八任会长
1996	以分会组织名义在美国历史学会年会上举行专题讨论会
	修改学会章程
1997	以分会组织名义在美国历史学会年会上举行专题讨论会
	选举第九届理事会,李洪山担任学会第九任会长
	出版由会员编辑和撰写的 China and the United States: A New Cold War History 论文集(University Press of America)
1998	以分会组织名义在美国历史学会年会上举行专题讨论会
	在宾夕法尼亚州印第安纳大学举行"电子化时代的人文与社会科学教学讨论会"(与全美人文社科教授协会合办)
	组织第二次代表团访问中国台湾

续　表

	在马里兰大学举行"中国改革开放与留学运动讨论会"（与其他五个学会合办）
	Chinese Historians 出版中断
1999	以分会组织名义在美国历史学会年会上举行专题讨论会
	选举第十届理事会,卢汉超担任学会第十任会长
	出版由会员编辑和撰写的《透过历史看台湾：战后台湾的经济、政治、文教和对外关系》论文集（香港：亚洲科学出版社）
2000	以分会组织名义在美国历史学会年会上举行专题讨论会
	以分会组织名义参加美国亚洲研究学会（Association for Asian Studies）
	组织第三次代表团访问中国台湾
	Chinese Historians 恢复出版
2001	以分会组织名义在美国历史学会年会上举行专题讨论会
	选举第十一届理事会,翟强担任学会第十一任会长
	第一次以分会组织名义在亚洲研究学会年会上举行专题讨论会
	出版由会员编辑和撰写的《现代性与台湾的文化认同》论文集（台湾八方文化企业公司）
	Chinese Historians 出版中断
2002	以分会组织名义在美国历史学会年会上举行专题讨论会
2003	以分会组织名义在亚洲研究学会年会上举行专题讨论会
	选举第十二届理事会,王笛担任学会第十二任会长
2004	以分会组织名义在美国历史学会年会上举行专题讨论会
	学会期刊恢复定期出版,改名为 *The Chinese Historical Review*（中国历史评论）
	The Chinese Historical Review 在国会图书馆登记注册（ISSN 1547—402X）
	以分会组织名义在亚洲研究学会年会上举行专题讨论会
2005	以分会组织名义在美国历史学会年会上举行专题讨论会
	选举第十三届理事会,魏楚雄担任学会第十三任会长
	以分会组织名义在亚洲研究学会年会上举行专题讨论会
	在中国南昌大学举行"全球化时代中国外交政策面临的挑战"研讨会
	修改学会章程

续 表

2006	以分会组织名义在美国历史学会年会上举行专题讨论会
	以分会组织名义在亚洲研究学会年会上举行专题讨论会
	组织第四次代表团访问中国台湾
2007	以分会组织名义在美国历史学会年会上举行专题讨论会
	选举第十四届理事会,姚平担任学会第十四任会长
	以分会组织名义在亚洲研究学会年会上举行专题讨论会
2008	以分会组织名义在美国历史学会年会上举行专题讨论会
	在康奈尔大学举行"学会成立二十周年"研讨会
	与上海大学历史系联合主办"历史研究的回顾、探索、展望"国际学术会议
2009	选举第十五届理事会,单富良担任学会第十五任会长
	以分会组织名义在美国历史学会年会上举行专题讨论会
	学会以非营利性公益组织在密歇根州重新注册登记
2010	以分会组织名义在美国历史学会年会上举行专题讨论会
	学会被美国财政部国税局批准为免税型非营利学术组织
	组织第五次代表团访问中国台湾
	与上海大学历史系联合出版《中国的思想与社会》(上海大学出版社)
	出版由会员编辑和撰写的《在美国发现历史:留美历史学人反思录》(北京大学出版社)
2011	选举第十六届理事会,丛小平担任学会第十六任会长
	以分会组织名义在美国历史学会年会上举行专题讨论会
2012	以分会组织名义在美国历史学会年会上举行专题讨论会
	The Chinese Historical Review 改由英国出版公司 Maney Publishing 出版,纳入 ProQuest 数据库全球发行
2013	选举第十七届理事会,萧知纬担任学会第十七任会长
	以分会组织名义在美国历史学会年会上举行专题讨论会
2014	以分会组织名义在美国历史学会年会上举行专题讨论会
	组织第六次代表团访问中国台湾
	与华东师范大学联合主办"全球化时代的中国历史"国际学术研讨会

续 表

年份	事项
2015	选举第十八届理事会,李小兵担任学会第十八任会长
	以分会组织名义在美国历史学会年会上举行专题讨论会
	出版由会员编辑和撰写的 *Ethnic China: Identity, Assimilation, and Resistance* 论文集（Lexington Books）
2016	以分会组织名义在美国历史学会年会上举行专题讨论会
	出版由会员编辑和撰写的 *Urbanization and Party Survival in China: People vs. Power* 论文集（Lexington Books）
2017	选举第十九届理事会,方强担任学会第十九任会长
	以分会组织名义在美国历史学会年会上举行专题讨论会
	组织第七次代表团访问中国台湾
2018	与澳门大学联合举办"想象中的社区:中国过去与现代之间的历史纽带"国际学术讨论会
	以分会名义在美国历史学会年会上举办学术会议
	出版由会员编辑和撰写的 *Corruption and Anti-Corruption in Modern China* 论文集（Lexington Books）
2019	选举第二十届理事会,杨志国担任学会第二十任会长
	以分会名义在美国历史学会年会上举办学术会议
	The Chinese Historical Review 改由英国出版公司 Routledge 出版和全球发行,并纳入 ProQuest 和 EBSCO 等学术期刊数据库
2020	以分会名义在美国历史学会年会上举办学术会议
	与河南大学共同举办题为"世界与中原文化"的历史研讨会(因新冠肺炎疫情的全球流行而推迟)
2021	以分会名义在美国历史学会年会上举办学术会议（因新冠肺炎疫情的全球流行,此次的专题讨论会均为网络会议）
	会员编辑和撰写《在美国教历史:从书桌到讲台》
	建立 James Z. Gao Memorial Fund,以纪念学会首任会长高峥教授
2022	选举第二十一届理事会,孙绮担任学会第二十一任会长
	创办"History Matters"线上讲坛,并举行第一次讲座
	出版《在美国教历史:从书桌到讲台》(北京大学出版社)

附录三　中国留美历史学会历届理事会
（1987—2022）

（*所标为会长；所列大学为当选时就读或就职的大学）

	学会筹备组 （1986—1987）	高王凌（哥伦比亚大学/中国人民大学） 李岩（康涅狄格大学） 唐晓峰（锡拉丘斯大学） 高峥（耶鲁大学） 陈勇（康奈尔大学） 程洪（加州大学洛杉矶校区） 王希（哥伦比亚大学）
1.	1987—1988	高峥（耶鲁大学）* 巫鸿（哈佛大学） 贾宁（约翰霍普金斯大学） 满云龙（约翰霍普金斯大学） 翟强（俄亥俄大学） 程洪（加州大学洛杉矶校区） 高王凌（中国人民大学）
2.	1988—1989	王希（哥伦比亚大学）* 张信（芝加哥大学） 李晨阳（康涅狄格大学） 翟强（俄亥俄大学） 程洪（加州大学洛杉矶校区）
3.	1989—1990	满运龙（约翰霍普金斯大学）* 李晨阳（康涅狄格大学） 洪朝辉（马里兰大学） 申晓红（耶鲁大学）

4. 1990—1991　　洪朝辉（马里兰大学）*
　　　　　　　　王晴佳（锡拉丘斯大学）
　　　　　　　　游恒（坦普尔大学）
　　　　　　　　张青松（弗吉尼亚大学）
　　　　　　　　何飞鸿（克拉克大学）
5. 1991—1992　　梁侃（耶鲁大学）*
　　　　　　　　陈兼（纽约州立大学）
　　　　　　　　游恒（坦普尔大学）
　　　　　　　　李小兵（菲利普斯大学）
　　　　　　　　许光秋（马里兰大学）
6. 1992—1993　　王晴佳（罗文大学）*
　　　　　　　　陈兼（纽约州立大学）
　　　　　　　　肖红（康涅狄格大学）
　　　　　　　　杨志国（马里兰大学）
　　　　　　　　李小兵（菲利普斯大学）
7. 1993—1994　　张曙光（马里兰大学）*
　　　　　　　　陈兼（纽约州立大学）
　　　　　　　　肖红（康涅狄格大学）
　　　　　　　　陈勇（加州大学尔湾校区）
　　　　　　　　韩叶龙（芝加哥大学）
　　　　　　　　李小兵（俄克拉荷马中央大学）
8. 1995—1997　　李小兵（俄克拉荷马中央大学）*
　　　　　　　　韩叶龙（芝加哥大学）
　　　　　　　　熊存瑞（西密歇根大学）
　　　　　　　　李洪山（肯特州立大学）
　　　　　　　　卢汉超（乔治亚理工学院）
9. 1997—1999　　李洪山（肯特州立大学）*
　　　　　　　　尹良武（蒙特联邦学院）
　　　　　　　　杨志国（威斯康星州立大学溪流瀑布校区）
　　　　　　　　许光秋（西北堪萨斯学院）
　　　　　　　　卢汉超（乔治亚理工学院）

附录三　中国留美历史学会历届理事会(1987—2022)

10. 1999—2001　　　卢汉超（乔治亚理工学院）*

　　　　　　　　　孙绮（圣地亚哥大学）

　　　　　　　　　田宪生（丹佛州立大学）

　　　　　　　　　刘亚伟（佐治亚珀利米特学院）

　　　　　　　　　许光秋（西北堪萨斯学院）

11. 2001—2003　　　翟强（奥本大学蒙哥马利校区）*

　　　　　　　　　孙绮（圣地亚哥大学）

　　　　　　　　　王冠华（康涅狄格大学）

　　　　　　　　　刘亚伟（佐治亚珀利米特学院）

　　　　　　　　　田宪生（丹佛州立大学）

12. 2003—2005　　　王笛（得克萨斯 A&M 大学）*

　　　　　　　　　孙绮（圣地亚哥大学）

　　　　　　　　　田宪生（丹佛州立大学）

　　　　　　　　　刘亚伟（佐治亚珀利米特学院）

　　　　　　　　　姚平（加州州立大学洛杉矶校区）

13. 2005—2007　　　魏楚雄（塞斯奎汉纳大学）*

　　　　　　　　　刘力妍（乔治城学院）

　　　　　　　　　朱平超（爱达荷大学）

　　　　　　　　　萧知纬（加州州立大学马克斯校区）

　　　　　　　　　姚平（加州州立大学洛杉矶校区）

14. 2007—2009　　　姚平（加州州立大学洛杉矶校区）*

　　　　　　　　　刘力妍（乔治城学院）

　　　　　　　　　郑国强（安杰罗州立大学）

　　　　　　　　　夏亚峰（长岛大学）

　　　　　　　　　萧知纬（加州州立大学圣马克斯校区）

15. 2009—2011　　　单富良（格兰威利州立大学）*

　　　　　　　　　张家炎（肯尼索州立大学）

　　　　　　　　　夏亚峰（长岛大学）

　　　　　　　　　王硕（加州州立大学斯塔尼斯劳斯校区）

　　　　　　　　　刘晓原（艾奥瓦州立大学）

16. 2011—2013　　　丛小平（休斯敦大学）*

　　　　　　　　　　王硕（加州州立大学斯坦尼斯洛斯校区）

　　　　　　　　　　程映虹（特拉华州立大学）

　　　　　　　　　　李丹柯（费尔费尔德大学）

　　　　　　　　　　连曦（汉诺威学院）

17. 2013—2015　　肖知纬（加州州立大学圣马科斯校区）*

　　　　　　　　　　李丹柯（费尔费尔德大学）

　　　　　　　　　　王硕（加州州立大学斯坦尼斯洛斯校区）

　　　　　　　　　　郭贞娣（加州州立大学长滩校区）

　　　　　　　　　　方强（明尼苏达大学德鲁斯校区）

　　　　　　　　　　杜春媚（岭南大学）

18. 2015—2017　　李小兵（俄克拉荷马州中部大学）*

　　　　　　　　　　李丹柯（费尔费尔德大学）

　　　　　　　　　　方强（明尼苏达大学德鲁斯分区）

　　　　　　　　　　陈丹丹（纽约州立大学法明代尔校区）

　　　　　　　　　　樊书华（斯克兰顿大学）

19. 2017—2019　　方强（明尼苏达大学德鲁斯校区）*

　　　　　　　　　　李丹柯（费尔费尔德大学）

　　　　　　　　　　侯晓佳（圣何塞州立大学）

　　　　　　　　　　陈丹丹（纽约州立大学法明代尔校区）

　　　　　　　　　　樊书华（斯克兰顿大学）

20. 2019—2021　　杨志国（威斯康星州州立大学河瀑市校区）*

　　　　　　　　　　李丹柯（费尔费尔德大学）

　　　　　　　　　　侯晓佳（圣何塞州立大学）

　　　　　　　　　　陈丹丹（纽约州立大学法明代尔校区）

　　　　　　　　　　林茂（佐治亚南方大学）

21. 2021—2023　　孙绮（圣地亚哥大学）*

　　　　　　　　　　林茂（佐治亚南方大学）

　　　　　　　　　　李晓晓（中俄克拉荷马大学）

　　　　　　　　　　张琼（维克森林大学）

　　　　　　　　　　张守岳（印第安纳大学布卢明顿校区）

　　　　　　　　　　杜丹（北卡罗来纳大学夏洛特校区）

附录四 中国留美历史学会期刊大事记
（1987—2022）

卷	册	总册	出版时间	出版地点	主编
Historian（《历史学家》）					
1	1	1	December 1987	Athens, OH	翟强
1	2	2	August 1988	New Haven, CT	满运龙、高峥
Chinese Historians（《中国历史学家》）ISSN 1043-643X					
2	1	3	December 1988	Athens, OH	翟强、程洪
2	2	4	June 1989	Athens, OH	翟强
3	1	5	January 1990	College Park, MD	洪朝辉
3	2	6	July 1990	College Park, MD	洪朝辉
4	1	7	December 1990	Syracuse, NY	王晴佳
4	2	8	June 1991	Syracuse, NY	王晴佳
5	1	9	Spring 1992	Geneseo, NY	陈兼
5	2	10	Fall 1992	Geneseo, NY	陈兼
6	1	11	Spring 1993	Geneseo, NY	陈兼
6	2	12	Fall 1993	Geneseo, NY	陈兼
7	1-2	13-14	1994	Kalamazoo, MI	陈兼、熊存瑞
8		15	1995	Kalamazoo, MI	熊存瑞
9		16	1996	Kalamazoo, MI	熊存瑞
10		17	2000	Atlanta, GA	刘亚伟

续 表

卷	册	总册	出版时间	出版地点	主编
The Chinese Historical Review（《中国历史评论》）ISSN 1547-402X					
11	1	18	Spring 2004	Indiana, PA	王希、卢汉超、Alan Baumler
11	2	19	Fall 2004	Indiana, PA	王希、卢汉超、Alan Baumler
12	1	20	Spring 2005	Indiana, PA	王希、卢汉超、Alan Baumler
12	2	21	Fall 2005	Indiana, PA	王希、卢汉超、Alan Baumler
13	1	22	Spring 2006	Indiana, PA	王希、卢汉超、Alan Baumler
13	2	23	Fall 2006	Indiana, PA	Guest Editors：陈时伟, Janet McCracken, W. Rand Smith
14	1	24	Spring 2007	Indiana, PA	王希、卢汉超、Alan Baumler
14	2	25	Fall 2007	Indiana, PA	王希、卢汉超、Alan Baumler
15	1	26	Spring 2008	Indiana, PA	王希、卢汉超、Alan Baumler
15	2	27	Fall 2008	Indiana, PA	王希、卢汉超、Alan Baumler
16	1	28	Spring 2009	Indiana, PA	王希、卢汉超、Alan Baumler
16	2	29	Fall 2009	Indiana, PA	王希、卢汉超、Alan Baumler
17	1	30	Spring 2010	Indiana, PA	王希、卢汉超、Alan Baumler
17	2	31	Fall 2010	Indiana, PA	王希、卢汉超、Alan Baumler
18	1	32	Spring 2011	Indiana, PA	王希、卢汉超、Alan Baumler
18	2	33	Fall 2011	Indiana, PA	王希、卢汉超、Alan Baumler
19	1	(34)	May 2012	Maney, UK	王希、卢汉超、Alan Baumler
19	2	(35)	December 2012	Maney, UK	王希、卢汉超、Alan Baumler
20	1	(36)	May 2013	Maney, UK	王希、卢汉超、Alan Baumler
20	2	(37)	November 2013	Maney, UK	王希、卢汉超、Alan Baumler
21	1	(38)	May 2014	Maney, UK	王希、卢汉超、Alan Baumler
21	2	(39)	November 2014	Maney, UK	王希、卢汉超、Alan Baumler
22	1	(40)	May 2015	Maney, UK	卢汉超、Alan Baumler
22	2	(41)	November 2015	Maney, UK	卢汉超、Alan Baumler

续　表

卷	册	总册	出版时间	出版地点	主　编
23	1	（42）	May 2016	Maney, UK	卢汉超、Alan Baumler
23	2	（43）	November 2016	Maney, UK	卢汉超、Alan Baumler
24	1	（44）	May 2017	Maney, UK	卢汉超、Alan Baumler
24	2	（45）	November 2017	Maney, UK	卢汉超、Alan Baumler
25	1	（46）	May 2018	Maney, UK	卢汉超、Alan Baumler
25	2	（47）	November 2018	Maney, UK	卢汉超、Alan Baumler
26	1	（48）	May 2019	Maney, UK	卢汉超、Alan Baumler
26	2	（49）	November 2019	Routledge, UK	李小兵
27	1	（50）	May 2020	Routledge, UK	李小兵
27	2	（51）	November 2020	Routledge, UK	李小兵
28	1	（52）	May 2021	Routledge, UK	李小兵
28	2	（53）	November 2021	Routledge, UK	李小兵
29	1	（54）	May 2022	Routledge, UK	李小兵

主题索引

B

博雅教育:26—28,46,87,107—108,124,173—180,201,225,238,251,282—287,290,342,411—414,40,462—464,480,498—500。同见:通识教育

D

大学"共治"(co-governance):373—379

档案与教学:24,44,51,52,71,143,146—148,209,233,285,355,394—395,407,455。同见:美国图书馆系统

东亚史(教学):3—6,124,176—177,191—192,217—218,222—223,248—251,282—284,315—318,350—352,366,383,386—393,400,431,433,439,450—451,494—499

东亚文明史(教学):见:东亚史(教学)

读书报告:128,335,405—406,464,468,500

多媒体教学:9—21,137,208,436,437

F

服务学习/社区参与:342

G

公共史学(教学):110—116

国家历史地标:111—116

H

核心课程:27—28,80,174,299,306,411—412,416,418—420,474

后现代主义:133,243,314,325—326

互动式教学:35,213,436,437,439

华裔美国人史(教学):104—110

J

教材编写:见:教材选择

教材选择:29—31,84—85,123—126,290—293,333—335,338—341,351—355,367—369,385—395,452—455

教授治校:88—89,116,373—379

教学方法:见:课堂教学,教学艺术

教学评估:95,125—6,272,283,445

教学思想:80—83,97—99,152—167,220—226,276—278,401—402

教学型大学:见:州立大学,文理学院,社区大学

教学艺术:1—24,25—39,85—86,355—357,445—449.同见:课堂教学,教学思想

K

课程设置:26—33,217—218,341—343,427—429,431—435

课堂教学:18—19,33—38,47—49,60,71—72,86—87,93—95,127—131,154—167,186—195,206—210,221—221,225—228,239—245,251—258,291—294,353—357,369—373,422—423,435—439,444—449,464—471,480—487,498—500

课堂讨论:251—258,269,356,358,384,392—393,427—428,432—435,438,464,468,479

课外(教学)活动:38—39,53—54,198

跨国教学:66—67,210—214,263—278,296—310,326—327,345—363,425—441,488—501

L

理工学院/大学(教学):168—183,345—363

M

美国黑人史/非裔美国人史(教学):74—89

美国史(教学):40—55,74—89,104—120,152—167,172,200—214,315,319,323,

443,450—451

美国图书馆系统:138—151

美国西部史(教学):40—55

O

欧洲中心论(教学中的):29—36,227,293,412,419,453

P

批判性思维:226—228,412,416,439,471,479,482—483,487,

Q

全球史(教学):243—245,289,333—334,431—435,439,465,483—487

S

社区大学(教学):169,202,210—211,337,366,473;200—214

声像资源(教学):1—24,33—35.同见:课堂教学

师生关系:38—39,45—48,89,95—96,99—103,158,179—180,195—197,223—224,275—277,335—337,358—360,450—452.同见:课堂教学

世界史(教学):27—38,92—93,125—126,278,284—287,290—294,413—414,417—422

T

通识教育:27,201—214,251,284,411—423,463,同见:博雅教育

W

网络教学:55,151,262,420,479,486,499

文理学院(教学):26,90—103,184—199,215—229,263—278,279—275,286—295,300—301,305—309,412,478—479

X

西方文明史(教学):28,46,202,231—245,256,383,400,411—412,450

新媒体教学:见:多媒体教学

行政工作:51—52,116—120,202,240,276,278,337—343,318,429,435

Y

亚洲史(教学):90—103.同见:东亚史(教学)

研究生教学与课程:129—131,309,360—361,366—367,403—410,427—429,

研究型大学（教学）:1—24,56—73,75—78,90—103,104—120,121—134,135—151,152—167,168—183,296—310,345—363,364—379,398—409,425—441,442—459,460—471

优等生项目与教学:198,379,260—262,411,413,419—421

Z

"政治正确"（教学中的）:81—83,133—134,257—258,272,357—358,457—459

中国妇女史（教学）:26,282,339,366,400

中国古代史（教学）:26,121—134,434—435,438—441,465—470,476

中国近现代史（教学）:9—21,26,248,278,282,284,316,354—355,399—400,431—432,454—455,470—471

中国史（教学）:43,48,58,92,193—194,330—333,339,366,368—372,401,462—463；同见:中国近现代史(教学)，中国古代史(教学)，中国妇女史(教学)

中国文化史(教学):352—356,444,448,464—471

中美关系史(教学):56—73,251—258,273—276,362—363

州立大学(教学):25—39,40—55,74—89,90—103,230—245,246—262,311—327,328—344,380—397,410—424,479—487,488—501